四川师范大学文学院学术丛书·诗学

看不见的签名

——现代汉语诗学与基督教

唐小林　著

中国社会科学出版社
华　龄　出　版　社

责任编辑：王文湛
责任印制：李未圻

图书在版编目（CIP）数据

看不见的签名：现代汉语诗学与基督教 / 唐小林著
—2版. —北京：华龄出版社, 2013.5
ISBN 978-7-5169-0321-6

Ⅰ.①看… Ⅱ.①唐… Ⅲ.①基督教-影响-新诗-诗歌研究-中国 Ⅳ.①I207.25

中国版本图书馆CIP数据核字（2013）第087350号

书　　名：看不见的签名—现代汉语诗学与基督教
作　　者：唐小林　著
出版发行：华龄出版社
印　　刷：三河科达彩色印装有限公司
版　　次：2013年5月第1版　2013年5月第1次印刷
开　　本：880 × 1230　1/32　印　　张：14.375
字　　数：340千字
定　　价：32.00元

地　　址：北京西城区鼓楼西大街41号　邮编：100009
电　　话：84044445（发行部）　传真：84039173

目 录

绪论

一

踟蹰于21世纪的门槛，我们的处境正像马太·阿诺尔德和尼采所发现的那样，正处于两个世界之间，一个已经死去，另一个却无力诞生。

自己的祖国究竟缺乏什么？荷尔德林的追问灼痛着有良知的当下中国学人。追寻的结果却使人触目惊心，我们已经成为精神上失去根柢的人，一个在基本的信仰和认同上四顾茫然的人。高悬在现代化的梦幻中，依靠科学理性、历史理性所托起的那轮心中的太阳，现在已经无可挽回地坠落了。①

现代中国，现代百年，我们的问题，看来归根到底还是一个价值的问题。

在文学界，本世纪的序幕刚刚开启，一位游走于中西两个世界，以身体叙事闻名的作家，突然给我们讲述了这样一个故事：一个历经政治风云，饱受心灵伤害，却在商品大潮中一夜暴富的巨贾，隐姓埋名，乔装打扮，躲过鹰犬般神秘追踪的国际刑警，远涉万里，赶在昆巴美拉节，蹚入印度恒河，洗涤罪恶。② 而在这之前，北村《施洗的河》、张承志的《心灵

---

① 参王晓明：《反省与自期》，《天涯》，1996年第2期。

② 参虹影的长篇小说《阿难》，湖南文艺出版社，2002。

史》、史铁生的《务虚笔记》和大量随笔，以及高行健的现代禅剧，都流露出浓厚的宗教意识。张承志皈依哲合忍耶，北村受洗成为基督徒，海子怀揣《圣经》卧轨山海关，亦颇具文化象征意味。历史仿佛轮回运演，又返回冰心、许地山、废名时代。

汉语思想界，1993、1994 年间的人文精神大讨论，竟然演变成呼唤神性到场的精神盛宴。针对神权社会与宗教文化，从天国走向人间，从神权走向人权的西方人文主义，在 90 年代中国变成了一场从人间回到天国，以终极关怀、宗教精神拒斥世俗诉求，用道德理想主义、为艺术而艺术的审美主义拒斥文艺的市场化、实用化与商品化的精神行动。① 无独有偶，康有为定孔教为国教的声音今天再次回响，激进者已经进入到对宗教仪式的细部设计。②

其实，汉语文化近百年的现代性运动，在某种程度上就是寻找替代宗教的运动。从上世纪初年王国维的审美代宗教，蔡元培的美育代宗教，到梁漱溟的道德代宗教，宗白华、李泽厚的审美宗教化，刘小枫的宗教信仰化，再到世纪末史铁生的“文学就是宗教精神的文字体现”③，近一个世纪以来，汉语思想家、美学家、文学家，不遗余力、代代相承地不懈寻觅着自己的宗教，找寻着汉语精神的价值根基。

具体到现代汉语诗学，由于价值根基的缺失，语词漂移，言述失范，没有形成自己的诗学体系。文论中人的话语、真实

---

① 陶东风：《社会转型与当代知识分子》，第 142 页，上海三联书店，1999。

② 韩东育：《儒学的宗教化与帝国日本》，《读书》，2004 年第 8 期。

③ 史铁生：《自言自语》，《中华散文珍藏本·史铁生卷》，第 174 页，人民文学出版社，2000。

性话语、现实性话语，如此等等，总是在建构以后被颠覆，在颠覆以后又建构，在重新建构以后又被消解，以至于这些关系到现代汉语诗学体系的范畴，面目至今暧昧不清。而一旦这种颠覆与权力结盟，文学与人性的灾难就会发生，难以遏制。另一方面，现代汉语诗学失去理论自信，像一位没有主见的急先锋，追随西潮，气喘吁吁，马不停蹄。从写实主义、现实主义、浪漫主义、新浪漫主义、象征主义、革命现实主义、革命浪漫主义、革命现实主义与革命浪漫主义相结合的主义、现代主义、新历史主义、后殖民主义、女权主义……追风赶潮，无根浪游。90年代中后期，渐成学界热点的中国文论“失语症”之最后原因，亦可能是鲁迅所谓“本根剥丧，神气旁皇”[①] 的结果。鲁迅在宗教意义上谈论“本根”，[②] 给我们以深刻启示。

显然，历史与现实把一个亟待解决的问题推到了我们的前面：现代汉语诗学的价值建构，尤其是现代性建构，与宗教究竟是何关系？

现代汉语文学和诗学的发展无疑受到各种宗教的影响，[③] 在一本小书里不可能面面俱到，从个人的学养、时间、精力、志趣来看，也不可能去全面考察。何况在这些宗教影响中也有

① 鲁迅：《摩罗诗力说》，《鲁迅全集》，第1集，第68页，人民文学出版社，1989。

② 请参阅本书第三章第四节相关论述。

③ 参路易斯·罗宾逊的《两刃剑：基督教与二十世纪中国小说》、马佳的《十字架下的徘徊：基督教文化和中国现代文学》、杨剑龙的《旷野的呼声：中国现代作家与基督教文化》、王本朝的《20世纪中国文学与基督教文化》、许正林的《中国现代文学与基督教》、宋剑华的《基督精神与曹禺戏剧》、谭桂林的《20世纪中国文学与佛学》、马丽蓉的《20世纪中国文学与伊斯兰文化》、哈迎飞的《“五四”作家与佛教文化》、王列耀的《基督教文化与中国现代戏剧的悲剧意识》等。

大小深浅之分。因而，本书只研究现代汉语诗学[①]与基督教[②]的关系。

本书的旨趣在于，站在现当代中国思想史的高度，从现代汉语诗学与基督教的关系入手，力求返回汉语文学现代性价值建构的源头，厘清其意义生成演变的过程，考量其价值形态，审理其合法性，为现代汉语文学在近百年的现代性运动中所累积的大量问题，寻求一种解决方案或某种可能性思路。

二

“诗学”是一个古老而充满活力的概念，内涵既难把握，又相对确定。古代华夏诗学，是经学的一支，特指《诗经》之学。直到《宋史》所列范处义之《诗学》，以及《毛郑诗学》，仍取其义。其间，晚唐裴庭裕称李商隐“诗学宏博”，[③] 诗人郑谷《中年》诗称自己“衰迟自喜添诗学，更把前题改数联”[④] 中的“诗学”，虽已不同前义，但亦不具今日“诗学”之意涵。前者是说义山很会作诗，诗作宏富；后者尽管作为完整的“诗学”概念在汉语文学中第一次出现，依然与文论层面之“诗学”相去甚远，意指学习做诗。直到明人遁园居士的

---

① 本书的“现代汉语”指取代汉语文言的现代白话，在这里有三个作用：一是，为研究对象划定时段。从白话取代文言开始至今的汉语诗学均属讨论对象，时间大致相当于现当代文学术语中的“现当代”。二是，为研究对象划定空间。凡是运用现代汉语写作的文论及与讨论诗学相关的文学作品，主要是两岸三地的，都是观照对象。当然，限于资料，可能会出现不平衡，大陆依然是重中之重。华夏圈内其他语种的诗学，不在考察之列。三是，提示一种学术旨趣。诗学是现代汉语的，基督教是西语的，诗学与基督教在汉语世界与西方世界之间，内在地生成一种比较，形成一种张力。

② 本书中的“基督教”是天主教、东正教和耶稣教为主的教派的统称。

③ ［唐］裴庭裕：《东观奏记》（三卷）卷下，《四库全书》史部·杂史类。

④ ［唐］郑谷：《中年》，《全唐诗》，上海古籍出版社，1985。

《伤逝记》[①] 和叶秉敬的《敬君诗话》[②] 中，作为艺术门类和诗话专章的“诗学”，才大致有了今日诗学之内涵。[③]

在西学中，诗学（Poetics）一词，源于希腊的 Poiētikēs，是 Poiētike tekhnē 的略写形式，指作诗的技艺，旨在经典文本中抽取规则，以为后世做诗的规范和评诗的标准。亚里士多德的《诗学》是其奠基之作，虽然论述的对象是诗，尤其是悲剧与史诗，但就其实质而言，乃是指文学理论与艺术理论两维。此后，贺拉斯的诗体书简《诗艺》、布瓦洛的诗体论著《诗的艺术》中的诗学，更加专注于文学理论。19 世纪以降，雪莱的《诗辩》、艾伦·坡的《诗的原理》，更是收缩视线，诗学成了诗歌理论。由此，关于诗学，就有了文学和艺术理论、文学理论、诗歌理论的涵义。

进入 20 世纪，有两位学者关于诗学的界定值得重视。一位是法国的瓦莱里，他在教学计划书中这样写道：“从词源学的角度看，即把诗学看成是与作品创造和撰写有关的、而语言在其中既充当工具且还是内容的一切事物之名，而非狭隘地看成是仅与诗歌有关的一些审美规则或要求的汇编，这个名词还是挺合适的。”他指出，“诗学指文学的整个内部原理（toute théorie interne de la literature）”。[④] 另一位是美国著名比较文学学者厄尔·迈纳，他在《比较诗学》中认为，“‘诗学’可以

① ［明］遁园居士：《伤逝记》，《说郛三种》，四十六卷本，第九册，第 1056 页，上海古籍出版社，1988。

② ［明］叶秉敬：《敬君诗话》，《说郛三种》，四十六卷本，第十册，第 1594 页，上海古籍出版社，1988。

③ 参杨乃乔：《悖立与整合——东方儒道诗学与西方诗学的本体论、语言论比较》，“前言”，第 12 页，文化艺术出版社，1998。

④ ［法］达维德·方丹：《诗学——文学形式通论》，第 2 页，天津人民出版社，2003。

定义为关于文学的概念、原理或系统”。[①]

“诗学”的言路并非单一。古代中国往往是从具体的诗歌文本出发，通过直观、感悟、体验的方式言说诗性智慧或诗歌技艺。这与20世纪60年代以后，西方诗学复兴后的言路有一致之处，即诗学力求逼近个体阅读中的审美经验。托·斯·艾略特的几篇极富洞见的诗学论文，就是作家评论；巴赫金的《陀思妥耶夫斯基的诗学问题》，是从解读陀氏的几部重要作品得出诗学结论，并进而提出对话诗学的。他的狂欢理论，也是在解析法国作家拉伯雷的长篇小说《巨人传》中的“民俗化的笑”时升华出来的。当然，这之前海德格尔的《荷尔德林和诗的本质》就走的是此一路向。

综观古今中外，诗学的言路大致有三条：一是，提出某个诗学命题，结合创作实践，进行逻辑推演，创构诗学体系。如亚里士多德的《诗学》。二是，对既有文论予以梳理、研析、归类，揭示某些诗学规律，以图抵达文学本质。如曹顺庆的《中西比较诗学》。三是，从解读大量文学作品及其经典文本，总结诗学原理，建构原创诗学。如巴赫金的“复调理论”、“狂欢诗学”。换言之，诗学可以是文学理论研究，也可以是文论话语分析，还可以是文学作品的理论阐释。最好的诗学言路，应是这三者的有机统一，即诗学理论与诗学阐释的统一。由此，在研究具体文本和既有文论中，抽象出原创性文学命题，建立起与之相匹配的文论体系，就谓之诗学。简而言之，诗学是关于文学的学问。

这样，现代汉语诗学所面对的既可以是理论形态的文论，也可以是隐含了颇具代表性诗学命题的文学文本，只要它有助

① ［美］厄尔·迈纳：《比较诗学》，第3页，中央编译出版社，2004。

于诗学特征的揭示。

三

现代汉语诗学与基督教，是一个跨学科、交叉性、边缘性、综合性的课题。它当然可以借鉴宗教社会学、宗教文化学、宗教语言学、宗教心理学等宗教学的研究方法，同时还可以借鉴比较文学、比较诗学、比较宗教学等学科的方法论资源。这些借鉴，不仅十分必要，而且也是本书得以顺利进行的重要条件。但是这些还主要属于研究方法技术层面的东西，更为重要的是，在建立一种认识或理解的范式之前先有一个基本的方法论立意，也就是此种方法论的出发点。对于本书而言，这个出发点就是强烈的问题意识，并将此贯穿到具体的研究方法之中。从问题意识入手，本书将遵循以下方法论要点。

带着终极问题进入具体问题。所谓终极问题，就是人们所终极关切或终极关怀的问题。不同的人文学科对此有着不同的解释。在最一般的意义上，它是指人们对生活的最高价值、人生的最高境界、生命的终极意义和世界的终极真理等的渴望和探寻。终极问题，既是宗教的本源性问题，又是任何一种诗学力求抵达的终点。带着此一问题，进入现代汉语诗学与基督教这个具体问题的时候，基督教与诗学就有了一个可以全面展开、深入对话的学术平台，以及一个共通性的话题。在另外一个意义上，终极问题也给现代汉语诗学与基督教的研究以宏阔的观照视野和阐释意域，它不但不能取代，而且还必须深入到具体的文本解读、文论话语的剖析当中，并最终落实到诗学问题上。

带着当下问题进入历史问题。现代汉语诗学与基督教，就其考察的对象而言，还是一个没有终结、正在展开的历史过程。但悖论的是，只有那些已经相对静止、相对稳定，也就是在相对的意义上成为历史的东西，才能被我们捕捉，进入我们的学术视域。就此而论，现代汉语诗学与基督教依然是一个历史问题。而当下就是这段历史的汇集点。当下问题，在某种意义上，就是这段历史自然演变的结果之一。这似乎是早已遭后现代主义思潮，尤其是新历史主义所唾弃的历史决定论。但后现代主义真正解构的是叙述的历史，一种与主流意识形态、政治无意识、权力意志共谋的历史。对于是否可能建立一部客观的历史，后现代主义者虽然持怀疑态度，但并不反对这种努力。即便他们，也不能否定当下问题与历史有关，不然福柯就不会去研究疯癫史与文明的关系。带着当下问题进入历史问题，具体地说，就是带着当下的文学和诗学问题，去考察现代思想史、文化史上的基督教与诗学的关系，这样就有可能在发生学的意义上，深入到诗学结构的内部，找到当下问题的真正症结所在。那么，当下诗学有什么症结？可能不同的学者有不同的看法，不同的视角有不同的结论。但在第一部分所列举的那些现象背后的东西，是值得深究的。带着当下问题进入历史问题再返回当下问题，这其实是自马克斯·韦伯、涂尔干以来西方人文学界的一个学术传统，即始终关注现代性与传统的关系。

带着本土问题进入他者问题。现代汉语诗学与基督教，无疑是中国文化中一个本土性的问题与源于西方的他者问题的相遇。从现代汉语诗学进入基督教，实际上是从本土问题进入他者问题。基督教作为西方文化在与中土文化碰撞交汇后，有可能形成第三种文化。即，既不是源初意义上的基督教文化，也不是本源意义上的汉语文化。因此，在研究现代汉语诗学与基督教时，必须要有特殊的文化视域，既要力求探索基督教在西方语境中的真谛，更要注重其进入华夏后的变异和质态，而出发点和归宿还必须是现代汉语诗学的。这是带着自我问题进入他者问题的一个方面的意思。另一个方面的意思是指，他者有他者的宗教问题、诗学问题；他者有他者关于宗教与文学、宗教与文论的若干命题，当本书进入这些问题或命题的时候，其立足点是解决现代汉语诗学问题，建构现代汉语的诗学体系。

四

基于以上的方法论立意，本书在展开过程中，力求做到现象还原与价值判断相结合，微观分析与宏观整合相统一。

现象还原是借用现象学的方法。现象意涵大致与海德格尔之现象学中的含义相当，即让事物按其本身的方式显现出来。本书之现象还原所追求的是这样一种学术旨趣：按照事物自身显现的方式去看待并描述事物。具体地说，就是在研究过程中，“反对一切无根椐的构造与偶发之见，反对采纳只是从外表看来经过证明的概念，反对各种假问题——尽管它们常常被扩展为‘问题’并代代相传。”[①] 通过这种努力，尽可能地还原历史。而这种回到历史自身的努力，是现代汉语诗学与基督教研究的基础，也是价值判断的根据。任何先验的结论都必须建筑在坚实的经验事实之上，都务必得到翔实的史料和丰富的历史文本的支撑。这种现象还原与价值判断的结合，运用到本书具体的话语分析中，就是“非批判的”（non - critical）方法和“批判的”（critical）方法的结合。前者意味着如其所是地描绘现代汉语诗学与基督教的话语实践，后者侧重于揭示这种

① M. Heidegger，Sein und zeit，Max Niemeyer verlag 1986，s. 27—28. 转引自俞吾金：《现代性现象学——与西方马克思主义者的对话》，第 18 页，上海社会科学院出版社，2002。

话语实践如何由权力与意识形态的关系所构成，以及它对于社会身份、社会关系以及知识和信仰体系的建构性作用。[①]

微观分析与宏观整合的统一，是指本书坚持将整体的历史论述、历史评价与具体的文本阐释、事件描述与个案研究结合起来，既见树木，又见森林。本书的第一章就力图从整体上考察现代汉语思想与基督教的事实关联，审美主义与基督教的历史关系，基督教对现代汉语文学的具体影响，从文化、审美到文学，从宏观、中观到微观，回溯现代汉语诗学的基督教语境。第二章，打算系统梳理现代汉语诗学与基督教在近一个世纪的历史演进，试图运用“伦理话语”、“政治话语”和“宗教话语”三个关键词，既呈现出基督教在现代汉语诗学中身份的三次历史性转换，又敞现出现代汉语诗学与基督教的内在逻辑关系，还想在总体上描画出现代汉语诗学与基督教的历史面貌。从第三章开始，本书进入个案研究，一直到第七章，分别论析鲁迅的启蒙诗学、周作人的普世诗学、冰心的爱的诗学、史铁生的存在诗学，以及于坚的民间诗学与基督教的关系。最后一章在前面各章主要立足“非批判的”历史描述与个案研究的基础上，从总体上“批判地”评价现代汉语诗学的现代性建构与基督教之间的关系，并由此推论出本书的结语。

面对汹涌的消费主义狂潮，反观本书的写作，著者有如尼采笔下的“疯子”，在天光大亮的早上，点起一盏灯笼，跑到国际超市，不停地叫喊：“我要找上帝！我要找上帝！”难免招来围观者的嘲笑。

上帝死了，人就将疯狂！

嘲笑，未必不是著者的福？

---

① ［英］诺曼·费尔克拉夫：《话语与社会变迁》，第12页，华夏出版社，2003。

第一章　现代汉语诗学的基督教语境

现代汉语诗学的基督教语境，是一个很大的题域。这里，只从汉语思想界对基督教的谈论，分疏出现代问题与基督教、审美主义与基督教、现代汉语文学与基督教这三个与现代汉语诗学相关的话题来展开。

第一节　现代问题与基督教

基督教作为西方文化的精神背景和价值依托，在中国转向现代化途中，引起了汉语思想界、知识界的高度注意，以至于在 1922 至 1927 年间爆发的非基督教运动，很快从学术讨论演变为大规模的社会政治运动。[①] 此后，在民族国家革命与救亡、改革与开放的过程中，基督教都在不同程度地被汉语学界所谈论。这些谈论[②]触及到了基督教与现代文化、政治、伦理、科学等诸多话题，酿成了一个意识形态话语场，构成了现代汉语诗学的一种语境。

1. 现代文化与基督教

汉语思想界在言说文化与基督教时，往往从两个层面展开：一是基督教与西方文化；一是基督教与本土文化。关于后

---

① 参杨天宏：《基督教与近代中国》之第二章、第三章相关内容，四川人民出版社，1994。

② 注意：［1］不含纯粹的基督教徒思想家的言论；［2］不包括非学理性、非知识性的情绪化言说。

一个问题，在明末清初的传教士利玛窦和儒生徐光启那里就开始了。他们共同的策略是：在中土文化既有的儒道释传统中，寻找与基督教表面相同或相似的术语、理念进行比附、阐释，以期为自己的传教事业拓展言路。在此前提下，才去辨析基督教的特殊性，以及起源于基督教的西洋文明与华夏文明的异质性。汉语文化在这里往往是作为基督教的引证出现，其实质是一条“西学中源”的思路：基督教里有的，汉语文化里早就有了。

这条思路并非是传教士们愿意的，但鉴于汉语文化强大的同化力和对基督教巨大的拒斥倾向，尽管属无奈之举，却不妨是一个很好的文化政治策略：可以在满足儒生们强烈的文化自信与自尊心的同时，撕开中国文化的一个口子，楔入基督教的意涵。比如，他们将中国人的“天”，比附为基督教的“上帝”。不过，这样的比附，除了一些信奉耶教的儒生以外，遭到了多数士大夫的抵制，认为这是传教士欺骗国人的一种巧妙手段。1653年，邹维琏写道：

> 海外极西之国，有夷人利玛窦……著《天学实义》……谬以天主合经书之上帝，夫既明知上帝屡建于六经，郊社所以祀上帝，则至尊在上帝可见矣。昔者大儒释帝为天之主宰，盖帝即天，天即帝。故尊天即尊帝也。何云上天未可为尊，并讳上帝之号而改为天主之号乎？①

利玛窦把汉语中的天主、上帝与圣经和天主教的上帝相提并

① ［法］谢和耐：《中国与基督教——中西文化的首次撞击》，第179页，上海古籍出版社，2003。

论，互为参证，伤害了华夏中心主义的儒生们的民族自尊心。基督教与汉语文化的比附与反比附，消解与反消解构成当此之时谈论基督教与中土文化之一大特点。这种谈论方式的问题意向是传教与反传教。

到了近代，特别是现代，问题意向发生了转换，汉语思想界普遍关心的是：基督教与中国传统宗教是何关系？有何差异？这种差异与中西文化的异质性之间是何关联？中国社会的现代化、现代性是否需要宗教？需要何种宗教？基督教在汉语文化现代化过程中有何作用？这些问题虽属文化范畴，却无法不与现代汉语诗学发生关系，有必要首先清理。

维新派人物谭嗣同可算是一个过渡，他显然承续着晚明时代的传统。为推行政治改良主张，广泛吸取古今中外的精神资源，基督教与本土文化表面相似的部分，成为其重要著作《仁学》的理据。他将基督教的博爱，视为与中国儒教的仁爱、墨家的兼爱、佛教的慈悲相同的精神实体。

进入现代，基督教与中国传统宗教的异质性问题开始凸显出来。闻一多从宗教崇拜入手对两种宗教进行了比较。他认为基督教的上帝崇拜，比中国的祖先崇拜和自然泛神论要优越得多。基督教崇奉的上帝，既与自己相似，又是远远超越于自己的人格神，可使我们因高不可企而生崇敬之感。而中国人崇拜的祖先，则与自己太相像，我们有的缺点他们都有，因而“很难成为我们崇拜的对象”。至于道或自然，又太过虚幻、太过遥远，难以作为我们理想的奋斗目标。基督教的上帝作为一种理想人格，我们可以之为模范而增进奋斗的精神。西洋人对于恋爱、求真，以及事业各方面，正是表现了同一种基督教精神，故各有崇高伟大的成就，“而中国人则多平庸，重子孙繁衍，又喜欢卖弄小聪明，这些都正好与宗教精神相违背。”①

雷海宗从精神内省的角度论中西宗教的差异。认为西洋人的祈祷，看似与神交通，实则是浓厚深切的反省。中国人的烧香拜佛，完全出于世俗功利的考虑，“并无自省的成分”。原因是：“西洋人的生活是神灵与物质，或精神与物质二元的，而中国人的生活则是一元的，就是物质生活。”② 单纯的物质生活追求，决定了中国人的宗教信仰动机。梁漱溟则把这种专门以生活问题为直接目的宗教，命名为低等动机的宗教。高等动机的宗教，是那种超越世俗问题的宗教。中西宗教的分野大抵在此。梁氏说：“比较看去，似乎还是基督教富于忏悔罪恶迁善爱人的意思，基督教徒颇非以生存祸福问题而生其信仰心者。”③

在梁漱溟看来，低等动机的宗教不是真正意义的宗教。于是他判定，相对于西方，中国是没有宗教的国家。因此，“宗教问题实为中西文化的分水岭。中国古代社会与希腊罗马古代社会，彼此原都不相远底。但西洋继此而有之文化发展，则以伟大宗教若基督教者作中心；中国却以非宗教底周孔教化为中心。”这样，中土就逐渐转向了“伦理本位”，家族家庭生活乃延续于后，“西洋则由基督教转向大团体生活，而家庭以轻，家族以裂，此其大较也”④。

贺麟不仅赞同闻一多和雷海宗等人的观点，并进一步推论，华夏之本土宗教不足以使传统中国走向现代民族国家：

---

① 贺麟：《文化与人生》，第 305—306 页，商务印书馆，1988。同时参闻一多：《从宗教论中西风格》，《闻一多全集》，第 3 卷，第 475—480 页，三联书店，1982。

② 贺麟：《文化与人生》，第 306 页，商务印书馆，1988。

③ 梁漱溟：《东西文化及其哲学》，第 96 页，商务印书馆，1922。

④ 梁漱溟：《中国文化要义》，第 53 页，路明书店，1949。

> 我们中国本来亦有宗教，亦需要宗教，……可是我们原来的宗教，受印度文化的影响，有点陷于消极空寂。以后要中国能赶上西洋，亦要提倡科学、民主、工业化，则当亦必同时采取西洋基督教的精神，以作科学、民主、工业化的精神基础，而补救我们原来宗教的消极空寂之弊。①

一部分学人侧重于基督教在西方进入现代社会中的“动力”作用的言述，为贺麟的这个观点提供了有力的支撑。周作人通过对《圣经》与文学精神关系的解读，得出结论，现代社会之人道主义思想大半源于基督教。张东荪则勘定，西欧文化中的法律思想和理性主义导源于基督教。他的逻辑推论是：西欧之社会秩序、法律秩序导因于自然秩序，而“西方人对于自然秩序之确信是根据于相信天下万事万物之有理性；而天下万事万物之所以有理性则因为都是为神（即上帝）所造。”② 梁漱溟也进一步论证：基督教孕育出西方的近代文明，“基督教之兴起实对当时社会具有极大革命性”：一是，它推翻了家神邦神，“反对一切偶像崇拜”；二是，它打破了家族小群和阶级制度，人人皆兄弟，建立了基督教之团体组织。而正是这种组织，产生了西方社会人之个性自由与人之共性平等理念，营构了现代社会的价值秩序。③

2. 现代政治与基督教

现代汉语思想界，在谈论基督宗教与政治的关系时，内在

① 贺麟：《文化与人生》，第310页，商务印书馆，1988。

② 张汝伦选编：《理性与良知：张东荪文选》，第470页，上海远东出版社，1995。

③ 梁漱溟：《中国文化要义》，第56—58页，学林出版社，1996。

地具有一种中西、古今比较的视野，而问题大都集中在基督教与政体、基督教与平等、民主的政治理念，基督教与现代政治革命等上面。

近代儒生王韬，是比较早地谈论宗教与政体关系的学人。不过他的言述非常简单，以为中国是“以政统教”，“泰西诸国皆以教统政”。王韬虽然抓住了中西政体在此一方面的特点，但限于学识、眼界，他并未去辨析二者之间的优劣，而是认为它们或者使“天下皆而安之”，或者“功德所及，势亦归焉，”[①] 发挥着相同的社会政治功能。

张东荪、贺麟对此一问题作出了现代思考。张东荪指出：

> 西方的希腊式宗教生活到了罗马帝国的统一就告结束了。但从此以后却又开始一个新的宗教生活。这个宗教生活并没有随着封建制度的崩溃而消灭。所以到了后来西方的宗教与政治总是二元的。中国不然……所以后来中国只有政治而没有宗教。换言之，中国的情形大致上变为政治一元了，宗教成为不甚重要的了。[②]

对于中世纪以降的西方，已不是以教统政了，而是政教二元。这种政治秩序的形成，在张东荪看来，是因为早在中世纪，一些著名的宗教人士，诸如奥古斯汀（Augustine），托马斯·阿奎那（Thomas Aquinas）等人，就竭力主张在政府之外应有

---

① 《韬园文录外编》，卷 1，1883。转引自［奥地利］雷立柏：《论基督之大与小：1900—1950 年华人知识分子眼中的基督教》，第 15 页，社会科学文献出版社，2000。

② 张汝伦选编：《理性与良知：张东荪文选》，第 374 页，上海远东出版社，1995。

教会。教会直接代表上帝，政府则至多不过是助理而已，“所以后来方能演为政府与教会的分离而对抗。”中国的情况不同，“天”直接为天子所代表，“因此中国神权政治后来只有退步到实际政治。”张氏在这里用了“退步”二字来修辞，显然含有一种价值判断：一元化的世俗政治是历史的倒退，其背后隐藏的是政治进化论，其价值立场也是西方的。

值得追问的是：为何张东荪认为政教二元的政治秩序是进步的、合理的呢？张说，西方因为有了教会，一方面可以对人民直接进行教化，使民众有抵御政府暴政的觉悟与能力；另一方面，政府受到教会的监督和制约，因而比较清明[①]。张东荪由此推及“人权”。他认为西方的人权思想、人格意识也是“得力于政教分开”。在中国，虽然古代与西方相同，也“以神权为政权之基础”，但实际情形却并不相同，以致后来的推演却大大相异，中国走上了一元政治的道路。

进一步，张东荪还认为，基督教的一神信仰，影响了现代社会的平等观念与民主主义思想：

> 就其为严格的一神论而言，耶教是主张唯一的上帝是人们之父，一切人都是其子，人与人便都是兄弟（即同胞）。这一点却影响于后来的民主主义不小。因为人是上帝之子所以只能服从上帝，彼此即同是兄弟则你决不能有特权高出于我之上。可见民主主义虽是希腊人的文化，然其深合欧人的脾胃，却未尝不是由于耶教之力。[②]

① 张汝伦选编：《理性与良知：张东荪文选》，第 292 页，上海远东出版社，1995。

② 张汝伦选编：《理性与良知：张东荪文选》，第 627 页，上海远东出版社，1995。

基于这样的认识，张东荪对西方启蒙运动与基督教关系的论述，就有别于今日国朝学人的见解。他说："近世思想在表面上似乎是对于中世纪的反抗，而在本质上却仍只是中世纪的延长与蜕化。我们可以说不有这样的亚氏思想型之形成，则近世的启明运动[①]的新思想是不会发生出来的。"[②]

冯友兰则认为，是世俗与超越之间的张力，亦即人与上帝之间的张力，使西欧由"神国"进入"人国"。他说："正如在绝对的专制君主国中，人民之幸福，待于君主之恩宠……耶教之上帝，亦专制太甚；在其下人既无自由可返'天城'，故即反动而欲以自己的力量，创建'人国'矣。"冯友兰显然预设了"哪里有压迫，哪里就有反抗"这样一个逻辑前提，但有趣的是他从反面得出了与张东荪相同的结论。[③]

张东荪还论及基督教与社会主义的关系。他专门写过一篇题为《西洋的道统——耶教思想与社会主义》的文章，惜未能充分展开。

关于上述问题，贺麟持大致相同的看法。比如，关于基督教与现代平等观念之间的关系，贺麟在《基督教与政治》一文中也有肯定性的表述，同时他还认为："基督教中实充满了民主精神"。再比如，贺麟也认为："耶教对于政治的大影响，在于使宗教与政治分开，在于使宗教与政治彼此独立，分工互助。"这样，宗教就有了"超政治而有其独立的领域和使用权命，但又有指导、监督、扶持政治而为政治奠定基础的功能。"如果宗教与政治无涉，"则政治失其指导、监察、辅助的基础，

① 注："启明运动"今为"启蒙运动"。

② 张汝伦选编：《理性与良知：张东荪文选》，第473页，上海远东出版社，1995。

③ 冯友兰：《人生哲学》，第156页，商务印书馆，1930。

而陷于腐败暴虐，庸俗黑暗”，宗教也相应地“陷于孤立枯寂，失其淑世的效用”。

较之张东荪，贺麟进一步推进了两个问题的讨论：一个是基督教与后来的一些“主义”。一个是基督教与后来的“革命”。贺麟的这些言论，是建立在基督宗教神学与时俱进这一事实基础之上的。关于前一个问题，贺麟认为，基督教精神在古代、中世纪表现为政教的二元分离与对抗，而到近代则体现为爱国主义和共产主义。由此，他推论“共产主义为一新宗教，认共产主义者为耶教精神的新承继者”。[①] 他引述拉斯基（Laski）的话说：“布尔什维克党与耶稣会最为相似。皆有谨严不屈的信条，铁一般的训练与纪律，对于主义的热情的忠爱（Passionate Loyalty），并具有无涯的信心。耶稣会人到中国传教与共产党人到被压迫民族中宣传相似，其皆为主义、为党服务而无个人目的亦相似。其自信必得最后胜利……”。不说别的，单是这种“到民间去宣传主义，及为主义而牺牲生命的精神，仍是基督教的遗风。”

具体到现实中国，贺麟认为，一方面是某些传教士曲解了基督教，一方面是一些中国人误解了基督教，使之在中国遭遇到极大的坎坷。事实上，“基督教是一种复兴的宗教，它在中国造成的效果实际上也是革命的……甚至中国共产主义的领导人也曾说过：‘我们不要基督教，但每一个青年都应有耶稣基督的战斗精神和牺牲精神’。”[②] 这句话出自陈独秀的《基督教与中国人》一文。贺麟对于基督教与“主义”和“革命”的关系的

① 贺麟：《文化与人生》，第 308 页、135 页、144 页、143 页，商务印书馆，1988。同时参［奥地利］雷立柏：《论基督之大与小：1900—1950 年华人知识分子眼中的基督教》，第 76 页，社会科学文献出版社，2000。

② 贺麟：《文化与人生》，第 143—144 页、94 页、160 页，商务印书馆，1988。

看法，是把宗教精神化和泛化了。这与汤因比与池田大作相似，他们在共同合作的《选择人生》一书中就认为，科学主义、国家主义和共产主义是“现代西欧社会的三大宗教信仰”。[①]

宗白华从古代的政教合一出发，也提到过“宗教”与“主义”的关系，实际上是从学理上给予贺麟的观点以支持：“政与教又是并肩而行，领导着全体的物质生活和精神生活。古代政教合一，政治的领袖往往同时是大教主、大祭师。现代政治必须有主义做基础，主义是现代人的宇宙观和信仰。”[②] 显然，在宗白华看来，进入现代社会，当传统宗教的政治功能受到抑制以后，主义宗教是必须的，它既是现代政治的基础，又是现代人的宇宙观和信仰。这对理解汉语世界中社会科学理性和政党伦理的宗教化很有帮助。

3. 现代伦理与基督教

据考，伦理在西语中，源于希腊语之“ethos”，其涵义为内在之品性与气禀和外在之风俗与习惯之合，引申为人们应当如何的行为规范。在中国，《说文解字》中的“伦”，曰“辈也”，引申为人际关系。“理”的本义为“治玉”，可引申为西语中之规律和规则。在西语与汉语的跨语际交流中，伦理之实义为：关于人际关系应该如何和事实如何的理论。[③] 在此处，我只想就汉语思想界在谈及基督教时，所涉及到的伦理范畴中的人的自由问题、人格问题、良心问题等作一陈述。

在谈论上述问题之前，汉语思想界注意到了基督教伦理的前提，即人格神的存在。冯友兰在与其他宗教及带宗教色彩的

① ［英］汤因比、［日］池田大作：《选择人生》，转引自张志刚：《宗教学是什么》，第128页，北京大学出版社，2002。

② 宗白华：《论文艺的空灵与充实》，《观察》，第1卷，第6期，1946。

③ 参王海明：《伦理学原理》，第80页，北京大学出版社，2001。

哲学的比较中发现，基督教具有几个显著的特点：一是在本体论上只有一个上帝，一个“主有人格的上帝”；二是有一个像现实世界一样具体的理想世界——天国；三是抵达这个天国世界，“非上帝施恩不可”。在这些特点中，冯友兰以为，有一个“有人格而全智全能”的上帝存在是最重要的，因为这一有人格的个体，能以其无限的智慧与权力创造、统治世界。作为上帝的所造物——人，“欲摹仿上帝而自建一伊甸园于地上”。[①]这种摹仿是多方面的，对上帝人格的摹仿应是题中之义。

张东荪进一步阐述了人格神对人格形成的影响：

> ……人却必须努力以实现其人格之圆满完全，以神为目标，求有以接近之。所以这种人格思想无宁谓为“神格”。盖以神为最圆满完全的人格，而为一切自然人之榜样与目标。这便是以神人之人格置于人之人格面前，而将人之人格隶属于神之人格下以吸收之。[②]

这样，基督教作为“西方的道统”，塑造了西方人的人格，就像儒家精神塑造了中国人的性格一样。同时，张东荪还认为，基督教之神格之所以对人格以巨大影响，还在于“基督不是言语为教而以人格为教”，“不以言教而以身教”，所以感人至深。[③]

---

① 冯友兰：《一种人生观》，第 44—45 页、第 156—157 页，商务印书馆，1924。

② 张汝伦选编：《理性与良知：张东荪文选》，第 431 页，上海远东出版社，1995。

③ 张汝伦选编：《理性与良知：张东荪文选》，第 625 页，上海远东出版社，1995。

在张东荪看来，有无人格对于有无自由至关重要。没有人格的人，够不上具体而独立的“个体”。而中国恰恰缺乏“个体”的观念，更没有建立其上的“个体哲学”，因而也就没有相对于个体的“自由”可言：“我说中国没有‘个体哲学’(individuality philosophy)。这一点却又影响及于政治社会。就是中国人自始至终着眼于职司相配，上下有别的秩序，而不侧重于个人的‘人格’。所以中国人没有个体的思想，即不认宇宙是一个大群，其中分子都是一个独立的精神。因此中国人在学理上不了解甚么是‘自由’。”①

这有否文化的原因呢？张东荪没有普泛性地回答这一问题。但他比较了一下基督教的神秘经验与作为中国文化之组成部分的佛教的宗教体验，来看其在伦理道德上的差异：“耶教之上帝不纯粹是个哲学上的概念，乃是一个具体的经验……但佛教中的神秘经验是没有道德性的，同时亦可以说是一下子的(即顿时的)。而耶教不然，耶教在日常祈祷中可以与神秘经验不断发生关系，于是便不复真正神秘了。乃变为中国人所谓的天良或良心。而即其有伦理或道德的义意了。”② 于是，在基督教那里，通神与合乎道德是一物之两面。它既是一个信仰事件，同时又是一个关乎个人灵魂安顿的道德事件。这里已经谈到了良心。何谓良心？张东荪认为，道德的内心制裁即为良心，而良心的铸成有待于宗教的陶养。

贺麟则引莱基（Lecky）之名著《欧洲道德史》上的一段话，来说明基督教是美好人格的源泉：

---

① 张汝伦选编：《理性与良知：张东荪文选》，第289页，上海远东出版社，1995。

② 张汝伦选编：《理性与良知：张东荪文选》，第626页，上海远东出版社，1995。

> 柏拉图主义者劝人模拟上帝，斯多葛派劝人遵循理性，耶教中人则劝人爱敬耶稣。……基督教的长处就是给世人一理想的人格，此人格经千余年的变迁中，曾激发人类心情的热烈爱慕。此人格曾证明其自身足以影响一切时代、一切民族、一切性情或环境不同的人物。此人格不单是道德的最高模范，而且是引起实行道德的一大动力。耶稣三十年生活的成绩，其于人类的再生与感化，实超出一切道德家、哲学家的理论与劝告，故耶稣的人格实为耶教生活中最美好最纯洁的泉源。①

贺麟显然是把基督教的伦理资源普世化了。具体到现代中国的婚恋伦理，贺麟认为当时的人们并没有真正明白自由恋爱的意义，更不知晓其崇高理想。就西方的男女恋爱而言，他谈到了三个精神来源。其中的两个都与基督教有关："第一为基督教精神。将基督教仰慕上帝，崇拜上帝的深情，移之于仰慕女性，崇拜女性，将女性神圣化。第二为中古骑士侠义之风……将忠实的基督教徒之崇拜、仰慕、歌颂上帝的情绪和态度，转而崇拜、仰慕、歌颂女性。"② 当然，这样的恋爱观，更多地见于西方的浪漫主义的文学作品中。

4. 现代科学与基督教

这是汉语思想界谈论得较多的话题。冯友兰 1922 年发表在美国杂志 *The International Journal of Ethics* 上的一篇文章：《华夏为什么没有科学》，就已深刻地触及到这一问题。

① 贺麟：《文化与人生》，第 133 页，商务印书馆，1988。
② 贺麟：《文化与人生》，第 184 页，商务印书馆，1988。

冯友兰持与李约瑟相同的观点，认为华夏历史与欧洲文艺复兴前的历史，尽管性质各异，但水平相当。可到了近代，中国却大大落后了。原因何在？冯友兰问：是“什么东西阻碍”了华夏的发展？答案是：阻碍它的是华夏没有科学。何以没有科学呢？华夏何以就不能产生西方近代意义上的科学？冯友兰以为，是儒、道思想的深层结构，导致了华夏人内在地缺乏对科学的欲求。本来墨家的思维方式是近似于科学的，可惜这条思想路线没能延续下来。西方思想与华夏思想的主要区别在于，前者在基督教文化的影响下，在天堂，即向外在寻求善与喜乐，而后者却在儒、道思想的驱动下，将精神力量内转，即向内“心”、向内在寻求永久的和平，从而中断了思想的“自然”路线，形成了自满自足的人格精神。[①]

在冯友兰看来，西方思想之所以能进入现代，能从古代的束缚中走出来，关键在于，基督教教导人们“侍奉一个外在的神”。正是这个外在于人的神，引导人们走向了大自然，走向了科学。因为有一个外在的神的存在，“人不再是一个自满自足的存在，而是一个罪人”，人被视为软弱的、愚蠢的、无力的，要成为完美、强大与明慧的人，就需要寻求自然人本身所不具备的东西，就需要知识与权力，需要社会、国家、法律和美德，当然就更需要科学。冯友兰认为，在基督教的作用下，“欧洲人的思想是以证明上帝为主。哲学家用亚里士多德的逻辑与对于自然现象的研究来证明上帝。据经院大多数哲学家的看法，哲学与科学的主要目的是解释《圣经》，连 R. 培根

---

① Feng Yulan，*Why China Has no Science*：*An Interpretation of the History and Consequences of Chinese Philosophy*，in：*The International Journal of Ethics*，Nr 32，April 1922，pp，237－263. 参［奥地利］雷立柏：《论基督之大与小：1900—1950 年华人知识分子眼中的基督教》，第 37—38 页，社会科学文献出版社，2000。

(Roger Bacon)也这样认为。现代欧洲继续了这种精神，就是一种认知与证明外在世界的精神，只是以‘自然’代替了上帝，以机械代替了创造而已。”①

冯友兰并未否定华夏“内在学”的意义，甚至还预言，人类将来会向此学习。这个预言是很有趣的，据说，后来像海德格尔这样著名的哲学家，在其暮年之际，对古老的华夏文明，产生了难以遏止的倾慕之情。但就科学而言，冯友兰还是认为，华人四千年的思想经历只是一个失败，“这个失败警告我们的孩子，不要继续在人心的‘不毛之地’中寻求什么东西”。② 冯友兰最后说：“基督教的宗教信仰在科学史上有重要的、而且积极的影响。基督教思想引导人们研究外界的事物，用哲学与观察来证明宇宙中的秩序（即是在证明创造这秩序的上帝的存在）。人们意识到自己的不完美性，所以要超越现状。”③

张东荪则从认识论的层面，展开了与基督教的对话，并回答了冯友兰的中国为何没有科学的设问。他在研究中西文化的

① Feng Yulan，*Why China Has no Science*：*An Interpretation of the History and Consequences of Chinese Philosophy*，in：*The International Journal of Ethics*，Nr 32，April 1922，pp，237—263. 参［奥地利］雷立柏：《论基督之大与小：1900—1950年华人知识分子眼中的基督教》，第38—39页，社会科学文献出版社，2000。

② Feng Yulan，*Why China Has no Science*：*An Interpretation of the History and Consequences of Chinese Philosophy*，in：*The International Journal of Ethics*，Nr 32，April 1922，pp，237－263．参［奥地利］雷立柏：《论基督之大与小：1900—1950年华人知识分子眼中的基督教》，第38—39页，社会科学文献出版社，2000。

③ Feng Yulan，*Why China Has no Science*：*An Interpretation of the History and Consequences of Chinese Philosophy*，*in*：*The International Journal of Ethics*，Nr 32，April 1922，pp，237－263．参［奥地利］雷立柏：《论基督之大与小：1900—1950年华人知识分子眼中的基督教》，第48页，社会科学文献出版社，2000。

时候，发现了一个现象：

> 凡一问题起来，在西方人总先注意于“是何”，而中国人却总先注意于“如何”。换言之，即西方人是以“是何”而包括与摄吸“如何”。其“如何”须视“是何”而定。在中国人却总是以“如何”而影响“是何”。所以注重“是何”的思想能由宗教而发展到科学。亦可以说这是科学思想之一特色。而注重“如何”的思想只能发达到政治与社会性，尤其是道德问题。所以东方思想始终偏于人事，而忽略自然，想其故即由于此。①

这样，华夏有了自己非常发达的伦理，而没有西方近代意义之科学。

梁漱溟的入思角度，是出于当下语境，是辟科学与宗教冲突论的。针对汉语思想界“有人以为近世宗教的衰败，是受科学攻击”的言论，梁漱溟说：其实不然。因为科学是知识，宗教是行为，行为出于情志，并非科学能打倒。另一位哲学家全增嘏，在谈到西方中世纪的时候，虽然在总体上也持科学与宗教水火不容的观点，但在具体深入到宗教、哲学与科学的复杂幽微的关系时，又发挥了与梁漱溟大体相当的观点：“宗教与哲学并不冲突的，宗教（信仰）的根据是权威，哲学（理智）的根据是论理，各有各的范围，并不相侵犯。所以信仰宗教者未尝不可任理智指导作哲学及科学之研

---

① 张汝伦选编：《理性与良知：张东荪文选》，第375页，上海远东出版社，1995。

究，而研究哲学或科学者亦未尝不可以同时有宗教之信仰。”其实，知识是可以划分为好多类型的，类型之间当然有层级之分，肯定也会有许多影响，但谁告诉你说一定是相互否定的？

贺麟则从正面阐述了基督教对科学发展的积极作用。他说：“一般都认为基督教是反科学的，要提倡科学就得反宗教。可是我们试客观地加以观察分析，基督教对科学毋宁是有保护促进之功。”首先从历史事实看，修道院在欧洲“蛮族入侵”的时候，保存了希腊的哲学、科学等典籍，使以后的科学发展有所凭借。其次，基督教常常利用科学为自己辩护，教士常有“相当的科学知识”。[①] 再次，教会为了信仰，迫害科学家的事实，也反过来推动了科学的发展。对此，贺麟如是说：“科学家因受教会的压迫，而愈觉得真理之可贵，其本身使命之伟大，从而更锲而不舍，作科学的高深探求。科学因与宗教对立竞争而愈昌明，科学家因受教会迫害而反成为最有牺牲的宗教精神者。”[②] 反观华夏，一向以为作科学研究的人是玩物丧志，对科学虽然不像基督教会般地迫害，却采取不加理会的漠然态度，而正是这种漠然态度，使科学被真正忽略，以至于成就甚少。写到这里，突然想起鲁迅说过，对论敌最有力的武器，是沉默。

有了这番史实的支撑以后，贺麟转向了科学精神与基督教关系的论述。张东荪曾将科学分为技术与精神两个层面，认为后者不仅与民主主义思想密切相关，而且与宗教精神密切相联，但他对此未能充分展开。贺麟为他做了此一工作。贺麟认

① 贺麟：《文化与人生》，第307—308页，商务印书馆，1988。

② 贺麟：《文化与人生》，第308页，商务印书馆，1988。

为，科学家之追求真理，不计利害，勇往直前的精神，“正如基督教徒之追求上帝，因此才可能发现真正崇高的真理，这里面正是一种基督教精神的表现。”而另一方面，科学家固然追求纯理智的真理，但其灵魂同时也需要宗教的安慰。两者并行不悖，并无不相容之处①。因此，贺麟结论说，基督教实有助于科学的发展。而不是反科学，“基督教是科学的庇护者”。

综上所述，汉语思想界关于基督教与现代文化、政治、伦理、科学等问题的谈论，不仅涉及到中西不同文化类型、政治制度、伦理范式、科技发展，而且潜入到社会现代化的动力机制，以及中国现代化方案的设计和规划。问题是，进入近现代以后，基督教到底给中国社会带来什么？贺麟认为：“基督教的影响在中国的反映本质上是科学的、民主的和民族主义的”。② 换言之，基督教精神在此转化为一种现代精神，呈现为一种现代性。21 世纪初年，另一位汉语思想家作出了大体相同的判断：“基督教在中国实际上显身为现代商务（工交、财政、医药）、现代文化（译业、报业、教育）乃至现代政治（君主立宪或民主共和）。”他以清末高士辜鸿铭作证：“我曾出席在中国的基督教传教士会见总督、总裁和各级满清官吏的多次谈话会，然而，以基督教正义极端重要性为题的谈话，我一次也没有听到过。他们会谈的内容都是有关铁路、科学、财政、医药、学术教育和反对缠足的。”③

我们并不一定赞成上述观点，有的我们甚至会反对。但这些常常为主流学术所忽视、所排斥的言论，的确是当时汉语思

① 贺麟：《文化与人生》，第 308 页，商务印书馆，1988。

② 贺麟：《文化与人生》，第 161 页，商务印书馆，1988。

③ 刘小枫：《圣灵降临的叙事》，第 14 页，三联书店，2003。

想界的一种客观存在。我所作的不同于以住的“历史还原”，冒着不够辩证，乃至矫枉过正的风险，是想说明，基督教对现代中国的影响或许并非如主流历史所叙述的那么“边缘化”，而事实上它的精神元素很可能因为汉语思想界的不断言说，而渗透到现代中国政治、经济、思想、文化和社会的方方面面，并在深层结构潜在地发生作用。现代汉诗学作为现代汉语思想的组成部分受其影响、受其规约，这是无可置疑的。事实上，20 世纪 80 年代以降，海子、史铁生、北村、余虹等人的相关诗学言述的基本话题、问题意识，甚至部分结论，大都是前述相关问题的复述与推进。这一方面是因为，历史的人为“中断”导致有些话题未能深入展开即行终止，而在言禁稍开后又被重提；另一方面，也是更为主要的，则可能是有些话题触及人类的根本问题，想绕也绕不开。绕开来，过一阵子又鬼使神差般地回来？以至于自以为“人文精神”的大讨论，不自觉地演化为“神性精神”的呼告。而这时，汉语文化中一个新的因素正在增长，那就是“消费主义”，“神性”所面对的也是不同于以往的新对手——“货币”——拜物教的神。看来，它还得随着历史的变迁，与一个个新的“敌人”不断地对抗下去，以至无穷？

第二节　审美主义与基督教

考察此一问题，是有相当难度的。因为审美主义迄今是汉语思想界的主要言说方式与论述规范。好在刘小枫先生在《现代性社会理论绪论》之“审美主义与现代性”一章，审理了自王国维到李泽厚的审美主义话语。虽然，他的论说重心在其与现代性的关系上，但深隐其后的无疑是一双基督神性的眼睛。

这不仅使他的论述本身构成了现代汉语思想界关于审美主义与基督教问题的重要内容，而成为本节的评述对象，而且，也为我的论题开启了基本的思路。

1. 替代宗教说

在现代汉语思想史上，王国维的艺术代宗教，蔡元培的美育代宗教，梁漱溟的道德代宗教，都是颇具代表性的替代宗教说。

王国维是现代意义上较早论及审美与宗教关系的学人。基督教是作为宗教的组成部分，进入他的论域的，他以谈论其他宗教相同的方式谈论着基督教。他的《〈红楼梦〉评论》、《去毒篇》、《三十自序》是其代表。

王国维审美理论的元点，是叔本华的生存论哲学。因此，王国维的美学思想，也可以视为一种生存论美学。任何宗教都是直接关乎人的生存的，正是在这一点上，王国维找到了审美与宗教的沟通点。在王国维对叔本华的哲学解读中，生之动力来自欲望，生活之本质，欲望而已。而欲望总是与苦痛相伴随，“故人生者如钟表之摆，实往复于苦痛与倦厌之间者也”。文化不能解除痛苦，因其愈进，“其知识弥广，其所欲弥多”，“其感苦痛亦弥甚”也。“欲”、“生活”与“苦痛”是三而一的。知识也罢，科学也罢，政治也罢，实践也罢，其基础“筑乎生活之欲之上”，而无往不与苦痛相关①。既如是，人能否走出苦痛，瓦解生存悖论，摆脱生存困境？或者问：何者能起解脱苦痛之功效，能有如此之担当呢？

王国维认为：“非美术何足以当之乎？”因为它能“使吾人

① 王国维：《〈红楼梦〉评论》，王运熙主编：《中国文论选》，近代卷下，第468—469页，江苏文艺出版社，1996。

超然于利害之外，而忘物与我之关系。此时也，吾人之心无希望，无恐怖，非复‘欲’之我，而但‘知’之我也。”[①] 具体言之：

> 宇宙一生活之欲而已。而此生活之欲之罪过，即以生活之苦痛罚之：此即宇宙之永远的正义也。自犯罪，自加罚，自忏悔，自解脱。美术之务，在描写人生之苦痛与其解脱之道，而使吾侪冯生之徒，于此桎梏之世界中，离此生活之欲之争斗，而得其暂时之平和，此一切美术之目的也。[②]

这样，王国维就从人的生存困境、艺术之目的与审美作用，论及了艺术对于人生苦痛的解脱功能。难道仅有“美术”才具有这样的功能？不是。“世界之大宗教，如印度之婆罗门教及佛教，希伯来之基督教，皆以解脱为唯一宗旨。”[③] 正是在“解脱”这一点上，王国维沟通了艺术与宗教，经验知识与信仰知识。这一沟通，拓开了审美与宗教的题域，提供了此间相互跨越的想像空间：既可能使宗教审美化，又可能使审美宗教化，还可能使宗教与审美互相替代，而构成现代汉语思想界关于宗教与审美问题的特殊言域。

王国维自己就认为：“美术者，上流社会之宗教也。”[④] 这

---

① 王国维：《〈红楼梦〉评论》，王运熙主编：《中国文论选》，近代卷下，第469页，江苏文艺出版社，1996。

② 王国维：《〈红楼梦〉评论》，王运熙主编：《中国文论选》，近代卷下，第474页，江苏文艺出版社，1996。

③ 王国维：《〈红楼梦〉评论》，王运熙主编：《中国文论选》，近代卷下，第481页，江苏文艺出版社，1996。

④ 王国维《去毒篇》，周锡山编校，《王国维文学美学论著集》，第49页，北岳文艺出版社，1987。

就已经在一个特定的论域内将审美宗教化了。继之就有了蔡元培的"美育代宗教说"。蔡元培的问题意向，说穿了是以科学反对宗教，以经验知识、实证知识取代信仰知识。在他那里，宗教不是作为信仰被审视，而是作为另一种具有古代性的科学被考量。因此，他的学说是建立在"宗教过时"论上的："夫宗教之为物，在彼欧西各国，已为过去问题。盖宗教之内容，现皆经学者以科学的研究解决之矣。"科学是怎样解决宗教问题的呢？蔡元培挪用西方的思想质料，将人的精神世界分为三个部分："一曰知识；二曰意志；三曰感情"，而"最早之宗教，常兼此三作用而有之"。① 但到了近代，特别是现代，"社会文化，日渐进步，科学发达"，知识和意志的作用皆脱离宗教而独立，"于是宗教所最有密切关系者，惟有情感作用，即所谓美感。"② 美感实为美术作用。"然而美术之进化史，实亦有脱离宗教之趋势。"到文艺复兴以后，"各种美术，渐离宗教而尚人文。"即以美育论，"已有宗教分合之两派。以此两派相较，美育之附丽于宗教者，常受宗教之累，失其陶养之作用，而转以刺激感情。"鉴于宗教有刺激感情之弊，"专尚陶养感情之术，则莫若舍宗教而易之以纯粹之美育。"③

蔡元培何以要建立此套话语，以美育取代宗教，或者说来证明宗教在今日之无用与多余，他入思的动机是什么？从这篇演讲来看，是针对当时基督教思想在华夏的传播："由于留学

① 蔡元培：《以美育代宗教说》，《蔡孓民先生言行录》，第114页，山东人民出版社，1998。

② 蔡元培：《以美育代宗教说》，《蔡孓民先生言行录》，第115页，山东人民出版社，1998。

③ 蔡元培：《以美育代宗教说》，《蔡孓民先生言行录》，第116页，山东人民出版社，1998。

外国之学生，见彼国社会之进化，而误听教士之言，一切归功于宗教，遂欲以基督教劝导国人。”由此，也使一部分华夏知识分子意识到了宗教对于建立现代民族国家之重要性，并从民族主义情绪出发，“以孔子为我国之基督，遂欲组织孔教，奔走呼号，视为今日重要问题。”[①] 可见，蔡元培思考的是一个大问题，即用什么来建构现代国家的精神秩序、价值秩序的问题。正是在这个意义上，刘小枫认为蔡元培之宗教语义“不是哲学的，而是社会政治的”[②]，可谓一语中的。蔡氏在貌似科学、理性的下面，实际上混淆了知识的类型。支撑其话语深层结构的是民族国家意识，是西方与中土，传统与现代的对立。

这一情况，在梁漱溟的“以道德代宗教”里表现得更为充分：

> 道德为理性之事，存于个人之自觉自律。宗教为信仰之事，寄于教徒之恪守教诫。中国自有孔子以来，便受其影响，走上以道德代宗教之路。[③]

在另一处，梁漱溟认为，“一是孝弟的提倡；一是礼乐的实施；二者合起来”就是孔子的宗教。[④] 这很有意思，前者是道德的、伦理的，后者是艺术的、审美的。道德的伦理的是通过艺术的审美的来实现的。因为礼乐“是专门作用于情感的；他从‘直觉’作用于我们的真生命”而产生神奇的功效，“使轻浮虚

---

① 蔡元培：《以美育代宗教说》，《蔡孑民先生言行录》，第114页，山东人民出版社，1998。

② 刘小枫：《现代性社会理论绪论》，第312页，上海三联书店，1998。

③ 梁漱溟：《中国文化要义》，第115页，路明书店，1949。

④ 梁漱溟：《东西文化及其哲学》，第206页，商务印书馆，1922。

飘的人生，凭空添了千钧的重量，意味绵绵，维系得十分牢韧！凡宗教效用，他无不具有，而一般宗教荒谬不通种种毛病，他都没有，此其高明过人远矣。”[①] 在这里，有三点很有趣：一是道德的内容是儒家的，学理却是西方的，是康德在《实践理性批判》中反复谈到的道德自律。二是儒教高于其他一切宗教，其中反映出的是新一代儒生的华夏文化中心主义和文化的民族优位感，并试图以之与西方文化抗衡。有趣的是，其思想资源又是西方的。三是礼乐文化作为一种审美方式已经被宗教化了。

正如刘小枫所敏锐发现的那样，审美的宗教化往往首先是宗教的审美化。而宗教审美化的方式，又可能是宗教的情感化、神话化、诗化。王国维就认为：“宗教之说……今不必问其知识上之价值如何，而其对感情之效，则有可言焉。”[②] 前述蔡元培也说，于宗教最有密切关系者，唯有情感作用。[③] 梁漱溟则将此表述为：“宗教必对于人的情志方面之安慰勖勉，为他的事务。”[④] 宗教之情感化可见一斑。而周作人、冯友兰等又把宗教神话化、诗化。周作人是把《圣经》中的《雅歌》、《诗篇》等作为“抒情诗”看待的：“《雅歌》的价值全是文学上的，因为他本是恋爱歌集；那些宗教的解释，都是后人附加上去的了”[⑤]。冯友兰在《一种人生观》中专门写了一章，题

---

① 梁漱溟：《东西文化及其哲学》，第209—210页，商务印书馆，1922。

② 王国维：《去毒篇》，周锡山编校，《王国维文学美学论著集》，第48页，北岳文艺出版社，1987。

③ 参蔡元培：《以美育代宗教》，《蔡孑民先生言行录》，第115页，山东人民出版社，1998。

④ 梁漱溟：《东西文化及其哲学》，第132页，上海商务印书馆，1922。

⑤ 周作人：《〈旧约〉与恋爱诗》，参高瑞泉主编：《周作人文选》，第15—16页，上海远东出版社，1994。

目就叫《诗与宗教》，他认为："至于宗教自身，我以为只要大家以诗的眼光看他就可以了。"为什么要用"诗的眼光"看呢？因为这样可以"视宗教之神话为文学"。并且"依此看法"，许多迷信神话，"皆为甚美"。

还可以进一步问，何以对待宗教，汉语思想界会有这种"眼光"？其实冯友兰在无意中透露了这个"机关"："孔子对于宗教的态度，似乎就是这样。《论语》云：'祭如在，祭神如神在'。'如'字最妙……"。[①] 或者可以反过来说，从古代先贤始，华夏就延伸着一条认知世界的诗化言路，于是渐渐就有了将一切纳入诗化视域的言述机制。这的确是一个很有趣，也值得深入探讨的问题。不过，在现代汉语思想界，宗教的诗化到是形成了一个不大不小的传统。

2. **审美宗教化**

除了前述的王国维、蔡元培、周作人、梁漱溟、冯友兰以外，宗白华在这条言路中贡献独特。他是取西方之思想质料，从个体生存论的角度，将整个汉语思想传统诗化、审美化，使之成为一套关切宇宙中人的个体心性和灵魂安顿的意义系统，成为"一种宗教性的审美主义"，在有意无意中暗合了施莱尔马赫式的宗教观，将"有限的个体融入宇宙无限之中成乐"[②]。

> 《乐记》里说："大乐与天地同和。"孟子曰："君子……上下与天地同流。"中国人的个人人格，社会组织以及日用器皿都希望能在美的形式中作为形而上的宇宙秩

① 冯友兰：《一种人生观》，第21—22页，商务印书馆，1924。

② 参刘小枫：《现代性社会理论绪论》，第314—316页，上海三联书店，1998。

> 序与宇宙生命底表征。这是中国人的文化意识，也是中国艺术境界的最后根据。①

既然汉语思想文化已经是审美化的宗教，足可以安顿人心，那么以审美代宗教就成为一种确证或者一种真理性的认识？而实质是，以汉语文化替代各种宗教，包括基督教，就只是一个最后命名的问题了。于是从王国维提出的美术与宗教的功能相同，是可以取而代之的，到蔡元培明确提出以美育代宗教，梁漱溟以道德代宗教，再到宗白华将整个汉语文化宗教化，就越来越明确了代替宗教的实在之物了——汉语文化。

李泽厚就在这个历史的当口站出来，明确地宣称，用汉语思想之审美主义代替宗教，而成为这一理论的集大成者。恰如刘小枫所言，现代汉语思想中的审美主义话语，在李泽厚那里体系化了。他汲纳西方的思想资源，不仅是康德的、黑格尔的，甚至是被主流意识形态所信奉的马克思的，通过三种话语策略推进了汉语审美主义的理念系统化：

> 一、将整个汉语思想传统审美化——从审美论立场重述汉语思想史；二、在哲学上将心理主义本体论化——所谓心理即本体；三、明确主张审美性可以代替启示宗教。②

李氏的观点是基于对汉语思想文化的如此认识："儒家哲学没

① 宗白华：《艺术与中国社会生活》，《美学与意境》，第 239 页，北京大学出版社，1987。

② 刘小枫：《现代性社会理论绪论》，第 316 页，上海三联书店，1998。

有建立超道德的宗教，它只有超道德的美学，它没有建立神的本体，只建立着人的（心理情感的）本性。它没有去归依于神的恩宠或拯救，而只有人的情感的悲怆、宽慰的陶冶塑造。”① 李氏否定了华夏思想体系存有西方意义上的宗教，但同时肯定了华夏有自己的宗教：以情感陶冶为目的，以人的心理为本体，以超道德的审美为终极价值的宗教。

其实，李泽厚将审美宗教化的理论前提，是和王国维、蔡元培等人首先将宗教审美化有相似之处的。不过，他是哲学家，其推演方式还是有所区别的。在我看来，他首先是将哲学本体情感化，再将情感本体审美化，最后抵达审美本体宗教化之目的的。这个“三段论”最集中表现在下列的论说中：

> 有关存在的哲学最终便不在思辨，不在信仰，不在神宠，而就在这人类化了的具有历史积淀成果的流动着的情感本身。这种情感本身成了推动人际生成的本体力量。孔子对逝水深沉喟叹，代表着孔门仁学开启了以审美替代宗教，把超越建立在此岸人际和感情世界中的华夏哲学——美学的大道。②

到此，由王国维开启的这条审美代宗教的学说似乎已经完成，但深入思之，会发现，事实上到这时李泽厚们已远离王国维而去。他们抛弃了王氏在《〈红楼梦〉评论》中困惑不安，一直不敢贸然下结论的问题，那就是审美解脱能否具伦理学意义上之最高价值？是否具有绝对价值？王国维是这样提问的：

① 李泽厚：《美学三书》，第382页，天津社会科学院出版社，2003。

② 李泽厚：《美学三书》，第246页，天津社会科学院出版社，2003。

“然则解脱者，果足为伦理学上最高之理想否乎?”王国维是用怀疑这种“伦理学上之最高理想”，怀疑其“绝对价值”之存在，最后暂且以实用价值，即他之所谓：“解脱之足以为伦理学上最高之理想与否，实存于解脱之可能与否”，也就是以不是解决的办法解决这个问题的。换言之，他是把“绝对价值”的问题放入了括弧，存而不论来完成他的言述的。而且他明确地说，种种知识与经验，包括“美术”在内，都是“对现在这世界人生而起者，非有绝对的价值也。”那么美术的价值到底在哪里呢?王氏认为：“美术之价值，存于使人离生活之欲，而入于纯粹之知识。”只不过他不能确定，这“纯粹之知识”是否确切存在，存在在哪里而已。①

再一方面，王氏清楚地认识到有两种不同的解脱：“一存于观他人之痛苦，一存于觉自已之苦痛……前者之解脱，超自然的也，神明的也；后者之解脱，自然的也，人类的也。前者之解脱，宗教的也；后者美术的也。前者平和的也；后者悲感的也，壮美的也，故文学的也，诗歌的也，小说的也。”② 宗教之解脱与文学之解脱，从功能上看似乎相同，但其背后的价值依据及其解脱之程度是根本不一样的。而且王国维审美论的哲学基础里，还混有佛教人生皆苦与基督教人的原罪在体论的宗教元素。因此，他敏锐地发现了华夏精神的此岸性、乐感性特征，以及由此而带出的文学的独特面貌：

吾国人之精神，世间的也，乐天的也，故代表其精神

① 王国维：《〈红楼梦〉评论》，参王运熙主编：《中国文论选》近代卷下，第479—483页，江苏文艺出版社，1996。

② 王国维：《〈红楼梦〉评论》，参王运熙主编：《中国文论选》近代卷下，第474页，江苏文艺出版社，1996。

> 之戏曲小说，无往而不著此乐天之色彩：始于悲者终于欢，始于离者终于合，始于困者终于亨，非是而欲餍阅者之心，难矣。[①]

中国文化之乐感特征，由于对人生在体论的认识不同，在王国维处就已经发现了。

后来，王国维还陷入“可爱”与“可信”的矛盾之中：“可信而不可爱、可爱而不可信”，这使他徘徊于经验知识与信仰知识的两难抉择之间，感到痛苦，并影响其生存方式。

具体地说来，李泽厚们轻松地抛弃了令王国维困扰，也是现代性反思的一些根本性问题：审美主义能否具有和是否可能最终取代绝对价值？在经验知识以外，信仰知识有否存身的可能？

3. 终结与开启

在谈到李泽厚的时候，我用了现代汉语审美主义话语“集大成者”的表述方式，而没有用“终结者”的说法。在我看来，在审美与宗教的关系上，或者说在现代汉语审美主义的言述上，真正的“终结者”是刘小枫。将刘小枫与上述的汉语思想家相提并论，毫不逊色，而且我认为他的思想成就更为卓越。刘小枫对现代汉语审美主义的终结，是在两个方面的意义上表现出来的：一，是这种审美主义话语的最后完成者；二，是这种审美主义话语的反思者与否定者，并从而开拓出新的言路。前者以《诗化哲学》为代表，后者则表现在《拯救与逍遥》、《走向十字架上的真理》、《现代性社会理论绪论》等专著

① 王国维：《〈红楼梦〉评论》，参王运熙主编：《中国文论选》近代卷下，第475页，江苏文艺出版社，1996。

的精彩论说中。

《诗化哲学》是研究德国浪漫美学的。与其说是研究，毋宁说是建构，即通过对德国浪漫美学的描述，从诗的本体论到本体论的诗，从诗化的思到诗意的栖居以及人和现实社会的审美解放，刘小枫借以建立起一套完整的审美主义话语。在这套话语中审美取得了宗教性的合法地位。如果在这之前，从王国维到李泽厚还是在不同的文化立场论述“审美代宗教”的可能性、正当性的话，那么到刘小枫这里，德国浪漫美学传统及其发展的历史已然证明审美本身就居于宗教的位置，在现代社会发挥着宗教的作用：“诗提供了拯救普遍分裂这一历史厄运的可能，而且只有诗（因为在很大程度上他们把宗教也看作诗，而哲学不过是诗的基础或伴侣），才能担当起使普遍分裂的对立和差异趋同的使命。”①

刘小枫是正确的。他说关于汉语审美主义的论证的思想资源都是从西方审美主义论述中挪用来的。王国维的思想质料直接源于康德、叔本华的二元论；蔡元培之有关论点，李泽厚的主要概念工具亦得自康德哲学。被称之为中国思想和智慧独具的审美特质，是由欧洲的思想质料建构起来的。② 这一说法同样适合刘小枫自己。他的审美主义话语的思想资源也是西方的，不过是德国的浪漫美学而已。而且他的论证方式与上述汉语学人也很为相似。他将 100 多年来，德国浪漫美学传统的主题概述为以下三个方面：

一、人生与诗的合一论，人生应是诗意的人生，而不

---

① 刘小枫：《诗化哲学》，第 28 页，山东文艺出版社，1986。

② 刘小枫：《现代性社会理论绪论》，第 317—319 页，上海三联出版社，1998。

> 应是庸俗的散文化；二、精神生活应以人的本真情感为出发点，智性是否能保证人的判断正确是大可怀疑的。人应以自己的灵性作为感受外界的根据，以直觉和信仰为判断的依据；三、追求人与整个大自然的神秘的契合交感，反对技术文明带来的人与自然的分离与对抗。[①]

人生的审美化同样是建筑在情感的本体化之上的。而当这套审美主义话语建构起来以后，他也像李泽厚们一样回过身论证其在华夏文化传统中早已有之，甚至只有华夏的才是真正实现了的。在谈到“诗与沉醉”的时候，刘小枫指出，尼采的醉境在我国魏晋文人时代才真正出现过[②]；在谈到里尔克等人“呼唤灵性”的时候，刘小枫又认为，东汉末年以来肇兴的人物品评，以及庄禅浪漫哲学，才是灵性论的本源，中国人素来追求诗意的人生，诗意的性情，并认为这也使如今的西方人渴望返回内心，迷醉于东方之学[③]。

更有意味的是，一本系统论述德国浪漫美学的书最终却以中国新儒家熊十力《明心篇》中的一段话作为结语的引语，而以他的另一段寄子之言为全书作结。前一段话是：“得天者，求仁而得仁也。仁，人之心也。天即是心物之实体故。夫仁心之存乎人者，刚健、炤明、生生而能爱，不为私欲缚，常流通于天地万物而无间隔。”原来，那个作为德国浪漫美学之本体的情感就是华夏的“心”？后一段话是：“往而不返者，化之无滞。来而莫穷者，道之至足。汝与古圣贤，与天地万物，皆乘

① 刘小枫：《诗化哲学》，第 11 页，山东文艺出版社，1986。

② 刘小枫：《诗化哲学》，第 144—148 页，山东文艺出版社，1986。

③ 刘小枫：《诗化哲学》，第 210—212 页，山东文艺出版社，1986。

化以逍遥，体道而无尽。”原来，德国浪漫美学之诗意人生不过是中国庄子式的“逍遥”？这有什么好奇怪的，此前刘小枫已经结论，西方近代以降才有的能解决人生根本问题、终极关怀问题的诗化哲学在中国古已有之，“中国哲学在很大程度上就是诗化哲学”。①

显然，中西比较，以西释中这个李泽厚们的学术取向也是刘小枫的。为何审美的一定是宗教的？刘小枫经由对德国浪漫美学的论述得出，浪漫派美学的根本问题，是要解决人的归依问题，人的价值问题②，是“有限的、夜露销残一般的个体生命如何寻得自身的生存价值和意义，如何超逾有限与无限的对立去把握着超时间的永恒的美的瞬间。”③ 他们普遍认为，审美、诗，是设定这个世界的根据，审美的世界是现实世界的样板。审美为现实世界立法，审美是现实世界的价值根基，审美取代伦理的最高位置。审美的就是彼岸的，现实的就是此岸的。人生向诗意化、审美化生成和诗意、审美向人的生成，就是人向无限、绝对，向彼岸世界的归趋。这样，审美就实际上就取代了宗教并居于宗教的位置。这看似是对德国浪漫美学精神的“还原”，实质上也是刘小枫对自己当时的美学设定的确认：

> 美学作为人的哲学的殿军就必然关心人的现实历史境遇，关心人的生存价值和意义，关心有限的生命的超越。④

---

① 刘小枫：《诗化哲学》，第271—275页，山东文艺出版社，1986。

② 刘小枫：《诗化哲学》，第50页，山东文艺出版社，1986。

③ 刘小枫：《诗化哲学》，第11页，山东文艺出版社，1986

④ 刘小枫：《诗化哲学》，第2页，山东文艺出版社，1986。

在这个关于美学使命的设定里，美学已经承担了它不应承担的属于宗教的任务。这当然可以看作是美学对宗教的僭越。

合乎逻辑的推论是，既然在德国的诗化哲学那里审美已经事实上取代并占据着宗教的位置，而又能够如其所述地“解决经验与超验、现实与理想、有限与无限、历史与本源的普遍分裂”，[①] 解决人的灵魂的皈依，而中国哲学在很大程度上就是诗化哲学，华夏文化在很大程度上就是审美文化，那么对汉语世界而言，宗教不仅不是必要，而且也是多余。虽然没有明说，但事实上刘小枫得出了与李泽厚们相同的结论：以审美代宗教。

有意思的是，当这套审美主义话语在汉语思想文化界发生着巨大影响，产生了一大批追随者，并且至今还在持续起作用时，刘小枫自己对此却很快进行了反思和否定。他后来说，当他觉察到这种论述过于轻浮时，“就与此种论述断绝关系”，走了一条完全有别于李泽厚们的新路。[②]

刘小枫何以要反思和否定？何以要告别审美主义话语？这要看他是如何认识审美或审美主义的。到此，也要顺带解决我一直延宕着的关于概念的界定问题。在刘小枫看来，审美感就是一种此岸感。审美性乃是为了个体生命在失去彼岸支撑后得到的此岸支撑。审美性的特质在于：人的心性乃至生活样式在感性自在中找到足够的生存理由和自我满足。这样，审美主义就是关于人的价值和意义建立在此岸世界的一套理论话语。对于西方而言，“审美主义中断了人与上帝的纯粹精神的关系，精神与生命的关系，逻各斯与理性的关系，走向此世的一元此

---

① 刘小枫：《诗化哲学》，第 271 页，山东文艺出版社，1986。

② 刘小枫：《现代性社会理论绪论》，第 315 页，上海三联出版社，1998。

岸感。”其目的是要删除古典基督教的彼岸世界对此岸世界的管辖权，将人的生活目的的取向重点挪到此岸。[①] 王国维以降的审美主义话语的思想质料既然是取自西方，当然也就内蕴其要义。

此岸世界真的能给人提供价值根基吗？真的能给人以灵魂的皈依吗？这恐怕是刘小枫对审美主义怀疑和反思的出发点。它深刻地体现在他的另一部专著《拯救与逍遥》中。这是汉语思想史上第一部专门研究“审美与宗教”的书，书的副题——中西方诗人对世界的不同态度，实质上指的就是中国的审美态度与西方的宗教态度，前者被喻称为庄子式的逍遥，后者则是基督式的拯救。刘小枫以充沛的激情，经由中西古今文化的价值现象学还原、穿透、比较与论析，最终以西方基督宗教精神全面否定了中国传统的审美主义。由于中国传统的审美文化是儒道互补、禅佛为辅的，刘小枫的论域也主要从审理儒、道、禅三个方面展开。他通过对屈原天问的追问发现，“屈原所以要提出‘天问’，乃是想要解决自己所信奉的信念的根据这一至关重要的问题”[②]。屈原之问是超验之问，是对自己的立身之本——“修齐治平”的儒家信义之绝对价值的怀疑。其天问的失败和最后的自杀说明，以日常人伦和现实秩序作为安身立命的归宿，以拒绝承认超验世界的存在而坚持内在超越的儒家审美主义，不能为人提供现世生存的终极价值和意义，同时也反证了超验价值与神性价值的重要。

在对魏晋时代“人的觉醒”的价值询问中，刘小枫得出，道家之审美主义的审美超越，“实际就是价值形态的反动，人

① 刘小枫：《现代性社会理论绪论》，第299—309页，上海三联出版社，1998。
② 刘小枫：《拯救与逍遥》，第145—146页，上海人民出版社，1988。

性（社会—历史性）的反动，就是生命本然性的肯定，无知无识无忧无情的原初生命的肯定”。[①] 它所确立的美的景观，“不管从内在方面还是从外在方面来看，都不是超越性的，因为它没有取得某种哪怕是审美之维上（而不是宗教之维上）的彼岸性。它是随时随地都存在着的自然性的状态，生物性的状态，非意识性的状态”。[②] 使人“成为无情的石头，就是道家审美主义的最终结果”。[③]

从印度传到中国的佛教，经儒道的改造与收编变成一种禅宗审美主义后，情形与道家审美主义没有两样。它“用寡情的得意的坚冰和冷漠来缠绕日益虚空的自我，进而用这缠绕日益虚空的自我的坚冰和冷漠赋予世界，世界成为无情的世界，麻木的灵魂栖泊（忍、空）于世界的黑夜之中”。[④]《红楼梦》中的贾宝玉，就是因不想参与现实功业，从情感世界中逃离，在得道成佛，无情无欲中变成了一块冰冷的石头的。

总之，在刘小枫残酷的价值现象学还原中，无论是儒家、道家还是禅宗的审美主义，都不能够为现世人生提供具有绝对真实的终极价值，这就从根本上颠覆了他在《诗化哲学》中建构的关于中国传统文化的审美主义话语。曾经在《诗化哲学》中被誉为诗意人生典范的魏晋名士阮籍、嵇康以及诗人陶渊明等，在这里都成了否定的对象。

不仅如此，在刘小枫看来，到了现代作家鲁迅那里，中国的审美主义话语已经沦为纯粹的虚无主义。刘小枫写道：“鲁迅的‘觉醒’意味着，他已看破一切神圣的、有价值的东西的

① 刘小枫：《拯救与逍遥》，第 231 页，上海人民出版社，1988。
② 刘小枫：《拯救与逍遥》，第 233 页，上海人民出版社，1988。
③ 刘小枫：《拯救与逍遥》，第 240 页，上海人民出版社，1988。
④ 刘小枫：《拯救与逍遥》，第 279 页，上海人民出版社，1988。

软弱无力，看到历史社会的法则必然会嘲笑人性，看到一切祈告的、柔爱的情怀只能低首屈从于客观的严酷法则……因而人就得被迫放弃一切神圣的、祈求的东西。”①

正因为中国的审美主义文化不能提供绝对真实的终极价值，而以鲁迅为代表的中国现代文化又弥漫着浓厚的虚无主义，所以刘小枫要为汉语文化引入基督宗教精神及其神学价值。他以基督教背景的罪感文化否定中国传统的乐感—德感文化；以基督神性否定中国传统的实用—历史理性，否定中国近现代以来所接受的希腊传统的西方理性、科学理性，以及正在当下中国弥漫的以荒诞哲学为代表的非理性。因为，在基督宗教之神性视野里，中国文化的这些“理性”与“非理性”归根到底都是皮相不同的虚无主义。

> 在我看来，中国的虚无主义植根于有明确的价值理想的儒家信义传统，不仅庄禅精神是一例证，现代虚无主义也是例证，现代中国的虚无主义从诸多方面来看，都是儒家信义传统的结果。……“五四”新文化运动……一开始就具有虚无主义的面貌。②

这样，通过对整个中国文化价值如此这般的批判，基督教的神性价值就被推到了终极价值和真理的位置，③ 有且只有它才能“确保神圣的爱的意向的超验性和现时性，从而使幸福、自由成为可能”。所以，刘小枫最后结论说：“神圣的爱的意向才是

---

① 刘小枫：《拯救与逍遥》，第404页，上海人民出版社，1988。

② 刘小枫：《拯救与逍遥》，第533—534页，上海人民出版社，1988。

③ 刘小枫并没有说儒、道、禅不具有价值，而是说它们只具相对价值，以相对价值为绝对价值就会给人类带来无穷无尽的灾难。参书“非结语性的结语”章。

人的存在的终极根基”。[①]

就在《拯救与逍遥》出版不到两年的时间里，刘小枫就在另一本专著《走向十字架上的真理》[②] 中，以“20 世纪基督教神学引论”的方式，“从绝望哲学到圣经哲学”，再到“十字架上的未来是大地的希望”，用 12 章总计 30 余万字的篇幅，向汉语文化思想界正面引介了基督教的这种绝对价值和真理。并用“走向”诉求了某种历史的必然与应然，强固和推进了他在《拯救与逍遥》里表达的思想和理念。

从王国维到刘小枫，现代汉语思想史经历了从审美代宗教，再到以宗教（最后以基督教）颠覆审美主义的过程。这个过程，实质上是几代学人不懈寻求中国文化现代化的过程。他们对于汉语文化现代化的规划不管正确与否，但其对汉语思想、汉语文学和诗学的影响却是巨大的。尤其是刘小枫的学术思想，对 20 世纪 80、90 年代学术、文化、文学和诗学的影响，再怎样评价也不为过。在小说家北村、史铁生，以及一批新锐的批评家、学者等一代文化人的身上都流淌着刘小枫思想的血液。

从广义诗学言之，审美主义本身即可视为一种诗学，它与现代汉语诗学的关系较之第一节论述的问题更为密切。

第三节　现代汉语文学与基督教

诗学是关于文学的学问。文学既是诗学言述的对象，又是

---

① 刘小枫：《拯救与逍遥》，第 536 页，上海人民出版社，1988。

② 这是最早的 1990 年的香港版的书名，以后的大陆版一律将“真理”改为“真”。

诗学言述的基础。诗学虽具自主性，但与文学的关系有时甚至紧密到你中有我我中有你难以剥离的地步，中国古代诗学即是一例。因此，文学构成诗学最为特殊的语境。现代汉语诗学与基督教的关系，不仅受到现代汉语思想、审美主义与基督教关系的影响，更是受到现代汉语文学与基督教关系的规约。审理现代汉语诗学与基督教的关系，不得不事先考察现代汉语文学与基督教的关系。本节只就现代汉语作家、作品与基督教的关系作简要描述。①

1. 作家与基督教

现代汉语作家中的不少人受到过基督教的影响，已是不争的事实。从受影响的途径和作品的表现来看，其与基督教发生关系的大致有这样三类作家。

一类是作家基督徒。刘小枫曾经把经历过个体信仰转变而认信基督的知识—文化人称为“文化基督徒”②。我套用这个概念，将受洗入教的作家称为“作家基督徒”而不叫“基督徒作家”。这类作家与基督教的关系最为密切。有的至今生活在基督宗教的信仰与仪式当中，宗教体验、宗教情感、宗教心理与宗教信念直接演绎为文学作品。有的后来放弃了信仰，离开了教会，不再过宗教生活，甚至以非基督教的姿态出现，但其所受的基督教文化影响并未彻底抹去，而是曲折地表现在作品

① 更详细的叙述，请参阅路易斯·罗宾逊：《两刃剑：基督教与二十世纪中国小说》，业强出版社，1992；马佳：《十字架下的徘徊》，学林出版社，1995；杨剑龙：《旷野的呼声：中国现代作家与基督教文化》，上海教育出版社，1998；王本朝：《20世纪中国文学与基督教文化》，安徽教育出版社，2000；许正林：《中国现代文学与基督教》，上海大学出版社，2003；刘勇：《中国现代作家的宗教文化情结》，北京师范大学出版社，1998；谭桂林：《百年文学与宗教》，湖南教育出版社，2002。

② 刘小枫：《圣灵降临的故事》，第81—82页，三联出版社，2003。

里。这类作家的代表至少有许地山、冰心、闻一多、老舍、陆志韦、苏雪林、庐隐、徐訏、梁锡华、张晓风、北村等。其中，徐訏最富传奇色彩，也最为特殊，他是在临终前，才接受洗礼、皈依基督。

我之所以套用“文化基督徒”概念决非偶然。我还想说的是，这批“作家基督徒”后来大都成了“文化基督徒”，尤其是在中国大陆的作家。文化基督徒的特定含义是无教会归属，也包括在具体的信理问题上，与教会式的教派信理有相当距离。对他们而言，是否成为基督徒，关键不在于他们是否过加入一个宗教组织，是否过仪式化的宗教生活，关键在于他们是否领受和信奉耶稣基督爱的诫命，“关键在于个人的生命感受是否因信了耶稣基督的死而复活的爱而发生了变化”，其认信表达也主要不是生活行为的，而是学术的或人文的，文学的、艺术的。[①] 许地山十岁上受洗做基督徒，但他不一定每星期天去礼拜堂，“也从不见他祈祷”。[②] 他认为“对于宗教的赞成或排斥，毋须在神学的理说，或外表的仪式”，而要以宗教家对于生活的态度为衡，“若无正当的生活态度，虽行了许多仪文，诵了许多真言，也不是宗教”。但这并不防碍他在文学作品中表现“爱”的文学精神。[③] 所以一位学者评价说，许地山是真诚的宗教徒，[④] 又不是纯粹的宗教徒，是切中要害的。这正是文化基督徒的特征。闻一多受洗后，一度信仰坚固，相信艺术可以救他，宗教可以救他。后来他动摇了，并不止一次说，

① 刘小枫：《圣灵降临的故事》，第 81 页、82 页、86 页、88 页，三联出版社，2003。

② 薛绥之：《论许地山》，《徐州师院学报》，1978 年第 3 期。

③ 许正林：《中国现代文学与基督教》，第 57—59 页，上海大学出版社，2003。

④ 陈平原：《在中西文化碰撞中》，第 1 页，浙江文艺出版社，1987。

“我失了基督教的信仰”。但又总是不忘立即强调，我的神秘性还在，我的理想没有改，基督的精神还在我的心里燃烧。[①] 事实上，闻一多个体信仰并未根本改变，改变的是宗教仪式性的生活行为，神圣与世俗的张力构成其艺术人生，所以他才会说：“现在的生活时时刻刻把我从诗境拉到尘境来。我看诗的时候，可以认定上帝——全人类之父，无论我到何处，总与我同在。”[②] 所以文艺宗教研究者也才会说：“诗人的心境曾经达到宗教家的心境了”。[③] 老舍、庐隐以及后来的冰心，情况也都大致如此。尤其是老舍，在后来的作品中，对教徒的虚伪还多有讽刺，但这不影响他作品内部依然传达出宗教观念。对于这些作家或兼有学者身份的文化基督徒而言，判定其身上及作品中是否有基督教观念，特洛尔奇是对的：

> 一种宗教观念是否可以感觉到自己是基督教观念，是否可以将自己称作基督教观念，首先必须由这种观念自己作出决断：即要看它是否真正感觉到自己是从基督教精神之中产生的。[④]

第二类是受到环境熏陶感染了基督教文化的作家。这里又可以分两种情况，或两种情况兼而有之。一种是家庭影响。比如林语堂、陈梦家都是基督教牧师家庭出身。一种是学校教育。有许多现代作家都有教会学校读书的经历，除上述的一些

---

① 参《闻一多全集》，第12卷，第68页、122页、123页、159页，湖北人民出版社，1993。

② 参《闻一多全集》，第12卷，第78页，湖北人民出版社，1993。

③ 朱维之：《文艺宗教论集》，第12页，青年协会书局，1951。

④ 转引自刘小枫：《圣灵降临的故事》，第86页，三联出版社，2003。

作家基督徒外，还有张资平、郁达夫、徐志摩、林语堂、周作人、赵景深、陈梦家、萧乾、施蛰存、胡也频、余上沅、熊佛西等。[①] 这之中，郁达夫对教会学校生活的描述是颇具代表性的："每天早晨，一起床就是祷告，吃饭又是祷告；平时九点到十点是最重要的礼拜仪式，末了又是一篇祷告。《圣经》，是每年级都有的必修重要课目；礼拜天的上午，除了重病，不能行动者外，谁也要去做半天礼拜。礼拜完后，自然又是祷告，又是查经。"[②] 正是这种被郁达夫称之为"叩头虫"式的教会学校生活，以及这种生活中"信神的强迫"，使许多作家或深或浅地受到基督教文化的的浸染。绝对不要小看教会学校对现代中国文化与文学所起的作用。据统计，在 20 世纪 20 年代中期，教会学校已经发展到 15000 所，在校生约 80 万，占全国学生总数的 32%。而当此之时，教会学校在中国的历史几近百年。当然，教会学校对现代汉语作家的影响是多方面的，可能是宗教的，也可能是非宗教的。前者如周作人、徐志摩、陈梦家等。后者如萧乾。这需要具体问题具体分析。

第三类是受到基督教元典或基督教思想、文化、文学、艺术影响，或在其作品中涉及到基督教的作家。基督教元典，在这里主要指《圣经》。难以数计的现代汉语作家受到《圣经》文化的滋润。民国五六年，客居异乡的郭沫若，在彷徨不定绝望悲伤甚至万念俱灭的时候，"每天只把庄子和王阳明与《新旧约全书》当做日课诵读"。[③] 周作人在《知堂回忆录》中说，还在南京读书时就听前辈说，学英文不可不看圣书。这以后，

① 对此，许正林有较为详细的考证。参许氏著：《中国现代文学与基督教》，第 6 页，上海大学出版社，2003。

② 《郁达夫散文全编》，第 643 页，浙江文艺出版社，1990。

③ 《沫若文集》，第 10 卷，第 143 页，人民文学出版社，1959。

他虽不是基督徒，身边却带着一册《圣经》。[①] 巴金在经历了一段反基督教的思想情感后熟读了《圣经》，结果认识发生突变，称基督教是“贫民宗教”，并将圣爱熔铸到了人道主义的关爱之中。曹禺坦言接触《圣经》很早，甚至希望在基督教、天主教“里边找出一条路来”[②]。当代诗人海子走向死地时，随身携带的几本书中就有《圣经》。这样的例子一时难以穷尽，致使《圣经》在现代汉语文学中留下深深的印痕。鲁迅称赞马太福音是好书，应该看[③]。朱自清肯定近世基督《圣经》官话的翻译，增富了我们的语言。[④] 郑振铎著文称，《圣经》具有无比的价值，它记载了千余年人类文明的显著进步，其中的几篇，其“艺术的精神已到达了极峰”[⑤]。沈从文早年在对《圣经》的反复阅读中，不仅受到“极多有益的启发”，而且“学会了叙事抒情的基本知识”[⑥]。

至于受到基督教思想、文化、文学、艺术影响，或在其作品中涉及到基督教的作家，那就太多，即使拉出一长串名单，也难免挂一漏万：胡适、徐玉诺、茅盾、田汉、王独清、汪静之、艾青、向培良、穆木天、冯至、梁宗岱、陈翔鹤、沈从文、李金发、李健吾、章依萍、徐讦、冯文炳、滕固、殷夫、穆时英、阿垅、穆旦、靳以、冯乃超、邵洵美、叶灵凤、白采、礼平、舒婷、顾城、海子、骆一禾、西川，等等。有的作

---

① 周作人：《知堂回忆录》，第395页，香港三育图书文具公司，1974。

② 《曹禺论戏剧》，第444页，四川文艺出版社，1985。

③ 《鲁迅全集》，第8卷，第89页，人民文学出版社，1981。

④ 朱自清：《新诗杂话》，第69页，作家书屋，1947。

⑤ 郑振铎：《文学大纲·圣经的故事》，《小说月报》，第15卷，第2号。

⑥ 沈从文：《〈沈从文小说选集〉题记》，《沈从文文集》，第11卷，第67页，花城出版社，1984。

家接受基督教影响的因素相当复杂。譬如史铁生，在他的作品中，既有《圣经》的影子，又晃动着陀思妥耶夫斯基宗教文学作品的面孔，还有俄国宗教哲学家弗兰克的思想因素，以及刘小枫的有关神学思想。

上述三类作家虽互有交叉，分类也是相对的，但有一点不容掩饰：现代汉语著名作家，几乎无所不包。这说明，基督教通过各种途径对现代汉语作家的影响广泛而深刻。

2. 作品与基督教

含有基督教文化因子，或者涉及到基督教的现代汉语文学作品占有相当数量，且内容繁富。亦可分如下几类。

一是基督宗教题材的作品。单是以耶稣受难为题材的就有鲁迅的《复仇（二）》、冰心的《客西马尼花园》和《髑髅地》、徐志摩的《卡尔佛里》、艾青的《一个拿撒勒人的死》。相同的题材，不同的处理，所表现的意涵，所具有的宗教色彩，大异其趣。鲁迅写出了先驱者主动受难殉道的“大欢喜”，以及对蒙昧者的不觉悟的“大悲哀”，也写出了先知先觉者的孤独与苦涩。耶稣受难的宗教信理转换为现世的苦难承担。冰心侧重对神人耶稣的赞美感恩，抒发的是教徒式宗教情感。徐志摩借助基督受难，画出人间众生像，或背信弃义，或卑鄙狡诈，或忠诚不二。同时也通过细节的处理，赞美基督的博爱情怀。在狱中的诗人艾青，病入膏肓，命悬一线，此诗是“当作遗书”来写的，耶稣的受难即是诗人当下的处境。因而，诗中寄寓的是救人者不能自救，陷入死地也不被注意的悲苦情怀，并确信一粒麦子落在地里必得许多粒麦子的《圣经》教义①，确信末

① 参周红兴：《艾青的跋涉》，第 62～63 页，文化艺术出版社，1988。同时参《艾青谈叙事诗》，《青年诗坛》，1983 年，第 1 期。

日审判必将来临，上帝的国必然实现："看明天/这片广大的土地/和所有一切属于生命的幸福/将从凯撒的手里/归还到那/以血汗灌溉过它的人们的！"诗中，忧郁的情绪、未来的信心，以及沉默中的力量凝聚交织缠绕。当然，同是"耶稣之死"，茅盾的同名小说纳入的却是政治意识形态的范畴。此外，冰心的《天婴》、艾青的《马槽》，以及张晓风的长诗《我是一棵树》，复述了耶稣降临的故事。张晓风的诗句充满激情，这个在伯利恒一家小客栈，在一个人间最卑微的马槽中降生的孩子，被作为"天神本体的形象"、"众光之上的真光"受到了崇高的礼赞。

二是叙写基督宗教体验、宗教情感的作品。据说神秘的往往是诗性的，神秘的生命体验更易化为诗性的言说。个中原因，是人对宇宙大化的不可知而激发的无穷无尽的探寻冲动。正是源自这种冲动的诗性体验，"让人深刻体会生命的完整、统一和完美，体验生命的自由、欢乐和诗意，体会宇宙的无限、伟大、奇妙，它让人以无限的爱慕拥抱世界，超越自我，渴望与万物合一。这既是个体生命超越狭隘眼界，将一己存在汇入无限的宇宙大流的高超的生命智慧，又是将个我生命自我提升，完善，汇入无言的宇宙大美的创造性的诗意境界。"[①]又据说，宗教家或有宗教感的人比常人秉承更为浓厚的神秘感，更为活跃的想象力[②]。的确，在一批具有宗教情怀的现代汉语作家的作品中，宗教体验的神秘感被敏锐地捕捉和呈现。

现在已不大为人所知的诗人陈梦家，他的好多诗就是其中

① 毛峰：《神秘主义诗学》，第68页，三联书店，1998。

② 参夔德义：《宗教心理学》，第288页，上海书店，1990。

的代表。《当初》把“我”的生命的最初的孕育，还原为“父亲”与“主”的一次神秘相遇：“我母亲温柔的呼吸，是其中/微微的风，/温柔是她的呼吸；那亮光是我父亲在祈祷里/闭着眼睛，/他与主的神光相遇。”① 此外，宗教式的神秘感，在他的《露之晨》、《摇船夜歌》、《城上的星》、《只是烟》，《我是谁》、《一朵野花》等诗中也有表现。

差不多跨越了整个 20 世纪，写于不同时期，出于不同作家的“晚祷”诗，或“祷告”诗系列，对基督宗教体验的叙写最具特色。这些诗分别是：冰心的《晚祷（一）》、《晚祷（二）》、梁宗岱的《晚祷》、周作人的《对于小孩子们祈祷》、冯至的《蝉与晚祷》和《艰难的工作》、方玮德的《祷告》、闻一多的《祈祷》、徐訏的《晚祷》和《夜祈》、张晓风的《祷词》，等等。这些祈祷诗篇，将诗人或者在赞叹感谢中，或者在痛哭哀求中，或者在静心默想中，或者在心神契合中，把祈求圣洁、祈求圣恩、祈求宽恕、祈求赎罪、祈求民族强大、祈求孤寂灵魂得以安泊时的种种神秘体验“诗化”出来，构成现代汉语文学中一处特异景观。

宗教体验与宗教情感无法分割，上述的宗教体验都会透露出与作家个体心性相应的宗教情感，只不过有的作品宗教情感来得更加鲜明，比如，冰心的《夜半》、《黎明》、《清晨》，张晓风的《因为青春是这样好》、《最后的戳记》、《到山中去》等作品，对上帝的赞美感恩情感的抒发就异常突出。张晓风这样深情地写道：“很多诗人将青春吟诵给我们听，但只有神的儿子耶稣基督将青春的生命运行给我们看，并且可以让我们追踪

① 转引自许正林：《中国现代文学与基督教》，第 134 页，上海大学出版社，2003。

它的轨迹。哲学家推给我们冰冷的课本，耶稣却递给我们温暖的十字架。他为凋死的动脉输血，他使不再激扬的生命重新澎湃。他使山水成为山水，人物成为人物，他使青春成为充分的有价值的青春。”在这里，对美好青春的赞美，转换为对造物主感恩情怀的表达。①

三是表现基督宗教意识、宗教观念、宗教精神的作品。意识、观念、精神在精神域中属不同级次，这里笼统论之。细分起来，这类作品有的侧重表现：(1) 基督信仰，如陈梦家《古先耶稣告诉人》、许地山的《商人妇》、苏雪林的《棘心》，以及冰心的部分宗教诗篇。《商人妇》和长篇小说《棘心》，较为集中地展示了主人公皈依基督的心路历程，也是中国式的“天路历程”。(2) 爱理念。基督宗教是爱的宗教，爱理念是其核心理念之一。许地山的《落花生》、《缀网劳蛛》、徐志摩的《爱的灵感》、巴金的《灭亡》、《第四病室》、《憩园》、徐讦的《精神病患者的悲歌》等，或通过现代寓言的讲述，或通过人物形象的塑造，或通过叙述者的自白，传达了爱的信念：“我们现在应该叫人们彼此相爱，不论什么人都应该像父子、兄弟、家人似的相爱”；“要这样才能建立起爱的人间来；要这样真正自由平等的美满社会才能够实现在世界上；要这样世间的罪恶才能消灭，而幸福的太阳才能以它的光明普照世界！”②(3) 救世精神。许地山的《玉官》、《人非人》、《解放者》中的主人公都是处于社会最底层的弱女子，地位虽然卑微，身上却充满了耶稣基督的牺牲精神，如作者所愿“暂且把一切人类底

① 张晓风：《因为青春这样好》，转引自杨剑龙：《旷野的呼声——中国现代作家与基督教文化》，第243页，上海教育出版社，1998。

② 《巴金全集》，第四卷，第151页，人民文学出版社，1986。

羞耻负在背上”[1]。巴金的《田惠世》、老舍的《黑白李》、《四世同堂》、张晓风的《小小的烛光》等小说也有类似表现。《四世同堂》里的钱默吟，简直就像钉在十字架上的耶稣。(4) 罪与赎的观念。张资平的《约檀河之水》、曹禺的《雷雨》、北村的《张生的婚姻》、《施洗的河》、《孙权的故事》、《情况》等，都潜在地隐含着罪与赎的神性图式。《施洗的河》里的刘浪，可谓恶贯满盈，罪行累累，以至于后来从肉体到精神彻底垮掉，俗世的一切拯救全归失败，最后是上帝的救恩才使他重获新生。(5) 忏悔意识。郭沫若的小说《落叶》、郁达夫的《迷羊》、张资平的《梅岭之春》、庐隐的《流星（一）第一次忏悔》、《兰田的忏悔录》都表现出浓郁的忏悔意识。此外，像张晓风的《一条西裤》、张资平的《不平衡的偶力》所表现的“宽恕”，海子的《麦地》所理想的圣餐式的“大同”，周作人的诗《歧路》对缺乏受难与担当意识的自责，礼平的《晚霞消失的时候》的女主人公在政治苦难中的走上上帝，乃至史铁生在《务虚笔记》、《我与地坛》、《病隙碎笔》中关于生命终极价值与意义的追问和探询，都与基督宗教精神有着不同程度的关联。

四是非基督宗教的作品。重点是揭露宗教行为的不轨和宗教组织内部的窳败。一类是讥刺教徒的虚伪的。比如老舍的《老张的哲学》、《二马》和梁锡华《独立苍茫》中的“吃教者”的龙树古、老马和王玛利，沈从文的《蜜柑》中将德行放在嘴上的基督徒教授，张资平的《她怅望着社国的天野》中的道德败坏的牧师，《上帝的儿女们》中的伪善者余约瑟，梁锡华的《头上一片云》中口是心非的伪教徒丁向经夫妇。一类是抨击

① 许地山：《“五七”纪念与人类》，《燕京大学季刊》，第1卷，第8号，1920年9月。

教会的黑暗的。这与前一类作品不能截然分开，张资平的《上帝的儿女们》就曾被认为是“对教会的总攻击”[①]，《冲击期化石》也是针砭教会掠夺和愚弄教徒的；《约伯之泪》、《公债委员》、《约檀河之水》均涉教会腐败。此外，还有揭露教会学校丑恶内幕的，沈从文的《平凡的故事》中的那个教会学校，培养的就是一群“嫉妒、好事、虚伪、浅薄”的学生。当然，这些非基督宗教行为和组织的作品，并不一定非基督宗教本身，张资平借小说《蔻拉梭》中基督徒石登云的口表明了这个观点：“反对伪善的教徒是可以的，反对宗教本身就不好了。反对基督教那种宗教更可不必”。真正算得上是非基督宗教的作品，应该是胡也频的《圣徒》、萧乾的《蚕》、《道旁》、《参商》，它们对上帝的至善与万能的置疑和否定，所展示的信仰的破灭，对基督教才是致命的。另外，在中国走向现代社会的途中，救亡图存是华夏民族的历史使命。将反教纳入反帝政治，凸显民族意识和爱国情怀，也是现代汉语作品非基督宗教的一个特点。老舍在《二马》中就讽刺了那个洋牧师的“真爱中国”，半夜睡不着觉的时候，“总是祷告上帝快快的叫中国变成英国的属国”[②]，内中的反殖民情绪异常强烈。而萧乾的《皈依》、《昙》、《鹏程》，李劼人的《死水微澜》，臧克家的《罪恶的黑手》，王蒙的《青春万岁》，则通过非基督教，最后完成了帝国主义“一手用手枪，一手使迷魂药。吸干了咱们的血，还想偷咱们的魂儿”[③] 这个反帝的主题。但令人匪夷所思的是，其中的作者之一萧乾，在近半个世纪以后的文学回忆录

---

① 苏雪林：《多角恋爱小说家张资平》，《青年界》，第6卷，第2期，1934年9月。

② 《老舍文集》，第1卷，第407页，人民文学出版社，1991。

③ 萧乾：《皈依》，《萧乾短篇小说选》，第100页，人民文学出版社，1982。

中还不忘申明，他的这些作品，“揭露并反对的是二十年代的强迫性信仰，以及宗教和帝国主义的关系，但不反对宗教本身。我尊敬耶稣这位被压迫民族的领袖，也珍视《圣经》以及基督的一生在西方文化史、艺术史上的重要性。”

如此分类论述，清晰倒是清晰，但并没有也不可能将所有与基督教相关的现代汉语作家、作品搜罗净尽。它只是给我们提供了一个相关的基本图式和大致状况。即便是这样一个基本的图式和大致状况，也给我们以如此的印象：基督教对现代汉语文学的影响真不小！

本章从汉语思想文化界对基督教的谈论，到汉语审美主义与基督教关系的梳理，再到基督教对现代汉语文学具体影响的描述，也就完成了从宏观、中观到微观对现代汉语诗学的基督教语境的论述，为现代汉语诗学与基督教这一课题的展开，作好了初步的铺垫。

第二章　现代汉语诗学与基督教的话语逻辑

何谓话语？我以为，话语就是意义建构的方式。因此，本章实际上是想描述现代汉语诗学与基督教之间的意义生成关系。它本属“史”的范畴。由于历史事件早已消失于时间的黑洞，本身无法还原，能够还原的只是关于它的话语。再加上历史本身也无逻辑可言，它不过是时间链条上的一堆零散的碎片。历史本身不能自明，能使其澄澈的，也只能是话语。所以，历史的、逻辑的，实质上是逻辑的、话语的，也就是有关某段历史的话语逻辑。

就总体而言，现代汉语诗学与基督教呈现为这样的话语逻辑：从伦理话语，到政治话语，再到宗教话语。对应的时间段大致为：20 世纪上半叶；50 至 80 年代；80 年代后期至今。

第一节　伦理话语

基督教在现代汉语诗学发生之初至 20 世纪上半叶，主要是以伦理话语的方式参与汉语诗学的现代性建构的。由于特殊的历史机遇，基督宗教伦理在这里部分地转化为世俗伦理、文学伦理，乃至诗学伦理，从而使现代汉语诗学具有了不同于以往的特殊质态。

1. 亏空与进入

1916 年 2 月出版的《新青年》第 1 卷第 6 期，发表的陈独秀的文章《吾人最后之觉悟》，把伦理的觉悟称为“吾人最后觉悟之最后觉悟”是很有意思的。这一指称，将伦理问题推进到汉语文化界、思想界的首要问题。之前洋务派的技术追赶，改良派和革命派的制度维新，都没有根本实现中国社会、文化、思想、政治、经济的现代转型。救亡图存，摆脱世界格局中被奴役身份，复兴华夏的任务不仅远未完成，而且似乎越走越远。在此一历史语境下，伦理革命成为汉语文化、思想的最后利剑，也成为华夏社会现代化的最后方案。至少在当时的情形下是这样的。

基督教就是在这样的历史时刻进入现代汉语诗学的，这使它首先以伦理话语的身份出场。

其实，基督教传入华夏的历史源远流长，但此前它始终没有进入汉语文学和诗学的腹地，而是孤寂地浪游于华夏思想文化的边缘。据史载，基督教曾先后四次入华。最早是唐太宗贞观九年至唐武宗会昌五年，即公元 635 年到 845 年，时称景教。恢宏的盛唐气象，使其传教很快合法化，并在其流传的 200 余年间盛况非凡：“法流十道，国富元休，寺满百城，家殷景福。”[①] 而在传说的历史中，基督教进入华夏的时间更早，大约在公元 3 世纪末。

第二次是元朝。在蒙古语里叫“也里可温教”，是原来流行于蒙古各地的景教和传入中原的罗马天主教的统称。元世祖之母、皇后马真氏、怯烈氏都是景教徒，元世祖忽必烈本人也重教。1294 年，天主教来华传教的开拓者，意大利方济各会修士约翰·孟德高维诺的到来，更使教徒猛增，几十年

① 1625 年西安出土的《大秦景教流行中国碑颂》记载，转引自杨剑龙：《旷野的呼告——中国现代作家与基督教文化》，第 2 页，上海教育出版社，1998。

间受洗入教的达 3 万余人，中国南方的各大商埠大多设立了教堂。1368 年，随着元朝的灭亡，这一用蒙古语命名的宗教，在水火难容的民族矛盾中成为历史的祭品，最终绝迹于中原。

基督教在华夏的第三次复兴已是明末清初了。不过，这次传教开始了基督教在中国的本色化进程。传教士罗明坚、巴范济、利玛窦等人学习汉语文化和中国的礼仪习俗，着儒服蓄须发，广交鸿儒名士、高官显宦，并以儒家经典阐释天主教义，实现其汉语转化。一批著名的士大夫，诸如徐光启、李之藻、杨延筠等先后皈依了基督教。此后，汤若望、毕方济、南怀仁等传教士先后入华，继承其先驱者的衣钵，掀起了基督教传教和西学东渐的高潮。由于随后以礼仪之争为表现形式的文化冲突太过尖锐，由此带来的政治纷争也威胁皇权，使方兴未艾的传教活动在雍正皇帝登基后遭到禁止。

19 世纪以后，新一轮传教活动复兴。至鸦片战争，尤其是《南京条约》签订以后，随着海禁大开，西方传教士纷至沓来，如入无人之境。道光皇帝又于 1844、1846 年，两次敕令弛禁传教，基督教由此得到迅猛发展。到 1915 年，当年的《圣经》的发行量近 300 万本，以后每年大约以 100 万本的速度递增。进入 20 世纪 20 年代初年，单是新教受餐信徒就达 3，449，974 人之多。至 1926 年，教会学校发展到 1.5 万所，在校生约 80 万人，占当时全国学生人数 32%。而教堂更是遍布中国城乡。

有趣的是，在前三次跨越中国历史上千年的传教活动中，基督教没能进入汉语思想文化的中心。这并非是它没有得到权力话语的支持。其进入华夏之初，唐太宗就诏令天下，“译其教旨，玄妙无为。观其元宗，生成主要。词无繁说，理有忘鉴。济物利人，宜行天下。”[①] 也并非是它没有得到体制化的推动。唐太宗为基督教聂斯托利派传教士阿罗本，在长安义宁坊赐建寺一座；元世祖忽必烈委派官员在其辖区推广景教，兴建教寺。也并非是它没有介入汉语思想文化的要求与举措。罗明坚、利玛窦可谓为之倾尽了心力。但事实是，它仍然作为他者文化而存在。难道真如茅盾所言，“外来的思想好比一粒种子，必须落在‘适宜的土壤’上，才能够生根发芽”[②]？权力话语的支持，体制化的推动，介入某种文化的努力都还不是这“适宜的土壤”？那这“土壤”究竟是什么？是否是文化的某种真空状态？抑或是由这种真空状态引发的内在需求？弄清这个问题已关涉到文化的动力机制，显然是这本小书无法完成的。不过，考察一下基督教文化最后是如何进入汉语文化、汉语文学和诗学的，无疑会帮助我们寻找这个问题的答案。

随着 1915 年新文化运动序幕的开启，基督教也开始其进入汉语文化的历程。换言之，是新文化运动为基督教涉入汉语思想提供了千载难逢的契机。进而言之，如果说新文化运动开始了中国大规模的现代化社会运动的话，那么基督教在这时进入汉语文化，也就参与了这场声势浩大的运动，从而成为汉语思想文化的现代性因素之一。

不妨问一句：新文化运动做了什么，撕开了坚如磐石的汉语文化，为基督教的介入开辟了道路？从整体上看，是提倡科学与民主，从实质上看，林纾对新文化运动的攻击反倒来得明确：“覆孔孟，铲伦常”[③]。新文化运动的历史诱因当然

---

① 王溥：《唐会要》卷四十九。

② 茅盾：《冰心论》，《文学》，第 3 卷，第 2 期，1934 年 8 月。

③ 林纾：《致蔡元培书》，张若英编：《中国新文学运动史料》，第 101 页，上海书店，1982。

不止一个，但这之前的尊孔声浪之甚嚣尘上，以至于儒生们大肆活动力图定孔教为“国教”，不能说不是一个直接的历史动因。陈独秀在《新青年》的发刊词中，倡导赛先生、德先生，提出“人权、平等、自由”，其目标就是针对孔孟之道而来的。

> 要拥护那德先生，便不得不反对孔教、礼法、贞节、旧伦理、旧政治；要拥护那赛先生，便不得不反对旧艺术、旧宗教；要拥护德先生又要拥护赛先生，便不得不反对国粹和旧文学。[①]

因此，20 世纪 80 年代以后，一本很有影响的中国现代文学史指出，新文化运动斗争的一个焦点在于“反对封建纲常伦理”[②]。说这些干什么？这些都已是众所周知的事实。我的问题是：提倡科学、民主没有错，反对孔孟之道也有其历史的正当性，但是，如其所知，科学不能解决人生的意义问题，民主属政治的范畴，而以孔孟为代表的儒家文化除了是一种王者之术外，更是一种伦理文化。铲除儒家文化，就意味着瓦解了几千年来支撑华夏伦理的价值支柱，代之而起的科学、民主，不能说在伦理范畴内完全无能为力，但以此为基建构新的伦理文化即使可能，也需时日。汉语思想文化伦理资源的巨大亏空就在这时出现了。谁来填补？谁都有可能，在那个终于开始离弃脚下的文化土地，高悬在半空中兴奋、狂欢的文化反叛时代，

---

① 陈独秀：《〈新青年〉罪案之答辩书》，《独秀文存》，第 242—243 页，安徽人民出版社，1987。

② 钱理群等：《中国现代文学三十年》，北京大学出版社，第 6 页，1998。

在那个四处寻觅、求新求异、饥不择食的乱哄哄的文化转型时代，在那个“以欧化为是”、“输入学理”、“兼容并包”的文化开放时代，谁与欧西文化结缘，谁立于进化论的潮头，谁以学理的面目出现，甚至谁能使文化之躯暂时着陆，谁就可能成为这位历史的主角。

伦理资源的巨大亏空，在汉语文学和诗学领域被很快意识到。由新文化运动带出的1917的文学革命，在其标志性的两篇文章——《文学改良刍议》和《文学革命论》中，这一问题就被尖锐地提出，其重要性和紧迫性也被反复提及。1919年12月1日发表的《新青年宣言》，就又一次强调：“我们因为要创造新时代新社会生活进步所需要的文学道德，便不得不抛弃因袭的文学道德中不适用的部分。”① 这里的文学道德已经触及到文学伦理问题。

胡适在《文学改良刍议》中认为，文学改良须从八事入手：“一曰，须言之有物。二曰，不摹仿古人。三曰，须讲求文法。四曰，不作无病之呻吟。五曰，务去滥调套语。六曰，不用典。七曰，不讲对仗。八曰，不避俗字俗语。”② 通观全文，这“八事”实际上是从三个层面，指出古代汉语文学走到近世，已经失去存在的正当性，亦即存在之伦理基础。

一是，思与文的分离。思，在这里指思想，“盖兼见地、识力、理想三者而言之”。胡适以为，“思想之在文学，犹脑筋之在人身”。而近世文人沾沾于声调字句之间，无视思想的表达，以至于“言之无物”。

二是，情与文的分离。在胡适看来，“情感者，文学之灵

① 胡独秀：《新青年宣言》，《独秀文存》，第245页，安徽人民出版社，1987。
② 胡适：《文学改良刍议》，《新青年》，第2卷，第5号，1917年1月。

魂。文学而无情感，如人之无魂，木偶而已，行尸走肉而已。”而近世文学不仅没有高远之思想，而且也没有真挚之情感，徒有空洞的文词。

三是，言与文的分离。近世文学模仿古人、讲求用典、对仗等，陈词滥调充斥字里行间，使文学语言严重脱离个性、生活、时代，而成为一种无病呻吟。①

显然，胡适对现代性文学伦理有一种预设：文学应该是思文合一、情文合一、言文合一的。既然近世汉语文学，已经失去了这一规范的文学伦理，一方面它已没有存在的合法性，另一方面，它也不能够为建设现代性汉语文学，提供新的文学伦理资源。尽管胡适认为，古代的白话文学可以成为现代性汉语文学的资源，但就整个文学伦理的亏空而言，是不足为道的。

陈独秀的《文学革命论》，除了激情式的主义言说和以社会革命来谈论文学革命，突显了文学革命在现代思想革命中的地位和作用外，从知识学的角度，它对胡适《文学改良刍议》在文学伦理上的推进，主要在两方面。如果说胡适的着重点，在论述古代汉语文学，特别是近世文学的本文伦理的亏空的话，那么，陈独秀却进一步言述了这种文学在诉求伦理和创作主体伦理上的亏空。

陈独秀的立论，也是置于文学本文伦理亏空这一逻辑起点上的。比如，在谈到贵族文学时，认为它“雕琢阿谀，词多意寡”，仍然是谈它意与文分离，是胡适之所谓“文胜之害”；在谈到古典文学时，又认为它“铺张堆砌，失抒情写实之旨也”，是意文分离、情文分离；而山林文学，则“深晦艰涩”，又是谈的是言文分离。在此基础上，陈文指出了古代汉语文学诉求

① 参胡适：《文学改良刍议》，《新青年》，第2卷，第5号，1917年1月。

伦理上的问题：

> 其内容则目光不越帝王权贵、神仙鬼怪，及其个人之穷通利达。所谓宇宙，所谓人生，所谓社会，举非其构思所及。①

这样的内容，使“吾人不张目以观世界社会文学之趋势及时代之精神”，是不具现代性的。

那么，“此等文学”是如何产生的呢？陈文认为：“盖与吾阿谀夸张、虚伪迂阔之国民性，互为因果。”这就说到了人，说到了文学创作的主体——作者。作者如何呢？在陈独秀看来，是“既非创造才，胸中又无物，其伎俩惟在仿古欺人，直无一字有存在之价值。”② 既如是，此等作者也就失去了在当下存在的正当性，也不能成为现代性意义上的作者。

在此有必要申明，我之所谓“伦理资源的亏空”，并非是指没有伦理资源，而是指在现代文学革命先驱看来，这种伦理资源，对于建构现代性汉语文学而言，或者“无用”，或者不够用（比如古代白话），这样，就在实际上形成“亏空”状态。

这一点可以胡适为例。他在《文学改良刍议》中，谈到近世文学言之无物的时候，并不意味着近世文学里边完全“无物”，而在事实上存在着大量的儒家思想。为此，胡适特别指出，他所言之“物”，“非古人所谓‘文以载道’”之物。因为这个“物”，在近世文学中表现出来，已不是思的表现，而是没有承载任何当下意义的“无物”，作为一种文学状态，彰显

① 陈独秀：《文学革命论》，《新青年》，第2卷，第6号，1917年2月。

② 陈独秀：《文学革命论》，《新青年》，第2卷，第6号，1917年2月。

的是思与文的分离。而思文合一，是文学的基本伦理之一。这样，儒家的文学伦理，就失去了存在的正当性，也就当然不能成为现代性汉语文学的伦理资源。

实际上，上述两篇“文学革命”的檄文，涉及到现代汉语诗学伦理问题的三个范畴：(1)文学本文的伦理：词与义的矛盾，语言与文学意义建构的悖谬，即文学形式的意义负载之轻的问题。一句话：怎样的话语方式才是文学所应当的？(2)文学诉求的伦理。文学是一种对象性存在，它是在与接受者的交互中而在的。为其合法之在，它对接受者怎样诉求和诉求什么才是正当的？(3)文学创作主体的伦理。文学是创造物。什么样的创作主体才是文学所要求的？这些都已超出了文学问题，而是关于文学的问题，即诗学问题。胡文和陈文在陈述古代汉语文学发展到近世，伦理资源已经亏空的时候，所做的实际是“清除”工作，在事实上，使上述三个方面的伦理位格成为“真空”。

由谁来填充？关于第一个方面，有接踵而至的白话文运动，有鲁迅格式特别的新小说，有胡适、郭沫若、李金发等的自由体新诗，有丁西林等由西方泊来的话剧，有语丝体的、幽默的、闲适的等散文。第二个方面，有各种各样的主义，诸如鲁迅之尼采式的个人主义、周作人之人道主义、李大钊之马克思主义、梁实秋之新人文主义，等等。至于第三个方面，有启蒙者、革命者、无产者、小资产阶级知识分子……这些都一度成为现代汉语文学和诗学的伦理资源，在不同的历史时期获得其正当性。基督教文化是作为这众多伦理资源的一支，进入现代汉语文学和诗学的。

当时宗教的伦理化倾向，在吴宓那里有明确表述：

> 今人之谈宗教者，每多误解。盖宗教之归固足救世。

> 然其本意则为人之自救。故人当为己而信教，决不为人而信教也。宗教固重博爱，然博爱决不足尽宗教。宗教之主旨，为谦卑自牧。[①]

将宗教之主旨锁定在“谦卑自牧”上，显然是一种伦理化的解读。

基督教，就其本质而言是一种信仰，属得救型知识。或许它在许地山、冰心、苏雪林等的个体心性里是作为信仰而存在，但当它“应邀”进入现代汉语诗学的时候，却以伦理的身份登场，因为它接到的来自历史的、来自汉语文化的“邀请函”是伦理的。当然，基督教也有自己的伦理，即宗教伦理，但它是超越性的，它在进入现代汉语诗学的过程中，需要并实现着自己的世俗性转换。

2. 神格与人格

一位神学家说：“上帝的目的就是人的人格的创造与发展，耶稣本人就是上帝希望的人格典型。”[②] 基督教作为伦理话语进入现代汉语诗学，首先就是以伦理话语，具体地说，是以作家人格话语出场的。即是说，上帝的神格参与了汉语作家的现代人格建构。

文学是作家的创造物，没有作家的现代性，文学的现代性何以成为可能？那么，是什么使基督教资源能够成为现代汉语作家的人格话语呢？我认为，一个关键性的因素是当时作家的身份认同。认同，英语 Identity，也译“同一性”。认同理论由美国著名精神分析学家埃里克·H·埃里克森（Erik. H. Erikson）提出，后广泛运用于人文社会科学。所谓

① 吴宓：《我之人生观》，《学衡》，第 16 期。
② ［英］詹姆士·里德：《基督的人生观》，第 91 页，三联书店，1989。

身份认同，就是对自我身份的确认，即回答和解决“我是谁”的问题。身份认同有什么重要？埃里克森认为，它决定着人的生存感：“在人类生存的社会丛林中，没有同一感也就没有生存感。”① 对于作家而言，没有生存感何以创作？

当时的汉语作家有着怎样的身份认同呢？一言以蔽之：启蒙者认同。为什么恰恰是启蒙者呢？我以为，与华夏源远流长的士人文化传统有关。换言之，现代汉语作家的启蒙者身份认同，不仅是西方文化冲击的产物，同时也是士人角色的现代转换。

一位学者在分析中国古代士人之人格结构时不无创见地指出，士人阶层扮演着三种社会角色：“民、官（社会管理者）、文化承担者”。前者是其基本社会角色，中者是其角色期望，后者有时是其不得已而为之的角色担当。这三种角色的矛盾冲突，决定着士人人格结构的二重性：一是自我关怀与社会关怀两种逆向心理指向的交织；一是现实关怀与终极关怀的共存。前一种人格维度可以称之为自救心态，是生存需要和心灵安泊需要的反映；后一种可称之为救世心态，表现为对意识形态和乌托邦的诉求。② 我以为，在以儒家文化为轴心的汉语文化系统内，尤其是自独尊儒术的汉代以降，为官的角色期待和救世心态，是士人主要的角色和人格定位，其表现在身份认同上是“师”。“师者，所以传道授业解惑也”。最下者为教人读书识字的“蒙师”，居中者为教人章句训古之学以解读经义的“经师”，至上者为“传道之师”，教人以修身齐家治国平天下的道

---

① ［美］埃里克·H·埃里克森：《同一性：青少年与危机》，第115页，浙江教育出版社，1998。

② 参童庆炳等著：《文学艺术与社会心理》，第139—143页，高等教育出版社，1997。

理，如孔、孟为“士人之师”、“帝王之师”，自觉肩负“为天地立心，为生民立命，为往圣继绝学，为万世开太平”的崇高使命。士人传统中“导师”身份的自觉认同，在新的历史语境下向启蒙者转换是可以理解的。启蒙者，不过是用另一种文化命名的“师”者而已。

现代汉语作家的启蒙者身份认同与基督教有什么关联？启蒙者是相对于被启蒙者而言的，在两者的互动中，前者主动以拯救者的身份出现，后者在有意无意中成为被拯救者或得救者。这样一种关系的存在，与上帝、耶稣基督对人的拯救在形式上有什么不同？西方之启蒙时代的到来，实际上就是人代替神施行对人的自我拯救。因此，启蒙者角色的担当，也就有可能使现代汉语作家对上帝、耶稣产生一种角色期望，或者偶像认同。当然，这也不是绝对的，他完全有可能以儒之“圣贤”，或佛之“佛陀”、道之“天师”为偶像。但问题是：在全盘否定传统，重估一切价值成为巨大冲动的历史现场，这样一些偶像至少在绝大多数汉语作家的心中坍塌了。上帝、耶稣就在此一历史罅隙，侧身进入现代汉语作家的人格话语。

许地山，似乎就是一个典型象征，在他身上，基督徒、启蒙者实现了较好地结合：“许地山先生是一个基督徒，也是一个学者，他站在民众前面为时代的导师，又是社会改进的负责者”。[①] 这只是问题的一个方面，另一方面，耶稣基督作为拯救者，在“前文化”的规约和解读下，很容易成为现代汉语作家的人格楷模。他降临人间，为人赎罪，承担苦难，最后被钉死在十字架上的神迹，很容易被现代儒生们误读为儒家舍身成

① 张祝龄：《对于许地山教授的一个回忆》，参周俟松、杜汝淼主编：《许地山研究集》，第 375 页，南京大学出版社，1989。

仁的至高境界，而被效法、被追随。

海因利希·奥特认为，基督形象是“三点的合而为一”：“一，告知上帝临在于人们身边的宣告者，二、(以一种无与伦比的博爱行为帮助罪人的)十字架受难者，三、(为生命短暂的、有限的人类开辟无限的未来远景的)死而复活者。”① 一位学者说得对，耶稣被现代思想者和现代汉语文学阐释和认同的主要还是他的受难人格和牺牲精神，其他都是次要的。②

陈独秀在打倒一切偶像的时代之初，对所有宗教都是否定的。他在1918年的《偶像破坏论》中论说：

> 一切宗教，都是一种骗人的偶像：阿弥陀佛是骗人的；耶和华上帝也是骗人的；玉皇大帝也是骗人的；一切宗教家所尊重的崇拜的神佛仙鬼，都是无用的骗人的偶像，都应该破坏！③

在那样一个价值混乱和寻找的年代，陈独秀说这番话时只图痛快，好像是看谁勇猛谁更反叛谁就更拥有真理一样，他完全没有顾及到，仅几个月前他还说过：“宗教的价值，自当以其利益社会之力量为正比例。吾之社会，倘必须宗教，余虽非耶教徒，由良心判断之，敢曰，推行耶教，胜于崇奉孔子多矣。”④ 这使他注定要后悔。不到两年，他就出来认错了：“宗教在旧

---

① 海因利希·奥特：《上帝》，第73页，辽宁教育出版社，1997。

② 参王本朝：《20世纪中国文学与基督教文化》，第317页，安徽教育出版社，2000。

③ 陈独秀：《偶象破坏论》，《独秀文存》，第154—155页，安徽人民出版社，1987。

④ 陈独秀答读者问，《新青年》2卷3期，1917。

文化中占很大的一部分，在新文化中也自然不能没有。”社会上需要宗教，反对也无益，只有满足社会的需要，用好的宗教代替不好的，“才真是一件有益的事”。由此，他对新文化运动进行了反思，认为“现代主张新文化运动的人，既不注意美术、音乐，又要反对宗教，不知道要把人类生活弄成一种什么机械的状况，这是完全不曾了解我们的生活活动的本源，这是一椿大错，我就是首先认错的一个人。”① 在认错之后，或者说在理性取代感性，主义式的言说冲动被知识性诉求所遏止以后，陈独秀又怎样来认定基督教的现代价值呢？有趣是，恰恰是从人格的角度来认定的：

> 我们不用请教什么神学，也不用依赖什么教仪，也不用藉重什么宗派；我们直接去敲耶稣自己的门，要求他崇高的，伟大的人格和热烈的，深厚的情感与我合而为一。
>
> 我们今后对基督教的问题，不但要有觉悟，使他不再发生纷扰问题，而且要有甚深的觉悟，要把耶稣崇高的，伟大的人格，和热烈的，深厚的情感，培养在我们的血里，将我们从堕落在冷酷，黑暗，污浊坑中救起。②

在这里，耶稣的神格转化为一种伟大、崇高的人格范型，成为现代汉语知识分子人格自救和救赎人格的资源。

陈独秀这样做，的确源于对汉语思想文化伦理亏空的清醒体认，他在同一篇文章中指出：“支配中国人心底最高文化，是唐、虞三代以来伦理的道义。支配西洋人心底最高文化，是

① 陈独秀：《新文化运动是什么？》，《新青年》，第7卷，第5号，1920年。
② 陈独秀：《基督教与中国人》，《新青年》，第7卷，第3号。

希腊以来美的情感和基督教信与爱的情感。”那么，华夏的这样一种伦理文化是否是完全自足的呢，还是有所缺损？陈独秀认同于后者，认为：“中国底文化源泉里，缺少美的，宗教的纯情感……不但伦理的意义离开了情感，就是以表现情感为主的文学，也大部分离开了情感加上伦理的（尊圣、载道），物质的（记功、怨穷、诲淫）色彩；这正是中国人堕落底根由。”[①] 文化中缺乏宗教伦理，导致世俗伦理对文学的进入与泛滥，在陈独秀那里居然成了国人堕落的终极原因，这是不是有点夸张？或者真如斯言？这是可以从学理上进一步探询的。但从伦理的角度，特别是从人格的角度汲纳基督教文化资源，在那个时代已然成为文化共识。

胡适未必对基督教真有好感，尽管在留美期间对基督教产生过强烈兴趣，以至于在 1911 年 6 月的一个中国留学生宗教团体聚会上，虔诚地宣布自愿成为基督教徒。[②] 但他不仅最终没有成为基督信徒，而且就其一生而观之，他所信仰的还是汉语人文宗教的“三不朽”论，并将此转换为具有现代意义的“社会不朽”论。[③] 但对基督教文化资源而言，胡适所择取的依然是道德伦理、人格伦理部分。他在《基督教与中国》一文中，把宗教的内部结构划分为伦理教训、神学体系和迷信行为。认为在基督教里，后两者都应该摒弃，惟有作为社会革命者和先知的耶稣之道德学说和人格完善之预设与追求才是一直有用的。

周作人注意到基督教在汉语文化的现代转型过程中，对于建构新型的个体心性的重要作用。这种作用是任何社会科学理

① 陈独秀：《基督教与中国人》，《新青年》，第 7 卷，第 3 号。

② 见《胡适留学日记》，第 24—25 页，海南出版社，1994。

③ 见高力克《五四的思想世界》，第 102—108 页，学林出版社，2003。

性、审美主义以及具体的社会活动所不能替代的："……要一新中国的人心，基督教实在是很适宜的。极少数人能够以科学艺术或社会的运动去替代宗教的要求，但在大多数是不可能的。"[①] 基督教如何"一新中国的人心"，周作人并未详加讨论，对他个人而言，所看重的还是耶稣基督的人格。他曾公开宣称："我不是基督教徒，却是崇拜基督的一个人。"[②] 这或许就是田汉说的："你们虽不必在甚么 Church 的中间去礼拜甚么 God，你心神中间，岂不可不虔奉一个 God。"[③] 这个 God 当然就成为伦理化的了。

西方的基督信仰转换为汉语诗学的基督崇拜，成为一种伦理意义上的人格话语，在别的现代汉语作家那里也多有表现。冰心以为，"因为宣传'爱人如己'，而被残酷地钉在十字架上"的耶稣基督"这个形象是可敬的"。[④] 不仅如此，在她看来，"主义救不了世界/学说救不了世界"，只有上帝"那纯洁高尚的人格"，才能"造成我们高尚独立的人格"。[⑤] 因而，她心里一直在求解着一个公式："我＋基督＝?"。[⑥] 即便到了 20 世纪 40 年代中期，经历了内战和民族战争的汉语思想界已经发生了很大的变化，但冰心依然在新的意义上阐释着耶稣的人格：

> 耶稣基督便是一切伟大爱心的结晶，他憎恶税吏、憎

① 周作人：《山中杂信·六》，《周作人书信》，第 15 页，河北教育出版社，2002。

② 周作人：《抱犊谷通信》，《周作人文选》，第 125 页，群众出版社，1999。

③ 田汉语，参《少年中国》，第 2 卷，第 8 期。

④ 冰心：《我入了贝满中斋》，《冰心近作选》，第 82 页，作家出版社，1991。

⑤ 冰心：《人格》，《生命》，第 2 卷，第 2 册。

⑥ 参见冰心《我＋基督＝?》，《生命》第 2 卷，第 1 册。

> 恶文士，和一切假冒伪善的人。他憎恶一切以人民为对象的暴力，但对于自己所身受的凌虐毒害，却最宽容伟大的话语祷告着说："愿天父赦免他们，因为他们所做的，他们自己不知道"。多么伟大的一个爱的人格！瞻仰了这种人格，怎能不把荣耀归于上帝！[①]

而且，她把耶稣的这种人格作为永恒的精神力量，要一代一代地传接下去："我要告诉我的孩子们说，我决不灰心，决不失望，只要世界上，有个伟大的爱的人格，哪怕这人格被暴力钉在十字架上，而这爱的伟大的力量，会每年在这时期爆发出来，充满了全世界。"[②] 庐隐也说，"耶稣伟大的人格，博爱的精神，很够得上人们的崇拜"，她自己就是以之为人生模范的。[③]

皈依基督教的作家许地山，他最为关注的还是耶稣基督"高超的品格"和"道德能力"。据许地山晚年好友，牧师张祝龄回忆：

> 他认为耶稣本身的上帝启示之证据，非因其原质，乃因其德行，由其降生后之实现生活，而推到生以前生以后的本性和状态。由已经实现的人格，而证明未实现的，目不可见的神格。故许先生眼光中的历史基督，不必由"童

① 参见冰心《从去年到今年的圣诞节》，《冰心全集》，第3卷，海峡文艺出版社，1994。

② 参见冰心《从去年到今年的圣诞节》，《冰心全集》，第3卷，海峡文艺出版社，1994。

③ 参庐隐：《其他·我的宗教》，《庐隐散文全集》，第523页，中原农民出版社，1996。

生”、“奇事”、“复活”、“预言应验”等说，而发生信仰，乃在其高超的品格，和一切道德的能力所表现的神格，更使人兴起无限的景仰崇拜，信服皈依。①

林语堂之所以最终走向基督教，关键在对耶稣形象和人格的认同上：“上帝已不再是虚幻的，它已从耶稣基督身上具体地表现了出来。这就是宗教，完整而纯粹，绝对不是一种假设。”②

闻一多在《答辩》诗中唱道：“上帝许我纯钢的意志”。30年代成名的老舍，曾在20年代初受洗入教，那年爆发了著名的“非基督教运动”。老舍的作品塑造了不少基督徒形象，从前面我们已经知道，其中不少是揭露教会和基督徒的虚伪的，原因是老舍对于基督教，真正崇尚的是“基督与人为善和救世的精神”。③

巴金最初是反对基督教的，但这并不妨碍他对基督人格的崇仰，他在《〈光明〉序》中写道：“我们只看那一个宣传爱之福音而且为爱之故被钉死在十字架上的基督是怎样地诅咒过人……在现今我是要学那一个历史上的伟大底人的样子来诅咒人了。”

曹禺深谙《圣经》，在泪光中赞美耶稣基督和其他的救世者“怀着悲哀，驮负人间的酸辛”，为不肖子孙开辟大路的“伟大的孤独的心灵”。④

萧乾虽然有16岁上“皈依基督教一年”的人生经历，可

① 张祝龄：《对许地山教授的一个回忆》，周俟松、杜汝淼主编：《许地山研究集》，第376页，南京大学出版社，1989。

② 赵志学主编：《林语堂自传》，第172页，河北人民出版社，1991。

③ 赵大年：《老舍的一家人》，《花城》，1986年4月。

④ 《曹禺论戏剧》，第449页，四川文艺出版社，1985。

是在文学史上他被叙述为“非宗教”或“反基督教”作家，即便如此，仍然不能阻止他对“耶稣这一富于革新精神的历史人物”的“深深景仰”[①]：“我尊敬耶稣这位被压迫民族的领袖”。

无论怎么说，鲁迅也是新文化运动中的启蒙先驱之一。他对他者文化持“拿来主义”的宽容胸怀。基督教也是其“拿来”的范围。他在基督教那里“拿来”了什么呢？我以为首先是伦理意义上的人格话语。许寿裳在《亡友鲁迅印象记》中谈到鲁迅对佛教的态度时，认为“他的信仰是在科学，不是在宗教”。[②] 我以为此言用来说明鲁迅与基督教的关系未必确凿，准确的表达应该是：在伦理。耶稣之神格成为鲁迅之人格隐喻。

在1908年的《文化偏至论》中，鲁迅就将耶稣与苏格拉底一起，列为历史上的“卓尔不群之士”。[③] 1919年，他在《寸铁》中谈到“马太福音是好书，很应该看”时，又强调说：“犹太人钉杀耶稣的事，更应该看。”[④] 他对耶稣受难的遭遇及其表现出的人格精神，保持着经久不衰的热情，他曾收藏德国画家塔尔曼作的《耶稣受难图》8幅，搜集出版比利时画家麦绥莱勒寓有耶稣受难之象征意义的木刻连环画《一个人的受难》25幅。更为关键的是，鲁迅是把耶稣之救世人格及其悲剧性处境作为自身人格及其启蒙者之生存困境的写照的。他在散文诗《复仇（其二）》中这样来描述耶稣被钉十字架的过程：

因为他自以为神之子，以色列的王，所以去钉十字

① 萧乾：《在十字架的阴影下》，《新文学史料》，1991年，第1期。

② 许寿裳：《亡友鲁迅印象记》，第44页，人民文学出版社，1977。

③ 鲁迅：《文化偏至论》，《鲁迅全集》，第1卷，第51页，人民文学出版社，1989。

④ 鲁迅：《寸铁》，《鲁迅全集》，第8卷，第89页，人民文学出版社，1989。

架。

兵丁们给他穿上紫袍，戴上荆冠，庆贺他；又拿一根苇子打他的头，吐他，屈膝拜他；戏弄完了，就给他脱了紫袍，仍穿他自己的衣服。

看哪，他们打他的头，吐他，拜他……

他不肯喝那用没药调和的酒，要分明地玩味以色列人怎样的对付他们的神之子，而且较永久地悲悯他们的前途，然而仇恨他们的现在。

四面都是敌意，可悲悯的，可诅咒的。

丁丁地响，钉尖从掌心穿透，他们要钉杀他们的神之子了，可悯的人们呵，使他痛得柔和。丁丁地响，钉尖从脚背穿透，钉碎了一块骨，痛楚也透到心髓中，然而他们自己钉杀着他们的神之子了，可咒诅的人们呵，这使他痛得舒服。

十字架竖起来了；他悬在虚空中。

他没有喝那用没药调和的酒，要分明地玩味以色列人是怎样对付他们的神之子，而且较永久地悲悯他们的前途，然而仇恨他们的现在。

路人都辱骂他，祭司长和文士也戏弄他，和他同钉的两个强盗也讥诮他。

看哪，和他同钉的……

四面都是敌意，可悲悯的，可咒诅的。

他在手足的痛楚中，玩味着可悯的人们的钉杀神之子的悲哀和可咒诅的人们要钉杀神之子，而神之子就要被钉杀了的欢喜。突然间，碎骨的大痛楚到透心髓了，他即沉酣于大欢喜和大悲悯中。

他腹部波动了，悲悯和咒诅的痛楚的波。

遍地都黑暗了。

"以罗伊，以罗伊，拉马撒巴各大尼?!（翻出来，就是：我的上帝，你为甚离弃我?!）

上帝离弃了他，他终于还是一个"人之子"；然而以色列人连"人之子"都钉杀了。

钉杀了"人之子"的人们的身上，比钉杀了"神之子"的尤其血污，血腥。①

鲁迅较为完整地叙述了耶稣受难的过程，连细节也大都符合福音书的记载。但与《圣经》不同的是，鲁迅加进了当时耶稣受难时的心态。此一心态完全是鲁迅个人的想像。这种想像既是耶稣形象的再建构，同时也是鲁迅自身形象的某种写照。他将"神之子"耶稣之神格转换为了"人之子"的、带有自我指认性质的启蒙人格。反过来说，自甘为启蒙者，也就实际上认同了基督耶稣式的受难人格与生存境遇。耶稣之所以"钉十字架"，是他"自以为"神之子和以色列的王，这与启蒙者自觉担当历史使命，自以为人类灵魂的导师和真理拥有者的身份认同相类。如此一厢情愿的认同以及连带行为，与社会大众造成隔膜、误会、对立、甚至于被仇视、被剿杀是可以想见的。

与常人不同的是，作为鲁迅视野里的耶稣、或者以此为象征的启蒙者，并不会因此而抱怨、而后悔、而痛苦，恰恰相反，有的只是拯救者对愚民"哀其不幸，怒其不争"的情怀——对他们的现在的"仇恨"和对他们的前途的"较永久地悲悯"，以及对他们愚顽、麻木、冷酷的"悲悯"和"诅咒"。尽管临死前耶稣也有过追问："我的上帝，你为什么离弃我?"，

---

① 鲁迅：《复仇（其二）》，《鲁迅全集》，第2卷，第174—175页，人民文学出版社，1989。

就像鲁迅也常常对启蒙者的处境有所自觉一样："孤独的精神的战士，虽然为民众战斗，却往往反为这'所为'而灭亡"，[①]但这并不阻碍他们继续成为拯救者和启蒙者。因此，对于他们而言，自己落到这样的境地是不足为悲的，是有所准备和足够清醒的，就如"基督对痛苦的忍受是自觉自愿的接受，而不是像其他人那样只是被动的忍耐"，[②]所以不必"喝那用没药调和的酒"，不必以此麻醉神经减轻肉体的痛楚，相反，要直面现实，正视淋漓的鲜血，玩味"可悯的人们的钉杀神之子的悲哀和可诅咒的人们要钉杀神之子，而神之子就要被钉杀了的欢喜"，并沉酣于大欢喜和大悲悯中。何以会这样？原因就在于他们自以为神之子，自以为启蒙者，自以为握有真理的王。这样的选择本身就意味着受难，受难本身又反过来成全了他们的使命，彰显了上帝的救恩和启蒙者殉职的荣光。当愚众把他们作为强盗来钉杀、来复仇时，他们却因此而完成了拯救者、启蒙者角色的塑造，并以其优位人格和强大的精神力量向庸众复仇。

耶稣钉十字架的当时未必真有"大欢喜"，鲁迅这样的解读也未必符合《圣经》原意，更不一定与古往今来神学家对耶稣受难的阐释相一致。譬如有的神学家就认为，耶稣受难时不仅非常痛苦，而且"已经进入了我们人类所有痛苦经验的最深处"，[③]因为他富有一颗饱含情感而又如此敏感的心灵，以至于每一句冷酷的话对于他都是一次无情的打击，而他当时遭受的冷嘲热讽又是如此的多，如此地剧烈；更何况"正是他自己的人民"把他送上了十字架，"而他们正是他竭尽全力去帮助

① 鲁迅：《华盖集·这个与那个》，《鲁迅全集》，第3卷，人民文学出版社，1989。

② ［英］詹姆士·里德：《基督的人生观》，第132页，三联书店，1989。

③ ［英］詹姆士·里德：《基督的人生观》，第132页，三联书店，1989。

和拯救的”。所以，这样的“大欢喜”，毋宁说是鲁迅的，是耶稣人格的鲁迅式建构。

没有充分的证据可以说明鲁迅信奉基督教，但鲁迅崇尚基督耶稣所象征的人格却是不争的事实。当然，鲁迅更为崇尚的是富有基督人格的“人之子”，是启蒙建制以后离弃了上帝的“人之子”。因而鲁迅为此感到震惊：“以色列人连‘人之子’都杀了”，同时也为此感到愤怒：“钉杀‘人之子’的人们的身上，比钉杀了‘神之子’的尤其血污，血腥。”因为这不仅不符合鲁迅所信奉的历史进化论法则，也是逆启蒙时代之历史要求和社会思潮而动的。

如果说，基督教作为人格话语，在鲁迅那里还是从启蒙思想者的角度进入的话，那么，在一位已经不太为今人所知的创造社成员洪为法那里，就直接地和包括现代汉语作家在内的艺术家的人格建构联系在一起了。1925 年，他在《真的艺术家》一文中指出：

> 我以为真的艺术家必有他伟大的性格，在不自知之中做成他的伟大；即用以永远立在人类的前面。他有慈祥而又带着悲痛的双眼，注视着群众；他有深沉而又带着怜悯的呼声，指引着群众。他反抗一切的权威，他反抗一切的传习，他能赴汤，他也能蹈火。他只忠于他的良心，因为他知道：良心之所指示，才是世界上最高的道德律；舍此，便无所用其顾忌，无所用其踌躇了。①

在这里有三点值得我们注意：一是洪为法在此处所言“性格”，

① 为法：《真的艺术家》，《洪水》半月刊，第 1 卷，第 2 期，1925 年。

实为“人格”；二是他把良心视为最高的道德律；更为重要的是，他把真的艺术家叙述成了耶稣基督式的救赎者：有着慈祥而悲痛的双眼，有着深沉而怜悯的呼声，有着反抗世俗、担当苦难，并为此而牺牲的精神品格，注视着、指引着群众。良心既然为最高的道德律，因而，洪为法说：

> 真的艺术家，他必是良心的战士，良心的拥护者；他的艺术便是他良心的呼声。①

何为良心？费尔巴哈认为：“良心是从知识导源而来的，或者说与知识有密切的关系，但它不意味一般的知识，而意味特种的特殊部类的知识，即那种与我们的道德行为、与我们的善或恶的心情和行为有关的知识。”② 也就是说，良心属于伦理知识、伦理话语的范畴。

良心在伦理话语的哪一个范围内有效呢？佩斯塔那(Mark Stephen Pestana) 说：“良心的命令仅仅针对一个人自己的行为：良心不涉及对其他人行为的道德评价。”③ 良心只关涉个体心性。

那么，良心的真正蕴含到底是什么？约瑟夫·富切斯(Josef Fuchs) 疏解了良心概念的双重含义，指出“良心的狭义，特别在天主教的道德理论中，是指在具体的场合决定某种

① 为法：《真的艺术家》，《洪水》半月刊，第1卷，第2期，1925年。

② 《费尔巴哈哲学著作选集》，上卷，第584页，三联书店，1959。

③ John K. Roth: *International Encyclopedia of Ethics*, Printed by Braun - Brumfield Inc U. C 1995 P. 187—188. 转引自王海明：《伦理学原理》，第316页，北京大学出版社，2001。

行为是否善和应当的权威。”[①] 可以看出，当从深处不断追问，“良心从本质上具有宗教层面”，而且是基督教的。

结合起来看，良心是关涉个体心性，在特定的意义上与基督教相关的伦理话语。而在基督宗教伦理，良心是作为人的伦理本能来谈论的。“对于奥古斯丁来说，良心是天主和人进行爱的交谈的地方，是天主的声音。”良心是人的神性中心，在此中心内，天主对人讲话，人能感觉到天主的临在和灵魂的存在。中世纪的神秘主义者认为，良心的内在基础是灵魂的火花，人在火花闪耀的灵魂这个中心，才能与天主相遇。[②] 当代神学家奥吾尔（A. Auer）也指出，良心“是人类存有的最深底蕴，是人的最深层次的核心，靠天主的指导和维护”。[③]

归结起来，在基督宗教伦理视阈内，良心是人的一种本能，“这种本能基本上不是伦理价值及伦理善恶的理论化或科学性知识；它向人显示了他的终极召叫是什么及天主所给予他的个人责任有哪些，这种本能也帮助人意识到这些责任及召叫的绝对性与约束力。”[④]

这与洪为法所说的良心有什么关系?洪为法紧接着上面的话说：

我们人类自从在伊甸园中吃过了智慧之果，（其实是

① Gerhard Zecha and Paul Weingartner：*Conscience*：*An Interdisciplinary*，1987 by D. Reidel Publishing Company，Dordrecht，Holland P. 29. 转引自王海明：《伦理学原理》，第 316 页，北京大学出版社，2001。

② 参［德］卡尔·白舍客：《基督宗教伦理学》，第一卷，第 226 页，上海三联书店，2002。

③ 转引自［德］卡尔·白舍客：《基督宗教伦理学》，第一卷，第 227 页，上海三联书店，2002。

④ ［德］卡尔·白舍客：《基督宗教伦理学》，第一卷，第 228 页，上海三联书店，2002。

罪恶之果）便一步一步的向下堕落。披上树叶，躲在草里，生恐赤裸裸的见到上帝，这便是堕落的初步。几千万年堕落的结果，便是良心的埋没。①

在这里，洪为法把人类良心的堕落追溯到始祖对上帝的背离，以及随后的越来越远离。因此，他之所谓良心，不仅指世俗道德之良心，更是指具有基督宗教伦理意味的。正是沿此理路，洪为法继续推演，忠于自己的良心，“是一种圣者的态度”，真的艺术家的楷模是基督耶稣：

耶苏钉在十字架的时候，他只悲悯下面的群众，何尝怪倒他自己拥护良心的不是？这是圣者！这是艺术家！这是真的艺术家！②

耶稣即使被钉十字架，也没有放弃良心，也没有为曾经拥有的良心而后悔，有的只是对庸众的悲悯，这与鲁迅在《复仇（其二）》中对基督受难心态的阐释何其相似？良心是最高的道德律，是判断真的艺术家的尺度，耶稣的人格也成了现代作家人格的标杆。最后，洪为法总结道：

——所谓真正的艺术家：他须有他伟大的性格，他须是良心的战士；他的作品，又须是他良心的呼声。非是者，我才不知道谁是艺术家！③

① 为法：《真的艺术家》，《洪水》半月刊，第1卷，第2期，1925年。
② 为法：《真的艺术家》，《洪水》半月刊，第1卷，第2期，1925年。
③ 为法：《真的艺术家》，《洪水》半月刊，第1卷，第2期，1925年。

显然，崇尚耶稣形象和基督人格，在20世纪上半叶，成了不少现代汉语作家的诗学现实，甚至成了辨别真假艺术家的标志。进一步的问题是，当基督教作为伦理话语，尤其是人格话语进入现代汉语诗学，参与现代汉语作家人格建构时，它给予了现代汉语作家什么？我认为：一是创造精神；二是承担意识；三是爱的理念；四是忏悔意识。在这里我重点谈谈创造精神和承担意识。

3. 创世与创造

创造精神，在20世纪前20年，尤其是在新文学社团蜂起之初，表现得尤为鲜明，是现代汉语作家群体亮相的人格风貌。

1919年发表的《新青年宣言》，在千余字短文中，三处用了“创造”。除了将“创造政治上道德上经济上的新观念，树立新时代的精神，适应新社会的环境”和“创造新时代新社会生活进步所需要的文学道德”作为《新青年》同仁的共同旨趣外，还把“创造”写进了现代性社会方案中：“我们理想的新时代新社会，是诚实的，进步的，积极的，自由的，平等的，创造的，美的，善的，和平的，相爱互助的，劳动而愉快的，全社会幸福的。”①

1921年，最大的新文学社团——文学研究会成立，在其“简章”中，“创造新文学”是其重要宗旨之一。② 与此同时，在《〈小说月报〉的改革宣言》中，“创造精神”作为旗帜，被高高举起：“同人深信文艺之进步全赖有不囿于传统思想之创造的精神”；“同人以为今日谈革新文学非徒事模仿西洋而已，

① 《新青年宣言》，《新青年》，第7卷，第1号。

② 《文学研究会简章》，《小说月报》，第12卷，第1号，1921年1月10日。

实将创造中国之新文艺，对世界尽贡献之责任”；“然同人固皆极尊重自由的创造精神者也，虽力愿提倡批评主义，而不愿为主义之奴隶；并不愿国人皆奉西洋之批评主义为天经地义，而稍杀自由创造之精神。”①

这样的例子还有很多。不过，最为突出的还是表现在创造社诸君身上。创造，作为一种人格精神，可资借鉴的资源很多，但基督教中上帝的创世精神，是其中的要素之一。换言之，当时汉语作家的创造人格，一部分是上帝创世精神的世俗转换。胡愈之的一段话道明了其中的道理：

> 上帝是创造者，艺术家是上帝的弟子，所以也是创造者；上帝创造自然，艺术家却是创造艺术。②

这就将上帝的创世精神与作家、艺术家的创造精神有机地联系起来。

创造社之“创造”，就是取上帝“创世”之意。创造社成立不久，郭沫若在《创造季刊》发刊词中写道：“吹，吹，秋风！/挥，挥，我的笔锋！/我知道神会到了，/我要努力创造！”于是，诗人唤起周代的雅伯、楚国的骚豪、唐世的诗宗、元室的词曹和古印度的诗人，唤起饱含基督教精神作《神曲》的但丁，作《失乐园》的弥尔顿和作《浮士德》的歌德，一同来创造。“你们知道创造者的孤高，/你们知道创造者的苦恼，/你们知道创造者的狂欢，/你们知道创造者的光耀，/昆

① 《〈小说月报〉的改革宣言》，《小说月报》，第12卷，第1号，1921年1月10日。

② 愈之：《新文学与创作》，《小说月报》，第12卷，第2号，1921年2月。

仑的积雪北海的冰涛，/火山之将喷裂宇宙之将狂飙；/如醉梦如醉陶，/神在太极之先飘摇。……我幻想着首出的人神，我幻想开辟天地的盘古，/他是创造的精神，/他是产生的痛苦。……本体就是他，上帝就是他，/他在无极之先，/他在感官之外，/他从他的自身，/创造个光明的世界。”郭沫若借礼赞创世者来抒发创造社同人的创造激情，以歌颂造物主创造了光明的世界，来传达创造社先驱开辟新文学天地的豪情壮志。[①]

如果这里的造物主是否是基督教的上帝还有些模糊的话，那么郭沫若在随后为《创造周报》写作的发刊词——《创世工程之第七日》中就非常明确了：“上帝，你最初的创造者哟！/我至今呼你的名，不是想来礼赞你。/古代的诗人说：你创造世界的工程只费了七天的劳力。”接着诗人按照《圣经》创世纪的记载，完整地复述了上帝六天的劳作，以及第七天的安息。然后诗人问道：“你在第七天上为甚便那么早早收工，/不把你最后的草稿重加一番精造呢？/上帝，我们是不甘于这样缺陷充满的人生/我们是要重新创造我们的自我。/我们自我创造的工程/便从你贪懒好闲的第七天上做起。”[②] 诗歌尽管洋溢着“五四”时代特有的人文精神，但将上帝的创世精神人格化，则是显而易见的。

这还可佐以郭沫若为《创造周报》创刊写作的广告诗：“我们在这犹太人的安息日上只有努力创造。/朋友哟，我们只有努力创造。/请看我们造出的这个新的创世纪。”[③]

---

① 郭沫若：《创造者》，《创造季刊》，第1卷，第1期，1921年10月8日。

② 郭沫若：《创造工程之第七日》，赵家璧主编：《中国新文学大系》，第十卷，第99—100页，上海良友图书印刷公司，1936。

③ 参成仿吾：《创造周报停刊宣言·一年的回顾》，赵家璧主编：《中国新文学大系》，第十卷，第102页，上海良友图书印刷公司，1936。

创造社诸君，显然把自己比作了创世纪的上帝，不同的只是，他们要立在现实的土地上，创造一个现代汉语文学的新世纪而已。1923 年 7 月，《创造日》创刊，由郁达夫执笔的宣言，对此有着更为自觉的表述：

> 山川草木，鸟兽虫鱼和世界万物，都是由无而有，由黑暗而光明，渐渐的被创造者创造出来的。……
>
> ……我们不要把伊甸园内天帝吩咐我们的话忘了。我们要用汗水去换生命的日粮，以眼泪来和葡萄的美酒。我们要存谦虚的心，任艰难之事。我们正在拭目待后来的替民众以圣灵施洗的人，我们正预备着为他缚鞋洗足。
>
> 现在我们的创造工程开始了。我们打算接受些与天帝一样的新创造者，来继续我们的工作。[①]

这再次证明了创造社诸君是自我命名为上帝一样的“创造者”或“创造家”的。它的另一位元老成仿吾就曾直称上帝为“创造家中的第一人”[②]。当然，话语以外的另一种声音是：他们也是这个创造家族中的成员。

1924 年，创造社的另一个刊物问世，命名“洪水”，依然出自《圣经》，寓意是再一次创造前的破坏。如所周知，上帝对造人曾有过后悔：“耶和华见人在地上罪恶很大，终日所思想的尽都是恶，耶和华就后悔造人在地上，心中忧伤。”[③] 后使洪水泛滥于地上，毁灭天下，除进挪亚方舟的，“凡地上有

① 郁达夫：《创造日宣言》，赵家璧主编：《中国新文学大系》，第十卷，第 105 页，上海良友图书印刷公司，1936。

② 成仿吾语，见《创造季刊》，第 1 卷，第 3 期之曼衍录。

③ 《创世纪》6：5—6。

血肉、有气息的活物，无一不死”。[①] 这是上帝对人类的毁灭与再造。并与再造的人们立约：“凡有血肉的，不再被洪水灭绝，也不再有洪水毁坏地了。”[②] 创造社将刊物继“创造”系列之后，又取名“洪水”，也有创造之后再行破坏，涤荡人间罪恶再造新人的命意。

郭沫若后来在回忆《洪水》的命名时谈到了这一点：“上帝要用洪水来洗荡人间的罪恶，《圣经》上有这种意思的话，这便是那心裁的母胎了。”[③] 事实上，早在《创造周报》创刊时，郭沫若就表达过对上帝所造之人的不满，并质问：“上帝，你如果真是这样把世界创出了时，/至少你创造我们人类未免太粗滥了罢？/最后的制作，也就是你最劣等的制作/无穷永劫地只好与昆虫走兽同科。/人类的自私，自相斫杀，冥顽，偷惰/都是你粗滥贪懒的结果。”因此，在上帝造人之后，创造社诸君还要施以新文化的洪水，再造现代新人于地上。不过，再造前更为迫切的是破坏。发刊词《撒旦的工程》写道：

> 美善的创造是难能的而且是必需的，因为他能从空虚浑沌的无物中，变幻出光明灿烂的世界；没有创造，便没有世界。真正的破坏也是难能的而且是必需的，因为他是在虚伪丑恶的世界上，扫除去一切顽劣的怪物；没有破坏，怪物便要大施猖獗。
>
> 技巧的匠师，不能在旧屋没有拆除的地基上筑造巍峨

---

① 《创世纪》6：17。

② 《创世纪》9：11。

③ 郭沫若：《创造十年续编》，《郭沫若全集·文学编》，第265页，人民文学出版社，1992。

> 的巨厦。真正爱花的人们，也决不肯袖手让荆棘丛生在自己心爱的花园里，把心爱的花儿凌践致死。所以，破坏是比创造更为紧要。不先破坏，创造的工程是无效的。彻底的破坏，一切固有势力的破坏，一切丑恶的创造的破坏，恰是美善的创造的第一步工程。①

创造社诸君以撒旦工程寓意的破坏工程，依然属于他们创世工程的一部分，只不过重心在拆除旧的地基。在创造中破坏，在破坏中创造，正是新的创世纪工程的全部内涵。

有趣的还有，《洪水》因故停刊，在复刊时，创造社诸君又以“洪水复活”为宣言，再一次彰显他们以上帝创世精神张其创造之意志的共同意愿。

4. 受难与承担

承担意识，指一种自觉承担苦难，背负十字架的精神意向。即如基督一样，为沉陷深渊中的人们分担苦难。用冰心的话说就是“要完全的抛掷自己在他们中间，分担他们的忧患，减少他们的疾苦，牵扯他们到快乐光明的地上来。”②

这种承担意识，在鲁迅那里表现为默然坚忍的献身行为和基督式倾空自己的爱：“自己背着因袭的重担，肩住了黑暗的闸门，放他们到宽阔光明的地方去；此后幸福的度日，合理的做人。”③

---

① 《洪水复活宣言》，赵家璧主编：《中国新文学大系》，第十卷，第110页，上海良友图书印刷公司，1936。

② 谢婉莹：《〈燕大青年会赈灾专刊〉发刊词》，《冰心全集》，第1卷，第351页，海峡文艺出版社，1994。

③ 《鲁迅全集》，第1卷，130页，人民文学出版社，1989。

在郁达夫那里表现为啼泪的悲悯、祝福与呼告："啊！农夫呀农夫，愿你与你的女人和好终身，愿你的小孩聪明强健，愿你的田谷丰多，愿你幸福！你们的灾殃，你们的不幸，全交给了我，凡地上一切的苦恼，悲哀，患难，索性由我一人负担了去吧！"[①]

在诗人徐志摩那里化为满蓄爱意的同情："为了什么/我把每一个老年灾民/不问他是老人是老妇，/当作生身父母一样看，/每一个儿女当作自身/骨血，即使不能给他们/救度，至少也要吹几口/同情的热气到他们的/脸上，叫他们从我的手/感到一个完全在爱的/纯净中生活着的同类？"[②]

在许地山那里既表现为具体入微的灵魂救赎："只希望能为那环境幽暗者作明灯，为那觉根害病者求方药，为那心意烦闷者解苦恼"，[③] 又表现为彻底的担当精神："我们暂且把一切人类底羞耻负在背上罢！"[④]

而在更多的现代汉语作家那里，是以直接背负十字架为其精神象征的。郭沫若曾经在《孤鸿》表达过，愿意陪耶稣"再钉一次十字架"，并呼吁："在大众未得发展个性，未得享受自由之时，少数先觉者倒应该牺牲自己的个性，牺牲自己的自由，以为大众人请命，以争回大众人的个性与自由！"[⑤] 冰心

① 《郁达夫散文全编》，第 18 页，浙江文艺出版社，1990。

② 徐志摩：《爱的灵感——奉适之》，《徐志摩文集·诗集》，第 424—425 页，商务印书馆香港分馆，1983。

③ 许地山：《解放者·弁言》，《许地山散文全编》，第 213 页，浙江文艺出版社，1992。

④ 许地山：《"五七"纪念与人类》，《燕京大学季刊》，第 1 卷，第 8 号，1920 年 9 月。

⑤ 郭沫若：《〈文艺论集〉序》，《郭沫若全集·文学编》，第 15 卷，第 146 页，人民文学出版社，1990。

在诗里歌吟："我只是一个弱者！/光明的十字架/容我背上罢，/我要抛弃了性天里/暗淡的星辰！"①

老舍入教后，将名字改为"舍予"，即已表现出舍身救世的担当精神，在不久的一次演讲中他说：

> 我愿将"双十"解释作两个十字架。为了民主政治、为了国民的共同福利，我们每个人须负起两个十字架——耶稣只负起一个，为破坏、铲除旧的恶习，积弊，与像大烟瘾那样有毒的文化，我们必须预备牺牲，负起一架十字架。同时，因为创造新的社会与文化，我们必须准备牺牲，再负起一架十字架。②

在《诗人》一文中写道："在别人正兴高采烈，歌舞升平的时节，他会极不得人心的来警告大家；大家笑得正欢，他会痛哭流涕，及至社会上真有了祸患，他会以身谏，他投水，他殉难。"③ 在民族危难的 20 世纪 40 年代，老舍又倡议："我们要做耶稣生前的约翰，把道路填平，以迎接新生者。""文学家应该誓死不变节，为转移风气努力。耶稣未出世前即有施洗的约翰，文艺家应拿出在今日文艺荒原上大声疾呼的精神，为后代子孙开一条大道。"④ 潜伏在老舍心底多年的这种人格理想，在《四世同堂》的钱默吟身上得到形象体

---

① 冰心：《春水·二六》，《冰心文集》，第二卷，第 68 页，上海文艺出版社，1983。

② 老舍：《双十》，《时事新报》，1944 年 10 月 10 日。

③ 老舍：《诗人》，《老舍文集》，第十四卷，第 178 页，人民文学出版社，1993。

④ 老舍：《作家的生命》，《新华日报》，1944 年 4 月 17 日。

现。小说借瑞宣的眼光和灵魂自白，打量和评说钱默吟："钱先生简直的像钉在十字架上的耶稣。真的耶稣并没有怎么特别的关心国事与民族的解放，而关切着人们的灵魂。可是在敢负起十字架的勇敢上，钱先生却的确值得崇拜。"老舍称这位英勇刚毅，肯为和平与真理去牺牲的诗人为"自动的上十字架的战士"。

巴金自称是"人类苦难的歌人"，立志把所有的力量用在给"同类争取幸福上面"。[①] 诗人艾青反问："我们岂不是/就在自己的年代里/被钉上了十字架么？而这十字架/决不比拿撒人所钉的/较少痛苦。"那么如何面对这样的现实？艾青回答说，要"最坚决地以自己的命运给万人担戴苦痛"，"代替万人受着整个时代所给予的绞刑"。[②] 承担意识在这里已升华一种崇高的殉道精神。

第二节　政治话语

到20世纪50至80年代，基督教在现代汉语诗学建构中的话语方式，随着社会历史语境的变迁发生了深刻转变，从伦理话语转向政治话语，再由政治话语演变为文学修辞，并在特定历史时期的文学想像中透露出独特的宗教意味。

1. 从伦理话语向政治话语转换

我曾在一篇文章中写道，20世纪50年代，有两首歌开始唱红中国大地，响彻每次官方的正式会议，这一做法一直延续

① O·白礼哀《巴金：一位现代中国小说家》，转引自杨剑龙：《中国现代作家与基督教文化》，第172页，上海教育出版社，1998。

② 艾青：《诗论》，第174页，人民文学出版社，1956。

了几十年。一首歌唱道："从来就没有什么救世主"，另一首歌接着唱道："他是人民大救星"。似乎从来没有人听出过其中的不和谐音，或者暧昧、吊诡、滑稽与相互颠覆之处。[①] 在送走超验神迎来世俗神的运动中，基督教已由伦理话语进入政治话语。

时间还可向前推溯。如果立足个案分析，曹禺戏剧《雷雨》"序幕"和"尾声"的命运，可以见出基督教在现代汉语诗学中，由伦理向政治的角色演变。

《雷雨》的"序幕"和"尾声"写了什么？情节十分简单，不过弥漫浓厚的基督宗教气氛：壁炉上钉着十字架的耶稣像，"尼姑"手上拿着《圣经》，舞台上传来远外教堂合唱弥撒同大风琴的声音。在这种氛围中，一个在十年前发生，经历了三十个春秋的人间悲剧，得以成功演绎，一个罪恶与救赎的主题借机完成。观众也可由此"带着一种哀静的心情"回家，虽"念着这些在情热、在梦想、在计算里煎熬着的人们"，而灵魂是安顿的。读过剧本的人，亦会因剧中人罪恶的救赎，内心获得一份安宁，并从此产生过一种正义生活的欲求。

巴金也许是《雷雨》的第一个正式读者，60 多年后，他在回忆初读剧本的感受时说：

> 我被深深地震动了！就像从前看托尔斯泰的小说《复活》一样，剧本抓住了我的灵魂，我为它落了泪。我曾这样描述过我当时的心情："不错，我流过泪，但是落泪之后我感到一阵舒畅，而且我还感到一种渴望，一种力量在我身内产生了，我想做一件事情，一件帮助人的事情，我

---

① 唐小林：《从延河到施洗的河——50、90 知识分子想象灵魂得救的方式》，《人文杂志》，2003 年，第 3 期。

想找个机会不自私地献出我的精力。《雷雨》是这样地感动过我。”①

托尔斯泰的《复活》是典型的基督宗教文学。它虽然不是叙述末日审判时已死义人的复活，也不是写耶稣基督钉死十字架后三天的复活，却描写了主人公聂赫留朵夫道德堕落与复活的精神历程。故事是人间的、世俗的，理念则是基督教的、超越的。巴金阅读《雷雨》时的心灵震动与阅读《复活》相似，这说明它的“序幕”与“尾声”并非可有可无，而是有着重要的艺术效能。

曹禺对“序幕”和“尾声”也钟爱有加。剧本 1934 年问世，1935 年在日本演出，“序幕”和“尾声”就遭删去。年轻的曹禺十分惋惜和遗憾，出面解释：“在许多幻想不能叫实际的观众接受的时候……我的方法乃不能不把这件事推溯，推，推到非常辽远的时候，叫观众如听神话似的，听故事似的，来看我这个剧，所以我不得已用了‘序幕’及‘尾声’”。② 1936 年《雷雨》出单行本，曹禺又一次特别提到，序幕和尾声给观众所谓的审美距离，如果因剧本过长，他宁愿删去四幕正剧中的内容。曹禺的这些申明，说明序幕和尾声的设计，至少有一个关键因素：和解“幻想”与“实际”的对立。半个多世纪过去了，很少有人问：曹禺那时有怎样的“幻想”？何以这样的“幻想”让实际的观众难以接受，非得要造成辽远的故事与神话的错觉？还要以审美距离为托词？

我想曹禺的这些幻想，不可能是司马长风所说的，为多面

① 转引自曹禺：《雷雨》，第 2 页，人民文学出版社，2000。

② 参田本相等编：《曹禺年谱》，第 29 页，南开大学出版社，1985。

投机，而在政治上表现出的花枝招展：为讨好观众和当道者而铺展温良人性，为迎合风头正健的左派势力去突出无情的阶级意识。[①] 尽管这些因素都可以在《雷雨》中找到，但难以构成曹禺当时的幻想，至少关于阶级意识一说，曹禺自己就做过否定："要说稍稍得一些阶级和阶级斗争与无产阶级专政的道理，还是在读了列宁的《国家与革命》以及其他的马列的书之后，不过，这是全国解放之后的事了。"[②] 那么，这些幻想究竟是什么呢？曹禺自己没有说，但1935年完成的《日出》的题辞中透露出若干消息。

曹禺专门对《日出》的题辞有过说明："那引文编排的次序都很费些思考，不容颠倒，偏爱的读者如肯多读两遍，略略体会里面的含义，也可以发现多少欲说不能的话藏蓄在那几段引文里。"[③] 对此，我感兴趣的有两点：一是，那"多少欲说不能的话"是什么？是否就是《雷雨》里"叫实际的观众"不能接受的幻想？二是，那"多少欲说不能的话"只能严格按引文编排的次序，费些思考才能体会得出，既如是，引文是怎样的？又要表现什么？

《日出》最初发表时的引文，除第一条出自《老子·道德经》第七十七章外，其余七条全部引自《圣经》，编排次序如下：

上帝就任凭他们存邪僻之心，行那些不合理的事。装满了各样不义，邪恶，贪婪，恶毒。满心是嫉妒，凶杀，

---

① 参司马长风：《中国新文学史》，中卷，第298—299页，昭明出版社有限公司，1978。

② 《曹禺论戏剧》，第445页，四川文艺出版社，1985。

③ 田本相：《曹禺文集》，第456页，中国戏剧出版社，1990。

竞争，诡诈，毒恨。……行这样事的人是当死的。然而他们不但自己去行，还喜欢别人去行。

——《新约·罗马书》第二章

……我的肺腑啊，我的肺腑啊！我的心疼痛，我心在我里面烦躁不安，我不能静默不言。因为我已经听见角声和打仗的喊声。毁坏的信息连络不绝。因为全地荒废。我观看地，不料地是空虚混沌；我观看天，天也无光；我观看大山，不料，尽都震动，小山也都摇来摇去；我观看，不料，无人；空中的飞鸟也都躲避。我观看，不料，肥田变为荒地。一切城邑……都被拆毁。

——《旧约·耶利米书》第五章

……弟兄们……凡有弟兄不按规矩而行，不遵守从我们所受的教训，就当远离他。……我们在你们中间未尝不按规矩而行，未尝白吃人的饭。倒是辛苦劳碌，昼夜作工。……我们在你们那里的时候，曾吩咐你们说，若有人不肯工作，就不可吃饭。

——《新约·贴撒罗尼迦后书》第三章

……弟兄们，我……劝你们都说一样的话，你们中间也不可分党。是要一心一意，彼此相合。……

——《新约·哥林多前书》第一章

……我是世界的光，跟从我的，就不在黑暗里走，必要得着生命的光。……

——《约翰福音》第八章

……复活在我，生命也在我，信我的人虽然死，也必复活……

——《约翰福音书》第十一章

我又看见一片新天新地，因为先前的天地已经过去了！

——《启示录》第二十一章①

按上面的顺序进行阐释，其基督宗教含义应为：部分人违背上帝旨意，行不义之事，犯下滔天罪行，世界出现毁灭前的征兆，田地荒芜，城邑倾圮，天地空虚混沌，漆黑无光，造物主忧心如焚，召叫人们虔诚信仰，彼此互爱，跟随光的引领，死了的可以复活，黑暗的可以光明，毁坏的世界必得新生。这才是曹禺的幻想。也是曹禺在《雷雨》面对不义的家庭，在《日出》面对不义的社会所蕴含的救心与救世理想。在此意义上观之，《雷雨》中不义之人，哪怕是周朴园、周萍，都有忏悔之心，只有蘩漪，如作者所说，“她不悔改，她如一匹执拗的马，毫不犹豫地踏着艰难的老道，……想重拾起一堆破碎的梦，救出自己，但这条路也引到死亡”，不仅将自己，也将别人。所以，她“是个最动人怜悯的女人”。② 这个怜悯，不是世俗意

① 许正林考证：据《新旧约全书》，以上第一段应在《新约·罗马书》第一章，第二段应在《旧约·耶利米书》第四章，剧本原题辞所注出版有错。参许氏著：《中国现代文学与基督教》，第143页，上海大学出版社，2003。引文见《中国新文学大系（1927—1937）》，第十六集，第158—159页，上海文艺出版社，1985。

② 曹禺：《〈雷雨〉序》，《曹禺戏剧集·雷雨》，第5页，四川人民出版社，1984。

义上的，而是宗教意义的，她行了罪而不自知，更不知悔，欲以罪赎罪，继续滑向深渊，带来周家无可挽回的现实灾难。她才是《雷雨》悲剧的真正之源。基督宗教伦理，对罪人只有怜悯，不应有恨。曹禺用“最动人怜悯”待她，其把握基督教精义的火候，令人折服。《日出》亦可作如是观。《日出》之光，非世俗之光，而是救世主的救恩之光，是渴望拯救黑暗人间的象征符码。

曹禺有这样的救世理想，就像别人以主义救中国一样，不足为奇。这也是一个真正知识分子应有的承担意识的表现。那个时节的曹禺，有一种感觉，“好像是东撞西撞，在寻找着生活的道路”，在追寻着生活的意义：

> 人究竟该怎么活着？总不应该白白活着吧，应该活出一点道理来吧！为什么活的问题，我是想过的。我曾经找过民主，也就是资产阶级民主，譬如林肯，我就佩服过。甚至对基督教、天主教，我都想在里边找出一条路来。①

在没有找到其他的路之前，基督救世思想就这样出现在《雷雨》、《日出》中了。这也并非偶然。因为曹禺接触《圣经》比较早，小时候就常去教堂。据他回忆，当时就在思索生命的意义，人生的道路问题。佛教强烈的出世意愿，使他没能跟随父亲的信仰而亲近了基督教。清华大学期间，巴赫的基督宗教音乐，托尔斯泰的《复活》，教堂大弥撒仪式，复活节的活动，都一度坚固了他对基督教的信念。

正如曹禺所觉察，一个政治革命的时代早已来临。革命文

① 《曹禺论戏剧》，第444页，四川文艺出版社，1985。

化、革命文学取代文化革命、文学革命的运动已然展开。曹禺没有意识到，也说明司马长风的臆测是如此的不准确，他所精心构制的《雷雨》“序幕”和“尾声”、《日出》的题辞，已经显得不合时宜。题辞可以不搬上舞台，能够轻松取掉，要对《雷雨》掐头去尾，却不太容易，会损伤剧本艺术的完整性，甚至关键的主题诉求。而以后关于其是否删除的争论或批判，恰恰回到了我的问题上去，显现了基督教在汉语诗学中，从伦理话语向政治话语的转换。

后来成为左翼文艺掌门人的周扬，在1937年的《论〈雷雨〉和〈日出〉中》谈到，曹禺“用‘序幕’和‘尾声’把《雷雨》的时间搬到了十年以前。……与其把这件罪恶推到时间上非常辽远的处所，将观众的情绪引入一种宽畅的平静的境界，不如让观众被就在眼前的这种罪恶所惊吓，而不由自主地叫出：‘来一次震撼一切的雷雨吧’！”[①] 周扬在这里已经是从现实政治的角度评说和要求着《雷雨》的序幕和尾声了。他希望它们起到的作用不是个人灵魂的救赎和安顿，不是人类之爱，而是激起现实仇恨，煽动阶级斗争，使之成为动员社会革命的力量。曹禺要的是怜悯，周扬要的是仇恨，曹禺要的是爱，周扬要的是斗争。伦理的意愿怎能满足政治的要求？结局如何，已在预料之中。7年以后，杨晦的批评政治味就更浓，没有办法，那已是抗战行将结束，政治斗争最为尖锐的时候。杨晦已少了周扬还较为温和的语气：

> 在我们看，这个十年后的序幕和尾声，是一种累赘，是一种蛇足；而且，我们在感情上，在理智上，在事实

① 周扬：《论〈雷雨〉和〈日出〉中》，《光明》，第2卷，第8期，1937。

> 上，都不愿意欣赏那种充满殖民地气氛的礼拜堂，那种颂主歌；都不相信在一个家庭的“雷雨”爆发以后，会只剩下一个疯、一个傻的两个老太婆住在医院里，领受姑奶奶的招呼；都不容许只留下一个官僚资本家的周朴园，在这种充满殖民地气氛的医院里进出。至于那两个小孩，来作这种凄凉的点缀，更是目不忍睹的了！[①]

注意这里的话语立场，是“我们”不是“我”。这说明杨晦自以为是代表一群人，一个阶级或者一个政党说话，是集体意志的表达。其次，基督教已经和殖民地政治挂上钩，而当时民主革命的性质，正是彻底地反帝反封建，从半殖民地半封建中解放出来。再次，杨晦从政治上而非伦理上、艺术上宣判了《雷雨》序幕和尾声的死刑：“是一种累赘，是一种蛇足”。既如是，它们还有什么存在的必要？新中国建立后，1951 年开明书店出版的《曹禺选集》已将其删去，直到 20 世纪 80 年代中期的《中国新文学大系（1927—1937）》的《戏剧集一》，才又恢复。不过那时，基督宗教作为话语资源，在现代汉语诗学中的一个新阶段，正在悄悄来临。

无独有偶。与曹禺命运息息相连的巴金，也遭遇过类似的命运。他的《田惠世》是《火》三部曲中的第三部，写作的时间离杨晦批评《雷雨》的日子不到一年。写的是“一个宗教者的生与死”，企图展示“一个宗教者和一个非宗教者的思想和情感的交流”。[②]

---

① 杨晦：《曹禺论》，《青年文艺》，新 1 卷，第 4 期，1944 年 11 月。

② 巴金：《〈田惠世〉后记》，《巴金全集》，第 7 卷，第 614 页，人民文学出版社，2000。

小说塑造了一个什么样的人物形象？正如一位研究中国现代作家与基督教文化关系的专家所指出的那样，小说以巴金“熟识的人物和事件为素材，真切地写出一个具有爱国心的基督徒的爱与恨、生与死”。① 这个以林语堂的哥哥林憾庐为原型的田惠世，身上充满着博爱、承担和献身精神。他践行着基督宗教信仰，决心“用爱拯救世界”。他爱邻人如爱兄弟，爱穷人如爱自己，爱工作如爱生命，给儿子以温情。他置个人生命于不顾，为抗战而奔忙，决意“用牺牲代替谦卑、伪善的说教”，奉“牺牲是最大的幸福”，最后因办刊劳累过度而殉职。这样的人有什么不好？但在特定的政治视域里，它的问题还不可小视。50年代末，一位论者愤怒地写道：

> 在当时民族矛盾极端尖锐的情况下，田惠世大谈特谈他的基督爱，而巴金又加以美化，这除了削弱人民大众火样的抗敌热情和削弱对敌斗争的意志之外，还能起到什么良好的作用呢？这种“爱”显然是反动的。②

政治的火药味浓烈到令人窒息。问题是：谁告诉你《田惠世》削弱了人民大众火样的热情和人民对敌斗争的意志？到论者发表这篇宏论时，离《田惠世》问世整整15年了，何以不拿出确凿的历史证据来？凭空的政治激情和矫情下面已经说明，不需要理由，基督教在那时，无论作为怎样的文学资源、诗学资源，哪怕是帮助爱国、民族救亡，在政治上都是反动的了。

① 杨剑龙：《旷野的呼声——中国现代作家与基督教文化》，第178页，上海教育出版社，1998。

② 《论巴金的世界观与创作》，《武汉大学人文科学学报》，1959年，第2期。

2. 人的成长与信仰改塑

在这样的历史语境下，颠覆基督教信仰，成为人之成长的必须经历，如果有人曾经有过相关经历的话。因为纯洁信仰，是进入新中国的必修课。

1953年动笔，1956年定稿，1979年才得以出版的《青春万岁》，是一部成长小说。相信读者对其中的人物形象大都是模糊的。李春从一个关心一己之学习成绩的个人主义者，成长为集体主义者；苏宁大义灭亲，检举奸商父亲，脱离黑暗家庭，投入集体温暖怀抱的叙述，也不会给人留下太深印象。惟有那个孤独悲伤的天主教徒呼玛丽，不会因岁月沧桑轻易褪色。她的成长经历构成小说最为出彩的一条线索。她的出场是因为一次考试。考题是：试述义和团斗争的始末。呼玛丽的答案除先生讲的，并请求按这一段给分外，格外加进了自己的理解："义和团是中国最大的一次教难，魔鬼们焚烧教堂，杀戮主的信徒。许多教徒因而致命。圣母派遣自己的孩子惩治魔鬼，叫他们下地狱。"[①]

要意识到，作者之所以这样叙述，就说明这不是一次简单的考试，它极富象征意味。在新旧社会交替时期，许多人会因这样的考试不合格，而推迟进入一个新的社会。呼玛丽的答案惊动校方上层，很快被纳入政治斗争的视域。郭校长对呼玛丽的班主任严肃地说："不是个小事呀！瞧这个孩子中了多深的毒，这当然是教会中的帝国主义分子灌输给她的。这是教会当中的帝国主义分子向我们挑战，和我们争夺青年。"[②] 于是，一场挽救呼玛丽，关键是和帝国主义争夺青年的斗争在小说中

---

① 王蒙：《青春万岁》，人民文学出版社，第53页，1979。

② 王蒙：《青春万岁》，人民文学出版社，第53页，1979。

开始了。

作者注意到了灵魂转变过程的复杂性。被作为红色先锋来塑造的郑波就曾经说过："我越来越尖锐地体会到，那个已经死了的旧世界，仍然留下许多尘屑，蒙蔽到我们这些孩子心上，譬如呼玛丽"，要对此进行清除是艰难的。要"把我们身上那些旧的残余，疤痕，统统去掉，我们得斗争，从小斗到大！这样，我们才会成为真正的、新的人，真正的、毛主席的孩子。"① 重要的是，小说中的人物有新的信仰和坚定不移的信心。蔷云对痛苦中扬言要信天主教的苏宁，满怀深情地说："现在是毛主席教育我们了，是毛主席保护我们了，毛主席的手，能够医治我们国家的创伤，也能医治你心里的创伤。"②

从神的孩子转变为毛主席的孩子，呼玛丽的内心波澜被作者叙述得有些触目惊心：从细微的生活温暖，到细小的伤痕抚慰，再到深度的灵魂煎熬，都得到见泪见血的细致铺展。其中有三件事起了至关重要的作用。

一是1953年的"五一"游行，裹挟在"狂热"人流中的呼玛丽，像"一颗隔年的枯折了的向日葵茎子"隐藏在万紫千红花丛中的呼玛丽，只虔诚地呼唤过神的名字的呼玛丽，"在万道霞光照耀着的天安门"，被山呼海啸般的"毛主席万岁"，震撼和激动得"经受不住，几乎倒在地上"。③ 她被另一种世俗的宗教情绪所唤回。她是否隐约地意识到另一个可以作为替代物的拯救灵魂的圣父已经出现？当她再次向"圣母呼救，跪

① 王蒙：《青春万岁》，人民文学出版社，第166页，1979。
② 王蒙：《青春万岁》，人民文学出版社，第228页，1979。
③ 王蒙：《青春万岁》，人民文学出版社，第245—246页，1979。

伏在圣母像前”时，

> 她忽然发现，圣母也是可怜的，孤独无靠的，一个人栖息在黑暗的空间，她的眼睛里充满了忧伤，她的头无力地低垂，她毫无作为地眼看着自己的女儿，自己的羔羊，在人世的无限痛苦中翻滚熬煎。[①]

我没有理由不怀疑她信仰的动摇。呼玛丽勿须再呼玛丽亚了。

二是，她的临护人，有过救身和救心之恩的神甫李若瑟的被捕。这个在呼玛丽心目中，曾经是“天主的使者”、圣母洁德的化身、人间基督的神甫，竟是披着宗教外衣的特务，潜藏的反革命；是外面显出公义，里面装满假善，行不法之事的魔鬼。这对摧毁呼玛丽的信仰是致命的。这样的情节，也使你无法不重温《牛虻》中亚瑟与红衣主教蒙太尼里的故事。

神圣的、彼岸的神像倾圮了，现世的、身边的基督偶像轰毁了，而天安门却是如此的霞光万道，最后，小说是那样合乎情理地把呼玛丽推到了天安门前，她要毕业了，她旧的信仰已经抛弃，精神已经清洗，她进入新中国的考试已经合格，她一个阶段的成长也要以此宣告终结。“她拚命地抑制住自己的眼泪”，仰望着毛主席，悄悄地、发自肺腑地说：“主席，谢谢您!”。[②] 她终于成为毛主席的孩子。

诗学，不仅仅是那些僵死的文论，更是作家之所以这样或那样的叙述，以及这背后潜藏的有意或无意的观念、情感和情绪。它们是更为逼近真实或真理的诗学。在《青春万岁》中，

---

① 王蒙：《青春万岁》，人民文学出版社，第251页，1979。

② 王蒙：《青春万岁》，第345页，人民文学出版社，1979。

阶级压迫的政治被转换成教会压迫的政治。呼玛丽所在的教会——仁慈堂，被作者用引号引上，是一个嗜血如命，血债累累，比地狱更加黑暗的地方。在鬼嚎般的念经声中，每天都有一具具的儿童尸体被抬出。这些天真无邪的生命就这样在仁慈的名义下被扼杀。毛乖乖就是有意设置的这样的典型。如此的叙述，与非基督教运动中对教会的血泪控诉是何其相似！它会不会就是作者的创作资源？而且，更为令人震惊的是：教会是帝国主义分子从事非法活动的据点，他们的矛头直指新生的民族国家和它的领导者。李若瑟曾经质问呼玛丽："同学们？都是谁？有没有党团员？"并进一步警告她："教难即将到来，圣教会在危险中。我们遇到了凶恶的仇敌——共产党！共产党是立意要消灭圣教会的"。[①] 教会的用心，是要颠覆新生的政权。政治的叙述后面是叙述的政治，诗学的政治。

因教会和神父政治上的反动，而清除包括基督宗教在内的信仰异端，还只是进入新中国的第一步，新人需要建立新的信仰，或者说新的灵魂需要新的拯救。《青春万岁》写的是一群女中的学生，由于题材的限定，它没有完成这一任务。这一任务是在第二年由另一作家写就的《青春之歌》中得以完成的。

从《青春万岁》的呼玛丽，到《青春之歌》的林道静，信仰完成了向政治的转移。表现在生活世界，私人空间已被公共空间所替代，个体信仰已被世俗政治所置换。就基督教而言，乌托邦取代了天国，社会科学理性取代了基督神性，卡里斯马取代了上帝、取代了基督，斗争哲学取代了爱理念，血统论取代了原罪论……。与此相伴随，一度成为现代汉语诗学伦理资源的基督教，已被政治话语改造和收编。加上，"在一个宣布

① 王蒙：《青春万岁》，第240—241页，人民文学出版社，1979。

以无神论、唯物论为官定国家哲学基础并全权控制文学创作的时期”，① 很难想象在诗学中能为我的论题提供多少与直接基督宗教相关的材料。但“空白”并不意味“无”，而是另一种“有”。曾经喧哗于话语层面的，只是被打入潜意识的集体记忆；昔日活跃于历史现场的，不过退居历史幕后，但仍会乔装打扮、改头换面，以另一种方式悄悄登场，或者潜在地发挥作用。因此，我的研究也随之转向“潜在诗学”与基督教。

3. 宗教修辞与政治叙事

20 世纪 50 至 70 年代，诗学中真的没有了基督宗教的因素？当然不是。黄子平对此一时期小说的研究表明，宗教文化片断性地进入小说创作，即便是“最正统的以讲述党史为中心题材的‘革命历史小说’”，也无法不从传统的宗教文化中攫取叙述的合法性资源。“而这种攫取，往往采取了‘宗教修辞’的方式和途径”，他将之命名为“小说中的宗教修辞”。

> 宗教文化中的形象、仪式、神话情节、命题，被抽离了与其原始教义上下文的具体联系，灵活而多变地纳入文学作品自成一体的叙述世界之中，以服从小说所希望达到的叙述效果。……“革命历史小说”中，只有这种“纳入”方式，在其当代文化环境中才是合法的、可行的和有效的。②

这是极富洞见的。有趣的是，在这一时期，即便只是作为修辞的基督教资源，也是政治话语质态，期待实现的也是政治的功能。

---

① 黄子平：《“灰阑”中的叙述》，第 87 页，上海文艺出版社，2001。

② 黄子平：《“灰阑”中的叙述》，第 89 页，上海文艺出版社，2001。

黄子平对革命历史小说中，对基督教中“圣地”一词挪用的论析，就颇具说服力。他提出，“圣地”一词的修辞运用，鲜明地显示出“政治权威的凝聚、集中和确立的过程”，也隐含基督教和伊斯兰教才具有的一神教的排他性对建构和巩固独尊的意识形态的效用。他从《保卫延安》卷首的一幅“陕甘宁边区地图”，解读出一个“圣地失而复得”的情节模式。因此，“这幅地图不单可读成政治—军事地图，也可读成一幅经过宗教修辞的寓意图”。对于小说作者而言，或许并非自觉追求，但“这似乎更能说明宗教修辞的政治无意识效果”。[①] 那么，这种“小说中的宗教修辞”的政治效能究竟是怎样的呢？黄子平指出：

> 宗教修辞奠定了政治叙事的基础，政治上的“革命/反动”划分定性，必须从宗教的“正/邪”、“善/恶”那里获得一种转喻的力量。仿佛不是政治叙事从宗教文化资源里悄悄挪用了圣洁空间的谴责威力，而是必须从宗教文化资源中直接派生出政治叙事的有效性。[②]

“小说中的宗教修辞”是如此，1958、1959 年间大量涌现的“红色歌谣中的宗教修辞”更是如此。现代性的过程，既是神的去魅过程，又是人的成魅过程。人的成魅，借助宗教修辞。其中当然也挪用基督宗教修辞，但在总体上是含混的，尽管在实质上它是另一种“赞美诗”。有关内容不拟在此展开。

宗教性修辞在这里转化政治性修辞，在诗学层面表现为修辞的政治：宗教语词因人为的政治目的被强暴，被强迫地抽

---

① 黄子平：《“灰阑”中的叙述》，第 94—97 页，上海文艺出版社，2001。

② 黄子平：《“灰阑”中的叙述》，第 93 页，上海文艺出版社，2001。

离、挪用、改写、涂抹，其原有语义遭篡改或删除。红色歌谣是集体创作，是当时的社会总体想象物，在“破四旧”和“扫除一切牛鬼蛇神”的历史语境中，出现这种情况，是可以想见的。那么在作家的私人写作中呢？

我读到的唯一一首可以算得上是私人写作的，又是基督教题材的诗歌，是1970年绿原写于牛棚的《重读〈圣经〉——“牛棚”诗抄第n篇》。这是以后被史家称为“潜在写作”或“地下写作”的诗歌。它的写作目的不是为了发表，而主要是个人抒怀，具有纯粹私性。

开篇，诗人首先追溯与《圣经》“源远流长”的历史。还在儿时，基督教徒就送给他一本福音，劝勉他阅读此书可以树立信仰，“可以望见天堂的门”。青年时期，一位诗人又告诉他，《圣经》虽不讲述科学道理，却是文学艺术的重要资源。读到这里，阅读习惯使我认为，诗人对《圣经》、对基督教文化有着持久不衰的兴趣和热情，但很快我发现，这是诗人耍的一个“诡计”，他的真实用心是欲抑先扬，追求的是让你一下落空的惊惧。

诗人马上急不可待地申明：“我一生不相信任何宗教”，《圣经》连一遍都没读过。如今身陷囹圄，又常常是在夜深人静，倍感凄清，辗转反侧，好梦难成之时，才捧读《圣经》，“纯粹是为了排遣愁绪”。因此，他从中见不到什么灵光和奇迹，“只见到蠕动着一个个的活人”。尽管在以后的诗句中，诗人写到对为人民立法的摩西的敬重，对引领受难同胞出埃及的约瑟的钦佩，尤其是写到了对耶稣的“更爱”：

但我更爱赤脚的拿撒勒人：
他忧郁，他悲伤，他有颗赤子之心；

他抚慰、他援助一切流泪者，
他宽恕、他拯救一切痛苦的灵魂。

甚至还写到："读着读着，我再也读不下去，/再读便会进一步堕入迷津……"。这迷津是什么，我们不得而知，但是并非没有对诗人固有信仰的某种游离或颠覆，而使诗人产生难以言述的忧惧。但就其整个诗篇而言，充满了对基督教信仰的调侃和反讽，即便是一些地方的正面咏颂，重心也在凸现诗人自身精神人格的清白高尚和对未来政治清明的确信。诗歌最后写道："我始终信奉无神论：/对我开恩的上帝——只能是人民大众。"[①] 人民是上帝，这是对领袖话语的搬用。毛泽东在中共"七大"闭幕式上，在对《列子·愚公移山》神话的引申时强调指出："我们也会感动上帝的，这个上帝不是别人，就是全中国的人民大众。"[②] 所以，《重读〈圣经〉》中的基督教资源，仍然是作为诗歌修辞存在，相比之下，这种修辞更具整体性而已，其目的还是在特定政治话语的建构上。

4. 苦难政治与灵魂救赎

借助宗教修辞，建构政治话语，或有意无意地论证现存秩序的合法性，即使到新时期的最初几年，情况也未见多大变化。

在开风气之先的早期朦胧诗中，舒婷是运用基督宗教修辞较多的诗人。她有的诗歌，对基督教资源的化用，承续了20世纪上半叶的伦理话语。比如，写于1980年的《在诗歌的十字架上——献给我的北方妈妈》，诗人就把自己想象成诗歌界

① 绿原：《重读〈圣经〉——"牛棚"诗抄第n篇》，《白色花·二十人集》，第202—206页，人民文学出版社，2000。

② 毛泽东：《愚公移山》，《毛泽东选集》，第3卷，第1102页，人民出版社，1991。

的耶稣，她的存在不属于自己，她是天空、河流与山峦的选择，选择她为人间的痛苦与幸福，承担她所不能胜任的牺牲。尽管在奔赴此一历史使命的途中，诗人被轻蔑、被亵渎、遭离弃，甚至承受"天遣似的神鹰/天天啄食我的五脏"般的无尽痛苦，且早已身心疲惫，但"为了完成一篇寓言/为了服从一个理想"，为了"那被我歌声/所祝福过的生命/将叩开一扇扇紧闭的百叶窗/茑萝花依然攀援/开放"，诗人仍乞求妈妈帮助她"立在阵线的最前方"。[①] 诗歌塑造的是新时期新启蒙者的形象。虽然那篇寓言、那个理想的内容对我们而言是如此的模糊不清。

不过，4 年以后，诗人对此产生怀疑时，那篇寓言和那个理想的真实面目就露出水面，变得清晰起来，并且具有了政治色彩。在诗歌《复活》中，诗人似乎突然领悟到："或许存在只是不停地波动/把你整个儿铺成一川河流"。人生如蚕，蠕动着穿过一环又一环自身的陷阱，而最终不过"为了片刻羽化/飞行状地/死去"。人生哪有什么根据？"你身后只是沉沉的宇宙"，站在你身边的，也不过是与你"貌似神非"，从胚芽到老朽的树。一切皆流。既如此，何必痴痴于那篇寓言，那个理想呢？

上十字架的亚瑟
走下来已成为耶稣，但是
两千年只有一次。[②]

亚瑟是爱尔兰女作家艾·丽·伏尼契的长篇小说《牛虻》中的

① 舒婷：《在诗歌的十字架上——献给我的北方妈妈》，《舒婷的诗》，第 56—59 页，人民文学出版社，1994。

② 舒婷：《复活》，《舒婷的诗》，第 287—288 页，人民文学出版社，1994。

主人公，是几代中国人的偶像，是众所周知的抛弃了神，而最后牺牲了的革命者形象。诗人以“两千年只有一次”，表达了对这一偶像的根本性动摇，以及对于作为劳苦大众救世主的信念的质疑。因此，诗人以“复活”为题，寓意并非是先前信念的某种新生，而恰恰是对其颠覆。“复活”昭示的，是已然被遮蔽，而从来就存在着，今天才被诗人领悟到的某种“客观真理”的复活。这种“复活”，是对某种政治理想的否定。而这种否定本身又是一种政治，当然也是一种政治话语。不过，一种新的政治话语的建构，对诗人而言并不简单。在选择的迷茫中，舒婷追逐的脚步也在发生变化。在《最后的挽歌》中，就表现出对基督宗教话语的靠近。这将在以后论述。

1981 年第 1 期《十月》发表的中篇小说《晚霞消失的时候》，宗教就不只作为“修辞”而存在，爱情、文化革命、宗教被紧密地纠缠在一起。这可能是新时期宗教在文学中的第一次公开亮相，在文坛引起轩然大波。

故事很简单：文革前，李淮平与南珊偶然相识，心有所动；文革初，李淮平率领红卫兵抄家，又与南珊在尴尬中偶然相遇，结下芥蒂。文革后，再一次偶然相逢，南珊对李淮平已尽释前嫌，原因是其人生观的改变，而其中起着重要作用的是宗教。

宗教的因素在小说中比较复杂。第一次使南珊从文革的噩梦中走出来，不再痛苦、忧伤，变得宽容、宁静的，是基督教。南珊说：“我还应该感谢一个不可知的力量。是他在我完全可以变成另外一个样子的时候，使我变成了今天的样子。这使我非常感激。这力量是伟大而神秘的。有人说，那是一个神圣的意志，有人则说那是一个公正的老人。我更愿意相信后者。我相信他高踞在宇宙之上，知道人间的一切，也知道我的一切。我并不怀疑我的生命和命运都受到过他仁慈的扶助。”[1]当她的爷爷问：“我的孩子。你是在赞美耶和华吗?”南珊不假思索地说：“是的，耶和华。我深深地爱着他。”是上帝救助了这个在政治的灾难中心灵已然千疮百孔的孩子，并使她确信：“这个世界的希望，更多的是在人类自己的心灵中，而不是那些形形色色的立说者的头脑中。”

南珊接近基督教，在小说中是条暗线，我们不知道当初超越的神是如何在她的灵魂中战胜世俗的神的。因为那时，“现代迷信和奴性的仪式”正登峰造极：“早请示、晚汇报、忠字舞、语录操、越来越大的像章”，奇形怪状的顶礼膜拜，闹得乌烟瘴气。而南珊居然走上了另外一条灵魂救赎的路。

然而在 12 年以后，南珊似乎有所改变：“在信仰问题上，我们中华民族自己有着更好的传统。十几个世纪以来，西方的各种宗教象浪潮一样冲刷过中国的国土。印度的，希腊的，犹太的，罗马的，还有阿拉伯的和拜占庭的，都始终未能征服我们这个民族的心。中国人那种知天达命的自信和对于生死浮沉的豁达态度，成了中国儒家风范中许多最优秀的传统之一。你可能以为我在外国找到了心灵的寄托，可是我的感情却一直更倾向于自己的祖先。”怎样理解南珊前后的转变？其实在我看来，南珊前后没有任何改变，她如此说，是特定身份和语境下的一种话语姿态。她当时是一个外国团的英语翻译，正处于与长老谈佛论道，与洋人谈战争、谈信仰的话语场中，民族文化身份的认同感就可能来得特别强烈，在这时，从文化的角度表现一点民族自豪感和爱国情怀，尽在情理之中，并不能由此断定她转信儒教。她没有否定李淮平“可能以为”她在外国找到

① 礼平：《晚霞消失的时候》，《十月》，1981 年，第 1 期。

了心灵寄托，也没有正面回答和肯定李淮平关于“我们的信仰是共同的了?”的追问，而是模棱两可的含糊其词和未置可否的微笑，而且，她也只是在“情感上”一直倾向于自己的祖先，那么在信仰上呢?

总之，《晚霞消失的时候》基督教因素不仅存在，而且就小说的意图而言，还起着至关重要的作用。南珊借助基督信仰，摆脱苦难，安泊灵魂，置疑人为理性的合法性，否定仇恨哲学，反对暴力和战争，宣传爱与宽恕。小说中，基督教信理成为文化革命政治的颠覆力量而存在。在政治与宗教，苦难与救赎的对立中，小说是新中国建立后第一次对后者的正面诉求，它似乎在预示一个新的时代的到来。我们不一定同意若水对这篇小说的某些指摘，但他作为理论家的敏锐是不得不让人折服的，他说，这篇小说的方向是：“从人道走向神道”。[①]

但有趣的是，当一场论争无可避免地降临的时候，当有人指出这篇小说有着严重缺陷，特别是宣传了宗教的时候，我们发现，基督教在汉语诗学中依然是作为政治话语而存在。连作者自己首先就否定了其在小说中正面诉求的，基督教信仰对南珊个体心魂的拯救作用以及南珊事实上的坚守。作者开始解释说，南珊只是“在宗教的大门前徘徊了一阵”，后来就从“理论上战胜和抛弃了早年的宗教情绪”。进而辩解说，南珊的宗教倾向，是她的“一个精神上的悲剧”、“一个陷阱”、“一个深渊”，是人们“把南珊的宗教悲剧当成了她的出路”，而并非是作者他自己，因为“其实宗教并没有给她带来出路”。[②] 这些说词在小说面前不仅显得苍白无力，而且显然是在政治压力下

① 若水：《南珊的哲学》，《文艺报》，1983 年 9 月 27—28 日。

② 参礼平：《谈谈南珊》，《文艺报》，1985 年 6 月 24 日。

的“违心”之词，是保护自己的文化政治策略而已。

商榷的文章是如此的锋芒毕露，在马克思主义普世真理的宰制下，在“共产党人应该宣传无神论”的判词下，胜负双方在较量前已然确定，你还能说什么？说与不说，这样说或者那样说，其结局不过是输得惨或更惨而已。还是若水聪明：“马克思主义不相信救世主，它相信人民的力量”。“晚霞在天际消失，太阳沉没了。它还会升起，它正在升起。但这是一个新的太阳，既不是天上的神也不是地上的神——它就是人，它就是人民。”① 让人困惑的是，就在此时和以后的一段时间里，这位守护着人道主义的马克思主义者，遭到比之《晚霞消失的时候》更为激烈的“商榷”的时候，他是否在心底真正寻思过（而不是作为一种话语姿态）他曾经质问《晚霞消失的时候》的作者的“在地上的神还原为人以后，为什么又要去寻找天上的神呢?”是啊，在那样的政治高压下，在一不小心就会被“革命”的历史时刻，作者为何还要冒着如此的风险“去寻找天上的神”呢？这样的提问，触目惊心。难道真的是作者沉醉，唯若水独醒？是否把自己扮演成了人神辖制下的诸神之一了？而事实是，历史的发展不以“人”的意志为转移啊。

第三节　宗教话语

20世纪80年代中期以降，商品社会和消费时代渐次到来，全球化语境下的多元文化格局开始形成，基督教文化再次作为重要的思想资源，在置疑汉语精神传统既有的实用—历史理性，以及从西方泊来的科学理性、人文理性和非理性，寻找

① 若水：《南珊的哲学》，《文艺报》，1983年9月27—28日。

绝对真实的终极价值，回应虚无主义的思想诉求过程中，① 又一次深入汉语思想腹地，改变着汉语学术、文学及诗学的走向。这一过程至今仍未结束，且有方兴未艾之势。在这时，基督教在汉语诗学中更多地呈现为一种宗教话语。

1. 大诗与圣诗

1989年3月下旬的一天，诗人海子带着《新旧约全书》、《瓦尔登湖》、《孤筏重洋》和《康拉德小说选》，从容地走向山海关，在落日的夕照中卧轨自杀，结束了他年仅25岁的生命。这是一个重要的诗学事件。

有论者提醒我们注意海子自杀时的情形，以及蕴含的神学意义：

> 他精心选择了一段火车的慢车道，从容地将身体卧入，让火车把自己精确地裁成两段，海子的身体与铁轨交叉成十字架——一个通向诗的天国的十字架！②

另一位著名的诗评家也说："海子的死亡绝唱，乃是对耶稣的伟大艺术的现代摹仿，所不同的是他独自完成了这一行动。"③

而海子殉诗，走向死地所带的4本书，更富象征意义：文学与《圣经》，文学与基督教，在此向"死"而生。这个在旁观者看来有些仪式化的事件，无意中宣告了现代汉语诗学与基督教的一个新的时代的到来——宗教话语时代。

---

① 参本书第一章第二节第三部分。

② 叶蓉、贝雅娜：《〈圣经〉对"文化大革命"后几位朦胧诗人的影响》，《基督教文化学刊》，第10辑·2003秋。

③ 朱大可：《先知之门——海子与骆一禾论纲》，崔卫平编：《不死的海子》，第139—140页，中国文联出版社，1999。

现代汉语诗学与基督教的宗教话语时代，与其伦理话语和政治话语时代的不同点在于，基督教在汉语诗学中，不再主要是一种伦理资源和政治资源，不再主要作为伦理话题和政治话题被谈论，而是回到其信仰本身，是作为信仰话语而存在。在这个意义上，说它是一种汉语基督宗教诗学也并不为过。

海子是汉语诗学的自觉建构者。他要写作“伟大的诗歌”，构建“伟大的诗学”。海子的这种自觉来源于对“现代世界艺术对精神的垄断和优势”的抵抗，以及对现代汉语诗学的绝望。同时，又出于“某种巨大的元素”对他的召唤。说穿了，他痛感现代世界艺术和汉语诗学意义根基的丧失，天命般地承负起代神立言的使命。

在谈到长诗《土地》的写作时，他说：“由于丧失了土地，这些现代的漂泊无依的灵魂必须寻找一种替代品——那就是欲望，肤浅的欲望。大地本身恢宏的生命力只能用欲望来代替和指称，可见我们已经丧失了多少东西。”土地或大地，在这里是价值地基的象征。因此，他在阐释诗中的“玫瑰与羔羊的赤子、赤子之心和天堂的选民”的寓意时，才会说，他们是“救赎和感情的导师”。[①] 由于象征价值地基的大地的失去，诗人发出了泣血般的呼告：

何方有一位拯救大地的人？
……
大地啊，何日方在？
大地啊，伴随着你的毁灭

① 海子：《诗学：一份提纲》，崔卫平编：《不死的海子》，第284－285页，中国文联出版社，1999。

我们的酒杯举向哪里?
我们的脚举向哪里?①

除了现代世界的欲望化趋势使一个价值世界正在沉落,古典的理性主义也使“原生的生命涌动蜕化为文明形式和文明类型”,使我们处于内心的“失明状态”。“我们作为形式的文明是建立在这些砍伐生命者的语言之上的——从老子、孔子和苏格拉底开始”,这样,“天堂和地狱会越来越远。我们被排斥在天堂和地狱之外。”我们人类是如此,诗歌、诗学也是如此。于是,海子如此说:“在上帝的七日里一定有原始力量的焦虑、和解、对话,他对我命令、指责和期望。/伟大的立法者……/‘我从原始的王中涌起涌现。’”②意思是说,他主动领承圣命,参与上帝立法的伟大事业,以原始王者的身份,出现在汉语诗学界。在这里值得注意的是,海子把上帝与原始力量相提并论。原始力量在海子诗学中至关重要,以至于成为解开其诗学精义的钥匙之一。

在另一处,海子甚至直接挑明自己作为地上的先知、天堂的神和大地王者的身份:“那些坐在天堂的人必然感到并向大地承认,我是一个沙漠里的指路人,我在沙漠里指引着大家,我在天堂里指引着大家,天堂是众人的事业,是众人没有意识到的事业。而大地是王者的事业。”③

在海子,价值地基的沉陷,世界坠入深渊,意味着上帝的法的崩溃。重新立法,成为海子对上帝的倾听和奔赴。问题

① 海子:《土地》,参西川:《海子诗全编》,上海三联书店,1997。

② 海子:《诗学:一份提纲》,崔卫平编:《不死的海子》第 285 页,中国文联出版社,1999。

③ 海子:《诗学:一份提纲》,崔卫平编:《不死的海子》,第 297 页,中国文联出版社,1999。

是：如何立法？

海子有自己的历史观、艺术观和诗学观：

> 在上帝的七日中，我看出第六日已是如此复杂与循环，所以历史始终在这两种互为材料（原始的养料）的主体中滑动：守教与行动；母本与父本；大地与教堂。在这种滑动中我们可以找到多种艺术的根源，如现代艺术根源中对元素的追挖和"变形"倾向即是父本瓦解的必然结果。[①]

质言之，历史的演进与艺术的发展是在圣俗、人神的二元对立与和解中得以进行的。圣俗、人神的冲突与对话，是多种艺术的根源，也是诗歌和诗学的根源。

海子认为，历史对此早已澄明。情形大抵有二。在亚当型巨匠米开朗琪罗、但丁、莎士比亚、歌德那里，原始力量成为主体力量，由此"产生了人格，产生了一次性行动的诗歌，产生了秩序的教堂、文明类型的万神殿和代表性诗歌——伟大的诗歌"。而凡·高、陀思妥耶夫斯基、荷尔德林等人，则因为活在原始力量中心或附近，他们无法像那些伟大的诗人有幸也有力量活在文明和诗歌类型的边缘，他们的诗歌为此成了和原始力量的战斗、和解、不间断的对话和同一，成了一种"抒发的舞"。他们诗歌中的天堂或地狱的力量无限伸展，以至于不能容纳他们自身，结果，"诗歌终于被原始力量压垮，并席卷而去"。海子把前一类诗人命名为亚当型，后一类诗人指称为夏娃型，前者是父本的、人本的，是海子的诗学所倾心的；后

① 海子：《诗学：一份提纲》，崔卫平编：《不死的海子》，第288页，中国文联出版社，1999。

者是母本的、神本的，是海子诗学要拒斥的，指摘它“是一种疯狂与疲倦至极的泥土呻吟和抒情。是文明开端必然的流放和耻辱，是一种受难。”集体受难导致宗教、神。在海子看来，从亚当到夏娃也就是从众神向一神的进程。

在这里，似乎蕴藏了海子反对神本，反对一神论的倾向。亚当代表人本、象征多神，因而，他赞美亚当的创造是“滚动着大地的花香”的，是“欲情和感性”的，是“极富战斗、挣扎和艰苦色彩”的，是“主体明朗”的。他尤其要汉语诗学界注意“从夏娃到亚当的转变与挣扎”，也就是注意从神本到人本、从一神到多神的进路，认为那是“从心情和感性到意志，从抒发情感到力量的显示，无尽混沌中人类和神浑厚质朴、气魄巨大的姿势、飞腾和舞蹈”。①

对此如何理解？这里实际上有两个问题：一个是怎样看待海子的反对神本；一个是怎样解释海子的反对一神。

其实，在我看来，海子的反对神本，是不赞成诗歌单纯成为神学的附庸；海子的提倡人本，也不是让诗歌纯粹成为人类自恋的呓语。单纯成为神学的附庸，诗歌中天堂或地狱的力量就会无限扩张，导致主体人的消失和诗本身的“席卷而去”。而诗歌纯粹成为人类自恋的呓语，正是“本世纪世纪病”——自恋型人格的泛滥。在海子看来，“肉一经自恋之路软化，甚至‘伟大’也无法通过‘自然’或‘文化’、‘语言’化身为人”。② 缺乏“伟大”化身为人的时刻，或者说缺乏神性的人的时刻，是历史上苍茫的时刻、黑暗的时刻、盲目的时刻。因

① 海子：《诗学：一份提纲》，崔卫平编：《不死的海子》，第287—289页，中国文联出版社，1999。

② 海子：《诗学：一份提纲》，崔卫平编：《不死的海子》，第298—299页，中国文联出版社，1999。

而，海子在这里执念的是诗歌中的神人共契。没有神性根基，人何以成为人？人本如何可能？神，只是人的信、望，并不取消人，替代人。

关于海子的反对一神，王本朝的说法似无不对："海子徘徊在泛宗教的路途上，他诗歌的神性向度是开放的。"① 这一点，下面的叙述似乎还可进一步证明。海子前面谈到了母本和父本的诗歌，但他所追求的，或者说他的诗学理想、诗学乌托邦，是超于其上的，"甚至是超出审美与创造之上"的更高一级的创造性诗歌，这是一种诗歌总集性质的东西，与其称之为伟大的诗歌，不如称之为伟大的人类精神，"他们作为一批宗教和精神的高峰而超于审美的艺术之上"，是人类形象中迄今为止的最高成就，"是伟大诗歌的宇宙性背景"。它们是埃及的金字塔、《圣经·旧约》、印度史诗和奥义书、荷马史诗、《古兰经》，以及一些波斯长诗。只有这些伟大的诗歌才能为现代汉语诗学立法，才能作为其价值地基。② 海子如此的诗学陈述，的确给我们以泛宗教化的感觉。

但从总体、从主导而言，基督宗教理念的价值诉求在海子诗学中更为核心，也更为内在。他对一向被汉语思想界叙述为"反基督"的尼采的认识，可谓独具慧眼："他赞同旧约中上帝的复仇。他仅仅更改了上帝的名姓。并没有杀死上帝。而只杀死了一些懦弱的人类。"③ 同样，海子诗学中也提到了别的宗

① 王本朝：《20世纪中国文学与基督教文化》，第247页，安徽教育出版社，2000。

② 海子：《诗学：一份提纲》，崔卫平编：《不死的海子》，第293页，中国文联出版社，1999。

③ 海子：《诗学：一份提纲》，崔卫平编：《不死的海子》，第296页，中国文联出版社，1999。

教，别的神，但如同尼采一样，“他仅仅更改了上帝的名字”，就像在诗歌中，他的笔下也出现过无数神祇，诸如湿婆、菩萨、冥王，甚至酒神等一样，但他们都笼罩在上帝的光环下，或者说，都或多或少地涂抹上了基督教的色彩。

有论者颇富洞见地指出：“海子在意念上扮演着诗的王国的‘弥赛亚’”[①]。弥赛亚，是基督一词的希伯来语音译，也就是说，海子诗学和诗歌中，尽管以“太阳”和“太阳王”为主神形象，周围还簇拥着天上、人间众神，但它们或者是耶稣基督的别名，或者是上帝国中的诸神而已。海子在《耶稣》一诗中写道：

从罗马回到山中
铜嘴唇变成肉嘴唇
在我的身上　青铜的嘴唇飞走
在我的身上　羊羔的嘴唇苏醒[②]

诗人从基督教的经典中走出，自觉到神的使命的瞬间降临，那种感动仿佛是耶稣基督的复活，雕像上的铜嘴唇一下子化为诗人的肉嘴唇，他要为神而歌，为神而言，传诗的天国的道。于是“在幽暗中我写下我的教义，世界又变得明亮”。[③] 于是，在诗中他歌唱天国的理想：“麦浪——/天堂的桌子/摆在田野上/一块麦地”；[④] “全世界的兄弟们/要在麦地里拥抱/东方，

① 叶蓉、贝雅娜：《〈圣经〉对“文化大革命”后几位朦胧诗人的影响》，《基督教文化学刊》，第10辑·2003秋。

② 海子：《耶稣》，西川：《海子诗全编》，第307页，上海三联书店，1997。

③ 海子：《七百年前》，西川：《海子诗全编》，第413页，上海三联书店，1997。

④ 海子：《麦地》，西川：《海子诗全编》，第101页，上海三联书店，1997。

南方，北方和西方/麦地里的四兄弟，好兄弟/回顾往昔/背诵各自的诗歌/要在麦地里拥抱。”[①] 他甚至引用凡·高的话，像上帝一样言说：“那些不信仰太阳的人是背弃了神的人”。[②]

这样，海子的“殉诗”有仿耶稣十字架上受难的意味，他的诗歌也有仿《圣经》的迹象。骆一禾说，海子的生涯等于亚瑟王传奇中最辉煌的取圣杯的年轻骑士，这个年轻人专为获取圣杯而骤现，惟他青春的手可拿下圣杯，圣杯在手便骤然死去，一生便告完成。[③] 他的死是另一种飞翔，是“摆脱漫长的黑夜、根深蒂固的灵魂之苦，呼应黎明中弥赛亚洪亮的召唤”，他的创作道路“是从《新约》到《旧约》”。[④]

海子自己也说：“圣书上卷是我的翅膀，无比明亮/有时像一个阴沉沉的今天/圣书下卷肮脏而欢乐/当然也是我受伤的翅膀”，“我空荡荡的大地和天空/是上卷和下卷合成一本/的圣书，是我重又劈开的肢体/流着雨雪、泪水在二月”。[⑤] 海子是把诗当作经文来写的。他为《太阳·弥赛亚》中的《原始史诗片断》加上这样的副标题：“作为此《太阳》这段经文的补充部分”。他的长诗《太阳》全书的结构设计“吸收了希伯来《圣经》的经验”。例如《弑》有《列王纪》的印迹；《弥赛亚》有《雅歌》与《耶利米哀歌》的印痕。而他围绕太阳主神创作

---

① 海子：《五月的麦地》，西川：《海子诗全编》，第353页，上海三联书店，1997。

② 西川：《海子诗全编》，第4页，上海三联书店，1997。

③ 骆一禾：《海子生涯》，崔卫平编：《不死的海子》，第3－4页，中国文联出版社，1999。

④ 西川：《怀念》，崔卫平编：《不死的海子》，第23页，中国文联出版社，1999。

⑤ 海子：《黎明（之二）》，西川：《海子诗全编》，第440—441页，上海三联书店，1997。

的全部诗歌，在某种意义上，就是一部庞大的经书，并像《新旧约书全书》分为上下两部，上部为抒情纯诗，下部为“太阳·七部书”。就连诗中俯拾即是的“七”的意象，也与海子青睐的“上帝的七日”有着丰富的意义关联。

海子是一个“倾心死亡”的诗人，据统计，仅1983到1986年的117首短诗中，涉及死亡的意象93处，1987至1989的短诗中一半以上的篇幅提到了死亡，总共125首诗中，死亡意象出现了167处。有论者指出，海子之所以反复咏唱死亡，是“因为死乃是‘弥赛亚’复活的前提”。[①] 这是颇有见地的。一方面，在诗中海子深味耶稣受难，走向十字架的痛苦：“作为国王我不能忍受/我在这遥远的路程上/我自己的牺牲”。[②] 但另一面，诗人又多次预言弥赛亚的死与复活。由于海子在意念上，把自己扮成了诗界的弥赛亚，在诗歌中大量出现的是抒情主体或海子的受难、死亡与复活。“只有黑土承认/承认他有惟一的名字，/受难的名字”[③]；“春天的时刻上登天空/舔着十指上的鲜血”[④]。“春天，十个海子全部复活”[⑤]。他甚至预言了自己自杀的方式，以及复活的时间。“是时候了，我考虑真正的史诗/太阳之轮从头颅从躯体从肝脏上轰轰碾过”；[⑥] “大约

① 叶蓉、贝雅娜：《〈圣经〉对“文化大革命”后几位朦胧诗人的影响》，《基督教文化学刊》，第10辑·2003秋。

② 海子：《月全食》，西川：《海子诗全编》，第469页，上海三联书店，1997。

③ 海子《复活之二：黑色的复活》，西川：《海子诗全编》，第227页，上海三联书店，1997。

④ 海子：《春天》西川：《海子诗全编》，第460页，上海三联书店，1997。

⑤ 海子：《春天，十个海子》，西川：《海子诗全编》，第470页，上海三联书店，1997。

⑥ 海子：《太阳·断头篇》，西川：《海子诗全编》，第536页，上海三联书店，1997。

在第三天……或者第二十个世纪/死去的山洞或村庄在我的深处开满了野花"[①]。3 天以后复活的是耶稣，第 20 个世纪复活的是诗人。

显然，在海子那里，基督教不仅仅是作为主题、题材等而存在，而是一种宗教话语，是作为其诗学的主要价值根基。虽然，这在海子的好友骆一禾、西川那里表现得相对弱一些，但其深厚的《圣经》情结和明显的基督教价值取向，还是触手可摸的。他们不仅写下了与《圣经》相关的诗歌《上帝的村庄》、《天路》、《天然：耶利米哀歌和招魂的祭祀》等，而且在祭奠海子的文章中引用了大量的《圣经》话语。

2. 诗学与神学

汉语诗学的基督宗教话语最为集中的体现，还是在海子殉诗以后的诗学阐释中。有些与其说是对海子诗歌的解读，不如说是借此进行现代汉语的诗学建构。这其中，颇具代表性的是余虹的《神·语·诗……——读海子及其他》、朱大可的《先知之门：海子与骆一禾论纲》和张清华的《"在幻像和流放中创造了伟大的诗歌"》。

张清华把海子的诗概括为神启、大地和死亡三个母题。简单地说，神启，象征存在向世界的敞开；大地，意指神的居所和与之对话的语境；死亡，意味着诗人走向其神话世界的必由之路与终极形式。这三位一体，构成了张氏关于海子的宗教诗学阐释。

神启，是这样一种直觉状态，它超越经验方式与思维过程，以先验的形式接通某种存在的真理，并在主体认知与判断

① 海子：《但是水，水》，西川：《海子诗全编》，第 245 页，上海三联书店，1997。

事物之前形成先在的结论和语境。在神启状态下，人能够直视“生存的终极根源”。张氏认为，海子的有些诗就是在这种状态下写作的，它超越了我们的日常生活经验与正常的逻辑感知方式，比如《秋》、《海子小夜曲》就是这样的作品。但更为重要的是：

> 神启还表现在一切事物在海子的诗中都闪烁着神灵之性，它们是神的无处不在的化身，是存在的灿烂之象，……神灵在海子这里并不是象喻，而是本体，是神祇世界的活的部分，他自己则是与它们共存共生互相交流对话的存在者之一。这使得海子笔下的每一事物都放射出不同凡响的灵性之光。①

不是象喻，而是本体，这正是宗教在现代汉语诗学中已不再是作为一种修辞而是作为一种价值本体而存在的恰当表述。也正因为神灵作为本体而存在，使海子的诗楔入了神话的语境，得以汲取神的意志和力量，诗歌的语词充盈着神性的色彩，变幻出神奇的魔力。

关于大地，张氏以为，在海子诗歌中具有表象、本体和源泉三位一体的意义。麦地是更为形象的大地的隐喻：“它是借助于创造劳动的生存与生存者的统一，是事物与它价值的统一，是自然与人和神性（法则）的统一”。② 大地构成了海子言说的原始的辽阔的语境，构成了超越和融解世俗情感与社会

---

① 张清华：《“在幻像和流放中创造了伟大的诗歌”》，崔卫平编：《不死的海子》，第178页，中国文联出版社，1999。

② 张清华：《“在幻像和流放中创造了伟大的诗歌”》，崔卫平编：《不死的海子》，第181页，中国文联出版社，1999。

经验的神性母体。它既闪现为海子诗中具体和个别的形象与事物，同时又是一个最终的整体，既为海子的诗歌提供了无尽的源泉，又为海子带来永恒的忧伤。因为作为神性母体的大地本身即在言说，更何况她的言说是如此的壮丽与美好。因此，海子的死亡与沉默，是对神言的终极性倾听。

朱大可的海子诗学阐释，存在这样一个内在逻辑：他借用海德格尔“世界之夜”的隐喻，来指称海子与骆一禾诗学的诞生背景。这个背景的特征是“终极价值及其相关伦理体系的沦丧”；是“言说者从真理陈述转入一个庞大的谎言制度，以维系一个摇摇欲坠的价值体系。”然而并非所有的诗人都能洞察世界午夜这一事实，“他必须拥有一种内在的智慧光线，以便在极度的黑暗中获悉世界景象的各个细节。他既在暗中，又在暗外，既遭到目击，又从事目击；既是午夜的囚徒，又是它的征服者。在消解人的深渊里，只有极少数人才能获得如此非凡的能力，以便为未来的伟大学说开辟道路。”一句话，他必须是先知。但未必能目击，是先知，就会言说，或者言说黑夜之真相。有的具备了洞悉黑暗和自我拯救的智慧，却拒绝公布那些非人的发现；有的却从赞美的角度进入目击的言说，赋予了世界之夜以灿烂的品质，成为罪恶的午夜黑暗的歌手。可是，在希伯来先知的谱系上，只“怒放着阿摩司、何西阿、弥迦、以赛亚、耶利米和但以理的话语花朵，它们被供养在《旧约》的神学花园里，为后世的目击者提供了不朽的样本。”[①] 海子、骆一禾正是从这些先知汲取精神源泉，不过他们更邻近而亲切的先知是游走于犹太—基督边缘的但丁、莎士比亚、弥尔顿和

① 朱大可：《先知之门：海子与络一禾论纲》，崔卫平编：《不死的海子》，第122—126页，中国文联出版社，1999。

歌德。在朱大可看来，

> 这些诗歌先知在上帝和人间、天堂与尘世、神性与凡品、圣乐与俗音之间，也就是从精神的两个源泉获得缅怀、批判、抨击、呼吁、预言、警告、赞美、祈求和作出承诺的伟大权能，如果希伯莱先知是神的旨意信使，那么上述欧洲诗人就是真正的话语英雄，凭藉人的内在智慧光线、神喻的启示和说出真理的非凡勇气，宣布了对世界之夜的激烈审判。①

海子、骆一禾当属这类神人共契的先知。他们的诗歌写作，是现代汉语领域的一次“诗歌先知运动”；他们的所有写作成果，“都可以纳入诗歌神学的形而上框架”；他们有的诗歌，比如海子的《太阳》中的天堂大合唱《弥赛亚》，就是“新先知书”；甚至他们的死亡也蕴含着“神学消息”。海子的死亡绝唱，是“从文本话语到行动话语，从心灵之河到肉体之火”，是对耶稣的伟大艺术的现代摹仿。

> 他是历史中最年轻的先知，沉浸于愈来愈强烈的弥赛亚精神之中，并且指望用那精神去处死一个腐朽到极点的时代。这已经包含了对于群众的内在拯救。②

这是海子殉诗的神学意义。

① 朱大可：《先知之门：海子与络一禾论纲》，崔卫平编：《不死的海子》，第122—126页，中国文联出版社，1999。

② 朱大可：《先知之门：海子与络一禾论纲》，崔卫平编：《不死的海子》，第140页，中国文联出版社，1999。

朱大可将海子诗歌的神学体系扼要地概括为王子心情、大师立场、神性痛苦、神话幻像、浪漫诗学及其写经计划等，并指出，这并不意味其对神明的屈从与跪拜，而是对人的生存根基所进行的终极追问。这种终极追问，表现在其“痛切地指涉了希腊诸神、基督教上帝以及所有至高者的不在场，同时又流露着一个现代知识分子对企及真相与真理的疑虑”。这个诗歌神学体系的实质，在我看来，其实是这样一种诗学境界，即“神人共契”。所谓神人共契，援用朱大可的说法，就是“他既在人里面，又在人的上面；他自身就同时拥有人与神两种精神维度，它们统一于简约而铿锵的诗句，像大地上的雷霆与闪电，结束着神性缺席的黯淡年代。”①

迄今为止，余虹经由海子诗歌的阐释建构的基督宗教诗学是最为深刻，最为彻底，也是最为完整的。真正的言述对象与其说是海子，不如说是余虹自己的诗学理念。这篇并未引起诗学界足够重视的文论，选取八个关键词——人性、神性、神、神话、语言、诗、思和居——建立起自己的宗教诗学体系。余虹认为，海子诗学的逻辑起点在于对“人”或“我自己”的失望或绝望。

> 这一绝望使海子对“人性”的自我拯救表示坚决的怀疑而在人性的边缘与神性照面。此刻，海子面临痛苦的深渊：回首大地，这里是一座座无神的村庄，无神启示着无神性、无神话、无语、无诗、无思、无居……虚无因而黑暗。②

---

① 朱大可：《先知之门：海子与络一禾论纲》，崔卫平编：《不死的海子》，第128—129页，中国文联出版社，1999。

② 余虹：《神·语·诗……——读海子及其他》，崔卫平编：《不死的海子》，第111—112页，中国文联出版社，1999。

为拯救这座虚无而寒冷的村庄，引领人走出人性的肉体的谷仓，迎候归来的神性和太阳，海子被迫歌唱。其歌声深深地进入黑暗的真理。

在余虹看来，人性，即人的自然本性，是囚禁人自己的谷仓，在这个意义上，“人是人自己的地狱”。神性即灵魂，是人的自我超越本质。这决定了人且只有人能站出自身之外，进入我与他者之间的敞开。但这种站出或超越需要牵引和命令。这个牵引不能是人自己，这道命令也不来自人自身。它们来自人之外，来自神，来自天命。“人是能聆听应和天命的神性存在者，人被许以有灵（神性）而能聆听应和神圣的天命，拒绝来自人性谷仓的命令，战胜自己而进入神圣的澄明。”余虹援引基督神学家马丁·布伯的话说：“由上帝到人即是使命，命令，由人到上帝即是仰望，聆听，两者之间玉立着知与爱。”那么，神呢？神是太阳，是光，是意义之源，是尺度，是秩序，是天律，是天命，是降临于人的心灵，“神许万有以敞开”。有福的人被许以有灵而得以走向神，进入神的光，得神之尺度，度量人生。但是，无论在海子，还是在余虹，神不知何时已离开大地：“城头撤离的诸神只留下风和豆架/掌灯人来到山谷/豆架如秋风吹凉的尸首”；“诸神隐匿，太阳沉落，大地归于黑暗”。

余虹说，神的天命进入言词即成神话。神话是神的话语，是太初之词，是原初的、神圣的话语系统，是神的居处，是真正的神殿。没有神话之所在便没有神。

> 宗教与诗以及思想等人类的神圣行为都是以独特的方式进入神话，在默默聆听祈祷吟颂中应和神的话语，为神

的出场准备场所，为人走向神铺平道路。[①]

惜乎，中国是一座没有神殿的村庄："神祇从四方而来，往八方而去/经过这座村庄后杳无音信"；"上帝本人开始流浪/众神死去，上帝浪迹天涯"。神话是语言之语言。语言不过是"神话"向"人话"的转换，"是人神共同参与相互占用的事件"。没有神话的地方，人话失去来源，成为无神的话语，无法敞开一个"天地人神"的四重世界使人得以栖居。余虹指出："汉语世界是一个'天地人'的三维世界，在此，没有神的容身之地。在此，'神'只是彼可取而代之的'人'，所有的神庙只是人庙，所有的神话都是人话。"[②]

最先使神话成为人话的是诗。神话即原诗，第一位创诗者是神，诗是神的。传唱诗的人叫诗人，他们是聆听者和应和者，也是神的使者，帮助神创诗。为此，在余虹看来，真正的诗是神的歌唱而非人的歌唱，人只是传唱者。在中国这座没有神话的村庄，没有伟大的神性诗篇，没有神的歌唱而只有人的歌唱。真正的大诗必源于神话，而神话又是太初之词，诗必是原初的语言。诗是原发性的、一次性的。诗导致过去、现在、未来，诗成为历史的基础，它是语言之语言。诗人被抛在人神之间，被天命所驱去寻找原初的词，去搜求神的踪迹，为建筑人的本真家园而探险。克尔凯郭尔因此自问自答："诗人是什么？一个不幸者"。海德格尔亦说："诗便是最危险的工作"。原因犹如荷尔德林所言："神近而难得"。

---

① 余虹：《神·语·诗……——读海子及其他》，崔卫平编：《不死的海子》，第114页，中国文联出版社，1999。

② 余虹：《神·语·诗……——读海子及其他》，崔卫平编：《不死的海子》，第115页，中国文联出版社，1999。

沿此理路，余虹进一步澄清“思”与“居”。思不是智慧。“思本于神性的聆听与应和，思即默默的祈祷和对天命的承纳，思是诗性的，思回乐园深处与神同在。”余虹认为：“伟大的东方智慧不思”。不思的民族离神遥远，不思的民族命运悲惨。

> 没有聆听的所在，歌声如风归土；没有歌声的所在，语言成为喧哗；没有语言的所在，栖居成为漂泊。[①]

经由诗与思，我们居于语言。由于人们拒斥诗和思，从而无语无居。到此，可以说余虹借助存在主义哲学和基督神学的理论资源，建立起自己的宗教诗学。

在余虹看来，海子的悲剧、悲壮与意义正在于：痛感无神的悲惨还无畏地探入黑暗的深渊；面对无语的村庄偏要绝望地歌唱；甚至为了歌唱，自铸神话，试图首创神圣的能指系统。然而，永远的困难和悲剧就在这里了：“作为人的诗人如何能成神而首创神话?”他只好以人的牺牲为代价，来从事这神圣而超人的事业，最后，血成言辞，语言返回神话。

从张清华、朱大可到余虹，从对海子诗歌的天启、大地和死亡母题的神学阐释，到对海子是世界午夜先知的神学定位，及至神性、神、神话在现代汉诗内在生成中之意义终极地位的诗学建构，基督教的价值理念，已然被叙述为现代汉语诗学的根基。尤其在余虹，神性成为诗性的绝对尺度。我的问题意向不在于这些论述是否真理，而在于基督教资源在现代汉语诗学

---

① 余虹：《神·语·诗……——读海子及其他》，崔卫平编：《不死的海子》，第117页，中国文联出版社，1999。

中已经成为宗教话语这一历史事实本身。

海子无疑成为现代汉语诗学与基督教之话语逻辑的分界线。这之前，基督宗教在现代汉语诗学中主要作为政治话语而存在，这之中和之后，特别是进入20世纪90年代以后，基督教在现代汉语诗学中则更主要呈现为宗教话语。

在诗坛上，如前所述，舒婷在20世纪90年代的长诗《最后的挽歌》中，已表现出对基督教话语的靠近。诗歌引用《圣经》话语为题注：

> 人非有信，就不能得神的喜悦；因为到神面前来的人，必须信有神，且信他赏赐那寻找他的人。——希伯来书第十一章第六节。

诗中写道："蚌无法吐露痛苦/等死亡完整地赎出"，"忘记祈祷/是否终止了/对上帝的敬畏"，"每天经历肉体和词汇的双重死亡/灵魂如何避过这些滚石/节节翘望"。① 正如论者正确指出的那样："诗人痛苦的哲思与对灵魂救赎的渴望在诗行中表现出来。"②

另一位在朦胧诗运动中大红大紫的诗人顾城，到90年代，诗歌中也表现出较强的宗教感。遗作《英儿》受到《圣经》的巨大影响，在其中他宣称"在灵魂上我信上帝"，因为"人是不公平的。上帝是公平的。有多少不幸我都不想埋怨上帝。"

---

① 舒婷：《最后的挽歌》，《舒婷文集》（1），第144页，江苏文艺出版社，1997。

② 叶蓉、贝雅娜：《〈圣经〉对"文化大革命"后几位朦胧诗人的影响》，《基督教文化学刊》，第10辑·2003秋。

并且相信“上帝在我一边”[①]。一位著名的汉学家指出：“《圣经》是他杀妻自缢前读过的最后几本书之一。这对他的文学作品、哲学观和世界观自然不无（正面的或负面的）影响。”甚至指出，他“在意念上扮演着”“耶稣基督”，这与海子有些相像。[②] 当然，顾城对基督教的信仰程度是值得进一步探究的。

3. 信心与写作

对于20世纪90年代的汉语小说界，宗教已然形成一个势头较为强劲的话语场。随着张承志的皈依伊斯兰教，写出惊世骇俗的长篇小说《心灵史》；北村的受洗成为基督教徒，创作宗教长篇小说《施洗的河》以及一系列中短篇小说；史铁生的有着复杂宗教蕴含的长篇小说《务虚笔记》以及接踵而至的宗教感越来越强的散文随笔；再加上儒教在张炜、陈忠实等作家笔下的不断复活；禅宗意蕴在贾平凹字里行间的反复渲染和叙写；禅剧在高行健那里的在在问世，以及佛教精义在虹影《阿难》等长篇中的文学诉求，90年代以降的汉语小说界可谓进入了宗教话语喧哗的时代。

就本书的论题而言，史铁生和北村是至为重要的。关于史铁生后面有专章论述，这里只谈论北村。

北村自述：“1992年3月10晚上8时，我蒙神的带领，进入了厦门一个破旧的小阁楼，在那个地方，我见到了一些人，一些活在上界的人。神拣选了我。我在听了不到二十分钟福音后就归入主耶稣基督。”3年以后，当他谈到这段神圣的经历时还说，我可以见证耶稣基督“是宇宙间惟一真活的神，他就

---

① 顾城、雷米：《英儿》，第23—24页，华艺出版社，1993。

② ［斯洛伐克］高利克：《顾城的小说〈英儿〉与〈圣经〉》，黄子平主编：《中国小说与宗教》，第345、353页，香港中华书局，1998。

是道路、真理和生命”。[①] 可见北村对基督教的虔诚。

作为虔诚的基督徒作家之前的北村，曾经受到福克纳、海明威、川端康成、乔伊斯和卡夫卡等文学大师的影响，从他们那里深刻地感受到了来自深渊的力量的黑暗，以及人性的败坏的悲衰，同时也第一次发现了新的小说的写法，加上接踵而至的法国新小说的启迪，北村一度成为那个时代中国小说形式实验的先锋。更致命的是，他在这些文学大师那里接受了这样的教训：人类无法改变现状，绝望是可以接受的。后来，他又对加缪的《西西弗斯神话》发生兴趣，结果又不得不承认存在是荒谬的。从那时开始，北村的道德水准“开始崩溃”。不久，尼采这个“疯子”又告诉他：“这个世界没有神”。尽管北村对这个谎言有所怀疑，甚至还在一篇很长的理论文字中得出结论：“有一个比三度空间和四度空间更超越的五度空间”。但据北村说，他当时还不明白这就是神，还不明白在人的体和魂之上还有灵这个唯一与神交通的器官，以至于他的道德没有任何改良，直至正式告别妻子，小家庭解体。

成为基督徒作家以后的北村，他的文学创作和诗学观念发生了根本性变化。因为他已信“人活着是有意义的，没有神人活着就没有意义”。他创作了《施洗的河》、《张生的婚姻》、《伤逝》等一批基督宗教小说。他“用一个基督徒的目光打量这个堕落的世界”，开始他关于现代汉语诗学的言述。[②]

北村的问题意识是：为何整个汉语小说创作普遍存在精神疲软现象？为何重归本体的小说创作在经历各种各样技术探索和形式试验后最终停留在一片精神的空谷之中？为何名噪一时

---

① 北村：《我与文学的冲突》，《当代作家评论》，1995年，第4期。

② 北村：《我与文学的冲突》，《当代作家评论》，1995年，第4期。

的“第三代小说”老是在一个精神的大限中茫然无措？为何汉语小说的发展会形成精神与信仰均不在场的荒原？这样的问题，使北村一度“从来没有像今天一样对文学的价值感到怀疑和困惑”。[①]

北村的思索是从这里上路的：汉语文学发展到今天究竟缺失了什么？北村认为是作家的能力和信心。能力和信心的丧失直接导致作家意志的消沉，生命力的枯竭和萎缩，以及人文精神内在的危机。在北村看来，这一危机不是汉语文学独有，而是人类性的。根源在于将知识、理性和人的认识能力作为“终极和信心的基础”，作为人的存在的根基。事实上，“当工具理性吞噬价值理性时，人类理性的神话已经破产”。原因恰恰在于，人的认识能力不是信心的基础，而是建立在信心之上。何以这样说？因为：

> 人认识世界的方法是命名，只有通过命名才能把人从对象中区别出来从而把握对象，进而使人获得真实的主体地位。这种命名使人有信心，但命名需要的是权柄，这权柄就是神。神把权柄交给人，人成了神的代表权柄，人代表神管理万物，这就是人的本位。如果离开了一个有位格、无限的神，人没有权柄，只有思想，人就通过自己的认识能力制造一个庞大的思想系统和游戏规则。问题的严重性在于，无论这些思想系统和游戏规则如何丰富，它却缺乏中心，缺乏能力和信心……这就是人类理性的失败……。[②]

① 北村：《神格的获得与终极价值》，《文学自由谈》，1990年，第2期。

② 北村：《神圣启示与良知的写作》，《钟山》，1995年，第4期。

正是在这里，即人的能力和信心靠什么获得上，基督教信仰进入了北村的哲学。

理性神话的破产，开始了人类对非理性领域的探索，但是在北村看来，人类的非理性步入了“一个人否认自己之后又拒绝神圣启示的荒谬境遇”。尽管海德格尔已然洞悉人失去命名和自我命名能力以后的焦虑，但仍然认为其使人有存在的肯定，催逼人去作出抉择。北村要问的是，既然没有了神，人如何选择？因此，海德格尔的“思”只是对神的期待。福柯与其宣称的是“人类已经死亡”，不如说他宣布了传统哲学关于“人”的概念的彻底瓦解，说出的是人的绝望而不是自有永有的神。德里达解构的逻各斯中心论，解构的是来自希腊哲学的理性逻各斯，不是源于耶路撒冷的神的话语的逻各斯，它“不是理性，而是生命，它是人类相信的对象，以启示为出发点”。德里达和福柯一样宣告的是人的神话的破产，自动交出人的话语权，自动放弃人的意志和人的立场。而哈贝马斯企图通过交往理性重建一套普遍主义的原则，在德里达和福柯的上述死刑宣判面前，又显得何等的空洞和苍白。

对20世纪中叶以降西方哲学作了如此一番神学诠释后，北村得出结论：“人失语了”。失语的原因不在于人类认识能力的衰竭，乃在于失信。

实际上今天人类的认识能力超过以往任何一个时代，但人类的精神却萎缩到一个地步，丧失了全部的价值立场。人一旦失去信心，就失去了超越现实的能力，人只能情绪颓废意志消沉，以至降低精神品格，生活得如虫一般，这是精神虚无的一般特征。于是一些景观出现了：实有空间膨胀，心灵空间萎缩，感动下降为感觉，神圣与卑微同等，从敬虔走向背德，热情变作冷漠，爱成了性。[①]

这样的描述，实际上已经触及当下汉语文化与文学现象。

但北村对整个人类精神危机的言述还意犹未尽，当他完成了对哲学“自毁原则”的揭示后，又开始了他对神学和宗教的批判。他认为，神学是一门用哲学的方式证明神存在的学说，它只思想神，却不能接受神更不能发表神。而宗教更不过是在繁复仪式中满足人的自然崇拜，建立人的虚假信心而已。永恒的是生命。生命才是人的源泉和根基。问题是什么是生命呢?北村回答说：是神。这样，北村就把人类的全部价值基础挪到了神上，落脚在了基督教信理上，最后达成于信仰中：“神作为生命，与人类只能建立信靠关系，而不是认识和理解的关系。”为了信靠，人类必须闭抑所有的理性和认知：“人类的认识能力是人的魂的功能，魂的功能（如悟性）是可用的，但魂的生命（指人向神独立的生命）必须杀死，只有灵能认识神，魂里有人的心思、情感和意志，灵里有良心、直觉和交通。后者是认识神的唯一器官。”[②]

北村清理完并奠定了自己的价值地基以后，才开始了他真正的汉语诗学言述。易言之，他的整个诗学言述都力求立足于他的基督教信仰上。因为，北村诗学还有一个至关重要的出发点，那就是在他看来，“作为一个作家，他的写作作为他的言说方式总是先和真理达成和解，然后才找到他的言说对象”。而这个真理，在北村那里就是十字架上的真理。在这个真理确认以后，他的诗学言述就得以可能了。

① 北村：《神圣启示与良知的写作》，《钟山》，1995年，第4期。

② 北村：《神圣启示与良知的写作》，《钟山》，1995年，第4期。

北村“呼吁一个良心的立场，一种良知的写作”。他认为，无论在中国乃至世界，只有这种写作在末世是有意义的。

这种呼吁，我们似乎在前面已经听到过？是的，创造社的洪为法不是断言“真的艺术家，他必是良心的战士，良心的拥护者；他的艺术便是他良心的呼声”吗？① 时间进入世纪末，而世纪之初的呐喊在这里得到有力的回应。历史是否也在固守着某种自以为是的永恒？

在前面我也论述过洪为法的良心说具有基督宗教伦理意味，不过它更侧重于伦理话语。在北村这里，它已经是一种信仰话语、宗教话语了。良心已然成为判定艺术真理的依据和尺度。因为“良心的声音是最权威的声音，良心在人的灵而不在人的魂里，灵是与神接触的唯一途径”。良心所根据的是祈祷以后神那边的启示回应。听从良心的声音，即是听从神的声音，即是领承启示的光芒的照耀。北村坚信，在这种光芒里，“我们能够看见当今时代作为末世的种种真实特征”。并不是每位作家都能得到这种启示，沐浴这种光辉，关键在他是否有信心。陀思妥耶夫斯基渴想神又带着怀疑的立场，使他的精神始终处于分裂的边缘；卡夫卡试图在基督教中找到避难所，但缺乏足够的信心；鲁迅以恶抗恶，因而无法担当正义，等等。在北村看来，“一个作家，对人自身最坚决、深刻、彻底的批判和否定，只能来自于信仰”，以及由此而生的良心的立场，而不是人性。人性在奥斯威辛已经宣告破产，“当人性杀害犹太人时，人性就杀害了自己”。文学是一种语言，“语言是一种刀”，良心告诉我们，良心让我们发现，刀握在谁的手里，刀要砍向何处。因此，“作家首先要成为这个时代良心的代表”，

① 为法：《真的艺术家》，《洪水》半月刊，第1卷，第2期，1925年。

写作则应当是对神圣启示的倾听与应答。①

爱，就是一种良心的声音，也是写作应倾听和应答的声音。因而北村如是说："恢复起初的爱，再启动这支笔。"② 这爱不是本能的爱，"本能不是爱"，只是一点感觉或残缺的情感。爱是一种感动。

> 写作是依靠感动而不是感觉的，感动里有真知，感觉却是没有原则的，在感觉里，语言可以成为游戏，颓废的情绪可以歌颂，自渎可以接受。因为感觉的要求与真知无关，它只要求新奇和怪异。文学一旦从感动沦陷到感觉里，人类所有不健康的体验都会随之涌出并且成为时尚，从而被当作价值接受。作家的写作从感动下降到感觉，实际上就是放弃对真理追求的立场所导致的。③

何以这样说？因为依靠感动写作，实际上就是依靠爱写作。而"爱是具有神圣感和终极性的"。因为在北村那里，就像在所有虔诚的基督徒那里一样，"神就是爱。爱是神的专利和基本的性情。"在爱里，作家达到了人所能达到的最高境界，即马克斯·舍勒所说的"尽一切可能仿如上帝爱事物般地爱事物，并且在爱的行动中体悟神与人的行动正好交汇在价值世界的同一点上"。④这个同一点也许就是北村之所谓真理。而且，进入爱，进入爱的秩序，也就进入了上帝的秩序，进入了世界秩序的核心，也就随

---

① 北村：《神圣启示与良知的写作》，《钟山》，1995年，第4期。

② 北村：《爱能遮掩许多的罪》，《钟山》，1993年，第6期。

③ 北村：《神圣启示与良知的写作》，《钟山》，1995年，第4期。

④ [德]舍勒：《爱的秩序》，刘小枫选编：《舍勒选集》(下)，第740页，上海三联书店，1999。

之进入或者接近了真知。问题或许还不全在这里,问题还在于,“人弃绝了神的爱,起首走上了一条背逆的路”,今天,背逆的路已经到了尽头,到了该结束的地方。至交者要在地上恢复他的道路。在北村看来,这时对于作家而言,“你不是作神的抄写员,就是当魔鬼的秘书,没有第三个地位”。《彼得前书》早已忠告:“万物的结局近了;所以你们要谨慎自守,儆醒祷告,最要紧的是彼此切实相爱;因为爱能遮掩许多的罪。”爱是神的声音,也是良心的声音,作家应当倾听,应当应答。①

4. 文格与神格

神格的获得与终极价值的获取,是北村诗学所要抵达的最后境地。

北村粗略地反思过中国传统的知识分子,也反思过“五四”的精神财富,以及20世纪80年代以后的汉语文学,其基本结论是:缺少超验的价值和终极关怀。他指出:“中国知识分子几乎从来没有‘神’的观念,他们的‘绝对’和‘天道’是以人对受造物(自然)的认识关系达成的,它的本质是智慧。因此,生命的体验沦落为对自然的体验,人就成了体验的出发点,于是终极关怀自然下降为道德关怀。”进入近现代,中国文化中一直存在的这种道德关怀,甚至实践为“道德救国论”,以至于对民族存亡危机的思考代替人类关怀成为最高精神事务。“‘五四’的成果只拿来了‘德先生’和‘赛先生’”;“五四”留给中国知识分子的使命感和正义感,也只存在于人的思想和感觉里,而不在人的信心里,“它缺乏与现实对抗的能力”,一遭嘲弄和诋毁就很容易被知识分子所放弃。②

---

① 北村:《爱能遮掩许多的罪》,《钟山》,1993年,第6期。

② 北村:《神圣启示与良知的写作》,《钟山》,1995年,第4期。

具体到当代汉语小说，1985之前“几乎不关注与人存在有关的任何问题”，之后虽然从知性上触及过一些人类的原命题，但无论是“寻根文学”、“先锋文学”，还是个别所谓切入人性深处的女性作家的作品，除了“相当浓厚的技术性色彩”和“完成了人性的一次必要的宣泄”外，“我们无法看见作家对终极命题的态度”，能够看见的是“无主的精神世界的混乱”，是抽空了价值系统的叙事游戏。[①] 这实际上进入了前述的北村问题意识的腹心。

北村提出三个概念用以搭建自己的理想诗学：神格、终极价值和终极操作。神格针对创作主体而言；终极价值指涉文本的意义；终极操作面向文本的形式和技术层面。北村的真正问题是：汉语文学终极价值的缺失如何解决？在搞清这个问题之前，我感兴趣的是，北村所说的终极价值是什么。从北村的叙述来看，是与“人类精神的原命题相契合”的价值系统。

> 终极价值所有命题几乎是简约和唯一的，那就是获得被我们确认的那个世界的真实，并让我们的精神与之发生联系。从而形成我们与世界相持的基本格局。……一旦我们建立了我们对世界的关于真实的观念，也就形成了我们关于历史的观念，从而确立一整套小说的价值观和时空观。[②]

终极价值似乎就是关于人类精神的所有原命题，这些原命题的

---

① 北村：《神格的获得与终极价值》，《文学自由谈》，1990年，第2期。
② 北村：《神格的获得与终极价值》，《文学自由谈》，1990年，第2期。

破译是对世界终极真实——“世界真实的本质”——的获得，这种获得是形成我们的精神世界和历史观的基础，是我们与世界相持的依据，同时也是包括小说在内的文学的价值地基。北村认为，“小说创作的其他一切问题皆与这个中心问题相关”。终极价值包含了一套关于世界秩序的观念，这些观念是如此地吸引我们，使我们形成了“终极信念”。

终极信念与我们通常持守的政治与社会的乌托邦完全两样，它“不是某种主义的化身，某种政治倾向，而是一种纯粹的看待世界的方式，它是一种视线，在它的视野中，世界的新秩序展现在我们面前。”文学大师与职业写手的区别就在于是否具有终极信念。对于作家而言，终极信念是一切意义之源，存在与写作的根本问题都因此而得到解决。因为作家的“文本是他与这个世界相持的基本方式”，随着终极价值与终极信念的解决，“写什么以及怎么写等技术层面”的问题都随之得到解决。北村的现实焦虑在于：“在目前中国大多数作家的创作中，我们看不到这种一以贯之的终极之光，我们也许能看到一种道德感，一种政治态度，一种民族忧患意识等等，就是难以看到他对存在的特殊敏感、对人类生存原痛苦的敏感和对生命的终极体验。”①

回到北村的问题上来：汉语文学终极价值的缺失如何解决？北村说，核心在于神格的获得。

何谓神格？北村语焉不详，结合他后来的基督教徒身份和以下的叙述，似乎又不难理解。总之，在北村看来，神格的获得，“这是文学作品超越人文层次进入它的核心——对人类精神原痛苦的感悟——的基本手段，亦是优秀作品获得永恒魅力

① 北村：《神格的获得与终极价值》，《文学自由谈》，1990年，第2期。

的根本动因。”一方面，神格的获得，可以实现彻底的非人格化。所谓非人格化，并非背离文学是人学这一总的倾向，它意指通神，“即超越已无法揭示人生存本质的有关真实的观念，达到新的形而上的认识层次”；是指以神性的目光注视一切，消解一切关于道德、社会、政治等人性内涵和意识形态内容，其主要特征，是将痛苦抽象到智慧的高度。另一方面，神格的获得标志着新英雄主义的诞生。理由是：

> 首先，神格的获得即终极信念的获得，它与反英雄的平民主义或市民主义倾向相对立。神格的痛苦之所以称为原痛苦，是指它超越了社会与民族、人文与道德、人性与文化的程式，成为一种抽象的痛苦体验的范式。原痛苦是关注人类存在的本质的，它是一个新的深度模式。而原痛苦是新英雄主义基本的情感特征。其次，神格的获得与摹仿英雄的旧的英雄模式相对立。它不开出任何济世良方，它不是醒世者。它对世界的基本态度不是改良，而是聒噪。获得神格的文本就是一种在聒噪中建立新的时空秩序，从而改变整个关于历史的观念和价值系统。这个行为艺术的意义将使小说从社会、道德、文化甚至美学的功利价值系统中解脱出来，回到它的本体。这个本体就是目的，……它直指信念。①

正是在这个意义上，“终极价值就是神格的获得”。由此之故，北村坚信，神格作为一种光，照亮我们走向终极之路。

在北村的诗学里，人格与文格既是相对应而出现的范畴，

① 北村：《神格的获得与终极价值》，《文学自由谈》，1990年，第2期。

又是协调一致的。非道德意义的人格，即作家注视世界的方式，带出了作品的艺术形式。这就意味着神格的获得，亦即终极价值与终极信念的获得决定了作品的终极操作。北村说，“小说中获得神格必经由一个独立的形式”，一种终极价值观必带来一种终极操作的形式。这种形式不具独立存在的意义，不进入任何普遍的美学范畴，不能从小说中单独抽离，否则，终极价值将荡然无存。易言之，在北村看来，“在一种终极价值到实践文本之间，不存在美学的层次”。这样，作为小说的写作过程就是这样一种终极操作的过程，作家的情感抽象到智慧的高度，达致形而上境界。这个抽象过程由形式得以完成，因其独在和唯一的性质，使其操作充满了终极性。这种终极性“改变的不是作品的主题，而是一个时空，使作家和他的文本实现对旧有时空的逃亡”，在另一时空达成和解，意指由此岸世界向彼岸世界的奔赴。①

就这样，北村经由神格、终极价值和终极操作建立了自己诗学的乌托邦。并坚信：“神格作为一种光，照亮了我们的终极之路”；坚信在终极信念和终极操作两方面的彻底革命，将是汉语小说的“一种出路”。

我们不一定赞同北村充满布道意味的诗学观，但到了北村这里，现代汉语诗学中的基督宗教话语甚至跃升为现代汉语基督宗教诗学却是不争的事实。他把现代汉语诗学与基督教的话语关系几乎推到一个极致。

近一个世纪的历程过去，现代汉语诗学与基督教的话语关系，经历了伦理的、政治的，最后到达宗教的过程，这是一个颇值得思索与玩味的历史现象，其间还有过宗教神学有意无意

---

① 北村：《神格的获得与终极价值》，《文学自由谈》，1990年第2期。

的合法性论证与支撑[①]，也有过无数的颠簸折腾和表面的聚散离合，但彼此介入的程度却越来越深，作为共享资源，共同参与了双方在汉语文化语境中的现代化的进程，并获得了各自的现代性。

① 请参阅本书第一章相关部分。

第三章　启蒙诗学与基督教

现代汉语诗学的最初形态，是启蒙诗学。鲁迅是其代表。本章打算考察鲁迅的启蒙诗学与基督教的关系。

第一节　西方启蒙与本土语境

鲁迅的启蒙诗学是西方启蒙与本土语境的产物。因此在展开鲁迅启蒙诗学与基督教关系之前，有必要对西方启蒙与本土语境进行审理。

启蒙是在历时态的多元话语中建构起来的。按照康德的经典诠释，启蒙意谓人类藉理性的自由运用而脱离不成熟状态①。启蒙是以理性之光驱散蒙昧的黑暗，是人类的自由精神在信仰、知识和政治诸方面展开的过程。换言之，启蒙使人从他律中挣脱出来，走向自律、理性和自由。启蒙不承认任何外界的权威，一切有关宗教的、自然的、社会的、国家的知识、观念和制度，都要受到"理性法庭"的最无情的审判，"思维着的知性成了衡量一切的唯一尺度"。② 启蒙运动，既孕育和开启了现代性的思想变革运动，又是现代性思想的重要组成部分。启蒙运动绝非一个纯粹的科学运动或主要是科学运动，而是一场文化的全面颠覆运动，它由此"带来了世界关系的根本

① ［德］周德：《历史理性批判文集》，第22页，商务印书馆，1990。

② 《马克思恩格斯选集》，第三卷，第355页，人民出版社，1995。

性移位和欧洲政治的完全更改”。[①]

启蒙运动，对包括诗学在内的一切艺术领域的影响是显而易见的。梯利指出：“启蒙运动甚至把清晰和功利的标准贯彻到美学的领域；诗歌、雕刻、建筑和绘画都以唯理主义为准则：有人说格勒特的神话是‘用诗写成的道德哲学’，他的宗教赞美歌是‘押韵成诗的理论神学’。”具体到诗学，“哥特舍德写了一本论《诗的艺术》的书，书中表明应该如何作诗，以便使诗作为手段，为启发人类和使人类道德化而服务。”[②]易言之，启蒙运动开启的现代理性，即工具理性，也就是以普世的名义，对自然、社会及人的心性等进行合理安排与控制的诉求，同样深入到了诗学领域。

现代汉语诗学，是与中国的“五四”启蒙运动、现代性思想运动相伴而生的。因此，现代汉语诗学的最初形态是启蒙诗学，这在启蒙学人梁启超、王国维、鲁迅那里有充分的表现。所谓启蒙诗学，质而言之，就是以启蒙为诉求对象的文学理论话语。中国现代启蒙运动，是外源型的思想文化运动，是在外来思想主要是西方思想的冲击下发动起来的。而在其借鉴的西方思想质料中，既有源自希腊罗马的人文理性，也有源于希伯来文化的神学思想。虽然前者的主流地位使后者显得有些黯然失色，但不能因其边缘而抹杀其客观存在。正是这种客观存在，使现代汉语启蒙诗学与基督教之关系得以建立，也使这样的讨论具有了历史的合理性。

启蒙诗学与基督教的讨论，首先涉及到对五四启蒙运动的

---

① ［德］特洛尔奇：《启蒙运动》，转引自刘小枫《现代性社会理论绪论》，第175页，上海三联书店，1998。

② ［美］梯利：《西方哲学史》（增补修订版），第424页，商务印书馆，2000。

认识。汉语思想界长期以来，对此的研究存在着中西比附式的、教条化的、简单性的历史还原[①]，而未能仔细分辨中西启蒙之历史语境、问题意识和思想取向的差异，从而忽视或遮蔽了"中国启蒙"的特殊性。而事实上，中西启蒙由于近两百年的时间落差，此间所涌现的繁复驳杂的现代思想对中国的"共时性"涌入，以及各自不同的社会基础和面临的不同境遇，使中西启蒙之内涵，有着巨大的差异。这种差异，高力克在《五四的思想世界》中做了极富洞见的论述。[②]

就社会历史基础而言，欧洲自由主义式的启蒙运动是市民社会的思想变革，而中国的启蒙运动，面对的则是帝制结构的农民社会。前者表达的是个性解放和主体自由的价值诉求，其主题是"面对国家的个人"和"面对教会的个人"，社会改革的目标是信仰自由、经济自由和政治自由，体现的是个人主义的题旨；而后者不具有独立于国家权力的自治的市民社会这一孕生自由主义和现代性社会的母体，除了"面对国家的个人"，还有"面对列强的主权"和"面对工业的小农"，这就使中国农民社会之启蒙运动，面临着与传统中国的价值紧张及其社会动员的困难，从而陷入深刻的困境。

困境之一，是中国本土文化传统与西方文化之间的价值冲突。儒学之家族主义伦理秩序、威权主义政治文化和反商主义经济伦理，与西方现代性思想具有根本性的价值裂痕和价值紧张。

困境之二，是作为中国启蒙运动资源的西方思想的内在

① 参余英时等：《五四新论：既非文艺复兴，亦非启蒙运动》，第1—26页，台湾联经出版事业公司，1999。

② 参阅高力克：《五四的思想世界》之导论和第十五章，学林出版社，2003。

矛盾性，导致了中国启蒙思潮内部的诸神之争。当中国启蒙随现代化运动兴起之时，西方早已步入现代社会，启蒙思想在建制化为自由秩序之后，已出现新的现代性问题和危机，对其问题和危机进行反思性的思潮也大量产生。当这些思潮同时呈现于中国启蒙运动之中的时候，就使得中国的启蒙思想形态异常复杂。[①] 启蒙与反启蒙、后启蒙，理性与非理性，现代性与反现代性的思想冲突，使中国的启蒙运动异常特殊。

再从启蒙的动力资源来看，中国的启蒙也有异于欧洲之处。中国启蒙的深层动力来源于“救亡”，这决定了中国的启蒙是一种救亡型的启蒙，其深沉的民族主义关怀是其特征。而此一特征，关涉着中国启蒙知识分子，对作为中国启蒙资源之西方思想的态度：一方面西方文明被视为自由民主之现代文明的代表，一方面它又是一种欺凌掠夺东方民族的帝国主义文化。西方文明在这里扮演了集自由主义与帝国主义为一身的两面神。亲西方之自由主义，反西方的民族主义，在中国启蒙运动中往往呈现为“反西方的西方化”和“反现代的现代化”的矛盾。

① 对此，高力克作了这样的描述：“在五四新文化中，英法启蒙理性主义、德国唯心论、浪漫主义和社会主义等各种新思潮相互激荡。新文化人的西方资源类型各异，如陈独秀的卢梭式民主主义、胡适的洛克一杜威式的自由主义、鲁迅的尼采式个人主义、李大钊的马克思主义、蔡元培的德国唯心论，等等。这些思想取向各异的知识分子，虽然在反专制、反蒙昧的启蒙运动中结成联盟，但其潜在的思想差异最终导致了不同的思想道路。新思潮中启蒙与反启蒙、现代性与反现代性的激荡，表征着现代性典范的价值冲突。自由主义、社会主义和文化保守主义，代表了五四三种彼此冲突的现代性典范与方案。在五四前期的新文化运动中，上述各种西方现代思想曾形成了一个‘和而不同’的启蒙思潮。”参高力克：《五四的思想世界》，第15—16页，学林出版社，2003。

除了上述因素外，若从纵向观之，中国的启蒙思潮还经历新文化运动与革命运动、自由主义与社会主义的消长兴替。这些都强化了中国启蒙运动自身的特点和复杂性，而与欧洲之启蒙运动区别开来。①

中国启蒙运动之复杂性，导致了现代汉语启蒙诗学自身形态及其与基督教之间关系的复杂性。就现代汉语启蒙诗学而言，有学者认为，就存在以梁启超为代表的工具主义—政治现代性的诗学言述，又有以王国维为代表的自主主义—审美现代性的诗学诉求。② 而事实上，鲁迅的启蒙诗学又与梁、王不同。

鲁迅面对的正是如上所述的，与西方社会迥然有异的政治、经济、文化体制；面对的是激流涌进，“诸神不和”，又自以为是的西方各种现代性社会文化理论思潮；面对的是中西、古今文化价值的内在冲突所致的悖论性困境；面对的是后发现代化国家必然遭遇的现代性的历史合法性诉求与后现代对此拆解之间的深刻矛盾以及价值取舍。更为重要的是，鲁迅还要面对汉语思想界在救亡图存的心态下，手忙脚乱地制定的各种现代化规划。如此的社会历史语境，加上鲁迅所汲纳的西方文化的个别性特征，使鲁迅的启蒙诗学呈现出异常复杂的形态。其中最为关键的，他是站在反思和批判现代性的立场上言说和建构汉语启蒙思想。而正是这样的立场，使鲁迅的启蒙诗学与包括基督教在内的宗教发生了联系。

---

① 参高力克：《五四的思想世界》，第 279—280 页，学林出版社，2003。

② 余虹：《革命·审美·解构——20 世纪中国文学理论的现代性与后现代性》，第 19－63 页，广西师范大学出版社，2001。

第二节　启蒙后果与个体信仰

对现代性的反思和批判，并非“后现代”的专利。在启蒙时代，随着种种现代性问题的萌生，种种反思和解决这些问题的尝试亦随之出现，并由此构成了现代思想的基本语境。[①] 处身启蒙时代的鲁迅，就是站在反思和批判现代性的立场上进行启蒙的。因此可以说，鲁迅的启蒙是以反启蒙或“后启蒙”为特征的。鲁迅早期主要的文言论文《科学史教篇》、《文化偏至论》、《摩罗诗力说》、《破恶声论》，以及白话文写作的《复仇》等文章，都集中体现了这个特点。

鲁迅早期的文言论文的写作，都有现实的语境和具体的问题意识。他主要是针对汉语思想界所提出的现代性方案，以及方案中关涉西方现代文明的部分提出问题，并进行审视的。比如洋务派的中体西用，师夷长技以制夷所形成的唯西方科学技术是崇，唯物质文明是瞻的思想意向；再比如维新派，尤其是革命派以西方权力平等为核心，建立多数政治的政体改革愿望。在鲁迅看来，以科学进步为动力的物质文明的昌盛，以权力平等为特征的民主政治，诚然是 19 世纪西方文明的主潮，[②] 也是西方启蒙理想建制的成果，但问题是，它们由此带来的社会秩序、生活秩序及其底下的价值秩序，是否必然是合理的？它们对于人的现代性，对于建设现代民族国家，是否必然具有合法性？这些构成了鲁迅问题的焦点。质言之，鲁迅要对汉语

① 刘小枫：《现代性社会理论绪论》，第 175 页，上海三联书店，1998。

② 参鲁迅：《文化偏至论》，《鲁迅全集》，第 1 卷，第 48 页，人民文学出版社，1989。

思想界所设计的现代性方案中所凭据的西方思想资源进行自己的正当性论证。

1. 科学、物质和众数之偏

鲁迅首先对科学技术、物质文明进行反思性的审理和批判。鲁迅并不在一般意义上反对甚至还是鼓吹自然进化论和科学技术，《说钼》、《中国地质略论》、《人之历史》等都是有力的例证。19世纪西方文明之所以取得巨大的成就，“实则多缘科学之进步”。[①] 鲁迅对科学是高声赞美的：“故科学者，神圣之光，照世界者也，可以遏末流而生感动。时泰，则为人性之光”。[②] 但鲁迅对科学又是怀疑的，对其有效性是有所自觉的。尽管鲁迅在这段话里，对“科学”加上了中世纪人们对上帝的习惯称谓——“神圣”这一修饰语词，似乎流露出某种“科学宗教”的意识，而且还赞誉其具“人性之光”，但鲁迅并不因此走向极端，而是清醒地认为，社会不能唯科学是崇，而陷入偏废，否则人类之根本精神将逐渐丧失殆尽，致使社会趋于破灭：

> 盖使举世惟知识之崇，人生必大归于枯寂，如是既久，则美上之感情漓，明敏之思想失，所谓科学，亦同趣于无有矣。[③]

所以，人类所应当希望和要求的，不仅应有牛顿、波义

① 鲁迅：《科学史教篇》，《鲁迅全集》，第1卷，第25页，人民文学出版社，1989。

② 鲁迅：《科学史教篇》，《鲁迅全集》，第1卷，第35页，人民文学出版社，1989。

③ 鲁迅：《科学史教篇》，《鲁迅全集》，第1卷，第35页，人民文学出版社，1989。

耳、达尔文这样的科学家，而且还应该有莎士比亚、拉斐尔、贝多芬、卡莱尔和康德这样的诗人、画家、音乐家、文学家和哲学家。“凡此者，皆所以致人性于全，不使之偏倚，因以见于今日之文明者也。”《科学史教篇》作为人类科学发展史的专论，竟然以此为文章之结论，并断然说：“彼人文史实之所垂示，固如是已！”[①] 是发人深思的。鲁迅在这里注意到了自然科学与人文科学、工具理性与价值理性的关系，并将后者作为问题的重点，显示了鲁迅对启蒙运动之极端强调工具理性的反思与调校。

鲁迅的这种调校，一方面表现为对道德力量在科学研究中的地位的确认，否定了科学活动应与道德力量分离的说法，并进一步认为，如果科学研究真正脱离了道德力量的鞭策，“惟知识之依”，其目的是可悲的。道德力量是科学发现的动力之一。另一方面，鲁迅敏锐地洞察到，“科学发见，常受超科学之力”的作用。何为超科学之力？鲁迅名之曰“理想”，实质上，是追求“至真之知识”，亦即追求真理的精神。“故科学者，必常恬淡，常逊让，有理想，有圣觉，一切无有，而能贻业绩于后世者，未之有闻。”[②]

但是，在这篇文章中，鲁迅并没有切实解决已经提出的问题。在《文化偏至论》中，当鲁迅借鉴 19 世纪末西方文明的新思潮，也就是以叔本华、尼采、施蒂纳等为代表的反思和批判现代性的新思潮时，这些问题的答案才有所彰显。

《文化偏至论》的主题是“抨物质”、“排众数”、“任个

① 鲁迅：《科学史教篇》，《鲁迅全集》，第 1 卷，第 35 页，人民文学出版社，1989。

② 鲁迅：《科学史教篇》，《鲁迅全集》，第 1 卷，第 29－30 页，人民文学出版社，1989。

人”，是接着《科学史教篇》的论题向前推进的。19 世纪末叶文明之一面在“物质”、在“众数”，但鲁迅并不认为它具有正当性，它是一种文化发展和认识的偏至。所谓众数，就是“扫荡门第，平一尊卑，政治之权，主以百姓”，是权力平等之念，社会民主之思。具体说来，“凡社会政治经济上一切权利，义必悉公诸众人”，风俗习惯、道德宗教、趣味爱好、言语和其他方面的事情，全都要打破上下、贤愚的界限，“以大归乎无差别”。[①] 这样的平等观念，民主政治有什么错？鲁迅有没有搞错，这不是自文艺复兴、启蒙运动以降，人类孜孜以求的吗？这种无差别的大同社会，不也正是中国儒家，乃至新儒康有为等人的政治理想吗？

何谓“物质”？鲁迅说，19 世纪文明之大潮，除“众数”外，“则物质文明之进步是已”。至 19 世纪，物质文明的昌盛，简直足以傲视以往两千多年的业绩。世界为之一变，人民的事业也更加有利。“物质”又有什么不好？一个繁荣昌盛的世界，不正是现代社会所向往的吗？但鲁迅所言之“物质”，不是这外在的社会景象，而是一种拜物教式的意识形态。指的是人们长期享受物质文明的恩慧，对之“信乃弥坚，渐而奉为圭臬，视若一切存在之本根，且将以之范围精神界所有事，现实生活，胶不可移，惟此是尊，惟此是尚”[②]，而成为一种宗教性的意识形态。

2. **崇信荡摇与极端主我**

为何众数、物质，“其道甚偏”？症结在于遮蔽个人。鲁迅

① 鲁迅：《文化偏至论》，《鲁迅全集》第 1 卷，第 48 页，人民文学出版社，1989。

② 鲁迅：《文化偏至论》，《鲁迅全集》第 1 卷，第 48 页，人民文学出版社，1989。

对众数和物质分别有一个致命的提问："理若极于众庶矣，而众庶果足以极是非之端耶？""事若尽于物质矣，而物质果足尽人生之本耶？"[①] 也即是问：理，如果都由众数来裁决，众数果真能够分清是非吗？实质是问，真理真的是掌握在多数人手里吗？若是，谁给予他们的真理？谁的真理？若否，他们凭什么来裁定是非？关于物质，事物的发展似乎都取决于物质，而物质又果真能解决人生之根本问题吗？物质的追求就是人生的终极问题吗？

鲁迅尖锐的反问，本身就是极其尖锐的否定。不过鲁迅还是作了正面回答："平意思之，必不然矣。"鲁迅有什么理由这样说？他的正当性根据在哪里？鲁迅的正当性理由主要来自尼采。他引了尼采在《扎拉图斯特拉如是说》中的一段话，来支持自己的观点。尼采说，我走得太远了，孤孤单单没有伴侣。回顾现在的世界，国家文明，社会绚丽斑斓。但如此之社会，"无确固之崇信；众庶之于知识也，无作始之性质"[②]，既如是，这样的社会还有什么可以留恋的呢？"确固之崇信"，就是坚定的信仰。"作始之性质"，亦即首创的精神。因此，尼采的两个关键的要点是，现代人类既无坚定的信仰，又无首创的精神，其发展之道至偏至伪也。

信仰哪去了？物质取而代之了。个体的首创精神哪去了？众数遮蔽了。注意，个体信仰问题，归根到底是个宗教问题。启蒙运动不就是一个从宗教信仰下把人类解放出来，而使经济、政治、社会、个体心性逐渐世俗化的过程吗？不是不要

① 鲁迅：《文化偏至论》，《鲁迅全集》第1卷，第48页，人民文学出版社，1989。

② 鲁迅：《文化偏至论》，《鲁迅全集》第1卷，第49页，人民文学出版社，1989。

信仰了吗？怎么，在启蒙运动百多年以后，又提出这个问题？刘小枫说，启蒙运动表达的现代性原则，概而言之，就“是从根本上清除基督教的二元论之超自然形态，力求建立内在的一理性的世界解释，使所有生活领域变成一个自在的有机组织。启蒙精神所推崇的理念是抽象的个人主义和主体主义，乐于不断改进的功利主义以及无限制的乐观主义。”[①] 既然个人主义和个体主义是启蒙运动的重要理念，为何到启蒙理想建制化以后，反而被遮蔽了，走到了它的对立面？

信仰为什么那么重要？信仰之所以重要，是它能把人带到远离罪恶和残酷的彼岸世界，而不直接面对荒谬和虚无。因为它让上帝站在自然的恶和残酷面前，在人和巨大的偶在世界中间筑起一道高墙，将彼此隔离开来。在后启蒙时代，还能重建信仰吗？又如何重建呢？

在鲁迅看来，19 世纪末对信仰的再次吁求，是人的再次觉醒的表现。[②] 由于受启蒙文化的长期浸润，人们“渐悟人类之尊严；既知自我，则顿识个性之价值；加以往之习惯坠地，崇信荡摇，则其自觉之精神，自一转而之极端之主我。”[③] 旧的宗教信仰已在启蒙浪潮中土崩瓦解，要完全回去已经不可能，于是 19 世纪末新的信仰就转到了极端个人主义。

极端个人主义能担当起信仰？鲁迅，或者是尼采、施蒂纳等人以为，能。因为它能拒斥众数，抵抗现有的世俗秩序。现存的民主社会，“此其为理想诚美矣，顾于个人特殊之性，视

① 刘小枫：《现代性社会理论绪论》，第 176 页，上海三联书店，1998。

② 在我看来，是人类不可回避的再一次启蒙的内容。

③ 鲁迅：《文化偏至论》，《鲁迅全集》，第 1 卷，第 50 页，人民文学出版社，1989。

之蔑如，既不加之别分，且欲致之灭绝。”[①] 所谓的政治民主，社会平等，不过是“以多数临天下而暴独特者”，[②] 是多数人的暴政，即以多数统治天下，而压迫有独特见解的人。是人的智慧的平高填低，以高就低，看似划一平均，实则是将人类智慧导向平庸，或以平庸为是。况乎人群之中，明哲之士本来不多，长此以往，“流蔽所至，将使文化之纯粹者，精神益趋于固陋，颓波日逝，纤屑靡存焉。”[③] 极端个人主义可以矫此时弊。

德国哲人施蒂纳认为，社会的进步取决于个人，取决于个性。人必须发挥个性，摆脱观念世界的束缚。什么是造物主?个性就是造物主。什么是自由？个我就是自由，争取自由的权利和力量就在自身。如果个性和自由，遭到外力的干涉，不论是出于少数人还是多数人，不论是出自国家还是法律，都是专制。“意盖谓凡一个人，其思想行为，必以己为中枢，亦以己为终极：即立我性为绝对之自由者也。”[④]

叔本华也是主张自我，崇拜天才的。丹麦哲学家契开迦尔，将弘扬个性视为至高道德。挪威戏剧家亨利克·易卜生，通过文学想像，在《国民公敌》中表现了狡诈者如何借多数之名欺压少数。他看到“近世人生，每托平等之名，实乃愈趋于恶浊，庸凡凉薄，日益以深，顽愚之道行，伪诈之势逞，而气

---

① 鲁迅：《文化偏至论》，《鲁迅全集》，第1卷，第50页，人民文学出版社，1989。

② 鲁迅：《文化偏至论》，《鲁迅全集》，第1卷，第48页，人民文学出版社，1989。

③ 鲁迅：《文化偏至论》，《鲁迅全集》，第1卷，第50页，人民文学出版社，1989。

④ 鲁迅：《文化偏至论》，《鲁迅全集》，第1卷，第51页，人民文学出版社，1989。

宇品性，卓尔不群之士，乃反穷于草莽，辱于泥涂，个性之尊严，人类之价值，将咸归于无有”。因此，所著之书往往有“反社会民主之倾向”。①

至于尼采，更是极端个人主义的代表。他把未来人类的希望寄托在伟人和天才身上，而视愚昧的众数为蛇蝎。他认为，如果以众数来治理国家，社会的元气就将毁于一旦，与其这样，毋宁牺牲庸众，以换取一二天才之出现。众数与天才是对立，甚至是敌意的。出了一个苏格拉底，被希腊愚氓用药酒毒死；出了一个耶稣，被犹太庸众送上了十字架。顺从众数的意志，却发生如此荒谬的事情。众数聚集，看似民主，但常常是道德是非标准，众说纷纭，混淆不清，对事物的看法也流于浅表，且因势而动，反复无常，“故是非不可公于众，公之则果不诚；政事不可公于众，公之则治不郅。惟超人出，世乃太平”。② 所以，尼采主张超人学说。以极端个义主义的超人来占据上帝死后留下的神格，来担当信仰。

如果说众数遮蔽了人的个性与自由，那么物质则遮蔽了人的精神和灵魂。鲁迅是这样描述启蒙理想建制化后，至19世纪末，物质取代人类生活之根本的：

> 盖唯物之倾向，固以现实为权舆，浸润人心，久而不止。故在十九世纪，爰为大潮，据地极坚，且被来叶，一若生活本根，舍此将莫有在者。……递夫十九世纪后叶，而其弊果益昭，诸凡事物，无不质化，灵明日以亏蚀，旨

① 鲁迅：《文化偏至论》，《鲁迅全集》，第1卷，第51—52页，人民文学出版社，1989。

② 鲁迅：《文化偏至论》，《鲁迅全集》，第1卷，第52页，人民文学出版社，1989。

趣流于平庸，人惟客观之物质世界是趋，而主观之内面精神，乃舍置不之一省。重其外，放其内，取其质，遗其神，林林众生，物欲来蔽，社会憔悴，进步以停，于是一切诈伪罪恶，蔑弗乘之而萌，使性灵之光，愈益就于黯淡：十九世纪文明一面之通弊，盖如此矣。[①]

鲁迅在这里所描述的，19 世纪末物质欲望遮蔽内在精神之光的世俗生活状况，距今一百余年，读之则恍如今日。

如何将溺于物欲中的人心拯救出来？鲁迅又一次以评述的方式，借鉴叔本华的唯意志论、尼采的超人学说和契开迦尔等人的主观主义，来寻求救赎之路。认为主观主义和唯意志论的兴起，“功有伟于洪水之有方舟”[②]。《旧约》圣经中挪亚方舟的故事，是上帝对人类罪恶的一次惩罚与救赎。唯意志论等主观主义思潮，果真能有“上帝”如此这般的伟力？对此，鲁迅是这样回答的，此一思潮的涌起，使“骛外者渐转而趣内，渊思冥想之风作，自省抒情之意苏，去现实物质与自然之樊，以就其本有心灵之域；知精神现象实人类生活之极颠，非发挥其辉光，于人生为无当；而张大个人之格，又人生之第一义也。”[③] 换言之，唯意志论等主观主义，重新在物质世界面前，确立了精神生活至上的合法性，而达此救赎之效：使物欲遮蔽的人的内面精神得到彰显，个体人格得到张扬，灵魂之光再次

① 鲁迅：《文化偏至论》，《鲁迅全集》，第 1 卷，第 53 页，人民文学出版社，1989。

② 鲁迅：《文化偏至论》，《鲁迅全集》，第 1 卷，第 53 页，人民文学出版社，1989。

③ 鲁迅：《文化偏至论》，《鲁迅全集》，第 1 卷，第 54 页，人民文学出版社，1989。

闪耀。果真如此，可谓其功甚伟啊！可果真如此吗？

第三节　立人意涵与再度救赎

基于上述的认识，中国所谓的有识之士，汉语思想界还有什么理由对物质、众数等至偏至伪的西方现代文明趋之若鹜，而对十九世纪末叶之新潮漠然置之？到此，鲁迅回到了他的问题。认为在华夏民族的现代性方案中，当然应该吸取西欧的物质文明，但不能吸取其物质文明中最虚伪、最偏颇的东西。他这样反问道，犹太遗民、非洲和澳洲土族，不就是追求物质文明，其结局如何呢？西班牙、葡萄牙，不就是搞共和政体、多数政治，其情况又如何呢？鲁迅以为，欧美的强盛，虽以物质和多数炫耀于世，而根柢在人。这才是西方文明之精髓、之要义。“是故将生存两间，角逐列国是务，其首在立人，人立而后凡事举；若其道术，乃必尊个性而张精神。”否则，将舍本逐末，而“中国之沉沦遂以益速矣”。[①] 在这里，鲁迅实际上回应了他在文章开头提出的华夏之现代民族国家方案：

> 诚若为今立计，所当稽求既往，相度方来，掊物质而张灵明，任个人而排众数。人既发扬踔厉矣，则邦国亦以兴起。[②]

一句话，民族国家之兴盛是目的，立人是根本。因为人立，

① 鲁迅：《文化偏至论》，《鲁迅全集》，第 1 卷，第 56—57 页，人民文学出版社，1989。

② 鲁迅：《文化偏至论》，《鲁迅全集》，第1卷，第46页，人民文学出版社，1989。

“则国人之自觉至，个性张，沙聚之邦，由是转为人国。人国既建，乃始雄厉无前，屹然独见于天下。”①

1. 人者何人

“立人”是鲁迅启蒙思想的价值基石，也是其启蒙诗学的理论元点，我想这在学界大概已是不争的共识。不过，在此我也要回应一下进入此论题前的一个观点：鲁迅是以反启蒙的方式进行启蒙的。前面的论证其实都是对此而言的。但在这里，我还想就“立人”进一步展开这个话题。

就“立人”而言，不能笼统视之，而这恰恰是现代文学研究界的痼疾，在思想言说的激情下，冲淡了知识性的诉求。我们有必要还原，鲁迅所欲立之人为何人。我之所以说鲁迅是以反启蒙的方式进行启蒙的，并非是说鲁迅反对启蒙运动的个性解放、人性自由的主张。如所周知，个体意识是现代价值精神和文明秩序之基础，自文艺复兴、宗教改革至启蒙时代以还，人的问题几乎都是思想界的中心问题。而我要说的是，鲁迅所立之“人”并非启蒙时代之“人”，而是十九世纪末叶现代性反思之潮中的那个“人”。

这两个“人”真的有所不同？其实，鲁迅自己在文章中已经作了仔细的辨析，可是我们常常视而不见，或者因为“六经注我”而装聋作哑。鲁迅的辨识是从两个层面展开的：一是从人性层面。“试按尔时人性，莫不绝异其前，入于自识，趣于我执，刚愎主己，于庸俗无所顾忌。”② 显然，这时的人性，远非启蒙时代需要从神的威权下解放出来，从他律走向自律的

① 鲁迅：《文化偏至论》，《鲁迅全集》，第1卷，第56页，人民文学出版社，1989。

② 鲁迅：《文化偏至论》，《鲁迅全集》，第1卷，第50页，人民文学出版社，1989。

人性，而是已经取代了神，确立其在宇宙、世界的中心地位后的人性。人不仅具有强烈的主体意识，而且趋于极端，被人性所囿。自我成为衡量一切的尺度。人性的世俗化已然到了“无所顾忌”的地步。

二是从人格层面。“然尔时所要求之人格，有甚异于前者”，这集中表现在人格理想上。以往的人格理想追求理智和情感的整合与协调，唯理主义者以为，人的理智强大到能够将外在世界移入主观世界才是理想人格。这种思想，到黑格尔达到极致。主情主义者，如卢梭等，尽管强调理智中的情感内容，但仍然主张理想人格应当是情感与情操的统一。席勒则明确提出完美人格的标准是：“知感两性，圆满无间”。至十九世纪末，人格理想“为之一变”。明哲之士，通过内心的深入反省，认为古人所设计的“知见情操，两皆调整”，和谐统一的人格，决不可能在现时社会中找到，“惟有意力轶众，所当希求，能于情意一端，处现实之世，而有勇猛奋斗之才，虽屡踣屡僵，终得现其理想”之人格才是完美的。[①]

简言之，只有意志力超群，并能百折不挠，抗拒流俗之人格，才是理想的。到此，可以说，具有极端的主体意识，唯意志力是从，与世俗作不懈抗争，才是鲁迅立人之“人”的意涵。

较之启蒙时代，鲁迅所立之人具有明显的反启蒙特点。再让我们回顾一下康德关于启蒙的经典诠释：“所谓启蒙，就是摆脱自己造成的依附地位。而依附地位意味着，若无他人指导，人便无力运用自己的理解力”，要有勇气运用自己的理性，

① 鲁迅：《文化偏至论》，《鲁迅全集》，第 1 卷，第 54 页，人民文学出版社，1989。

成为启蒙运动的座右铭。[①] 黑格尔说："认识理性法则的合法性称为启蒙"[②] 在这里有两个关键的叙述，可以引出两个彰显启蒙内在精神的关键词。一是摆脱靠他人引导的依附地位，引出自律；二是运用自己的理性，引出理性。可以说，自律和理性，或者说自律理性，是启蒙时代人的基本特征。而自律和理性都是具有自己的内在规定性的：

> 所谓自律，就是理性与意志所拥有的自己给自己立法的能力。……自律是一切真正的自由的基础。但自律并不意味着"为所欲为"的自由，因为那就意味着使意志屈从于纯然个别的眼前的东西。相反，只有当个人的理性与意志符合于普遍的理性法则时，才能得到自律，从而得到真正的自由。[③]

而支配着启蒙时代的理性，也是一种独特的理性。何谓理性？简言之，就是"把一切现象都归因于自然而不归于奇迹的倾向"[④]。启蒙运动运用的理性的原型，是培根和洛克的经验主义的实验性理性，所要求的是考察经验事实。而且，在启蒙时代，理性被视为一种活跃的、进步的力量，一种"用它的光芒划破迷信和欺骗的黑暗，给人带来期待已久的光明与幸福"的

---

① ［德］康德：《什么是启蒙运动?》，转引自［美］詹姆斯·C·利文斯顿著，何光沪译：《现代基督教思想》（上卷），第1页，四川人民出版社，1999。

② ［德］黑格尔：《历史哲学》，第701页，上海书店出版社，1999。

③ ［美］詹姆斯·C·利文斯顿著，何光沪译：《现代基督教思想》（上卷），第5页，四川人民出版社，1999。

④ ［英］汉默顿《西方名著提要（哲学、社会科学部分）》，第394页，中国青年出版社，1963。

效用和能力，而并非某种独特的实体[①]。正如约翰·洛克所指出，合乎理性的，是我们可以借着考查和追溯那些得自感觉和反思的观念，从而发现其真理性，可以凭着自然的推论，从而发现其为真实或属可能；违反理性的，则是那些同我们明白清晰的观念不一致或不能调和的东西。[②]

启蒙时代的理性，不同于文艺复兴反对的教权的神本主义理性，也不同于新古典主义反对的王权的人本主义理性，而是一种反对一切等级制度的平民理性。自律理性、平民理性，是启蒙理性的重要特质。

由此返观鲁迅之立人的“人”观，就会发现，它与其说是自律的，毋宁说是违反自律的，因为其刚愎自用，为所欲为，不管其个人的理性和意志是否符合普遍的理性法则；与其说是理性的，不如说是非理性的，因其极端强调个人的意志力，而将理性降低为意志和情感的奴仆，或者说个人的意志和情感主宰着理性；与其说是众数的、平民的，勿宁说是个人的、超人的。在启蒙时代，意志和情感是服从于理性，并在理性的统率下和谐共处。在启蒙学者看来，所谓合乎理性的东西，也就是自然的东西，即扎根于事物的本性之中的东西。在人类事务中，合理的，也就是自然的。[③] 自然也是显现着启蒙内在精神的关键语词。而鲁迅所立之人，是极端偏执于意志与情感的天才、超人，因而已经不是启蒙时代自然和谐的个人。

---

① ［美］詹姆斯·C·利文斯顿著，何光沪译：《现代基督教思想》（上卷），第7页，四川人民出版社，1999。

② 参［美］詹姆斯·C·利文斯顿著，何光沪译：《现代基督教思想》（上卷），第28—29页，四川人民出版社，1999。

③ 参［美］詹姆斯·C·利文斯顿著：《现代基督教思想》（上卷），第7页，四川人民出版社，1999。

到此可以说，如果自律的、理性的、自然的人是启蒙时代人之内涵的话，那么，鲁迅所立之人，则是违反自律的、非理性的，是内在冲突的人。以此为基础的立人观，决定了鲁迅启蒙诗学的基本特色。

2. **撒旦的归上帝**

《摩罗诗力说》是鲁迅启蒙文化观在诗学上的落实。鲁迅在文章中吁求的精神界之战士，即摩罗，是其立人观在诗学上的象征符号，是对现代性汉语作家的设计或意义赋形。

“摩罗”一词，来自印度，原指天上的恶魔，《圣经》中称为撒旦或魔鬼，据说原是一名天使，因与上帝较量堕落成魔鬼。被上帝击败后，继续具有超人力量，专门诱人犯罪[①]。

鲁迅将精神界之战士命名为摩罗，是指其具有摩罗精神。何为摩罗精神？“一切诗人中，凡立意在反抗，指归在动作，而为世所不甚愉悦者”所代表的精神[②]。具体言之，就是“不为顺世和乐之音”，“争天拒俗”的精神[③]。拜伦、易卜生、雪莱、普希金、莱蒙托夫等为其楷模。“争天抗俗”是摩罗精神的核心。何以见得？这就要看魔鬼的处身位置。魔鬼居于上帝和人之间。而在鲁迅看来，上帝是一种权力，魔鬼也是一种权力。但魔鬼的权力不是在体性的，而是上帝赋予的，换言之，魔鬼的权力是从上帝那里产生的。即使上帝死了，他也不会取而代之，僭越于上帝。魔鬼介于上帝和人之间的身份，使他

① 参《基督教词典》，第351页，北京语言学院出版社，1994。

② 鲁迅：《摩罗诗力说》，《鲁迅全集》，第1卷，第66页，人民文学出版社，1989。

③ 鲁迅：《摩罗诗力说》，《鲁迅全集》，第1卷，第66页，人民文学出版社，1989。

“上则以力抗天帝，下则以力制众生”。[①] 对上反抗专制的超越性，对下抗拒堕落的世俗性，这不就是一种争天抗俗的精神？也就是摩罗精神。推而论之，也是所有真正现代知识分子的精神。我以为魔鬼的处身位置恰恰是现代知识分子应当的位置。

知识分子是一种权力，正如魔鬼也是一种权力。问题是：知识分子的权力是谁赋予的？怎样的权力才具有合法性呢？如果说知识分子的权力是知识给予的，如果说培根之所谓知识就是力量的命题也是成立的，那么知识的力量又是谁赋予的呢？有意思的是，鲁迅认为魔鬼的权力产生于上帝，而在这里，魔鬼不是某类诗人的指称吗？这是否也意味着摩罗诗人，抑或知识分子的权力也源于上帝，或者说某种超越性呢？底里是否还有潜文本？

紧接着问：既然魔鬼的权柄是上帝授予的，为何还要反上帝？既然都反上帝了，何以又要压制民众？魔鬼究竟是何？为何？

正如拜伦假托该隐之口一样，鲁迅也假托拜伦之口说道：“恶魔者，说真理者也。”[②] 魔鬼就是言说真理的人。在这里，我们可以看出，鲁迅所设计的现代知识分子，现代诗人，已不是中世纪型的，也不是文艺复兴式的，与启蒙知识分子也有所不同。中世纪的知识分子、诗人，是上帝的忠实信徒，所遵循和传达的是上帝的真理。文艺复兴乃至新古典主义，反对的是教权和王权以上帝的名义所代表的世俗的真理，并不在归根到底上反对上帝的真理。启蒙知识分子，祭起理性的法庭，从根

① 鲁迅：《摩罗诗力说》，《鲁迅全集》，第1卷，第78页，人民文学出版社，1989。

② 鲁迅：《摩罗诗力说》，《鲁迅全集》，第1卷，第82页，人民文学出版社，1989。

本上颠覆彼岸世界的真理，反上帝而不反民众。鲁迅以魔鬼所指代的摩罗诗人、知识分子，则是为了真理，既反上帝又反民众，但同时又承认真理来自上帝。按照鲁迅原汁原味的表述，这样的诗人、知识分子集压制与反抗于一身，看似矛盾，实则是“自由在是，人道亦在是”。[①]

还值得问的是：这样的诗人、知识分子捍卫的是来自上帝的怎样的真理？在《摩罗诗力说》中，与此相关出现得最多的词汇是自由、正义、人道与博爱。他们之所以连上帝也要反，是在于上帝可能因神道而违背人道；之所以要反对众数，是在于众数可能以人道或平等的名义而遮蔽个人、自由，甚至正义。这才是摩罗精神的真正意涵，也才是现代诗人、知识分子的真正品格：为了真理，站在超越的立场上，无论对上对下，永远持批判的态度。与启蒙时代相比，这样的诗人、知识分子所持的理性，既非自律理性，也非平民理性，而是一种真理理性。

3. 实利与撄心

鲁迅的问题是：汉语思想界、文学界没有这样的摩罗诗人，没有这样的知识分子。吁求这样的诗人、知识分子出现，是汉语思想界，也是汉语文学界现代性的要求。

鲁迅近乎悲愤地问道：“今索诸中国，为精神界之战士安在？有作至诚之声，致吾人于善美刚健者乎？有作温煦之声，援吾人出于荒寒者乎？”[②] 未之有也。即便有之，也被民众所扼杀。何以没有？汉语思想文化、汉语文学为何不能产生精神

① 鲁迅：《摩罗诗力说》，《鲁迅全集》，第1卷，第79页，人民文学出版社，1989。

② 鲁迅：《摩罗诗力说》，《鲁迅全集》，第1卷，第100页，人民文学出版社，1989。

界之战士？或者一旦产生即被扼杀？在鲁迅看来，可以归结为三个方面的原因。

一是汉语的哲学和宗教都指向历史，或者说是一种历史本体和历史信仰。“吾中国爱智之士，独不与西方同，心神所注，辽远在于唐虞，或迳入古初，游于人兽杂居之世；谓其时万祸不作，人安其天，不如斯世之恶浊阽危，无以生活。”[①] 换言之，汉语思想界将太古之初，建构为人间天堂，作为理想社会，馨香顶礼，并将此作为现时社会的合法性依据和正当性资源。将远古的历史作为现世社会这个此岸世界所孜孜以求的彼岸世界，形成现世与历史的二元张力，还试图在此张力中推进社会的发展。言必溯先秦，礼必称周公。症结是：谁告诉你远古社会“万祸不作，人安其天”？远古早已飘然而逝，化作时间的尘埃，既无法返回，也无法体察，这不明显是一种话语建构吗？为何要建构这样的话语？

二是华夏的文化理想在于“不撄人心”。“老子书五千语，要在不撄人心；以不撄人心故，则必先自致槁木之心，立无为之治；以无为之为化社会，而世即于太平。”[②] 温润细腻的人心，变为冰冷坚硬的石头，是华夏文化之理想与独特功效。

三是这样的文化理想与政治理想合谋：“中国之治，理想在不撄”。既在不撄，有人撄人，或有人得撄者；有人撄我，或有能撄人者，都为帝大禁，为民大禁。有撄人心之精神界战士出现，“必竭全力死之”。其目的在于安生，在于社会的平和。在此种文化、政制下，有的是歌功颂德、谄媚讨好的文

① 鲁迅：《摩罗诗力说》，《鲁迅全集》，第1卷，第67页，人民文学出版社，1989。

② 鲁迅：《摩罗诗力说》，《鲁迅全集》，第1卷，第67页，人民文学出版社，1989。

学，或悲慨世事，感怀前贤的“可有可无之作”，既便偶涉眷恋，触及情感，儒服之士，即交口非之。精神界之战士何以能产生？屈子投河之前，“顾忌皆去，怼世俗之浑浊，颂己身之修能，怀疑自遂古之初，直百物之琐末，放言无惮，为前人所不敢言。”仿佛一个精神界之战士就要出现，但观其作品，多的还是“芳菲凄恻之音，而反抗挑战，则终其篇未能见”。[①]

为什么精神界之战士，或者摩罗诗人终究不能产生？是因为前述的汉语宗教、哲学、文化、政治都指向世俗的层面，究其实质是指向“两个大字”，鲁迅曰“实利”。如此的实利宗教、实利哲学、实利文化、实利政治，乃至实利道德，弥合了“天”“俗”之间的距离，阻塞了“争天抗俗”的摩罗诗人、知识分子的处身位置，他们因何产生？又因何存身？即便如屈原，要成为精神界之战士，谁为他提供以之战斗的正当性资源和真理性资源？历史本体、历史信仰可以吗？不行，它本身就是一种人的话语建构，可以因时因地、因人因事而变。何况这套话语，最终还要消解你的激情，消磨你的意志，使反抗之心变成槁木、石头呢。

鲁迅的深刻困境还在于：汉语思想文化不能自发地产生精神界之战士，而汉语思想文化及诗学的现代性又必须要有这种精神界之战士的存在。

就诗学而言，诗是必须要撄人心的。“盖诗人者，撄人心者也。”人们心中无不有诗，诗并非诗人独有，诗人不过是将人们心中早已存有之诗，代他们说出来而已。因此，诗，岂有不撄人心的？情形正是这样，当诗人“握拨一弹，心弦立应，

① 鲁迅：《摩罗诗力说》，《鲁迅全集》，第1卷，第69页，人民文学出版社，1989。

其声澈于灵府，令有情皆举其首，如睹晓日，益为之美伟强力高尚发扬”。[①]

再由狭义的诗，推而论及文学又如何呢？鲁迅认为，“由纯文学上言之，则以一切美术之本质，皆在使观听之人，为之兴感怡悦。文章为美术之一，质当亦然”，而与世俗之所言实利无关，不管是关乎国家还是个人，甚或是学理。而到现代，文学的作用除了撄人心外，由于现代文明“无不以科学为术，合理为神，功利为鹄”，文学还被历史地赋予了“涵养吾人之神思”的职责与功效。[②] 因为文学能揭示人生之真理，在科学所探索的事实世界以外，给予人生以价值、以意义，这是任何科学、理性与实利所不能替代的。然而，这一切之实现，在鲁迅看来，须仰赖精神界之战士的出现。

其实，启蒙运动是人类自己对自己的一次救赎。19 世纪末的反思与批判现代性思潮，也不过是人类自己对自己的再一次救赎。前者是人试图自由地运用理性，从神权下解救自己，是神话世界的除魅，同时也是人话世界的成魅。后者，是启蒙理想建制化后，人类沉沦于自己所创造的物质世界和世俗的精神世界，渐渐失去人自身，是人从自己的创造物中将自己解救出来，是人对自己所造世界的除魅，但又是人尤其是个人的成魅，超人恍然站在上帝的位置上，精神界的战士被赋予了神圣的地位。前者是反对神圣走向世俗的过程，而后者则颠倒了过来，是反对世俗走向某种神圣的过程。尼采的超人，鲁迅立人所立之人，即精神界之战士，在实质上都具有了某种神圣的色

① 鲁迅：《摩罗诗力说》，《鲁迅全集》，第 1 卷，第 68 页，人民文学出版社，1989。

② 鲁迅：《摩罗诗力说》，《鲁迅全集》，第 1 卷，第 71 页，人民文学出版社，1989。

彩。从启蒙运动到19世纪末，历史似乎走了一个圆圈？

既然像是一个圆圈，鲁迅在借鉴19世纪末西方的这些思想质料，来设计汉语思想及诗学的现代化方案时，会不会在有意无意中，将目光投向那个被启蒙运动所颠覆的神圣——上帝，抑或是基督教呢？这样的设问，要到我们具体解读了鲁迅早期的最后一篇文言论文，也是鲁迅早期思想的总结性文章——《破恶声论》，才能作答。

第四节　伪士当去与迷信可存

《破恶声论》开篇，即以“本根剥丧，神气旁皇”来描述中国现状[①]。可见，这是一篇有关中国之“本根”问题的论文。

1. 本根问题

何为本根？本根或者说根本，在前述鲁迅的几篇文章中都一再提及，但也都语焉不详，难道鲁迅言及的前述问题都还不是本根？抑或只是通向本根的不同进路？

在进入《文化偏至论》之前，我说过，鲁迅所切切关注的人类的根本问题，在这篇文章中才有所彰显。之所以这样说，我是基于文章中如下的一段话：

> 意者文化常进于幽深，人心不安于固定，二十世纪之文明，当必沉邃庄严，至与十九世纪之文明异趣。新生一作，虚伪道消，内部之生活，其将愈深且强欤？精神生活之光

① 鲁迅：《破恶声论》，《鲁迅全集》，第8卷，第23页，人民文学出版社，1989。

> 耀，将愈兴起而发扬欤？成然以觉，出客观梦幻之世界，而主观与自觉之生活，将由是而益张欤？内部之生活强，则人生之意义亦愈邃，个人之尊严之旨趣愈明，二十世纪之新精神，殆将立狂风怒浪之间，恃意力以辟生路者也。[①]

鲁迅在这里描绘了一个20世纪之新精神、新文明的乌托邦。他连续用了3个层层推进的设问，既表现了某种憧憬，又无不深藏疑虑。20世纪已经过去了，如今回首，深感鲁迅之疑虑的必要与先觉。但鲁迅这个寄予了希望与理想的精神乌托邦，肯定是要解决人类的根本问题的。这个根本问题，鲁迅以3个递进的语式进行了表述：内部生活的深且强，精神生活的兴起与发扬，主观与自觉生活的扩张，最后达至人心的安定。鲁迅最终所关心的终极问题是人心的安顿。

困挠鲁迅之“人心不安于固定”，正是启蒙时代以还人类的精神特征。启蒙运动终结了一神论信仰，而进入了马克斯·韦伯之所谓“诸神不和”，价值多元的时代。按照这位著名的社会学家的分析，这个时代，是一个理性化、理知化、尤其是将世界之迷魅加以祛除的时代；这个时代的宿命，便是一切终极而崇高的价值，已自社会生活隐没，或者遁入神秘生活的一个超越世界，或者流于个人之间直接关系上的博爱；这个时代的我们，再也不必像相信有神灵存在的野人那样，以魔法支配神灵或向神灵祈求，取而代之的，是技术性的方法和计算。[②] 鲁迅敏锐地察觉，这种技术性的方法和计算所带来

① 鲁迅：《文化偏至论》，《鲁迅全集》，第1卷，第55—56页，人民文学出版社，1989。

② 参刘小枫：《现代性社会理论绪论》，第222—224页，上海三联书店，1998。

的是科学宗教、物质崇拜、众数政制，而“终至堕落而之实利；为时既久，精神沦亡”。[①] 鲁迅以之拯救的是19世纪末尼采等人的极端个人主义，唯意志论，在诗学上则呼唤精神界之战士。

问题是，鲁迅以此救赎的正当性资源是什么？其中显然含有一种社会达尔文主义式的进化论因子。诸如坚信“进化如飞矢，非堕落不止，非著物不止，祈逆飞而归弦，为理势所无有”，人们得此进化之力，就可以生存、发展、前进，达到人类所能达到的最高境界。[②] 我们不妨问一句：鲁迅之所以接纳叔本华、尼采、易卜生、施蒂纳等人的学说，难道完全出于学理上的膺服，一点也没有进化论因素作用下的盲动？我看未必。也许更为重要的是进化论的视野，使鲁迅首先感到了这些理论的某种优位性，或者说话语威权，因为它们是处于鲁迅所在社会最前沿的理论。吊诡的是：进化论是来自自然科学的经验理性，它是否必然具有为鲁迅去接纳一种价值理性提供正当性论证的逻辑依据？如果是，鲁迅用自然科学知识之原则去怀疑和否定建基于经验理性上的科学崇拜倾向，又是否使自己陷入某种悖论？是否有以一种科学崇拜反对另一种科学崇拜之嫌？如果不是，鲁迅是否对此有所警觉？对自己的立论之基、逻辑前提是否有所怀疑？

回到本题上。鲁迅之本根问题是人的内面生活、精神生活，是人心的安顿问题，以何安顿人心？我们先来看是什么东西的失去，让鲁迅发出茫茫华夏，“本根剥丧，神气旁皇”的

---

① 鲁迅：《摩罗诗力说》，《鲁迅全集》，第1卷，第67—68页，人民文学出版社，1989。

② 鲁迅：《破恶声论》，《鲁迅全集》，第8卷，第23页，人民文学出版社，1989。

叹息。是什么东西呢？是“心声”——“离伪诈者”之至诚之声，是“内曜”——“破黮暗者”之内在之光。[①] 如何失去的？原因有二，一方面是“万喙同鸣，鸣又不揆诸心，仅从人而发若机栝”，致使而今之中国，成一寂漠之境；[②] 一方面是“世之言何言，人之事何事乎”，又使今之中国成“一扰攘世哉”。由此“心声也，内曜也，不可见也。”[③] 说白了，是万口同声，人云亦云，而使国人“灵府荒秽”，心声、内曜尽失。其实质是无“崇信”、无“所信”。

2. 迷信与正信

无崇信，无所信，是启蒙运动后，上帝不在、先知离去之黑夜时代人类无根的普遍感觉。值得进一步追问的是，在鲁迅看来，就国人而言，又是什么使他们失其崇信和所信呢？是伪士之言。

伪士何言？“总计言议而举其大端”，破迷信也。其所持的正当性根据，“有科学，有适用之事，有进步，有文明”，而“特于科学何物，适用何事，进化之状奈何，文明之谊何解”，又含糊其词，语焉不详，甚至自相矛盾。[④] 总之，不过是借所谓的科学理性、进化理念、实用主义和文明之词为利矛坚盾而已，虽然有“根本且动摇矣，其柯叶又何侂焉”之嫌，却无法

---

① 鲁迅：《破恶声论》，《鲁迅全集》，第 8 卷，第 23 页，人民文学出版社，1989。

② 鲁迅：《破恶声论》，《鲁迅全集》，第 8 卷，第 25 页，人民文学出版社，1989。

③ 鲁迅：《破恶声论》，《鲁迅全集》，第 8 卷，第 25 页，人民文学出版社，1989。

④ 鲁迅：《破恶声论》，《鲁迅全集》，第 8 卷，第 26 页，人民文学出版社，1989。

阻止这“破迷信”之声，腾沸于士人之口，已然成“巨帙”之势。[①]

鲁迅对此怎样看？鲁迅认为这就是恶声之一，应当首先破除。难道破除迷信不对，鲁迅要加以反对？不是，要看伪士所破之迷信，究竟是何物？从鲁迅的论述中可以看出，是信仰，是宗教。换言之，伪士们要将宗教信仰当作迷信破除之。

宗教信仰是迷信吗？什么是迷信？也许从科学理性，或者经验理性出发，那些违反人们的经验知识而又被盲目崇拜的东西就是迷信。问题正如洛克所指出，宗教“这一类的事情超乎理性能够发现的范围，纯属信仰的事情，理性与之没有任何直接的关系”，[②] 我们有限的理性知识要对之做出价值判断，如何可能？既不可能，何能轻率言之迷信？

鲁迅认为，要分清迷信，首先要搞清楚什么是“正信”：“顾胥不先语人以正信；正信不立，又乌从比较而知其迷妄也。”正信不为那些“知识混沌，思虑简陋”之民族所有。正信产生于“不安物质之生活，则自必有形上之需求”的民族。因此，诸如希伯来之犹太基督教是正信，中国以“普崇万物为文化本根”的形上追求是正信，“崇高”的印度佛教是正信。

犹太基督教，“虽中国志士谓之迷，而吾则谓此乃向上之民，欲离是有限相对之现世，以趣无限绝对之至上者也。”中

---

① 鲁迅：《破恶声论》，《鲁迅全集》，第 8 卷，第 26—27 页，人民文学出版社，1989。

② ［英］J·洛克：《人类理解论》，A·S·普林格尔一帕提森编辑，第 357 页，牛津版，1956。转引自［美］詹姆斯·C·利文斯顿著，何光沪译：《现代基督教思想》，第 30 页，四川人民出版社，1999。

国的自然宗教，拜天地、敬万物，所崇拜者，“不在无形而在实体，不在一宰而在百昌”，与西洋、印度之宗教异，被人斥为“迷妄”，但“效果所著，大莫可名，以是而不轻旧乡，以是而不生阶级”，而且，“所崇爱之溥薄，世未见有其匹也”。至于佛教，也有破其迷信，“以毁伽兰为专务者”，但佛教之崇高，“凡有识者所同可”。看来，“妄欲夺人之崇信者，虽有元素细胞”等科学理性知识“为之甲胄，顾其违妄而无当于事理”，已勿需多言。①

3. 非信无以立

宗教之所以不能当作迷信破除，还在于宗教可以满足“人心向上之需要”，在于信仰是立人之基。在鲁迅看来，“宗教的由来，本向上之民所自建”，或许所崇拜的对象“有多一虚实之别”，但“足充人心向上之需要则同然”。② 更为关键的是，人心离不开信仰：“人心必有所冯依，非信无以立”，因而，“宗教之作，不可已矣。”③

鲁迅启蒙诗学是建基于“立人”之上的。人何以立，在鲁迅那里诚然有丰富的内容，但是“非信无以立”则居要津之首。只有凭信靠而立，人才具“心声”和“内曜”。“惟声发自心，朕归于我，而人始自有己”。④ 同样，惟有心灵之光的照耀，人之生活世界，才有了真实的依据，才有了意义之源。这

① 鲁迅：《破恶声论》，《鲁迅全集》，第8卷，第27—29页，人民文学出版社，1989。

② 鲁迅：《破恶声论》，《鲁迅全集》，第8卷，第28页，人民文学出版社，1989。

③ 鲁迅：《破恶声论》，《鲁迅全集》，第8卷，第27页，人民文学出版社，1989。

④ 鲁迅：《破恶声论》，《鲁迅全集》，第8卷，第24页，人民文学出版社，1989。

可以从J·洛克关于基督宗教的内在之光，使人成其所是的话语中得到说明："上帝凭借着理性之光，向所有能利用理性之光的人类启示：他是善良而仁慈的。使人成其为人的同样的神性和知识火光，向人显示了他作为人应当服从的法则，也向人显示出在他违反这法则时应当如何向人及其存在的仁慈、善良而悲悯的创造者和父亲请求补赎。在寻找自己的职责时利用了这支上帝之烛的人，在失职时也不会找不到和解与宽恕之道。"[①] 洛克仅从基督教的角度告诉我们，心灵的内在之光，使人有了成其所是的精神行动的法则，以及违背此一法则时，可以通过忏悔后过一种正义的生活而得到救赎。

更进一步言之，"心声"离不开"内曜"，心声是内曜的话语行动或话语形式。也只有在内在之光的照耀下，心声才得以可能。所以，鲁迅对基督教思想家、文学家奥古斯丁、托尔斯泰、雅克·卢梭之忏悔言辞予以崇高评价："伟哉其自忏之书，心声之洋溢者也。"按照鲁迅的逻辑，起人之内曜，如是而后，人生之意义方才明了，"而个性亦不至沉沦于浊水乎"。[②] 有了信靠，就有了心声和内曜，有了心声和内曜，人才得以立，人之立，也才人各有己，人各有己，则"群之大觉近矣"。[③]

凭信以立人，是鲁迅诗学的根本要点。这不仅表现在其前期的文言论述中，而且贯穿于以后的话语实践。不过，恰如很

---

① ［英］J·洛克：《论奇迹》，载I·T·兰西编辑《基督教的合理性》，斯坦福版，第55页，转引自［美］詹姆斯·C·利文斯顿著，何光沪译：《现代基督教思想》，第37—38页，四川人民出版社，1999。

② 鲁迅：《破恶声论》，《鲁迅全集》，第8卷，第27页，人民文学出版社，1989。

③ 鲁迅：《破恶声论》，《鲁迅全集》，第8卷，第24页，人民文学出版社，1989。

多论者所指出，鲁迅的思想，在前期的文言论文中，是以“正题”的方式出现，而在从事白话文创作以后，则大多以“反题”的方式曲折地表达对于“正题”的诉求。祥林嫂死前对灵魂是否存在的追问，阿Q革命前后主奴思想的瞬间变异，涓生、子君爱恋的中途夭折，吕纬甫、魏连殳心灵的空虚与孤独，以及鲁迅在从事社会批评与文明批评的杂文中，对无特操的智识阶级的辛辣讽刺，对叭儿狗人格的漫画写真，都以反题的方式诗意地论证了“非信无以立”之正题。

在鲁迅的知识谱系中，华夏民族曾经并非无信的民族，只是由于“民生多艰，是性日薄”，到今天，这些信仰和宗教“乃仅能见诸古人之记录，与气禀未失之农人；求之于士大夫，戛戛乎难得矣。”士人怎样了？他们“精神窒塞，惟肤薄之功利是尚，躯壳虽存，灵觉且失”，以至于“以他人有信仰为大怪，举丧师辱国之最，悉以归之”，造作伪言，以尽颠覆之为快。于是，鲁迅疾呼：“伪士当去，迷信可存，今日之急也。”①

4. 迷信可存与上帝之死

伪士当去，迷信可存，是一个深刻的现代性命题，其具有持续的意义增长性。

先说“迷信可存”。迷信之所以仍然可存，除了上述的原因，至于鲁迅生活的当下，是说宗教信仰与今日之生活世界的意义仍有关联，这显然是有违启蒙理性的。启蒙时代以及以后的思想家，不论他们在思想上有多大的分歧，但在有一点上达成了相当的一致:此世的意义设定与超世不再有关联,“真理的

① 鲁迅：《破恶声论》，《鲁迅全集》，第8卷，第28页，人民文学出版社，1989。

彼岸世界消逝以后，历史的任务就是确立此岸世界的真理。”[①]所以，在总体上可以说，迷信可存是反启蒙的。

但又未必。迷信可存的合理性，关键是它存在于何处，存在于什么空间，除了马克思一派，许多西方的宗教、社会学家都认为，此世的意义设定与超世不再有关联，指的是公共空间，诸如政治、经济、社会、法律等公共事务空间，而在私人空间，比如马克斯·韦伯就认为，个人在信仰上有抉择上帝和魔鬼的自由。舍勒也对获救型知识在生活世界的意义予以了足够的重视。

迷信可存，不仅意味着在私人空间上有存在之必要，而且在鲁迅那里还意味着，它的存在的品质和样式一定是宗教的，不能被别的伪信仰所取代。诸如美育代宗教之类的说法，是不具正当性的。鲁迅举例说，“夫欲以科学为宗教者，欧西则固有人矣”，德国的生物学家海克尔，就主张科学与宗教结盟，建立科学宗教的一元论，之外，再设立真善美的宗教神祠。[②]但鲁迅又紧接着指出，即便如打倒一切偶像，价值重估的尼采，虽然“掊击景教，别说超人”，虽然也以科学理性知识为正当性资源，但他仍与“宗教与幻想之臭味不脱，则其张主，特为易信仰，而非灭信仰昭然矣。”[③]

尼采不是说“上帝死了”吗？但尼采并不否定信仰存在的合法性。鲁迅在此对尼采关于信仰之理解是颇具洞见的。尼采所言上帝死了，并非是基督的上帝、圣经的上帝死了，而是指本体神学的上帝、形而上学的上帝——由哲人们根据形而上学

① 《马克思、恩格斯、列宁、斯大林论宗教和无神论》，第2页，人民出版社，1999。

② 鲁迅：《破恶声论》，《鲁迅全集》，第8卷，第28页，人民文学出版社，1989。

③ 鲁迅：《破恶声论》，《鲁迅全集》，第8卷，第28—29页，人民文学出版社，1989。

原理构造出来的上帝死了，或者说是指摘本体神学、形而上学联袂将上帝谋杀了。其实，“尼采是热情而忠实的追寻上帝的志士，他对基督教的攻击并不针对真的基督性，而是针对形而上学化了的基督教义，因为这种教义遮盖了神性真实的意义和光亮。”① 它像一堵墙，挡住了处身于黑夜时代无根状态中的个人与能救护他们的圣经中的上帝相遇的路径。

迷信可存，在鲁迅对此一命题的周延里，还包括民间宗教存在的合法性。鲁迅斥责禁止南方民间赛会的“志士”，“烈于暴主远矣”。“农人耕稼，岁几无休时，递得余闲，则有报赛，举酒自劳，洁牲酬神，精神体质，两愉悦也。”是朴素之民，张扬其精神，寻求其心灵自慰的重要仪式，犹如诗人朗咏以写心，舞人屈伸以舒体，“虽暴主不相犯也”，而志士犯之，“则志士之祸”，当然比暴主还烈。

由民间宗教推论，鲁迅还肯定了神话以及神话诗学之正当性。“神话之作，本于古民，睹天物之奇觚，则逞神思而施以人化，想出古异，諔诡可观”，虽然不符合科学理性，但加以轻薄之嘲讽则不仅大为不当，而且嘲讽者自身知识之浅陋，让人可怜。② 鲁迅在《科学史教篇》中就说过类似的话：“世有哂神话为迷信，斥古教为谫陋者，胥自迷之徒耳，点足悯谏也。”③ 神话是初民对未知自然的人化，其想像之奇瑰绚丽，足傲今人：“太古之民，神思如是，为后人者，当若何惊异瑰

① 刘小枫：《走向十字架上的真——20世纪基督教神学引论》，第16－17页，上海三联书店，1995。

② 鲁迅：《破恶声论》，《鲁迅全集》，第8卷，第29—30页，人民文学出版社，1989。

③ 鲁迅：《科学史教篇》，《鲁迅全集》，第1卷，第26页，人民文学出版社，1989。

大之。”其次，神话滋养了历代的思想学术、文学艺术，使之“庄严美妙”，功莫大焉。神话也因此成为重要的人文资源，是世界文明，尤其是“欧西”文明的有机构件。“倘欲究西国人文”，研究神话是其首要，“盖不知神话，即莫由解其艺文，暗艺文者，于内部文明何获焉”。最后，神话，还使民性“瑰奇渊雅”，比如，古之印度希腊，近代的东欧与北欧诸邦，再比如华夏之“神龙”图腾，皆如是。如果拾科学主义之余唾，试图破除之，实“科学为之被，利力实其心”而已。[①] 鲁迅再次注意到了科学理性与人文理性、想像界与事实界、事实与应然之间的区隔与关联，在实证知识以外，为超越知识留下了空间。

鲁迅在《破恶声论》中谈到的“正信”、宗教，一言以蔽之，都是习传宗教。伪士要破的也是这习传宗教。伪士之伪，除倡言破除习传宗教外，还在于他们“创天下古今未闻之事，定宗教以强中国人之信奉”，在于他们是“敕定正信宗教之健仆”。为国人定宗教强信奉，这有什么不好？鲁迅自己不是说过“非信无以立”吗？问题的关键是两点：一、为中国社会的现代化考虑，宗教可以定于一尊吗？显然不能。社会的现代转型，本身就包含了宗教的现代化，也就是世俗化、多元化和私人化。二、他们定于一尊的是什么宗教？当然是替代性宗教，[②] 结合前文的论述，实际上是科学宗教。这是一种人为制造的宗教，是人为之伪。定于一尊的宗教，是“心夺于人，信不繇己”；[③] 替代宗教，是经验知识对超越知识的僭越。

---

① 鲁迅：《破恶声论》，《鲁迅全集》，第 8 卷，第 30—31 页，人民文学出版社，1989。

② 因为他们不是已把习传宗教当迷信破除了？

③ 鲁迅：《破恶声论》，《鲁迅全集》，第 8 卷，第 31 页，人民文学出版社，1989。

习传宗教之所既不能当作迷信破除，又不能被代替，正如托克维尔所曾经意识到的，它是社会共同体一个意义共享的基础，是维系社会人心并将人心引向精神之域的一种共同价值，其威权的人为破坏，将会使社会的基本价值信念陷入混乱和变化不定，同时也为新的专制、新的奴役，腾出地盘。[①]

5. 伪士当去与尼采的毒酒

既然迷信可存，破迷信之伪士就当去。

伪士者何？鲁迅在《文化偏至论》等文中，又称为“识时之士”、“士人”或“志士”，在以后的白话文中，出现得更多的是“智识者”、“智识阶级”，其实，就是汉语思想界一部分启蒙知识分子的指称。在古汉语中，“伪，诈也。”按段玉裁注，诈者，欺也，多假为伪。[②] 由此，我们可以认为，鲁迅之所谓伪士，就是假的知识分子。为何这部分启蒙知识分子被鲁迅称为假的知识分子？综观鲁迅的几篇文言论文，这些知识分子大都具有如下特征。

一是，殖民文化心态。近代中国逐渐被半殖民化，特别是被西方列强反复击溃的特殊历史处境，使这部分知识分子，在华夏民族与西方诸族的优劣比较中，产生了浓厚的自卑意识，自觉或不自觉地形成文化心态上的主奴意识。他们将国族与世界进行二元划分：“一曰汝其为国民，二曰汝其为世界人”，并认为“前者慑以不如是则亡中国，后者慑以不如是则畔文明”。[③] 于是，“稍稍耳新学之语，则亦引以为愧，翻然思变，

① 参刘小枫：《现代性社会理论绪论》，第444—452页，上海三联书店，1998。

② 许慎撰，段玉裁注：《说文解字》，第379页，浙江古籍出版社，2002。

③ 鲁迅：《破恶声论》，《鲁迅全集》，第8卷，第26页，人民文学出版社，1989。

言非同西方之理弗道，事非合西方之术弗行”，[①] 惟西方文化是从，在自觉的屈从过程中，把西方文化抬举至霸权地位，“馨香顶礼”。极端者，“见中国式微，则虽一石一华，亦加轻薄”。[②] 细察实情，这些知识分子，“近不知中国之情，远复不察欧美之实，以所拾尘芥，罗列人前”，“多数常为盲子”，“少数乃为巨奸”。[③] 见西方船坚炮利，便竞言武事；见西方有立宪国会，又倡言众数政制，而不管是否得西方文化之真髓，是否符合华夏民族之实情。

二是，科学主义的世界观。相信科学，是启蒙运动最大的成就之一，这本身没有什么错，但如果，将科学上升为主义，作为一种给予世界提供终极意义解释的世界观，就未必妥当。经验理性，在有效的限度内，诚然能够赋予生活世界以意义，但这意义是局部的、有限的，不能僭越，更不能奉为宗教。鲁迅之指称的这部分假的知识分子们，恰恰是以科学代宗教，“使举世为知识所崇”，悬置了人生的根本问题。20 世纪 90 年代初，张承志在重读鲁迅后，认为伪士是指那些看似学富五车，学贯东西，获得举世崇敬的人，但实际上他们是假科学主义是尚的伪学之士，其知识看似新潮其实伪学，看似真理实则毒鸩。鲁迅对他们的否定与怀疑，实质上是对“科学主义的宗教”的否定和怀疑。[④] 张氏颇得鲁迅话语之遗风，表面偏激，

---

① 鲁迅：《文化偏至论》，《鲁迅全集》，第 1 卷，第 44 页，人民文学出版社，1989。

② 鲁迅：《破恶声论》，《鲁迅全集》，第 8 卷，第 30 页，人民文学出版社，1989。

③ 鲁迅：《文化偏至论》，《鲁迅全集》，第 1 卷，第 45—46 页，人民文学出版社，1989。

④ 张承志：《再致先生》，《读书》，第 109—110 页，1997 年，第 7 期。

实则深具洞见。

三是，无根的价值立场。回到语境当中，鲁迅提出“伪士当去，迷信可存”这一命题的上文是：“不悟墟社稷毁家庙者，征之历史，正多无信仰之士人，而乡曲小民无与。”① 无信仰、无超越性追求、无价值根基立足，正是这批假的启蒙知识分子的至命弱点，也是“伪”之为人为，伪之为伪的关键要点。正缘于此，他们“靡然合趣，万喙同鸣，鸣又不揆诸心，仅从人而发若机栝”；也因为如此，他们“世之言何言，人之事何事乎。心声也，内曜也，不可见也”。

四是，批判精神的缺失。鲁迅之摩罗、之精神界战士，是争天抗俗，永远立于批判的立场的。而那些假的启蒙知识分子，对自我不能“反诸已”；对世俗社会不能所遇常抗、所向必动，缺乏“愤世俗之昏迷，悲真理之匿耀”的精神向度；对底层民众缺失哀其不幸，怒其不争的人道情怀；对于历史更是匮乏“稽求既往，相度方来”的宏阔眼界。这样，他们要“始终对社会和权力保持基本的批判火力”，如何可能？至多是主流意识形态的说客和辩护人。此外，在鲁迅的论述中还可以看出，这部分启蒙知识分子大多具有以平等代自由的政治理想。

在上述伪士们的共同特点中，我以为处于核心或支配地位的，是他们缺失基本的信仰。殖民文化心态、科学主义的世界观和众数政治的乌托邦，都不过是这种根本性缺失的各种表征而已。

还可以从鲁迅借鉴的西方思想质料上，考察“伪士当去”这一命题的更深意涵。我个人以为，鲁迅提出“伪士当去”命题，固

① 鲁迅：《破恶声论》，《鲁迅全集》，第8卷，第28页，人民文学出版社，1989。

然有其对应的社会存在和赖以产生的现象学基础，恰如上述。但在我看来，鲁迅之所以具有这样的知识眼界，则与尼采的影响分不开。换言之，尼采关于知识分子的思考，为鲁迅提供了对知识分子自身进行审视的独特眼光，也使之在现代汉语思想界开拓出一个意味深长的论域：知识分子自身的合法性问题。

鲁迅嗜读尼采之书，受其影响颇大，已属学界共识，勿需我在此饶舌。尼采是诗人哲学家，文学想像与哲性思考并存，两套话语缠绕，多种声音含混，尼采哲学之真谛，常常是微言大义。尼采自己就说他的哲学话语是谎言、是毒酒。尼采哲学怎样说也是至为丰富的。但正如刘小枫所说，对于尼采，哲学问题首先不在于沉思什么，而是哲学与人民的关系问题，而进一步实则是哲人与人民的关系问题。哲人在尼采那里也就是“智者”，哲人与人民的关系问题，实质是智者与人民的关系问题。① 鲁迅不是哲学家，但鲁迅在前述几篇文言论文中，进入问题的角度与尼采应无多大区别，他所思索的是志士与民众的关系问题。

志士如何说话？如何对民众说话？志士的处身位置何在？鲁迅所斥责的那些被名为伪士的启蒙知识分子，在一定意义上是公共知识分子。尽管公共知识分子的命名和问题的提出，是20世纪80年代末期的事情，② 但公共知识分子的存在是一个较早的事实。③ 我之所以认为鲁迅所说的那些伪士是公共知

① 参刘小枫：《尼采的微言大义》，载《刺猬的温顺》，第67—118页，上海文艺出版社，2002。

② 学界一般认为，美国学者拉塞尔·雅各比（Rus－sell Jacoby）在1987年出版的《最后的知识分子》一书，最早提出了公共知识分子的问题。

③ 参陈来：《儒家思想传统与公共知识分子》，载许纪霖编：《公共性与公共知识分子》，第8—27页，江苏人民出版社，2003。

识分子，是基于他们往往（1）面向公众发言，（2）为了公众而思考，即从公共立场和公共利益，而非主要是从私人立场、个人利益出发提出和进入问题，（3）所涉及的通常是公共社会中的公共事务或重大问题。[①] 这些知识分子迫于救亡的现实，往往立足于民族和国家的立场，设计现代化的社会制度和文化秩序，不管其这种思考和设计是否是“真”还是“假”。但未必只要是公共知识分子，他们的身份和话语就一定是合法的。

尼采关心的问题是：启蒙现代性带来的哲人身份和精神价值秩序的变动及其合法性。哲人是过高贵的沉思生活的人，只有他们才有资格成为社会的道德立法者。但是，启蒙之后，哲人首先成了为人民服务的人，把为民族、国家出谋划策，引导人民起来争自由、平等、民主作为己任，而不思何为高贵，忘了自己的身份是过沉思的生活，背弃了高贵的理想，投靠了民众的信仰。哲人本应责无旁贷地做最勇敢和最抽象的心灵的导师，但启蒙以后，随着存在秩序的根本变动，不仅不可能，而且政治上不正确。

另一方面，启蒙以后的民主运动，颠覆了尼采所尊崇的精神贵族的价值原则，抹平了人的资质，也抹平了知识、智慧的等级秩序，使卑贱者最聪明，成为国家道德秩序的理由正当化。在此情形下，哲人心甘情愿地沦为拥有种种“主义”的人民——现代知识分子，或者说是教士化的人民。其所代表的伦理，就是尼采所仇视的“畜群道德”或“群氓道德”。因此，尼采之所谓“畜群道德”，并非我们通常理解的贵族时代意义

① 参许纪霖：《从特殊走向普遍——专业时代的公共知识分子如何可能?》，载许纪霖编：《公共性与公共知识分子》，第 29 页，江苏人民出版社，2003。

上的民众道德，而是现代知识分子的道德，我们学人的道德。尼采是哲学家，并不直接面对底层民众说话。而尼采讨厌的也并非通常意义上的群众，而恰恰是我们这些自鸣得意的知识人①。尼采以超人象征高贵的哲人，来为上帝隐匿后的黑夜时代守夜，以超人道德来反抗畜群道德。因为教士伦理或畜群道德，已经抽空了生活世界的意义，根本的虚无和随之而来的恐惧直接呈现在人们的面前，所以，必须把真正沦为畜群的现代知识分子一扫而光。②

鲁迅显然与尼采有不同的问题意识，但在鲁迅的论述中，有一种潜在的心理结构和话语结构则与尼采相似：摩罗与众数、精神界之战士与伪士的二元对举，亦如尼采之超人与畜群的对立。鲁迅抨击众数政制是以“多数临天下而暴独特者”，是以愚民为本位，亦与尼采之“民主运动不只是政治组织之衰败形式，而且是人的衰败和渺小化形式，是人的平庸和低俗”之言论，③ 在实质上相同。鲁迅惟意力轶众，有勇猛奋斗之才的精神界战士与尼采高度凝聚了强力意志的超人何其相似。鲁迅“伪士当去”的决绝态度与尼采对具畜群道德的现代知识分子一扫而光的立场如出一辙。因此，鲁迅对现代性的反思，对启蒙现代性的批判，也同尼采一样，其中一个要点，是对现代知识分子的反思和批判，并非仅是对愚昧民众的启蒙和国民性

---

① 正如鲁迅所讨厌的并非民众，而是伪士一样：“不悟墟社稷毁家庙者，征之历史，正多无信仰之士人，而乡曲小民无与”。

② 上述论述参刘小枫：《尼采的微言大义》，载《刺猬的温顺》，第 67—118 页，上海文艺出版社，2002。

③ Karl Löwith：*Nietzsche*（《尼采》，Samtliche Schriften（全集）卷 6，Stuttgart 1987，P428. 转引自刘小枫：《尼采的微言大义》，载《刺猬的温顺》，第 107 页，上海文艺出版社，2002。

问题的思考。

鲁迅以反思启蒙的方式的启蒙，重点是落脚在对现代知识的生产者——知识分子自身的启蒙，以及合法的现代性知识分子身份的建构上的。无需论证，阿Q是不可能阅读《阿Q正传》，祥林嫂也不可能去看《祝福》，只有通过对像吕纬甫、魏连殳，以及涓生、子君这样的知识分子的率先启蒙，建立现代的社会制度、文化秩序、价值伦理之民族国家，才得以可能。

弄清楚尼采要一扫而光的畜群道德是何以产生的，对于更深一层理解鲁迅的“伪士当去，迷信可存”的命题，肯定是有所帮助的。尼采把现代知识分子伦理戏称为教士伦理。教士伦理即畜群伦理。畜群伦理的产生是因为贵族伦理的衰微。换言之，贵族伦理的失落导致了畜群伦理的猖獗。

何为贵族伦理？说白了，就是犹大——基督教伦理。在尼采那里更为纯粹的是天主教伦理，“新教是精神不纯和无聊的颓废形式”。不是说尼采是反宗教之徒吗？刘小枫说，这简直是无稽之谈。尼采说过，宗教是谎言，但那是“神圣的谎言”。尼采不是说上帝死了吗？那是说的是神学本体论的上帝和形而上学化的上帝死了。尼采不是敌基督吗？那敌的也是“道德化的基督教”，不是原始的基督教。因为道德的上帝不是新约中“超善恶”的上帝，这个上帝已经被知识人杀了。[①] 尼采愤怒并不无痛心地说：“全部近代哲学到底干了什么呢？……对基督教学说基本前提的一次谋杀。”[②] 谋杀的结果，是基督教的

① 参刘小枫：《尼采的微言大义》，载《刺猬的温顺》，第67—118页，上海文艺出版社，2002。

② ［德］尼采：《善恶》，转引自刘小枫：《尼采的微言大义》，载《刺猬的温顺》，第113页，上海文艺出版社，2002。

道德化，即卢梭式的启蒙道德，以为自然就是自由、善良、纯洁、正直、正义……

鲁迅将“伪士”与“迷信”对举，正是因为其信仰的失落，如前所述。而鲁迅所期望出现的真的启蒙知识分子，是远离畜群道德，具有坚定信仰与主见的人：“故今之所贵所望，在有不和众嚣，独具我见之士，洞瞩幽隐，评骘文明，弗与妄惑者同其是非，惟向所信是诣，举世誉之而不加劝，举世毁之而加沮，有从者则任其来，假其投以笑骂，使之孤立于世，亦无慑也。”①

6. 启蒙反思中的基督教

鲁迅从《人之历史》、《科学史教篇》、《文化偏至论》、《摩罗诗力说》，再到《破恶声论》的过程，是从非物质崇拜，反众数政制，否定科学主义，论证习传宗教存在的合法性的过程，立人和精神界之战士是其理想的现代诗人和知识分子品格的正面确认。这些也是鲁迅留学日本七年的思想成果，是其走异地，寻求别样的人生的结果。对于鲁迅在此阶段的思想最后终结在宗教问题上，对他以反启蒙的方式进行启蒙，以反思现代性的方式对汉语思想界进行现代性诉求的特点，汉语学界不是意识不到，就是长期置之不理。

《破恶声论》这篇对认识鲁迅思想发展至关重要的论文被发现后，除少数日本学者如伊藤虎丸等人外，整个汉语思想界，尤其是现代文学史界也保持了异乎寻常的缄默。后来被有些学人论及，也大都指摘其“思想不成熟”、“不十分成熟”。可不可以反问：何谓成熟？你之成熟是什么？谁的成熟？你有

① 鲁迅：《破恶声论》，《鲁迅全集》，第8卷，第25页，人民文学出版社，1989。

过成熟吗？你有过属己的有关成熟的价值尺度吗？张承志这位以笔为旗的学者、作家，对当今的汉语学界特别没有信心："伪士无定义。但伪士以权威变成了规矩方圆，变成了一种体制。"① 张承志真的是偏激？不过，张承志特别不怕得罪人，不怕冒犯众数，倒有些鲁迅之精神界战士的意味。

需不需要宗教，有没有宗教，在我看来都是假问题。而实际存在怎样的宗教，其是否具有正当性、合法性，才是真问题。宗教对于人而言，是在体性的、本源性的。质言之，宗教是人的自然本性：

> 在所有的生物中，只有人对本身的生存有一种天生的不满足感，总是希望人生不可限量。人既轻视生命，又害怕死亡。这些不同的情感，不断地促使人的灵魂凝视来世，而能把人引向来世的，正是宗教。因此，宗教只是希望的一种特殊的表现形式，而宗教的自然合乎人心，正同希望本身的自然合乎人心一样。②

就是在现代汉语的话语建构中"最唯物"的马克思，也不否认人的宗教性是人的"永恒本性"："即使是最荒谬的迷信，其根基也是反映了人类本质的永恒本性。"正是深知其理，马克思才和他的伙伴们建立起一套理性信仰，引导人们走向彼岸世界的真理，去实现人间天堂。

不敢妄加揣测，鲁迅在反思现代性和启蒙理性的时候，是

---

① 张承志：《再致先生》，《读书》，第109页，1997年，第7期。

② ［法］托克维尔著，董果良译：《论美国民主》上卷，第343－344页，商务印书馆，1988。

不是产生了与舍勒相同的问题意识：实证知识，世俗理念对知识的全权占有，会不会导致绝对之域的空位和随之而来的以有限者代替绝对者的神圣颠倒？绝对之域空出后，人把何者重新置入？①

在鲁迅看来，启蒙建制后，人们在绝对之域置入的，是物质、是众数，是以计算为核心的实利，是科学主义。这种世俗之物的置入会不会导致人类更大的灾难？比如人为的战争。也不敢妄加继续推论：鲁迅是否也天才地意识到在他半个多世纪前托克维尔就意识到的问题——一个自由民主的现代社会没有习传宗教是否可能？托氏的答案是这样的："专制制度可以不要宗教信仰而进行统治，而自由的国家却不能如此。宗教，在他们所赞扬的共和制度下，比在他们的所攻击的君主制度下更为需要，而在民主共和制度下，比其他任何制度下尤为需要。当政治纽带松弛而道德纽带并未加强时，社会怎么能免于崩溃呢？如果一个自己做主的民族不服从上帝，它能做出什么呢？"② 不要去怪托克维尔，他是基督教文化背景下成长起来的西方人，而且，他要探问的是民主制度与宗教的关系。

需要进一步指出的是，鲁迅并非只是在《破恶声论》中才谈到宗教、基督教问题，在前面的文言论文中已多有涉及。可以大致分殊为这样一些观点。一、基督教改革推动科学发展、思想自由和社会全面进步："西国创造之谭，摩西最古，其《创世记》开篇，即云帝以七日作天地万有，抟埴成男，析其肋为女。当十三世纪时，力大伟于欧土，科学隐耀，妄信横

① 参刘小枫：《现代性社会理论绪论》，第249页，上海三联书店，1998。

② 参［法］托克维尔著，董果良译：《论美国民主》上卷，第341页，商务印书馆，1988。

行，罗马法王，又竭全力气以塞学者之口，天下为之智昏……已而宗教改萌，景教之迷信亦渐破……进智识于光明。”[①]“罗马统一欧洲以来，始生大洲通有之历史；已而教皇以其权力，制御全欧，使列国靡然受圈，疆域之判，等于一区；益以梏亡人心，思想之自由几绝，聪明英特之士，虽摘发新理，怀抱新见，而束于教令，胥缄口结舌而不敢言。……时则有路德者起于德，谓宗教根元，在于信仰，制度戒法，悉其荣华，力击旧教而仆之。……转轮既始，烈栗遍于欧洲，受其改革者，盖非独宗教而已，且波及于其他人事，如邦国离合，争战原因，后兹大变，多其于是。加以束缚弛落，思索自由，社会蔑不有新色。”[②]

二、基督教与社会精神和道德秩序成积极建构关系，学术美艺文章因之争奇斗艳，其功伟于科学：“景教诸国，则建至严之教，为德育本根，知识之不绝者如线。”[③]“盖中世宗教暴起，压抑科学，事或足以震惊，而社会精神，乃于此不无洗涤，熏染陶冶，亦胎嘉葩。二千年来，其色益显，或为路德，或为克灵威尔，为弥耳敦，为华盛顿，为嘉来勒，后世瞻思其业，将孰谓之不伟欤？此其成果，以偿沮遏科学之失，绰然有余裕也。盖无间教宗学术美艺文章，均人间曼衍之要旨，定其孰要，今兹未能。”[④]“次为希伯来，虽多涉信仰教诫，而文章以幽邃壮严胜，教宗文术，此其源泉，灌溉人心，迄今兹未艾。”[⑤]

---

① 鲁迅：《人之历史》，《鲁迅全集》，第 1 卷，第 9 页，人民文学出版社，1989。

② 鲁迅：《文化偏至论》，《鲁迅全集》，第 1 卷，第 47 页，人民文学出版社，1989。

③ 鲁迅：《科学史教篇》，《鲁迅全集》，第 1 卷，第 28 页，人民文学出版社，1989。

④ 鲁迅：《科学史教篇》，《鲁迅全集》，第 1 卷，第 28－29 页，人民文学出版社，1989。

⑤ 鲁迅：《摩罗诗力说》，《鲁迅全集》，第 1 卷，第 64 页，人民文学出版社，1989。

三、基督教与世俗社会形成相互制衡的二元张力，取而代之则失之偏至：“虽然，教权庞大，则覆之假手于帝王，比大权尽集一人，则又颠之以众庶。……宴安逾法，则矫之以宗教，递教宗淫用其权威，则又掊之以质力。事若尽于物质矣，而物质果足尽平生之本也耶？平意思之，必不然矣。”[①] 此外，鲁迅在《摩罗诗力说》中，对拜伦等诗人之诗篇涉及基督教部分的文学分析，一直被视为比较文学的典范，也表现出鲁迅深厚的神学修养。

鲁迅站在启蒙的立场，对启蒙本身进行了反省，最后却认为，被启蒙早已颠覆了的习传宗教，对于汉语思想界、诗学界，对于立人和建立现代民族国家，是一种积极的建构关系，是不可或缺的。这说明，鲁迅并非如话语所一再建构的那样，是一个极端的反传统者，相反，是传统文明的承传者。鲁迅自己早就不止一次地说过：“文明无不根旧迹而演来”。[②] 离开了文明的母体，所谓反传统只是乌托邦。关键要细致地分殊：鲁迅反的和继续推进的是怎样的传统。换言之，传统是否需要继承，有没有继承，都是假问题，而承传了怎样的传统，如何承传的，才是问题的要害。因为，传统对于人而言，是在体性的、本源性的，是无法逃避的宿命。确证了鲁迅对习传宗教，包括基督教的现代性诉求，会不会改变我们对于鲁迅的看法，抑或是整个现代汉语诗学，乃至当下诗学的看法呢？

① 鲁迅：《文化偏至论》，《鲁迅全集》，第1卷，第48页，人民文学出版社，1989。

② 鲁迅：《文化偏至论》，《鲁迅全集》，第1卷，第49页，人民文学出版社，1989。

第四章　普世诗学与基督教

文学革命以摧枯拉朽之势破坏着古代汉语文学，但破坏之后，谁为现代汉语文学立法？立法者主要有两位：一位是胡适，他以《文学改良刍议》、《历史的文学观念论》和《建设的革命文学论》等文章，论证了现代白话在汉语文学里的合法地位，确立了现代汉语文学的语言形式；一位是周作人，他以《人的文学》、《平民文学》和《新文学的要求》等文，给予汉语文学以全新的观念，赋予其全新的精神质态和知识样式。

作为这段历史的创造者的胡适，后来在评价文学革命的时候，认为它有两个中心："一个是我们要建立一种'活的文学'，一个是我们要建立一种'人的文学'。前一个理论是文字工具的革新，后一种是文学内容的革新。中国新文学运动的一切理论都可以包括在这两个中心里面。"他对后一个中心，即"人的文学"评价甚高，称它是"最平实伟大的宣言"。[①] 近一个世纪过去了，一部严肃的学术史依然认为，周作人之"人的文学"，建构了"五四"新文学的理论基础。[②] 这样的评价并不为过，哪怕历史继续推移。

但就整体而言，我以为周作人的诗学建树，至少体现在两

---

① 胡适：《中国新文学大系·建设理论集·导言》，良友图书印刷公司，1935。

② 参杜书瀛等主编：《中国20世纪文艺学学术史》，第二部下卷，第20页，上海文艺出版社，2001。

个基本命题上：除了“人的文学”，还包括“平民文学”（含后来的“人生的文学”）。关于这两个命题，对于前者的阐释远远多于后者，其原因往往是，论者将其纳入启蒙文学的理论框架时，认为“人的文学”比“平民文学”更具创新意义，也更为重要，而忽视了对后者进行历史的现象学还原和深入的辨识。事实上，这两者是二而一、一而二的。“平民文学”绝不是下层民众的文学，也不是被启蒙者的文学，这里没有阶级的分野。“人的文学”和“平民文学”都立于相同的价值地基，指向一个实在的范畴：“人类的文学”。它所体现的是周作人的一种普世诗学观。

本章的论域限定在普世诗学观的勘定及其与基督教关系的思辨上。

第一节　普世诗学观

据刘小枫考证：“普世”一词的本来含义是指“凡有人居住的世界”[①]。我理解，就是指的整个人类世界。由此推论，所谓普世文学，就是人类的文学。具体而言，就是超越了民族、国家和其它一切人为界限，关切普天下人的文学。

何以见得周作人的人的文学和平民文学是普世文学呢？有必要先来审理“人的文学”中的“人”和“平民文学”中的“平民”所指何谁。

1. 个人与人类勘定

周作人在《人的文学》开篇即明确宣布：“我们现在应该提倡的新文学，简单地说一句，是‘人的文学’。应该排斥的，

① 刘小枫：《走向十字架上的真》，第328页，上海三联书店，1995。

便是反对的非人的文学。”那么，弄清楚什么是“人的文学”，尤其是什么是“人”，对于知晓周作人之新文学，搞懂他的诗学观，就显得至关重要。

关于“人”，周作人有一个十分明确的界定：

> 我们要说人的文学，须得先将这个人字，略加说明。我们所说的人，不是世间所谓“天地之性最贵”，或“圆颅方趾”的人，乃是说，“从动物进化的人类”。[①]

显然，周作人之人的文学中的人指的是“人类”，而且是已经进化而来的人类，也就是步入文明社会的人类。这是再清楚不过的。但接下来，周作人从人类的角度，对人的概念进行周延，先谈人性，后论人道，最后落脚到人道主义时，“人”的意涵在不同的接受者那里就变得有些含混。普遍认为，周作人的“人”是“个人本位主义”的人，或者说周作人关于“人”的话语是一种“个人主义话语”，是“五四时期主体的个性自由意识在理论上的表现”，并将它与胡适在《易卜生主义》中提出的“健全的个人主义”相参证[②]。如果摆在 20 世纪强烈的启蒙情结纠缠着学人的心智，启蒙成为主流话语，“主义”论述成为时尚的情势下观之，这并无大错。但倘若引入知识学的视域[③]，问题就会敞现：周作人之“人”究竟是“个人”还是“人类”？甚或是一物之两面？

先来看引起含混的这段话：

① 周作人：《人的文学》，《新青年》，第 5 卷，第 6 号，1918 年 12 月。

② 钱理群：《试论五四时期“人的觉醒”》，《文学评论》，1989 年，第 3 期。

③ 参吴兴明：《中国传统文论的知识谱系》之第一章“人文研究的知识学之路”，巴蜀出版社，2001。

> 我所说的人道主义，并非世间所谓“悲天悯人”或“博施济众”的慈悲主义，乃是一种个人主义的人间本位主义。这理由是：第一，人在人类中，正如森林中的一株树木。森林盛了，各树也都茂盛。但森林要盛，却仍非靠各树各自茂盛不可，第二，个人爱人类，就只为人类中有了我，与我相关的缘故。墨子说：“爱人不外己，己在所爱之中”，便是最透彻的话……所以我说的人道主义，是从个人做起。要讲人道，爱人类，便须先使自己有人的资格，占得人的位置。①

这段话是在人道主义的论域内阐述“个人”与“人类”的关系，解决的是“个人”在人道主义中的地位和权责，其中的“个人主义的人间本位主义”是引起含混的关键。关于此，有三个关节点需注意。一、即便如论者所说，它指的是“个人本位主义”也是就人道主义而言，而非对“人”而论。人道主义与人分属两个不同的论旨。二、即便是在“人道主义”的范畴内，“个人主义的人间本位主义”也不是“个人本位主义”。从语词来看，周作人已直接言明“人间本位主义”，而非“个人本位主义”；从语法结构上论，“个人主义的人间本位主义”是一个偏正结构，主词仍然是“人间本位主义”。三、就整段话的主旨来说，周作人强调个人，是想说明人道主义要从个人做起，其出发点、关切点以及归宿仍然是为了“讲人道，爱人类”。个人自身的先期解放，即“先使自己有人的资格，占得人的位置”，当然重要，但在上下文中，它不过是达成人道主

① 周作人：《人的文学》，《新青年》，第5卷，第6号，1918年12月。

义的必要条件和途径。还有一点很好理解，有关“人道”或“人道主义”的言说，对于叙述者是一种对象性言说，是谈论如何对“他者”实施“人道”和“人道主义”，至于个人以什么身份、地位和姿态来对待“他者”，与“人”这个概念本身是有相当差异的。

如果认为我的读解还有点强词夺理的话，那么上述那段话周作人在另一处换了一种说法，却很能说明问题。

> 我是人类之一，我要幸福，须先得人类幸福了，才有我的分；若更进一层，那就是说我即是人类。所以这个人与人类的两重的特色，不特不相冲突，而且反是相成的[①]。

既是这样，我们怎么能有底气说周作人之人的实质是个人本位主义呢？

说周作人之人的文学的人指的是人类，还可佐以另一个材料。周作人在关于《新文学的要求》的讲演中说，“文学上人类的倾向”原是历史上的事实，中间经过几多变迁，发生过偏离，但现在又回到人类的文学上来了。其演变轨迹为：“古代的人类的文学，变为阶级的文学；后来阶级的范围逐渐脱去，于是归结到个人的文学，也就是现代的人类的文学了。”[②]

为了突出现代的文学是人类的文学的特质，周作人还与古

① 周作人：《新文学的要求》，杨扬编：《周作人批评文集》，第45页，珠海出版社，1998。

② 周作人：《新文学的要求》，杨扬编：《周作人批评文集》，第44－45页，珠海出版社，1998。

代的文学进行比较。他认为古代的文学是一种“种族国家文学”，在这种文学中，“个人消纳在族类的里面”。而到了现在，人们不仅知道，从前当作天经地义的种族国家那些区别，都不过是一种偶像，“所以现代觉醒的新人的主见，大抵是如此：‘我只承认大的方面有人类，小的方面有我，是真实的’。”而且还知道，“人类原是利害相共的，并不限定一族一国，而且利己利人，原只是一件事情”。这样，种族国家文学就瓦解了，而代之以现代的人类文学。①

也许从上面已经注意到，周作人的个人是通人类的，甚至是硬币之两面，所以个人的文学也就是现代的人类的文学。“譬如怕死这一种心理，本是人类共通的本性：写这种心情的歌诗，无论出于群众，出于个人，都可互相了解，互相代表，可以称为人类的文学了。”② 所以，后来周作人又对文学作出这番界定：

> 文艺以自己表现为主体，以感染他人为作用，是个人的而亦为人类的。③
>
> 文学是人生的或一形式的实现，……他以自己表现为本体，以感染他人为作用，他的效用以个人为本位，以人类为范围。④

---

① 周作人：《新文学的要求》，杨扬编：《周作人批评文集》，第45页，珠海出版社，1998。

② 周作人：《新文学的要求》，杨扬编：《周作人批评文集》，第45页，珠海出版社，1998。

③ 周作人：《文艺上的宽容》，杨扬编：《周作人批评文集》，第50页，珠海出版社，1998。

④ 周作人：《女子与文学》，《晨报副刊》，1922年6月3日。

这里出现了“以自己为表现主体”、“本体”，“以个人为本位”。但它同样不能动摇“人的文学”是人类的文学这一基本观点。原因是，表现自己是为了通达人类。这可以从相反的问题那里得到应证：如果不通达人类的个人的文学，也是人的文学吗？周作人在《平民的文学》中间接地回答了这个问题。他说平民文学之所以“不必记英雄豪杰的事业，才子佳人的幸福”是因为它不具普遍性。[①] 换言之，那些不具人类共通性的文学，哪怕是个人的文学，哪怕是以自己表现为主体、本体或本位，也不是人的文学，以新文学的眼光视之，不具合法性。非人的文学就更是如此了。周作人在《人的文学》列举的十大类非人的文学中不乏个人的文学。但是，由于它们“妨碍人性的生长，破坏人类的平和”，就只能是非人的。所以，个人的文学是否人的文学，是否新文学，标准不在“个人”，而在“人类”。质言之，“人的文学也应该是人间本位主义的”。[②]

基于个人是通达人类的，而非“个人本位主义”的，因此，周作人强调说，个人与人类不是对立的，个人主义和人道主义也不是“反动的名词”，“并不是两件东西”，“无非是一物的两面”，“文学的新观念也就是由此而发生的了”。[③]

无疑，周作人之人的文学中的人指的是：经由个人通达的人类。有了这样的认识，再来看周作人给“人的文学”下的定义：“用这人道主义为本，对于人生诸问题，加以记录研究的文字，便谓之人的文学。”[④]简言之，人的文学就是人道主义的文学。那

① 周作人：《平民文学》，《每周评论》，第5号，1919年1月。

② 周作人：《新文学的要求》，杨扬编：《周作人批评文集》，第43页，珠海出版社，1998。

③ 周作人：《女子与文学》，《晨报副刊》，1922年6月3日。

④ 周作人：《人的文学》，《新青年》，第5卷，第6号，1918年12月。

么，这人道主义的文学又是什么文学呢？周作人回答：

> 这人道主义的文学，……就是个人以人类之一的资格，用艺术的方法表现个人的感情，代表人类的意志，有影响于人间生活幸福的文学。①

显然，在人道主义的文学中，个人只是人类的代言人。因为，在周作人看来，“大人类主义”才是“我们所要求的人道主义的文学的基调”。更明确的说法莫过于：“这新时代的文学家，是‘偶像破坏者’。但他还有他的新宗教，人道主义的理想是他的信仰，人类的意志便是他的神。”② 无论在何种宗教中，神不仅位于中心，而且是至高无上的。在周作人的人的文学中，人类便是这个神。

2. 平民与民粹辩证

距 1918 年 12 月 7 日提出“人的文学”不到一个月，周作人又发表了《平民文学》。平民文学中的“平民”又是何意？其实还是人类的意思。

周作人对此有两点强调：一是“平民文学决不单是通俗文学”，也不是专门做给平民看的，而是“研究平民生活——人的生活——的文学”；二是，“平民文学决不是慈善主义的文学”。对于前者，研究人的生活，“是在研究全体的人的生活”，即研究全人类的生活。③ 所以平民文学，仍然是一种人类文学、普世文

---

① 周作人：《新文学的要求》，杨扬编：《周作人批评文集》，第 46 页，珠海出版社，1998。

② 周作人：《新文学的要求》，杨扬编：《周作人批评文集》，第 46 页，珠海出版社，1998。

③ 周作人：《平民文学》，《每周评论》第 5 号，1919 年 1 月。

学。其诗学观与人的文学一脉相承。一本权威的文学史指出，周作人的平民文学“实际上是‘人的文学’的具体化”，“强调文学是人性的，是人类的，也是个人的”，可谓的论。①

周作人的平民文学是相对于贵族文学提出来的。但平民与贵族不是一个社会学、政治学上的阶级的分野，而是关涉精神域的概念。周作人自己就说过：“拿了社会阶级上的贵族与平民这两个称号，照着本义移用到文学上来，想划分两种阶级的作品，当然是不可能的事。”② 在这里，区分平民与贵族的标准是文学的精神的。

> 我们说贵族的平民的，并非说这种文学是专做给贵族或平民看，专讲贵族或平民的生活，或是贵族或平民自己做的，不过说文学的精神的区别，指他普遍与否，真挚与否的区别。③

所以，普遍与真挚是平民文学必备的两个条件。

所谓普遍，就是“以普通的文体，记普遍的思想与事实”。平民文学“应记载世间普通男女的悲欢成败”，而“不必记英雄豪杰的事业，才子佳人的幸福”。因为前者之事“更为普遍，也更为切己”，既可以代表个人，又可以代表整个人类的普遍关切，具有人类性。而后者，“是世上不常见的人”，不具普遍性。即以道德为例，前者的道德“一定普遍”，是“人间交互”实行的道德，因而是“真的道德”；后者的道德，

---

① 钱理群等:《现代文学三十年》,第 22 页,北京大学出版社,1998。

② 周作人:《贵族的与平民的》，杨扬编:《周作人批评文集》，第 47 页，珠海出版社，1998。

③ 周作人:《平民文学》,《每周评论》，第 5 号，1919 年 1 月。

则是畸形的、偏枯的。在周作人看来，“世上既然只有一律平等的人类，自然也有一种一律平等的道德”，一种普遍的道德。这种能够代表人类的、含有普世意义的道德，才是平民文学应该叙写的。就此而言，周作人的普世文学是建立在普世伦理的基础上的。在《人的文学》里边，周作人就强调“人的文学，当以人的道德为本”，目标是“养成人的道德，实现人的生活”。在《平民文学》里边又进一步强调了这种道德的普世性。

所谓真挚，就是“以真挚的文体，记真挚的思想与事实”。哪些思想与事实才算是真挚的？周作人以为，就是那些既是切己的、又是人类的思想和事实。这些思想和事实，最能见出普遍意义上的“真”。而对于文学作品，“只须以真为主，美即在其中”了。

由于大人类的观念，后来周作人甚至认为“用普遍与真挚两个条件，去做区分平民的贵族的文学的标准”，也“不很妥当”。因为“古代的贵族文学里并不缺乏真挚的作品，而真挚的作品，便自有普遍的可能性，不论思想与形式如何”。他“以为在文艺上可以假定有贵族的与平民的这两种精神，但只是对于人生的两样态度，是人类共通的，并不专属某一阶级，虽然他的分布最初与经济情况有关”。[①] 他也不想去区分平民的和贵族的这两种文学精神的优劣。

> 我想文艺当以平民的精神为基调，再加以贵族的洗礼，这才能够造成真正的人的文学。……从文艺上说来，

① 周作人：《贵族的与平民的》，杨扬编：《周作人批评人集》，第47－48页，珠海出版社，1998。

最好的事是平民的贵族化。[①]

周作人持续几年的对平民文学的这番不厌其烦的划界，不仅解决了《平民文学》开篇的担忧——“平民文学这四个字，字面上极易误会”，而且与20年代中后期，号召文艺青年“到兵间去，民间去，工厂间去，革命的漩涡中去”，站在第四阶级的立场，“替被压迫阶级说话”，“表同情于无产阶级”[②] 的文学中的民粹主义划清了界限。换言之，周作人之平民文学既不是民粹主义，也非它的源头。

政治论域内的民粹主义（populism）是一个相当复杂的概念。命名最初源于俄语，作为一种思潮，在18至20世纪曾激荡于世界不同的国家，其具体内涵各有不同，很难一言以蔽之。[③] 不过，别尔嘉耶夫关于“把人民看作真理的支柱，这种信念一直是民粹主义的基础”的说法[④]，有助于我们对民粹主义的理解。另一位西方政治社会学家的观点对我们也不无帮助，他说：“对民粹主义的崇拜产生了一种信念，即‘相信普通民众（即为受教育者和非知识分子）的创造力和巨大的道德价值’。”[⑤]

---

① 周作人：《贵族的与平民的》，杨扬编：《周作人批评文集》，第49页，珠海出版社，1998。

② 郭沫若：《革命与文学》，《创造月刊》，第1卷，第3期，1926年5月。

③ 参朱学勤：《道德理想国的覆灭》第四章有关民粹主义内容，上海三联书店，2003年。

④ ［俄］别尔嘉耶夫：《俄罗斯思想》，第102页，三联书店，1995。

⑤ S. M. Lipset：The New Nation，Garden City：Anchor Books Doubleday & Co. Inc. 1967 (first edition , 1963)，pp. 77—78. 转引自顾昕：《民粹主义与五四激进思潮》，孟繁华主编：《九十年代文存》，第210－211页，中国社会科学出版社，2001。

西方意义的民粹主义进入中国，应是近现代以来的事，1919年“五四”运动以后渐成热潮。蔡元培“劳工神圣”的口号，李大钊“劳工主义的胜利和庶民的胜利”的欢呼，20年代初《时事新报·学灯》到农村去、到工厂去、到民间去的讨论，以及后来的“卑贱者最聪明，高贵者最愚蠢”，知识分子当人民的学生而不是先生的启蒙者与被启蒙者之间的颠倒与换位所表现出的反智主义倾向，都是民粹主义的表现。正如顾昕指出：“中国的民粹主义，同世界各国的民粹主义一样，具有显著的知识庞杂性的特征，内中含有许多相互矛盾的信条。其知识来源，既有无政府主义的劳动主义，又有卢梭人民主权论式的民主思想，还有俄国民粹主义运动的意识形态。”①

表现在现代汉语诗学中，20世纪20年代中后期革命文学倡导中的“农工大众”指向，30、40年代关于民族形式、大众化的讨论，为工农兵服务的文学方向，以及建国后的文学工作者奔赴前线，深入火热的斗争生活，等等，都有民粹主义的倾向。新歌剧《白毛女》的创作成功；赵树理作为“具有新颖独创的大众风格的人民艺术家”地位的确立，则是文艺创作在民粹主义上的收获。② 丁玲在第一次文代会上的讲话《从群众中来，到群众中去》是这种倾向的集中表达，那就是文艺工作者要“在现实生活中，在与广大群众生活中，在与群众一起战斗中，改造自己，洗刷一切过去属于个人的情绪，而富有群众的生活知识斗争知识，和集体主义精神的群众的感情，并且试

① 顾昕：《民粹主义与五四激进思潮》，参孟繁华主编：《九十年代文存》，第210—220页，中国社会科学出版社，2001。

② 参杜书赢等编：《中国20世纪文艺学学术史》，第三部，第43页，上海文艺出版社，2001。

图来表现那些已经体验到的东西”。[①]

民粹主义的文学，是竭力向下，进入草根阶层，以民众的思想和情感为崇高的道德取向或价值取向。周作人的平民文学显然与此大相径庭，“他的目的，并非想将人类的思想、趣味，竭力按下，同平民一样，乃是想将平民的生活提高，得到适当的一个地位”。在此前提下，平民文学即便是“田夫野老”还不能全部领会也无妨。[②]

总之，周作人平民文学之“平民”不是社会学、政治学上与阶级相涉、与民粹主义相关的概念，而是大人类主义的另一种表达。这还可求证于美国政治社会学家 S. M. Lipset 的理论。他认为“民族主义的知识分子倾向于拥护民粹主义，因为他们既同现有的权利等级体系缺乏联系，又对之不满，他们惟一的力量源泉在于人民”。[③] 由上可知，周作人在诗学观上显然不是一个民族主义的知识分子。他的“人的文学”和“平民文学”都跨越了民族、国家的界限。在《新文学的要求》中，当周作人再一次对他的文学观进行说明的时候，特别指出：“这文学是人类的，也是个人的，却不是种族的，国家的，乡土及家族的”。[④] 在另一处，他还引用安特莱夫的话说：“我之所以觉得文学可尊者，便因其最高上的功业是在

---

① 丁玲：《从群众中来，到群众中去》，转引自杜书瀛等编：《中国 20 世纪文艺学学术史》，第三部，第 44 页，上海文艺出版社，2001。

② 周作人：《平民文学》，《每周评论》，第 5 号，1919 年 1 月。

③ S. M. Lipset：The New Nation，Garden City：Anchor Books Doubleday & Co.，Inc. 1967（first edition，1963），pp. 77—78. 转引自顾昕：《民粹主义与五四激进思潮》，孟繁华主编：《九十年代文存》，第 210 页，中国社会科学出版社，2001。

④ 周作人：《新文学的要求》，杨扬编：《周作人批评文集》，第 43 页，珠海出版社，1998。

拭去一切的界限与距离。”[①] 既如是，他也很难成为民粹主义者。

通过以上的文本细读和分析表明，周作人的“人的文学”和“平民文学”，指涉的都是人类的文学，体现的是一种普世的诗学观。这既汇入了当时的文学主潮，又是一个另类，尤其与当时的“民族国家的文学”的倡导者对汉语文学的现代化规划更是格格不入。有趣的是，它们却共同构造了现代汉语文学的现代性特征。[②]

第二节　价值论基础

周作人之“人的文学”、“平民文学”，还有“人生的文学”，实质上是一种“人类的文学”，即普世文学，以上已作了分析。但值得追问的是：这种普世诗学观念，是建筑在怎样的价值地基上的？或者说，它只是一种无根的言说？犹如德里达之所谓无底棋盘上的棋子，仅是一些漂浮的语词？

这就要切入周作人提出“人的文学”和“平民文学”之动机结构的底层。或者简单地问：他对文学之如此提倡的目的是什么？通观两文，我认为是“爱人类”。经由“人的文学”和“平民文学”的实施，“改良人类的关系”，“将平民的生活提高，得到适当的一个地位”，通达一种理想的境界，即“人人能享自由真实的幸福生活”。

① 周作人：《女子与文学》，《晨报副刊》，1922年6月3日。

② 而且，如果细心考证还会发现，周作人的人的文学和平民文学，与当时主流文学观念的另一支——“进化的文学”间也有龃龉。譬如，支撑他对“人类的文学”在历史演变过程中失而复得的论述的，是历史的循环论，而非进化史观。另外，周作人一直持非民族、国家、阶级的人类主义，也可能是其后来附逆的深层原因之一？

> 所以我们要在文学上略略提倡，也稍尽我们爱人类的意思。①

所以我们要“先使自己有人的资格，占得人的位置”，达致“讲人道，爱人类”之目的。后来在谈到“女子与文学”的时候，他要求女性“以人类一分子的资格，参与人生的活动，以对于自己与同类之爱为基础建设起所谓‘第三国土’。”他说，“了解这个意义，现代文学的精神便不难明白了”。② 显然周作人的普世诗学观首先是筑基于“爱人类”的观念。

那么，周作人的“爱人类”的思想资源是什么？孔子的“仁”说？孟子的“性善”？黑子的“兼爱”？佛教的“慈悲”？还是别的？当周作人以“人的文学观”考量古代中国文学的时候，认为属于人的文学的极少，并断然说：“从儒教道教出来的文章，几乎都不合格。”③ 由此完全可以推知，周作人的“爱人类”的观念，即是在儒、道那里有，也不是从儒、道那里来的。但这并不意味着，在周作人的爱人类的观念里，没有中土文化的影子。有，那就是墨子的“兼爱”。他在《人的文学》中强调了这一点，在《新文学的要求》中，更是明确地说，要理解现代的人类的文学，墨子说的“爱人不外已，己在所爱之中”是最好的注解。除此之外，还有没有别的文化来源呢？如上所引，周作人有一个重要的观点，就是“要讲人道，爱人类，便须先使自己有人的资格，占得人的位置”，这个观

---

① 周作人：《人的文学》，《新青年》第 5 卷，第 6 号，1918 年 12 月。
② 周作人：《女子与文学》，《晨报副刊》，1922 年 6 月 3 日。
③ 周作人：《人的文学》，《新青年》，第 5 卷，第 6 号，1918 年 12 月。

点的理据是什么呢？理据是："耶稣说，'爱邻如己'。如不先知自爱，怎能'如己'的爱别人呢？"[①] 可见，周作人的爱人类观念里，还有基督教的"博爱"的文化因子。

1. 博爱与兼爱论析

墨子的"兼爱"和基督教的"博爱"，在周作人的爱人类的观念结构里孰轻孰重？谁居于核心地位，扮演着价值根基的角色呢？或者说，它们相互作用，形成了第三种形态的价值诉求？这也难说。文化在个体心理结构中，往往是浑然一体，难以清晰地剥离的。不过，我们还是可以试着分析一下，或许有所收获？

当然，要这样做，方法就显得十分重要，任何先在的理论或目的预设，对于我们的讨论都没有好处。那不但是毫无意义的循环阐释，更是自欺欺人的骗局。在这里，我想采取知识还原和比较的方法，来进行我们的工作。我首先尽可能地还原墨子"兼爱"和基督教"博爱"的源初意义，然后，再与周作人之"爱人类"的观念进行比较，看谁个在本质上更靠近它、更接近它，最后再作结论。

第一步，先来清理墨子"兼爱"的本源意义。墨子何以要谈论"兼爱"问题？《兼爱上》开篇即说："圣人以治天下为事者也，必知乱之所自起，焉能治之；不知乱之所自起，则不能治。"[②] 显然，墨子谈论"兼爱"，是为了圣人治天下寻找"乱之所自起"的根由。在墨子看来，这乱之所自起的根由是什么呢？"起不相爱"，起于君臣父子兄弟乃至家国之间的不相爱。

---

① 周作人：《人的文学》，《新青年》，第5卷，第6号，1918年12月。

② ［清］孙诒让著，孙以楷点校：《墨子闲诂》（上），第91页，中华书局，1986。

因而，要使天下治的话，就必须兼相爱："若使天下兼相爱，国与国不相攻，家与家不相乱，盗贼无有，君臣父子皆能孝慈，若此则天下治。"① 总之，"相爱则治，交相恶则乱"。墨子"'不可以不劝爱人'者，此也。"如何兼相爱呢？那就是要"视人之国若视其国，视人之家若视其家，视人之身若视其身。"② 到此，我们可以说，墨子的兼爱是一种"爱无差等"的平等之爱。

墨子"兼爱"的正当性基础是什么呢？换一种问法，墨子兼爱之说是建立在何种理据之上的呢？一言以蔽之："以实利为标准"③ 的绝对的互利。按照墨子的理论："夫爱人者，人必从而爱之；利人者，人必从而利之；恶人者，人必从而恶之；害人者，人必从而害之。"④ 在此基础上，墨子继续推论："夫爱人者，人亦从而爱之；利人者，人亦从而利之；恶人者，人亦从而恶之；害人者，人亦从而害之。"⑤ 为了进一步夯实这个道理，墨子还以大雅之言为理据："'无言而不雠，无德而不报，投我以桃，报之以李。'即此言爱人者必见爱也，而恶人者必见恶也。"⑥ 由此可知，墨子的兼爱是建立在因果报应基础之上的平等之爱。所以，他之兼相爱是与"交互利"捆绑

---

① ［清］孙诒让著，孙以楷点校：《墨子闲诂》（上），第92页，中华书局，1986。

② ［清］孙诒让著，孙以楷点校：《墨子闲诂》（上），第95页，中华书局，1986。

③ 梁启超：《墨子学案》，第16页，上海书店，1992。

④ ［清］孙诒让著，孙以楷点校：《墨子闲诂》（上），第96页，中华书局，1986。

⑤ ［清］孙诒让著，孙以楷点校：《墨子闲诂》（上），第98页，中华书局，1986。

⑥ ［清］孙诒让著，孙以楷点校：《墨子闲诂》（上），第115页，中华书局，1986。

在一起的。因果报应之说本源于佛教，但这种思想的根苗，在佛教传入中土之前早已萌芽，难怪佛教进入国朝能如此的大行其道。那是另外的话题。继续深究，我们还会发现，墨子的兼相爱有一种理论预设，或者说逻辑性前提，那就是人的本性是“利”，是趋利，是互利的，它既不是恶的也不是善的。

有了以上对墨子的读解，做出这样的归纳，仿佛大致是不错的：墨子的兼爱，是以治天下为出发点，以互利为核心的平等之爱。但果真不错？我看未见得。我以为，这种看似平等的爱，事实上是以不平等为前提的。墨子言说的主体是圣人，言说的目的是治天下，是为统治者平天下寻找方略。其兼爱是“圣王之道”下的“万民之利”，它存在的前提是治与被治，是处理统治者与被统治者之关系的，这首先就有了阶级的分野。其次，兼爱是在君臣父子家国等伦常之间展开，是在事实上已经不平等的儒家伦理关系之间兼相爱，这样，又有了伦理级差的分别。有阶级分野、伦理级差的兼相爱，可能是平等的吗？不可能。这种兼相爱，说到底是劝说上层对于下层的施爱和上层对下层的敬爱而已，是下对上的“孝”和上对下的“慈”，既如是，何平等之有？再次，兼相爱的对象，是作为既定伦理秩序中的君臣父子为代表的某一社会群体，而绝对不是在自然人意义上的“我”或“个体”，即使在那个伦理秩序中做到了平等相爱，也不可能是每一个体之间的平等相爱。个体在兼相爱中是依存于具体的伦理关系的，而不是作为独立的主体而存在，此外，墨子所言的天下，并非今日之“人类”，而是确切地指称中土。对中土之外的人是否也兼相爱呢？就不得而知了。

第二步，再来看基督教的“博爱”。基督教的博爱，应包含两层意思：一是作为造物主的上帝，对被造物——普天下的人的爱。他的道成肉身，钉死十字架，为人类赎罪，承担苦难，就是这种爱的最高体现。二是作为上帝所造物的人类的人与人之间的互爱。当然，“神对所有人的爱是每一个人爱他人的基础，是爱每一个可能需要我的人的基础。”[①]《圣经》中有关博爱的表述很多，兹不赘述。那么，人与人之间为什么要互爱呢？基督说：“你们须相爱，你们须相爱如同我爱你们。”意思是说，上帝的博爱，是具体落实在人与人之间的互爱里的，是通过人与人之间的互爱而得以实现的。换言之，人们只有在互爱中才能领会上帝的爱、承纳上帝的爱。上帝的博爱，体现为人世间的互爱。反之，人世间的博爱，就是人们对上帝的挚爱。在此意义上可以说明两点：1、基督教中的爱，对于人而言是在体性的，是不可选择也不可逃避的，因为人是上帝所造，而上帝又是按照自己的形象造人的，因为“上帝就是爱”，所以人也就是爱。2、基督教中的爱，既是神圣超绝的，又是人间本位的。此外，相对于上帝而言，所有的人都是平等的，也是独立的。因而人与人之间的互爱，也就是独立而平等的。

在对墨子的“兼爱”和基督教的“博爱”做了这番梳理后，再回到周作人的“爱人类”的思想的时候，我们会发现，基督教的博爱更接近于周作人爱人类思想的实质。周作人的爱人类，是通过人道主义来实现的。而他的人道主义，是一种个人主义的人间本位主义。在墨子那里，连个人都没有，谈何个人主义？在墨子那里，有的只是王道本位，圣人本位，伦理本位，又谈何人间本位？更何况墨子连人类的概念尚未建立，爱人类如何可能？

“兼爱”与“博爱”的分野，与当代最有影响的天主教神

① 秦家懿、孔汉思：《中国宗教与基督教》，第104页，三联书店，1997。

学家汉斯·昆指出的儒学与基督教中共有的“爱人”理念之异同有些类似。

相同点：“儒学和基督教里，人道主义伦理道德的最高体现都是爱人。”《论语》里有著名的金科玉律：“己所不欲，勿施于人。”《圣经》里也有：“无论何事，你们愿意人怎样待你们，你们也要怎样待人。”就像在《墨子》里有“爱人不外己，己在所爱之中”，而《圣经》里也有“爱邻如己”一样。[①]

区别点：“儒学里，爱人始终指向自然的情感和家庭关系及国家关系。……不可否认，儒学的爱人也超越了狭义的家庭，从爱自己的父母、子女、长辈推及爱他人的。但是，这两种爱之间有等级程度的差别。”与之相反，对于耶稣，所有的人——“甚至可以是私人的、政治上的、宗教信仰上的反对者、对头和敌人”都要施爱于他。汉斯·昆认为：“孔子的人本主义比拿撒勒的耶稣的神本主义对爱人有更多的限制也让人瞠目。爱敌人？‘或曰：以德报怨，何如？子曰：何以报德？以直报德，以德报德。’（《论语·宪问》）耶稣则不然：‘恨你们的要待他们好，咒诅你们的要为他祝福，凌辱你们的要为他祷告。’”（《路加福音》第六章，参《马太福音》第五章）而且，这种“爱敌人不是纯粹的乌托邦的法则，而是一种伟大的可能性，一个机会”。[②]

无可否认，在基督教里，在终极的意义上，即在信仰的层次上，是神本位的。但只是在这个意义上。而在博爱这一点上，如上所述，它实质上是一种个人主义的人间本位主义。也正是基于此，周作人在另一处肯定地说：“现代文学上的人道

① 秦家懿、孔汉思：《中国宗教与基督教》，第 102 页，三联书店，1997。
② 秦家懿、孔汉思：《中国宗教与基督教》，第 102—103 页，三联书店，1997。

主义思想，差不多也都从基督教精神出来。”[①]

很清楚，周作人的爱人类，只是在“利己又利他，利他即是利己”这一价值表述的层面上，借用了墨子的话，而其价值根基，则是扎根在基督教的博爱里。

2. 灵肉一致说疏解

前面在对博爱与兼爱进行辩证时，已经提到周作人的一个著名命题：“现代文学上的人道主义思想，差不多也都从基督教精神出来”。由于论域的限制，没有对这一命题展开。事实上，这一命题，构成了人的文学、乃至整个现代汉语文学在内容伦理上的基本内涵，同时也构成了现代汉语启蒙诗学、汉语文学现代性的重要内容。

周作人是在这样的语境下提出这一命题的。他首先从历史的维度，梳理了自天主教的《旧约》到基督教的《新约》这一历史进程中，人道主义在经文中的发展与丰富。《旧约》里的古代纪事和预言书，思想稍嫌严厉，未表现出多少人道主义的观念。但到随后不久的《约拿书》，“便更明了的显出高大宽博的精神”，而“在《新约》里这思想更加显著”。他举例如下：

> “你们听见有话说，‘以眼还眼，以牙还牙。’只是我告诉你们，不要与恶人作对。”（第五章三十八至三十九）“你们听见有话说，‘当爱你的邻舍，恨你的仇敌。’只是我告诉你们，要爱你的仇敌，为那逼迫你们的祷告。”（同上四三至四四）……“你们中间谁是没有罪的，谁就可以

① 周作人：《圣书与中国文学》，杨杨编：《周作人批评文集》，第255页，珠海出版社，1998。

> 先拿石头打他。”（约第八章七）“父啊，赦免他们，因为他们所作的事，他们不晓得。”（路第二三章三四）……“爱是永不止息。先知讲道之能，终必归于无有；说方言之能，终必停止，知识也终必归于无有。”（林前第十三章八）“上帝就是爱；住在爱里面的就是住在上帝里面，上帝也住在他里面。”（约壹第四章十六）……“不爱他所看见的兄弟，就不能爱没有看见的上帝”（同上二十）。[①]

有了这番的历史分析以后，周作人再进入文学的维度：“近代文艺上人道主义思想的源泉，一半便在这里”，并以近代颇有代表性的作家加以说明：“我们要想理解托尔斯泰，陀思妥也夫斯基的爱的福音之文学，不得不从这源泉上来注意考察。”

在周作人看来，基督教中的人道主义资源，既然可以作为彼一方优秀文学，比如以托尔斯泰、陀思妥耶夫斯基为代表的俄罗斯文学的伦理资源，何以不能为此一方，即现代汉语文学的资源呢？所以，他要加以提倡，并认为“这是二十世纪的新福音。”当然，周作人这样做，也还与他对现代文学应该具有怎样的现代性有着自己独特的理解分不开：

> ……这些并非同派的小说中间，却仍有一种共通的精神，——这便是人道主义的思想。无论乐观，或是悲观，他们对于人生总取一种真挚的态度，希求完全的解决。如托尔斯泰的博爱与无抵抗，固然是人道主义；如梭罗古勃的死之赞美，也不能不说他是人道主义。他们只承认单位

---

① 周作人：《圣书与中国文学》，杨扬编：《周作人批评文集》，第256页，珠海出版社，1998。

> 是我，总数是人类；人类问题的总解决也便包涵我在内，我的问题的解决，也便是那个大解决的初步了。这大同小异的人道主义的思想，实在是现代文学的特色。[1]

最后一句："这大同小异的人道主义的思想，实在是现代文学的特色"，是周作人考察世界文学以后，对现代文学之现代性所下的结论。在建设什么样的现代汉语文学上，当时的新文学先驱，大多是以世界文学，尤其是西方文学为参照、为范型的。在这一点上，周作人也没有多少例外。这样，构建一个具有人道主义文学伦理的现代汉语文学，也就内在地成为周作人自觉的诉求。

而进一步，按周作人上面的陈述："现代文学上的人道主义思想，差不多也都从基督教精神出来"，那么，可以推论，构成周作人人道主义文学伦埋观的价值依据，也主要是基督教的。而其中的一些范畴，不仅构成了现代汉语文学伦理的主要内容，现代文学理论、文学批评的核心话语，而且也标示着现代汉语诗学的某些根本性特征。这里试举"灵肉一致"分析之。

如果说，人道主义，是周作人"人的文学"的核心的话，灵肉一致，就应该是周作人人道主义的核心了。即，人类正当的生活、符合人道的生活，就应该是灵肉一致的生活。周作人在论及灵肉一致之前，先给人下了一个定义，所谓人"'是从动物进化的人类'。其中有两个要点，（一）'从动物'进化的，（二）从动物'进化'的。"紧接着周作人又说："这两个要点，

① 周作人：《点滴序》，《苦雨斋序跋文》，第15－16页，河北教育出版社，2002。

换一句话说，便是人的灵肉二重的生活。”①

周作人“灵肉二重”的观念是从哪里来的？周作人说，这不是他的发明，是从古人那里来的：

> 古人的思想，以为人性有灵肉二元，同时并存，永相冲突。肉的一面，是兽性的遗传；灵的一面，是神性的发端。人生的目的，便偏重在发展这神性；其手段，便在灭了体质以救灵魂。所以古来宗教，大都厉行禁欲主义，有种种苦行，抵制人类的本能……到了近世，才有人看出这灵肉本是一物的两面，并非对抗的二元。②

这显然不是指国朝古人的思想。因为可以援引周作人在另一处的相似言论为证：

> 近代欧洲文明的源泉，大家都知道是起于“二希”就是希腊及希伯来的思想，实在只是一物的两面，但普通称作“人性的二元”，将他对立起来；这个区别，便是希腊思想是肉的，希伯来思想是灵的；希腊是现世的，希伯来是永生的。希腊以人体为最美，所以神人同形，又同生活，神便是完全具足的人，神性便是理想的充实的人生。希伯来以为人是照着上帝的形象造成，所以偏重人类所分得的神性，要将他扩充起来，与神接近以至合一。这两种思想当初分立，互相撑拒，造成近代的文明，到得现代渐

---

① 周作人：《人的文学》，《新青年》第5卷6号，1918年12月。

② 周作人：《人的文学》，《新青年》第5卷6号，1918年12月。

有融合的现象。[①]

上下两段对读，我们不难判断，周作人“灵肉二元”的观念来源于西方文明。与宋明理学之“天理”、“人欲”之二元对立是大相径庭的。这就涉及到对周作人所言的“灵”与“肉”的真实理解。

周作人在行文中，是将神性与兽性、灵魂与身体和灵与肉对举的。兽性和身体大致象征“肉”，神性和灵魂大致相当于“灵”。结合上文，肉，又可指称由希腊理性，即雅典精神所代表的世俗文化；灵，亦可指称由希伯来的犹太宗教，即耶路撒冷精神所代表的神性文化。这样，周作人所说的人的灵肉二重性，是从文化的角度，意指人是世俗性与超越性的统一。在这样的框架中，理解世俗意义上的肉，并不困难，但要在超越性的意义上理解灵，对于国朝学人来说，就是一件十分不易的事。在以后的现代汉语诗学中，一般都将灵读解为理——伦理——道德伦理、生活伦理或社会伦理。如此，灵肉一致、灵肉冲突，就被简单化为情与理的一致与冲突。也就是将本应属于世俗性与超越性的一致与冲实，缩水为世俗性内部的一致与冲突。

何以会出现这种情形？我认为至少有两个原因：一是，“五四”新文化运动中，我们接受的西方文化，主要是以希腊文化为发端的理性文化；二是，在汉语文化中，没有与希伯来犹太宗教里的“灵”相对应的意义模式。下面仅就这两个方面展开讨论。

以希腊理性文化为主要内容的西方文化，挟着科学、民主

① 周作人：《圣书与中国文学》，杨扬编：《周作人批评文集》，第255页，珠海出版社，1998。据说，周作人是“中国第一个提出近代欧洲文明的源泉起于‘二希’”的人。参许正林：《中国现代文学与基督教》，第33页，上海大学出版社，2003。

与自由的潮流涌进中土，以其强势与中心的姿态，构成“五四”启蒙文化及其以后现代中国文化的传统，几成共识，似无论证之必要。在这个意义上说，现代汉语文化吸纳的西方文化，其实主要就是希腊文化所代表的理性文化的一支。在希腊文化，尤其是希腊哲学伊始，就有了宇宙论的二元划分，以及人性论的二元对立。在柏拉图那里的宇宙二元，乃是指观念和感官二界。具体到人，柏拉图认为，人的灵魂源自观念界，人的肉体来自感官界，灵肉结合便成为“人”。这样的人，自成小宇宙，既拥有理念界的美善，同时亦拥有感官界的各种具体特性。柏拉图是重观念而轻感官，重灵魂而轻肉体的。[①] 只有到了近代哲学之父笛卡儿（Rene’ Descartes）那里，心物二元、灵肉二元才获得了平等的地位。由此可知，在以希腊文化为代表的西学传统里，灵，指的是观念或理性，而肉则指感官或身体。从知识学的角度视之，这里的灵，属于形上型和伦理型知识。现代汉语诗学对灵的理解和应用与此大体相当，只不过更偏重于后者。

然而，周作人所言之灵，虽然不排除有上述含义，但主要不是指的是希腊文化意义上的灵。这不是我硬要把他往我的论题上拉，而是他自己就明确地说：“希腊思想是肉的”，希伯来思想才是灵的。[②] 所以，他所言之灵，在源初的意义上，属于

---

① 参［古希腊］柏拉图：《斐多篇》，《柏拉图全集》，第一卷，第52—133页，人民出版社，2002。

② 另一个证据是：周作人曾于1917年在北京大学讲授欧洲文学史时，即以“灵”与“肉”为历史线索叙述欧洲文学史。希腊现世主义为“肉”，希伯来出世主义为“灵”；前者为“非宗教文学”，后者为“宗教文学”。这不仅是中国第一部欧洲文学史讲义，同时恐怕也是第一部以宗教为标识的文学史纲要。参周作人：《欧洲文学史》，岳麓书社，1980。

希伯来犹太宗教文化之灵。希伯来宗教经典《旧约》圣经之创世纪，一开始就言上帝创造世界，显现了宇宙由上帝与世界二元构成。而在上帝造人上，则宣示了人的灵魂是上帝的肖像，而肉体来自尘世的泥土，人是属天的灵魂和属地的肉体的结合。这是希伯来犹太宗教中的灵肉二元。其中的灵，是人身上的上帝性，即神性。基督宗教是在犹太宗教的基础上发展而来。随着耶稣这位人间上帝的降临，灵的内涵除了神性外，又具有了人性，是神性和人性的合一。因为耶稣既是上帝，又是人类的一员，拥有神人合一的本性。① 他是上帝降凡，道成肉身，救赎人类的。按照基督教义，人是有原罪的，肉身的苦难是在体性的，只有在上帝，即灵的引领下，不断追问和寻觅生存的价值和意义，才能沐浴圣爱，承领圣恩，到达天堂。由此看来，这里的灵，就不再是希腊文化中的观念、理性，而是超越、救赎，属于宗教——获救型知识。

对于宗教——获救型知识的灵，在汉语里中很难找到意义相应的词汇。我们就置身于汉语之中，无法站出自身而后返观自身，因而对此不易察觉，也不易理解。譬如，我们翻开《说文解字》，见对灵的解释为："灵，巫也。以玉事神。"再见段玉裁所注之引伸义为"极知鬼神"、"好祭鬼神"② 时，直觉到其与原始宗教有关，但与基督教中之灵，究竟有何区别，就不能厘清。可是，到明朝末年，以利玛窦为代表的欧洲耶稣会传教士，到中土开始中国历史上的第三次传教时，这个词却让他们相当尴尬。他们发现，在汉语中几乎找不到相当于基督教术语的灵、灵魂，无赖之下，只好用"魂"来

① 参［德］马丁·开姆尼茨：《基督的二性》，译林出版社，1996。

② 参许慎撰、段玉裁注《说文解字》，第19页，浙江古籍出版社，1998。

代称。而魂在汉语里的意义“与基督徒们在永生的灵魂和注定要消失的身体之间作出的区别，没有任何共同之处。”于是，后来传教士们“又采纳了另一个术语‘性’（人性）”。但他们很快又发现，“‘性’这一术语是理学（新儒教哲学）中最重要的词汇之一，所以这样做则具有进入与基督徒没有任何关系之危险。使用该词，最终造成了比使用那种指无意识的‘魂’具有更大危险。”①

为何在汉语里找不到与基督教术语的灵或灵魂对应的词呢？那些传教士们认为，作为人类特有的，“由一种与身体和无灵性的物质完全不同的实体组成的”灵魂或灵性的观念，“与中国人的全部哲学都是矛盾的。”中国人不仅对“灵魂之基本观念是陌生的”，“不仅不懂得魂与身的实质对立”，就连“感性和理性事物之间的固有区别”都不熟悉，常常是把“伦理观念与理智”相混淆，② 还谈何救赎知识？

传教士们对中土文化的认识是否正确，有待勘定，但在汉语里找不到与基督术语相对应的灵魂一词，却是事实。这就很容易使希伯来文化意义上的灵，很快被汉语文化所同化，或遮蔽其真实语义。再加上“五四”新文化运动中，作为西方强势文化的希腊理性，以科学与民主的名义的再度挤压、遮蔽，以及实际上取得的合法地位，使灵的语义迅速转向世俗的伦理、道德，或者笼统的精神——“心”或“心灵”。因为，诚如谢和耐所言，汉语文化往往“把思想和感情、性和理都结合进惟

① 参［法］谢和耐：《中国与基督教——中西文化的首次撞击》，第129页，上海古籍出版社，2003。

② 参［法］谢和耐：《中国与基督教——中西文化的首次撞击》，第130页，上海古籍出版社，2003。

一的一种观念——心的观念中了。"[①] 就连周作人自己，在写《人的文学》的过程中，对灵的用法也表现出某种闪烁不定。在文章的前半部分，就其在整体上谈论人，谈论人性是兽性与人性之合，从动物进化而来的人是灵肉一致的人的时候，灵更多地倾向于其源初的意义。但在文章的后半部分，具体言及"真实的爱与两性的生活，也须有灵肉二重的一致"时，灵就更多地进入了伦理的范畴。这种症候，是在科学理性的权威下，对神性之不确信的表现。这种不确信，周作人在另一处也有所流露，当他在为郁达夫《沉沦》的不道德指摘鸣不平时，一方面赞誉耶稣与哥白尼、达尔文、尼采等的思想一样，是革命的思想；一方面在谈到灵与肉的冲突时，又说"超凡入圣的思想倒反于我们凡夫觉得稍远了，难得理解"。[②] 虽然，他对灵的理解仍然没有放弃"超凡入圣"的观念，而此一观念在当时"难得理解"也是实情，但他在现代汉语文学中还是否需要这种灵的问题上，则显然有所放弃。周作人也是现实中人，他身上出现这样的症候，没有什么可奇怪的。

不管怎样，事实已然证明，周作人显然是在犹太—基督教的启迪下，为现代汉语诗学引入了灵肉一致的概念。也许他不是第一个引入，尤其是在生活伦理、社会伦理的领域，据说李大钊还在 1916 年就提出我们应该过灵肉一致的生活。但在现代汉语诗学领域，周作人对灵肉一致的引入，不仅最具学理、影响最大，而且使之第一次具有了现代诗学意义。因为，它是将灵肉一致与现代"人"的知识建构、汉语文学伦理的现代性

① 参［法］谢和耐：《中国与基督教——中西文化的首次撞击》，第 130 页，上海古籍出版社，2003。

② 仲密：《沉沦》，《晨报副镌》，1922 年 3 月 26 日。

建构结合在一起的。自此以后，灵肉一致、灵肉冲突作为现代汉语诗学的一个常规术语，贯穿了整个汉语文学的现代化过程，至今运用不衰，尽管它们已在不同程度偏离了源初的意义。

在我们已然明确，周作人之灵肉二元的知识来源，及其自身的真实涵义以后，再来谈论它对于建构现代汉语诗学的意义，就有了一个坚实的地基。何以将人分割成灵、肉二元，就开启了汉语诗学的现代性之路呢？

马克斯·韦伯认为："在各主要传统宗教中，西方基督教在二元界分的理性化方面最为彻底，其深远的后果是，使得现世生活可能按此世的经验法则来营构。同时，由于现世与超世的二元紧张，现世生活世界的意义诉求又成了永无消解的渴慕。现世结构的根本性起源及其现代性问题，都隐含在这种二元紧张之中。"① 关于什么是现代性，可谓众说纷纭，莫衷一是。但韦伯认为现代性就是理性化的观点，得到了多数人的认同。就我看来，它用来说明现代性之一个方面的特征，未尝不可。结合前面的分析，我们说周作人之灵肉二元说，就是"西方基督教"在"二元界分"之理性化的引进，想来没有多大争议。模拟韦伯的话说，其在现代汉语诗学的深远影响：一是，在现代汉语文学中肯定了人的此世经验，或者说世俗生活在文学表现上的合法性，从而使现代诗学可以按现世的经验，而不是某种远离人的生命欲求的先验知识、超验知识来建构。这样，现代汉语诗学，就可以从传统汉语文论既定的儒学或道学等文统中解放出来，而在此世文学经验的累积中，升华、剥离、抽象出自己的诗学理论，拓展自己的诗学言路。事实就是

① 刘小枫：《现代性社会理论绪论》，第 78 页，上海三联书店，1998。

如此。周作人在《人的文学》中，就肯定了“人的一切生活本能，都是美的善的，应得到完全满足”。这一肯定人世俗生活的合法性，就是肯定了作为人的文学的书写世俗生活的合法性。此后，新文学的审稿制度、编辑制度等，都为书写世俗生活，甚至是描写生命本能的文学作品洞开门户，出现了一批像《沉沦》、《莎菲女士的日记》，以及后来的《灵与肉》、《绿化树》这样的作品。同时，也建构起一套相应的文学批评、文学理论话语系统和价值系统，从根本上改变了文学的价值伦理。

二是，由于灵与肉的二元分离，世俗生活与精神生活的二元对立，使得现代汉语诗学，在不断阐释、肯定世俗生活的同时，又在不断地为这种生活寻求价值和意义，或者提供新的意义诠释。在灵的视域里，过一种有意义的肉的生活，不啻成为现代汉语诗学的重要的价值诉求。换言之，现代汉语诗学不得不去思考这样的问题，现代汉语文学所书写的世俗生活的意义是自足的，还是给予的？如果是自足的，那它是什么？如果是给予的，给予者是谁？这个谁是否具有正当性？等等。而正是在这一系列问题的不断追问和反思中，现代汉语诗学开拓着自己的言路，生长着自己的现代性。

令人常常沉思的是，现代汉语诗学并不总是在灵与肉的二元张力中推进，甚至在许多时候，二元中只剩下一元：灵。重灵轻肉，是西方古典诗学的传统，但这一传统不时在中土复活，致使现代汉语诗学之现代性，总是不断地中断。而关于灵，也时常变动不居。如上所述，真正的灵，是绝对价值之域。但在现代汉语诗学中，这一绝对之域，总是出让给相对，而到 20 世纪末，仿佛又有了无休止的悬置之势，让肉在无意义中悲凉地狂欢。如果现代汉语诗学有什么特殊性的话，这无疑是其中之一？

第三节　文学与宗教

综上所述，周作人建立在爱人类基础之上的“人的文学”、“平民文学”（或称“人生的文学”），以个人为出发点，以关切全人类的普遍命运、普遍价值为中心，以安顿人的灵魂，“改良人类的关系”，达成“‘人’的理想生活”为目的，蕴含了对文学永恒价值的追求，是一种“人类的文学”，体现的是普世主义的诗学观，其价值根基与基督教的博爱、灵肉二元的人论密切相关，但又进行了人义论的现代转换，为现代汉诗学奠定了重要的理论基础。在实质上，是对现代汉语诗学观念的一次现代性建构。以后的现代汉语诗学却逐渐离开了这一轨道，违背先驱者的意志，宿命般地走上了国家、阶级、政党的文学道路。其价值根基的移动，可能是其致命的原因。

当然，那是后话。这里要问的是：在汉语文学现代化的当口，周作人普世诗学的主要基石为何在基督教那里？我以为，这与他对文学与宗教，汉语文学的现代性与基督教文化关系的独特理解不无干系。

周作人认为，文学起源于宗教。

1920 年，周作人在研究“古代希伯来文学的精神及形式与中国新文学的关系时”，就比较早地指出“艺术起源大半从宗教仪式出来”。他以“一切艺术都是表现各人或一团体的感情的东西”为逻辑起点，首先肯定毛诗大序的诗乐舞起源于情感说，即所谓“情动于中而形于言；言之不足，故咏歌之；咏歌之不足，故嗟叹之，嗟叹之不足，故不知手之舞之，足之蹈之。”然后推论原始社会的唱歌跳舞、雕刻绘画，也是为了表达感情，获得“一种生理上的满足”，但根本目的却是宗教的，这与别的艺术一样：

> 最初的时候，表现感情并不就此完事；他是怀着一种期望，想因了言动将他传达于超自然的或物，能够得到满足：这不但是歌舞的目的如此，便是别的艺术也是一样。①

换言之，初民的情感表达，是期望与“超自然的或物”发生“感应”，是一种祈祷，是渴望在灵魂呼告与神灵应答之间建立联系，是一个宗教事件。只是“后来这祈祷的意义逐渐淡薄”，艺术才与仪式分离开来，仪式也才转变为艺术。文学是艺术的应有之义，周作人关于艺术起源于宗教，也就言明了文学起源于宗教。

周作人的言述有两点值得注意：一是，他力求从发生学上探明文学的本质。这虽然是一种历史决定论，却是古往今来的思想者，为文学本体寻找合法性依据，并证成其本体论的惯常方法。康德认为文学起源于游戏，才有了他关于美的本质的认识，“美是那种与概念毫无关系而又普遍地使人感到非常愉悦的客体”，也才使他在自然领域、道德领域之外，建立审美领域的王国，认为审美是一种“无规律的规律性”、“无目的的目的性”的活动。② 柏拉图发现：“从荷马起，一切诗人都只是模仿者，无论是模仿德行，或是模仿他们所写的一切题材。”于是建立起自己关于文学本质的模仿理论。马克思主义学派坚

① 周作人：《圣书与中国文学》，杨扬编：《周作人批评文集》，第251页，珠海出版社，1998。

② 参［英］拉曼·塞尔登编：《文学批评理论——从柏拉图到现在》，第260—261页，北京大学出版社，2000。

信文学起源于劳动，才有了后来“文学是社会生活的反映”[①]的本体论。古代中国的“言志”、“缘情”说，也几乎就是古代汉语言思想界的文学本体观。由此可以推论，周作人在中国文学向现代转型的关键时刻，强调文学的宗教起源说，在有意无意中暗含了对文学本体的某种认识，为世纪之交史铁生提出“文学是宗教精神的文字体现”[②] 提供了历史的合法性。

二是，他阐明了文学是有意义的活动。他在文学起源于宗教的历史还原中，敏锐地发现（不如说有意地申明）了文学不仅是一种情感表达、生理满足，更是一种有意义的精神诉求。意义源于人的灵魂呼告与神灵感应之间的联系。这实际上为判断文学与非文学提供了一种价值尺度。而此一尺度又显然是宗教的。

其次，文学与宗教在本质上同构。

从文学的宗教起源说出发，周作人就文学与宗教的关系做了进一步的探讨。他从三个层面梳理了其中的相同点。

首先，艺术体验与宗教体验相通。从表面上看，艺术从仪式分离出来后，就“与仪式完全不同，但是根本上有一个共通点，永远没有改变的，这是神人合一，物我无间的体验”。原始仪式里的入神忘我是如此，希腊的新柏拉图派、印度的婆罗门教、波斯的“毛衣外道”等也是如此。基督教的《约翰福音书》说得更加明白：“使他们合而为一；正如你父在我里面，我在你里面，使他们也在我们里面。”周作人认为，这正是“文学与宗教的共通点的所在”。[③]

---

① 这里的“社会生活”，其实是特指某一个阶级或某些阶层体现了特定意识形态的“劳动”的总和。

② 史铁生：《自言自语》，《写作之夜》，第 174 页，人民文学出版社，2000。

③ 周作人：《圣书与中国文学》，杨扬编：《周作人批评文集》，第 251 页—0.，珠海出版社，1998。

其次，艺术情感与宗教情感相通。周作人具体分析了列夫·托尔斯泰在《什么是艺术》里所表述的艺术本体观，得出“人类所有最高的感情便是宗教的感情；所以艺术必须是宗教的，才是最高上的艺术”的结论。好的艺术是传达宗教情感的艺术，反之亦然：“宗教上的‘圣书’即使不当作文学看待，但与真正的文学里的宗教的感情，根本上有一致的地方”。①

再次，艺术功能与宗教功能相通。周作人引述列夫·托尔斯泰的观点说明：“基督教思想的精义在于各人的神子的资格，与神人的合一及人们相互的合一”。这不仅是基督教的特征与功能，而且“一切的艺术都有这个特性，——使人们合一。各种的艺术都使感染着艺术家的感情的人，精神上与艺术家合一，又与感受着同一印象的人合一”。在安特莱夫看来：“我们的不幸，便是在大家对于别人的心灵、生命、苦痛、习惯、意向、愿望，都很少理解，而且几于全无。”文学之所以是“最高上的事业”，就像宗教一样，可以拭去人与神、人与人之间“一切的界限与距离”。②

既然，文学与宗教同源，在本质上同构，在体验、情感和功能上相通，那么，包括基督教在内的宗教精神，就成为周作人用以建构现代汉语诗学的重要资源。几十年后，著名美学家宗白华表示了相同的看法：

> 文学艺术是实现“美”的。文艺从它左邻“宗教”获

① 周作人：《圣书与中国文学》，杨扬编：《周作人批评文集》，第251—252页，珠海出版社，1998。

② 周作人：《圣书与中国文学》，杨扬编：《周作人批评文集》，第252页，珠海出版社，1998。

得深厚热情的灌溉，文学艺术和宗教携手了数千年，世界最伟大的建筑雕塑和音乐多是宗教的。第一流的文学作品也基于伟大的宗教热情。《神曲》代表着中古的基督教。《浮士德》代表着近代人生的信仰。[①]

① 宗白华：《论文艺的空灵与充实》，《观察》第1卷第6期，1946。

第五章　爱的诗学与基督教

基督教的 Agape——挚爱[①]，是怎样进入现代汉语诗学，并成为其重要的思想资源的？它是否与 Eros——欲爱，达成合解，实现其相互融构，而成为一种现代汉语文学伦理？这种伦理，为现代的文化秩序，文学的精神秩序带来了什么？它与现代汉语诗学的现代性之间存有何种关系？诸如此类的问题，冰心的爱的诗学，为我们提供了得以展开论说的话语之域。本章拟从冰心的爱的诗学的话语建构、思想质料、动机结构切入，对上述问题做一点探询。

第一节　话语建构

冰心的爱的诗学，是在话语建构中得以可能的。在此称为爱的诗学的东西，在别处更多的称为“爱的哲学”。当然，这个哲学不是知识论意义上的形而上学，而是作为诗人、文学家的冰心，在文学想像与文论话语里，关于世界意义的充溢生命体验的独特阐释。有关冰心的爱的诗学的话语建构，近一个世纪以来，许多作家、批评家、文学史家都做出过努力。

张天翼认为，冰心的作品使人“咀嚼到温柔、细腻、暖

---

① Agape是基督教的核心理念，出于《新约全书》，它包含三个基本涵义：1、上帝对世人的爱；2、世人对上帝的爱；3、人与人之间的爱。又译“爱佳泊”、“大爱”、“圣爱”、“神爱”等等。参刘小枫：《个体信仰与文化理论》，第 459 页，四川人民出版社，1997。

和、平淡、爱”，“题材不外乎诗人、母性爱、人间爱、天真、及人道主义”。[①] 沈从文则说，冰心的小诗，以母性一般温暖的爱，扩张着诗人温柔与聪慧的心灵，显示出诗人典型的人格与优美的灵魂，“冰心女士所写的爱，乃离去情欲的爱，一种母性的怜悯，一种儿童的纯洁，在作者作品中，是一个道德的基本，一个和平的欲求”。[②] 沈从文比较早地将冰心的爱与人格建构、道德关切和社会理想一同观照，可谓慧眼独具。李希同也认为，冰心作品的“内容是爱母亲，爱小孩，爱海，爱朋友，爱小生物，基调是爱”。[③] 对冰心的小诗《繁星》与《春水》颇有非议的梁实秋，也持大致相同的看法。[④]

在新中国第一部系统的文学史中，冰心的爱的诗学被正式写入，开始成为一种体制化的知识，随后又被体制化地反复生产和复制。王瑶在这部文学史中这样写道，冰心“知道苦难的现实里只有泪珠，但她不愿做这样不情的文学家；她要讴歌理想——超现实的，于是就逃避和沉醉到她所常写的那些概念中了。歌唱大海、自然的美和母亲的爱，这就是冰心小诗的主要内容”。[⑤] 这种叙述方式几乎成了以后文学史关于冰心爱的诗学的经典话语方式，获得某种话语权力。而“逃避”和“沉醉”，这些带有特定价值判断的语词，也使这一表述通过了特定意识形态的审查而变得合法化。

晚近20年，据说有了新时期的文学史，又有了重写文学

① 张天翼（署名克川）：《十年来中国的文坛》，《文艺月刊》，第1卷，第3期。

② 沈从文：《论中国创作小说》，《文艺月刊》，第2卷，第4期。

③ 李希同编《冰心论》，北新书局，1932。

④ 参梁实秋：《冰心的“繁星”》、《“繁星”与“春水”》，载黄人影编：《当代中国女作家论》，第208—221页，光华书局，1933。

⑤ 王瑶：《中国新文学史稿》，第75页，开明书店，1951。

史的文学史，但文学史的写法无论怎样变换，关于冰心爱的诗学的叙述并没有根本改变。[①]

在海外汉学界，冰心更是被称为“博爱（爱天地万物）的倡导者”，爱和美被认为是其诗学纲领。[②] 夏自清在其著名的《中国现代小说史》里，尽管对冰心小说的成就用语吝啬，指摘其滥情、感伤和说教，但仍不忘指出，冰心在留美期间写的好几篇小说，阐扬了她的爱的哲学。[③] 当代学人王性初甚至认为爱是冰心作品的灵魂，是冰心的心灵之灯。

冰心的爱的诗学，在其话语建构过程中，逐渐形成了自己的内在结构，具有特定的意涵。对此，钱杏邨的有关论说颇为关键。钱氏认为，冰心的爱的诗学是由母亲的爱、伟大的海和童年的回忆构成。[④] 并将此高度概括为“母爱，儿童爱，自然爱”。[⑤] 这一概括的经典性，在以后的文学史阐释中被越来越明了地显示出来。钱氏以为，母爱是冰心爱的诗学的“哲学的础石”。在冰心那里，（1）母爱具有为生命立基的唯一性：“……挚爱恩慈的母亲。她最初也是最后我所恋慕的一个人。……她的爱，使我由生中求死——要担负别人的痛苦；使我由死中求生——要忘记自己的痛苦。”[⑥] （2）母爱具有超越时空的永恒性：“母亲，她爱我的肉体，她爱我的灵魂，她爱

① 参钱理群等编：《中国现代文学三十年》，第 152 页，北京大学出版社，1998；程光炜等编：《中国现代文学史》，第 117 页，中国人民大学出版社，2000。

② ［斯洛伐克］马利安·高利克：《青年冰心（1919－1923）：冰心与〈圣经〉、冰心与泰戈尔的关系研究》。

③ 参［美］夏自清：《中国现代小说史》，香港友联出版有限公司，1978。

④ 黄英：《谢冰心》，载《现代十六家小品》，光明书局，1935。

⑤ 阿英：《〈谢冰心小品〉》，载《现代十六家小品》，光明书局，1935。

⑥ 冰心：《〈寄小读者〉四版自序》，《冰心文集》，第 3 卷，第 81 页，上海文艺出版社，1984。

我前后左右，过去，将来，现在的一切！”[①]（3）母爱具有灵魂奔趋的神圣性：“使人一心一念，神魂奔赴……尽我在世的光阴，来讴歌颂扬这神圣无边的爱。”[②]（4）母爱具有分担苦弱的救世性。母爱是安顿灵魂的居所：“我的心舟在起落万丈的思潮中震荡时，母亲！纵使你在万里外，写到‘母亲’两个字在纸上时，我无主的心，已有了着落。”[③]

母亲呵！
　　天上的风雨来了，
　　鸟儿躲到它的巢里；
心中的风雨来了，
　　我只躲到你的怀里。[④]

母爱是战胜不幸的源泉：小说《超人》里的何彬因母爱而重获新生；《烦闷》中的小弟弟因母爱而解脱苦恼；《悟》中的哲人星如，也是因母爱而抛弃了厌世哲学。母爱是指引未来的光明。正如钱杏邨所说，冰心“始终的认定母亲是人类的‘灵魂的安顿’的所在地，母亲的爱如那‘春光’，母亲的爱能以解决人间的一切的艰难纠纷而有余”。[⑤]

---

① 冰心：《通讯·十三》，转引自阿英《〈谢冰心小品〉》，载《现代十六家小品》，光明书局，1935。

② 冰心：《通讯·二十》，《冰心文集》，第3卷，第121页，上海文艺出版社，1984。

③ 冰心：《通讯·十三》，《冰心文集》，第3卷，第123页，上海文艺出版社，1984。

④ 冰心：《繁星·一五九》，《冰心文集》，第2卷，第53页，上海文艺出版社，1983。

⑤ 黄英：《谢冰心》，载《现代十六家小品》，光明书局，1935。

冰心的另一首诗，在母爱中带出了“自然爱”。

造物者——
　倘若在永久的生命中
　　只容有一次极乐的应许。
　我要至诚地求着：
　　“我在母亲的怀里，
　　母亲在小舟里，
　　小舟在月明的大海里。”[①]

诗里有一种潜在的逻辑关系：月明的大海象征着自然，是母爱的承载者，所以圣赞母爱，也应同时圣赞自然。冰心由此成为“自然的颂赞人。她陶醉于自然界的一切现象，所谓爱的宇宙里的一切”。[②]而伟大的海，也常常化为自然爱的具象，在冰心的作品中被在在歌咏。钱杏邨认为，大海总是能唤醒冰心的灵魂，大海赋予了冰心诗的天才和极其丰富的想像，冰心因此也成为大海的守望者：“大海呵！/哪一颗星没有光？/哪一朵花没有香？/哪一次我的思潮里/没有你波涛的清响？”[③]大海强有力地主宰了冰心的精神，支配了她的思想，“海在事实上是成了她的支配者，而她是海的怀抱中的羔羊”。[④]更有意思的是，由于父亲是海军，自己有了在海边度过童年的特殊经历，大海对于冰心还是父爱的象征。在某种意义上，她对大海的赞颂，也是对父爱的赞颂。

---

① 冰心：《春水·一〇五》，《冰心文集》，第2卷，第91—92页，上海文艺出版社，1983。

② 阿英：《〈谢冰心小品〉》，载《现代十六家小品》，光明书局，1935。

③ 冰心：《繁星·一三一》，《冰心文集》，第2卷，第44页，上海文艺出版社，1983。

④ 黄英：《谢冰心》，载《现代十六家小品》，光明书局，1935。

父亲呵！
　　出来坐在明月里
　　　　我要听你说你的海。

在另一首诗中，她更是直白地歌唱道："父亲呵！/我怎样的爱你，/也怎样爱你的海。"

钱杏邨还认为，冰心"向往于乱丝纠心的母亲，向往于伟大的诗人似的海，同时，也向往于天真烂漫的人类的童年。"[①] 儿童作为人类童年的象征性符码，在冰心的笔下被不绝如缕地歌唱。儿童是爱的真理的持有者："真理，/在婴儿的沉默中，/不在聪明人的辩论里。"[②] 童年是情感真实的时代："童年呵！/是梦中的真，/是真中的梦，/是回忆时含泪的微笑。"[③] 儿童也是爱的诗学的实现：在寓言小说《爱的实现》中，儿童是作家写作的动力，儿童是否在场，是作家关于爱的实现的构思与写作是否可能的决定性因素。

母爱，自然爱，儿童爱，构成冰心爱的诗学的主要内容，在钱杏邨时代就已成共识，只是各人诉求的侧重点不一样。[④]

---

① 黄英：《谢冰心》，载《现代十六家小品》，光明书局，1935。

② 冰心：《繁星·四十三》，《冰心文集》，第2卷，第17页，上海文艺出版社，1983。

③ 冰心：《繁星·二》，《冰心文集》，第2卷，第4页，上海文艺出版社，1983。

④ 比如，贺玉波侧重于强调母爱和自然爱（参贺玉波：《歌颂母爱的冰心女士》，载《现代文学评论·中国现代女作家》，复兴书局，1931）；直民则偏重于母爱和儿童爱："母亲底爱，小孩子底爱，这二者是冰心底一切著作中的基调"，而将自然爱作为其作品"喜用的背景"（参直民：《读冰心的作品志感》，载黄人影编《当代中国女作家论》，第166页，光华书局，1933）。

建国后，这一学术结论得到传承。在最早的《论冰心的创作》中论者就指出："冰心的'爱的哲学'是有她自己的体系和逻辑的。母爱、儿童和自然就是它的三大组成部分"；"母亲爱，儿童爱，自然爱是她的哲学之'鼎'中的三只脚。"① 尽管原文没有注释，但这一说法显然源自钱杏邨。另一篇名为冰心创作"新论"的文章，依然是立基于"饱蕴着爱和美的三块'圣地'——母爱、童真和大自然"上的，② 所谓新，莫过在于为冰心爱的诗学重新寻找正当性根据，因为已经到了可以为冰心公开辩护的时候。以后的情形更是如此，恕不赘述。

关于母爱，自然爱，儿童爱在冰心爱的诗学中的关系，20世纪30年代的批评家赤子有过精彩的描述：

> 冰心女士是一位伟大的讴歌"爱"的作家。她的本身好像一只蜘蛛，她的哲理是她吐的丝，以"自然"之爱为经，母爱和婴孩之爱为纬，织成一个团团的光网，将她自己的生命悬在中间，这是她一切作品的基础，——描写"爱"的文字，再没有比她写得再圣洁而圆满了！③

问题是，冰心的爱的诗学，真的是以自然之爱为经，以母爱、儿童之爱为纬吗？如果是，为何为经者恰恰是自然爱？它又是在怎样的逻辑关系上将儿童爱、母爱钩连起来的？如果不是呢？其三者的关系又如何？看来，这还是一个需要在以后进一

---

① 范伯群、曾华鹏：《论冰心的创作》，《文学评论》，1964年，第1期。

② 王喜绒：《应该重新思考的另一种歌唱——冰心创作新论》，《兰州大学学报》，1988年，第4期。

③ 赤子：《读冰心女士作品底感想》，载黄人影编《当代中国女作家论》，第187页，光华书局，1933。

步辩证的问题。

第二节　思想质料

审理前述问题的重要前提是弄清：冰心的爱的诗学的思想质料是什么？它源于何处？冰心之爱为何爱？对此，在近百年的话语堆积中，有各种各样的回答。它们或者兼容，或者互相排斥。归纳起来，大致有如下几种。

1. 神秘的宇宙观

钱杏邨认为，冰心的爱的哲学表现了一种神秘的宇宙观。这种宇宙观是（1）超越性的，它居于世俗世界之外，是“一种不可测度的神秘足以诱惑人们的力量”，冰心对它的追求，是借助于神秘的幻想，“努力于超自然的世界”的精神追求；同时它又是（2）至美的，诗人在沉默中、微光里，只有赞颂而低首。虽然她也深刻地感到生命的虚无，生活的不幸，但因了这样的宇宙观，她却用美去装点生命，以美去面对死亡；它还是（3）至爱的，或者说是一切爱的居所。而这一切的爱又是植根于“宇宙的爱”和“母性的爱”里，并成为救治社会人心，解决所有问题，走向光明未来的根据。这时的钱杏邨早已不是自由主义的文论家，他以一篇《死去了的阿Q时代》认同了马克思主义文艺战士的身份，因此，他结论道：冰心的宇宙观，以及由此而来的人生观“只是神秘的，个人主义的，唯心的，幻想的，不可捉摸的；与其他的知识分子一样，极端的表现了神经衰弱的过去的诗人的病态，用着病态的空想在憧憬着世界的彼方的‘那知识分子的宇宙主义’”，对于社会现实而言，不过是皮相的空论而已。这样的世界观究竟是怎样的？钱氏并未对此进行深入的询问。

关于冰心爱的诗学的思想渊源，钱氏倒是有过这样的表述：冰心“虽然‘低首膜拜’于尼采（Nietzsche）的厌世哲学之前，可是，泰戈尔（Tagore）的唯心的哲学的精神，却更有力的影响了她——使她肩起了她的所谓‘爱的哲学’的旗帜。”[①] 也就是说，冰心的爱的诗学的思想质料，至少在钱氏看来，主要源自东方诗人——泰戈尔的哲学，而非尼采。持此一观点的至少还有茅盾，他在20世纪30年代中期发表的《冰心论》中指出，冰心的爱的哲学的“立脚点不是科学的，——生物学的，而是玄学的，神秘主义的”。[②]

2. 基督教的博爱

钱杏邨在谈到冰心爱的诗学主要是一种神秘的宇宙观的时候，并没有完全否定它含有别的思想因子。他在另一处说，无疑，在冰心的作品中“也还有基督教思想的血液存在，这些血液，是流贯在她的爱的哲学之中”。[③] 当然，在钱氏那里，它处于从属地位。

贺玉波认为，“耶教式的博爱”，是冰心爱的诗学的思想特质，他确信，冰心是“主张用由母爱而发展的博爱来解除社会上的罪恶，来拯救苦难的众生”的。他由此出发去解读冰心的主要作品：《超人》是博爱思想表现得最为成功的小说；《通讯·九》表达了对超国界的爱与同情的诉求；《悟》是以母爱和博爱非难对于人类绝望的人生观。贺氏在此篇论文中持的是阶级分析的学说，因而，他认为冰心这种基督教式的爱的诗学，是一种面对苦难社会逃避、退缩的“饭碗主义”，是万分消极

① 黄英：《谢冰心》，载《现代十六家小品》，光明书局，1935。

② 茅盾《冰心论》，《文学》，第3卷，第2期，1934年8月。

③ 阿英：《〈谢冰心小品〉序》，原载《现代十六家小品》，光明书局，1935。

的。他指摘冰心不攻击这样的社会制度，反倒一味责备人们不曾相爱。在他眼里，冰心要求人们“一边流进着血泪，一边肩起爱的旗帜”，在这荆棘遍地的人生路上，走出开天辟地的第一步的主张，更是滑稽之至。他甚至嘲笑冰心：未免对于现社会的组织太盲目了！他以真理拥有者的身份质问道：“在私有财产制度之下，在剥削被剥削的矛盾社会里面，你能高举着爱的旗帜吗？你能怎样去爱你的被压迫的父母妻子儿女呢？算了吧！空虚的博爱有什么益处？”① 贺氏的话语里充满了强烈的阶级义愤。这种义愤代替了知识性诉求，在20世纪的绝大部分时间里，获得了不可置疑的某种社会法权和正当性。

深究起来，贺氏理解的爱与冰心所持的爱，显然判然有别。前者是施予与被施予型的，后者是在体性的。前者之爱是主奴式的、不平等的，它有着这样的理论预设，世界上存在着没有爱或者不会被爱的主体。后者，不存在爱与被爱双方，它本身即是爱。前者之爱，既是人本学的，也是浅薄的，如果带有宗教性，就一定表现为丧失理智的狂热，尤其是在集团的、阶级的、政党的利益驱动下更是如此。即便是人本学家费尔巴哈也认为：

> 只要爱还没有被提升为本体、本质，那么，在爱之背景上，就潜存着一个即使没有爱也仍旧是某种自为的东西的主体，他是一个无爱的怪物，是一个妖魔式的存在者，他的可以跟并且确实跟爱区别开来的个性，以异端者和不信者的血为嗜好。总之潜存着宗教狂热之幻影！②

---

① 参贺玉波：《歌颂母爱的冰心女士》，载《现代文学评论·中国现代女作家》，复兴书局，1931。

② ［德］费尔巴哈：《基督教的本质》，第90页，商务印书馆，1997。

回首一下以阶级爱为旗帜的“文革”那种宗教式的狂热和灾难，老费尔巴哈的话语还真有几分真理性。

3. 泛神论思想

梁锡华不是最早，但却是比较系统地指出冰心爱的诗学的根基是泛神论思想的。他在《圣经》中提纯出一套理想型的基督教信理，用以审理冰心诗文中的宗教信仰，然后断言：冰心的信仰并非基督教的，而是一种泛神论思想。

梁锡华的学理依据主要有三点：一、审美主义的自然观。冰心在《遥寄印度哲人泰戈尔》一文中说：“你的极端信仰——你的‘宇宙和个人的灵中间有一大调和’的信仰：你的存蓄‘天然的美感’，发挥‘天然美感’的诗词；都渗入我的脑海中，和我原来的‘不能言说’的思想，一缕缕的合成琴弦，奏出缥缈神奇无调无声的音乐。”[①] 这里的“天然美感”，在另一篇文章中被替换为“自然美感”：“与秀在湖旁并坐，谈到我生平宗教的思想，完全从自然之美感得来。不但山水，看见美人也不例外！”在梁氏看来，这样的自然美感，是泰戈尔式的自然崇拜，骨子里透出的是唯美主义，或者审美主义。自然崇拜对于冰心究竟有多大的作用呢？冰心说，“我因你赞美了万能的上帝”，是“你引导我步步归向于信仰的天家”。[②] 于是，冰心拜倒在自然的脚下，视万有为上帝，而表现出泛神论的观念：“万有都蕴藏着上帝，/万有都表现着上帝”。[③]

二、无限结合的生死观。冰心在《“无限之死”的界线》

---

① 冰心：《遥寄印度哲人泰戈尔》，《冰心文集》，第3卷，第3页，上海文艺出版社，1984。

② 冰心：《寄小读者·通讯二十五·赞美所见》，《冰心文集》，第3卷，第175—176页，上海文艺出版社，1984。

③ 冰心：《向往》，《冰心文集》，第2卷，第137页，上海文艺出版社，1983。

中，通过与拟想的死者对话，探讨了人的生死观，其结论是：生死之间无区别，“不过都是‘无限之生的界线’”，生者、死者虽天各一方而又依然结合，且与万宇宙万物融汇，达至完美之境，成就天国与极乐世界。梁锡华以为，这是泛神论思想的最高体现：“万全的爱，无限的结合，是不分生——死——人——物的”，人生的惟一意义，就是奔跑“那条‘完全结合’的道路”。[①] 而其思想资源仍旧是泰戈尔的“梵我不二”的妙谛。理由是泰戈尔在《The Religion of Man》中曾经写道：“梵是绝对真理。凭隔绝一切的个人心思不能领会梵，文字也不能描述梵，但我们只能通过个人无限的完全结合去认识梵。”

三、至高无上的母爱观。以母爱替代圣爱，以母亲占据上帝的位格，在梁锡华看来，若以基督教信理打量，至为“荒唐”。对于冰心说母亲的爱不仅包围着她，而且普遍地包围着一切爱她的人，世界就是由这爱“建造起来的”，只有普天下母亲的爱，才是一般的长阔高深，分毫都不差减，[②] 梁锡华问道：在这时，上帝在哪儿？对于冰心说母亲的爱在世上幻出人和人，以及人和万物种种一切的互助和同情，这如火如荼的爱力，使这疲缓的人世，移向光明，[③] 梁氏又问道：造物主的上帝、全能的上帝，此时又在哪里？对于冰心说母亲是她“永久灵魂之归宿”，[④] 是她在“无遮拦天空下的荫蔽”，梁锡华继续

① 冰心：《“无限之生”的界线》，《冰心文集》，第3卷，第4—7页，上海文艺出版社，1984。

② 冰心：《寄小读者·通讯十》，《冰心文集》，第3卷，第112—113页，上海文艺出版社，1984。

③ 冰心：《寄小读者·通讯十二》，《冰心文集》，第3卷，第121页，上海文艺出版社，1984。

④ 冰心：《寄小读者·通讯二十八》，《冰心文集》，第3卷，第197页，上海文艺出版社1984。

问道，除了上帝，谁能给人以归宿、以荫蔽？

基于上述三点，梁锡华认为，冰心爱的诗学所表现的是非基督教观念，它的思想资源应该是泛神论。当然，他也并未将冰心的思想全部纳入泛神论。关于至高无上的母爱观，他是分开来论述，有意显示出它与泛神论思想的区别的。但是，我认为，它是可以统合到梁氏的泛神论思想里的，而且它还至为关键。因为，如果冰心信仰的果真是泛神论的话，母爱就应该是泛神论的所泛之“神”。令人感兴趣的是，恩格斯曾经有过这样的论述：

> 泛神论本身就是基督教的产物，它与自己的前提是分不开的，至少现代斯宾诺莎、谢林、黑格尔以及卡莱尔的泛神论是这样。①

当然，梁氏所指证的冰心泛神论思想的源头在泰戈尔哲学那里，而泰戈尔的哲学既受印度教，又受佛教和基督教的影响，这就使问题本身变得更加复杂化了，有必要在后面细细分梳。但也正因为如此，梁氏在指出冰心的宗教信仰主要是泛神论后，也不忘结论说，冰心的宗教信仰是驳杂支离的。②

4. 自然人性

冰心对自然、儿童的赞颂，是很容易让人联想到西方18世纪的自然人性的，甚至，在普遍缺乏知识现象学和知识社会学意识的汉语学界，还会轻易地将它与庄周的自然论挂上钩。

---

① ［德］恩格斯：《英国状况》，郑天星编：《马克思、恩格斯论无神论宗教和教会》，第103页，华文出版社，1991。

② 参梁锡华：《冰心的宗教信仰》，载《且道阴晴圆缺》，台北远景出版公司，1983。

这至少在表面的相似性上说得过去。上面梁锡华在说到冰心的思想资源是泛神论时，第一个学理依据就是审美主义的自然观，而其中，他已经谈到其与建筑在自然人性论基础上的西方浪漫主义的关联。但这个话题真正得到深入展开的是后来的一位学人，他在一篇文章中系统地论述了冰心的爱的诗学与自然人性论及其浪漫主义的关系。

这篇文章从爱的诗学的动机结构入手，在三个层面上立论：以自然对抗俗世；以理想否定现实；以个人反抗社会。论者认为冰心的爱的诗学，实质上是一种与现实社会中“人造的”文明相对立的、融合了东西方思想传统的“自然”观。东方是庄周的崇尚自然、与自然合一的思想、禅宗化的美学理想、抒写性灵的传统和泰戈尔的“天然美感”说；西方是以卢梭为代表的回归自然与歌颂自然的浪漫主义精神。这些思想资源，具体演化为以母爱、儿童爱和自然爱为其内容的冰心爱的诗学的时候，体现为这样的特征：“母爱与童心之形上意义，都是一个‘自然’。冰心就是把它们作为自然来讴歌的。‘爱的哲学’包含主客观两方面内涵：主观方面，表现冰心对自然、母亲、儿童的爱；客观方面，显现‘自然之爱’的客观存在状态，即自然、母爱、童心原初的‘天性’——真性灵、真感情的自然状态与客观属性。”由形而下的自然状态和形而上的自然本性，论者很快推论出：“超越功利，无差等，无厚薄，一切出之天然本性，这就是冰心的自然观。”这个自然观，在本质上被高度简化为四个字：“自然本性”。表现为“自然感情”。于是作者结论说：“‘爱的哲学’之三爱，其实一也，即爱自然。……冰心找到了自然与人的相同点：真性。自然、母爱、童心，都是无我、无为、无知、无欲、无差等、无涯涘的，同时又是有知有为的，这‘知’与‘为’就是无我无欲、纯然天真的‘爱’，即‘自然之爱’。”而在论者看来，正是人类与自然相同的“真性灵”，使人与自然取得了和谐一致，“这种和谐关系的本质，则是浪漫主义文学精神深处的生命形态的人道主义”。①

汉语文化传统的童心说、性灵说、天人合一说，与西方的自然人性论就这样在冰心的爱的诗学中实现了巧妙的共存，并统一于人的“真性”。可以问：一个与社会无关、高度提纯的、纯粹自然的人之真性存在吗？是如何存在的？绝对非社会、永恒存在于自然状态的人性这个理论预设有根据吗？不管是否有根据，持人之真性或童心是冰心爱的诗学基石的观点的，远非论者一人。20 世纪 90 年代末期，另一位著名学者也说，在冰心那里，“‘孩子’是连接家庭、大自然、基督教的上帝和‘五四’新文化的一个根本纽带，是她所有文化观念中一个最基本的文化观念。与其说她崇拜的是上帝，不如说她崇拜的是童心。‘童心’才是她意识深处的‘上帝’。”并以此作为冰心诗学的阐释基点。② 看来，这还不是一个简单的问题，要解决它，并非很容易，显然需要缜密的论析。不过可以先问一句：冰心之童心与上帝之间的关联是一种逻辑的必然吗？如果是，明朝倡言童心说的李贽为何没有走向上帝，而恰恰是冰心？这样的提问并非是无稽之问，不必说景教最早进入中土的唐贞观九年，也不必提天主教再度入华的 13 世纪的元代，单是李贽生活的 1527—1602 年间，基督教第三次来华传教的声浪就越来越高，而且最热闹的还正是李贽的家乡福广沿海一带。1583

① 参刘岸汀：《论冰心前期创作的浪温主义倾向》，《扬州师范学报》，1990 年，第 3 期。

② 王富仁：《中国现代新诗的“芽儿”——冰心诗论》，《北京师范大学学报》，1996 年，第 5 期。

年 9 月 10 日，明代最有名的耶稣会士罗明坚、利玛窦抵达两广总督所在地，并被获准进入广州自由传教。1598 年利玛窦进京。在李贽逝世的前一年元月，万历皇帝召见了利玛窦，赐馆舍于宣武门内，将其早已开始的传教活动在整个华夏合法化。可是，力倡童心说的李贽对此不闻不问，对上帝却视而不见。相反的例子是，同为士大夫的徐光启，曾任礼部尚书、内阁大学士，则于 1595 年开始接触教会人士，1600 年拜访利玛窦，1603 年受洗成为基督徒。

我从近一个世纪的话语丛林中分梳出神秘的宇宙观、基督教的博爱、泛神论思想和自然人性论，肯定不是有关冰心爱的诗学之思想质料全部言说，也不是每一个人都只持一种观点，更多的人愿意说，它是非儒、非佛、非耶、非道，斑驳含混的，这样说既容易、又稳妥，还辩证，且保险，但坏处是，它的敞开即是遮蔽，什么都说了，我们却什么都不知道。这样的学问科学得无知。事实上，上述的四种观点，已经使冰心爱的诗学的实质问题变得相当困难。不过，我还要追问：冰心爱的诗学之爱，究竟为何爱?

5. 爱的实质

爱的诗学的中心词是爱，在冰心那里，这爱是什么？或者问：什么是爱？读完冰心的文字，结合上面的论述，是很容易得出这样的结论：爱是母亲，母亲是爱。于是问题的核心就落在了：谁是母亲？或母亲是谁上了？母亲是谁呢？是给我们血肉之躯的那个母亲吗？是承负着人间之爱的那个母亲吗？回答这个问题，得梳理冰心叙述中的母亲的特征。那么，冰心用话语建构了怎样的母亲呢?

我们先来读一首冰心给母亲的《致词》：“假如我走了，/彗星般的走了——/母亲！/我的太阳！/七十年后我再回来，/

到我轨道的中心/五色重轮的你时，/你还认得这一点小小的光明么？/假如我去了，/落花般的去了——/母亲！/我的故枝！/明年春日我又回来，/到我生命的根源/参天凌云的你时，/你还认得这一阵微微的芬芳么？/她凝然……含泪的望着我，/无语——无语。/母亲！/致词如此，/累你凄楚——/万全之爱无别离，/万全之爱无生死。”① 这首诗显示了冰心话语里母亲的许多特点：母亲是光明之源，是生命之根，是万全之爱，是永恒之在；我是母亲的女儿，我之血肉之躯必将消失，而母亲永在。不仅如此，母亲更是生命的创造者：“母亲付予了我以灵魂和肉体。”② 母亲也是原初的语言：“母亲呵！/这零碎的篇儿，/你能看一看么？这些字，在没有我以前，/已隐藏在你的心怀里。”③当诗人降临于世的时候，就将母亲的原初之言带到了世上：“婴儿，/在他颤动的啼声中/有无限神秘的语言，/从最初的灵魂里带来/要告诉世界。”④最后，母亲还是灵魂的皈依：“母亲呵！撇开你的忧愁，/容我沉酣在你的怀里，/只有你是我的灵魂的安顿。”⑤“廖廓的黄昏，/何处着一个彷徨的我？/母亲呵！我只要归依你，/心外的湖山，/容我抛弃罢！”⑥再从母爱反观母亲，结合前面钱杏邨关于冰心的母爱具有为生命立基的唯一性、超越时空的永恒性、灵魂奔趋的神圣性、分担苦弱的救

① 冰心：《致词》，《冰心文集》，第 2 卷，第 156—157 页，上海文艺出版社，1983。

② 冰心：《〈寄小读者〉四版自序》，《冰心文集》，第 3 卷，第 81 页，上海文艺出版社，1984。

③ 冰心：《繁星·一二O》，《冰心文集》，第 2 集，第 40 页，上海文艺出版社，1983。

④ 冰心：《春水·六十四》，《冰心文集》，第 2 集，第 78 页，上海文艺出版社，1983。

⑤ 冰心：《繁星·三十三》，《冰心文集》，第 2 集，第 13—14 页，上海文艺出版社，1983。

⑥ 冰心：《春水·九十七》，《冰心文集》，第 2 集，第 89 页，上海文艺出版社，1983。

世性等论述，我们即使是坚定的人本主义者，也不得不说：冰心话语中的母亲，不是人间母亲，而是神圣母亲。她是上帝，是基督，是弥赛亚。到此，冰心爱的诗学中的爱是母亲，母亲是爱，就转换为了：爱是上帝，上帝是爱。既然爱是上帝，那么，冰心爱的诗学的思想实质及其建构的思想质料，显然就是基督教的了。到这时，冰心如此的表白才可能让人信以为真："又因着基督教义的影响，潜隐地形成了我自己的'爱'的哲学"。[①]

何以"上帝是爱"就一定是基督教的呢？上帝是爱，是基督教的核心教义，也是基督教神学的核心命题。《约翰一书》上说："神就是爱"[②]。《哥林多前书》上说："如今常存的有信，有望，有爱；这三样，其中最大的是爱。[③]"宗教哲学家弗兰克也认为："基督教的宗旨，即宗教的宗旨，就是爱的宗旨。"神本身——我们存在的最高创造者、开端和本质——就是爱，即"上帝就是爱"[④]，上帝与爱在此同一。当代著名新教神学家、神学解释学代表云格尔更是断言，在基督教神学对于上帝存在问题的诸多回答中，总是把其中的一个作为无条件的首要回答，那就是：上帝是爱。[⑤] 至于上帝为何是爱，不在本文的论域之内，但有一点十分关键，那就是上帝道成肉身，派独生子降临人世，进入历史，最后在十字架上成全了爱。按照人本主义哲学家费尔巴哈的说法，这是"爱通过受难来证实

---

① 冰心：《冰心全集·自序》，海峡文艺出版社，1994。

② 《约翰一书》4：8。

③ 《哥林多前书》13：13。

④ ［俄］弗兰克：《爱的宗教》，载刘小枫编：《20世纪西方宗教哲学文选》（上），第366——377页，上海三联书店，1996。

⑤ 参［德］云格尔：《上帝是爱：论上帝与爱的同一》，载刘小枫编：《20世纪西方宗教哲学文选》（中），第769页，上海三联书店，1996。

自己”。[①] 神学家尼布尔则说：“十字架象征爱的完全。”[②] 而且，在基督教看来，信仰基督教是同信仰上帝是爱合二为一的。克尔凯郭尔在谈到信仰与爱的关系时曾说：

> ……信仰，——你应该信仰，如果有人问我，我是否是在靠信仰来自得其乐，那么我会回答说，不，但我仍然相信，一切顺利，上帝是爱，这仍是一种无可名状的幸福的感受。或者，由于我的责任，一切都糟透了，但上帝依然是爱；或者，一切会好起来，并且证明恶有其意义——但在这种情况下上帝仍然是爱。[③]

冰心自己在诗中也唱道：“上帝是爱的上帝/宇宙是爱的宇宙。”[④] 证明冰心是把信基督教与信上帝是爱融为一体的。不仅如此，冰心还认为：“真理就是一个字：‘爱’。耶稣基督是宇宙间爱的结晶，所以他自己便是爱，便是真理。”[⑤] 可以由此推论，至少在冰心自己看来，她高举爱的诗学的旗帜，就是在现代汉语文学界高举真理的旗帜。

到此，我们面临的一个困难是：既然冰心明确信奉上帝是爱，爱是宇宙间的真理，那为什么除了一些纯粹的宗教诗篇外，冰心并不直接地歌颂上帝的爱，而是歌颂母亲的爱呢？换一种问

① ［德］费尔巴哈：《基督教的本质》，第98页，商务印书馆，1997。

② ［美］尼布尔：《牺牲的爱与基督的无辜》，载刘小枫编：《20世纪西方宗教哲学文选》（上），第268页，上海三联书店，1996。

③ ［丹］克尔凯郭尔：《基督徒的激情》，第98—99页，中央编译出版社，2001。

④ 冰心：《夜半》，《生命》，第1卷，第8册，1921年3月15日。

⑤ 参冰心：《自由——真理——服务》，《燕京大学季刊》，第2卷，第1—2号，1921年6月。

法，上帝和母亲在冰心那里是一种什么关系？冰心是怎样实现上帝之爱与母亲之爱的转换的？这种转换是否有其学理上的依据？

关于此一问题，王学富所做的工作是值得称道的。[①] 他认为，冰心所赞美的母亲与宗教的上帝之间所反映的是一个母系宗教的问题。宗教经历了一个从母系神向父系神的转换过程。在母系神阶段，宗教积淀着人类对母爱的体验，母爱与神爱有着共同性：作为个体与人类的母亲之爱，都建基于一种无条件的祝福，即在上帝充满母性柔情的爱里，人人平等，相互关爱。这一直被视为人类爱情的最高形式与最神圣的感情之间的冥契。母系神转向父系神后，意味着人爱上帝如爱包罗万象的母亲，上帝爱人像母亲一样不分贵贱尊卑的母系宗教成份得到部分保留，增加了人像爱父亲那样爱神的内容：作为神的父亲是人类思想和行为的准则，相信神赏罚分明，最终会挑选我作为他最心爱的儿子。如此一来，上帝就具备了严父慈母的双重性质，对母亲的爱和对神的爱之间存在着高度的一致性。具体到基督教，天主教中的圣母院和圣母玛丽亚象征着母亲；新教中路德之上帝的爱是恩赐，信仰这个恩赐，并认同自己的弱小和需要帮助，也隐含着母性因素。落实到《圣经》，其中许多章节，都是把上帝叙述成母亲的。如《旧约·以赛亚书》第49章，神看顾子民如母亲看顾婴孩；《旧约·诗篇》第131篇，依靠主如婴孩在母亲怀中；再如《新约·马太福音》第23章第37节：“我多次愿意聚集你的儿女，好像母鸡把小鸡聚集在翅膀底下”。因此，汉语基督教神学家丁光训认为“上帝不是男性”：“神的希伯来原文 Elohim 这个词前半部分 Eloh

① 参王学富：《冰心与基督教——析冰心“爱的哲学”的建立》，《中国现代文学研究丛刊》，1994年，第3期。

最初原本是一个女性的神的名字，后面加上的 im 是希伯来文作于男性多数的词尾，这也说明，把神看成是男性是片面的，不妥当的。说神也有母性不能算错。更确切一点来说，母性能够彰显神被人们多年来忽略了的部分性格，母性对于丰富我们对神的认识是可以做出很大的贡献的。”①

冰心当然不会去理会这些冷冰冰的学理，也不可能回到母系宗教时代。她之所以将上帝与母亲一体化，一方面可能源于她对《圣经》的独特感悟，另一方面，也是更重要的，是与她个人的原体验有关。人们走向宗教，信奉上帝的原因是各种各样的，但源自个体内心深处的生命体验，无疑具有相当关键的作用。被称为 20 世纪天才的基督思想家西蒙娜·薇依，早年曾是一位马克思主义者和优秀的劳工阶级革命理论家、实践家，正是特殊的生命体验——深入劳工生活底层的灵魂触动，使她后来皈依了基督教。②

何谓原体验？简单地说，就是体验之体验。今道友信认为：“人类可以有各种各样的体验。但所有人一定都要体验，而且时时都在体验的体验，这在哲学上叫做原体验。爱正是这种‘原体验’。”③ 冰心的原体验就是爱，而且特别是母爱。这在她的《寄小读者》、《繁星》、《春水》中已有充分的表现，前面我们的论述也体现了这一点，兹不赘述。正是这种关于爱，尤其是关于母爱的原体验与基督教信理中的母性成分相碰撞的

---

① 转引自王学富：《冰心与基督教——析冰心“爱的哲学”的建立》，《中国现代文学研究丛刊》，1994 年第 3 期。本段有关论述亦主要出自这篇文章，特此向王学富致谢。

② 参刘小枫：《走向十字架上的真——20 世纪基督教神学引论》，第 165—209 页，三联书店，1995。

③ ［日］今道友信：《关于爱》，第 1—2 页，三联书店，1987。

时候，上帝与母亲融构，升华为冰心式的体系化、宗教化的爱的诗学，才成为可能。也正是这样一种带有原初体验的宗教诗学，才使其在现代汉语诗学界放出异彩。对此，刘思谦的分析是精彩的：

> 冰心是为了对自己这份生命体验和人生信念的挚爱，才进而去寻找哲学寻找逻辑。这样，她就不像有的哲学家那样把自己的体验敲碎纳入概念范畴的框架归结为抽象的本质，而是始终固守自己这份鲜活的体验，通过逻辑驳论上升为关于人类宇宙的普遍信念，从而在普遍的哲学意义上维护了爱的价值。在这一逻辑论证中，爱并不是通过论证才得出的结论，而是她立论的基础和前提。这一基础和前提，在逻辑驳论过程中成为连接生与死、有限与无限、瞬间与永恒、个体与群体的哲学智慧，成为泰戈尔所说的“艺术的宗教”。①

刘氏的论证，是把冰心的爱的诗学引向了哲学化，但在事实上，它更是宗教化的——基督宗教化的。它的确像哲学一样给出了“人类宇宙的普遍信念”，但是，在我看来，它是以得救型知识和诗学的形态，而非形而上学知识的方式给出的。这一点有必要说明。

这样，在冰心那里，母亲和上帝就处于同一位格。用冰心自己的诗意化语言来表述就是，母亲和上帝都是一团乱丝，谁也解不开：“太阳怎样的爱门外的那棵小树，母亲也是怎样的

① 参刘思谦：《“娜拉”言说》中有关《冰心：迷离的东方女性之真》的部分，上海文艺出版社，1993。

爱我——‘母亲’？这两个字，好象不是这样说法，只是一团乱丝似的。这乱丝从太初就纠住了人的心；稍微一牵动的时候，我的心就痛了，我的眼睛就酸了，但我的灵魂那时候却是甜的。这乱丝，世上没有人解得开，上帝也解不开——其实上帝也是一团乱丝，母亲也解不开。”①

是不是因为母亲和上帝处于同一位格，就有悖于基督教信仰，或者是非基督教的呢？如果不是从原教旨主义出发的话，当然不是。当代最有影响的天主教神学家汉斯·昆说过：“人的确是和历史地形成的宗教形式连结在一起的”，冰心正是与适应启蒙理想建制化以后的基督教——世俗化、多元化、个体化的基督教发生关联，而当时她还置身于汉语思想启蒙运动的浪潮中心，象征性地挪用世俗语汇，走在与上帝相遇的途中，有什么不可理喻？再说，汉斯·昆的话还可以换一种说法的：宗教的确是与历史地形成的人连结在一起的。而更为准确的说法是：历史地形成的宗教形式的确是与历史地形成的人连结在一起的。在这个意义上说，冰心与基督教的关系，正如汉斯·昆之所谓“一般的”得救方式和“非一般的”得救方式的区分，即“道”与“道路”的区分。② 道之既存，路又何妨？基督性已在，仪式又有什么关键？冰心不是早在受洗之初就说过“不注重宗教仪式，只以为人的行事不违背教好了”？③ 在这里还有必要提醒的是，语词的建构有时也是一种仪式，至少是一

① 冰心：《疯人笔记》，《冰心文集》，第 1 卷，第 119 页，上海文艺出版社，1982。

② ［瑞］汉斯·昆：《什么是真正的宗教——论普世宗教的标准》，载刘小枫编：《20 世纪西方宗教哲学文选》（上），第 8 页，上海三联书店，1996。

③ 子岗：《冰心女士访问记》，《冰心研究资料》，第 102 页，北京出版社，1984。

种特殊的仪式。

其实，我的论述还面临着另一重困难：我之所谓冰心的爱的诗学的思想实质是基督教的结论，如何应对前述话语建构中的那几种观点——神秘的宇宙观，泛神论思想和自然人性？我想先来回应泛神论思想。

梁锡华把冰心爱的诗学的思想实质叙述为泛神论的时候，最为关键的论点是：审美主义的自然观。至于至高无上的母爱观，我在论析冰心之母爱与上帝之圣爱之间的关系时已经回答了。而另一个问题：无限结合的生死观，是可以和自然主义的审美观连带解决的。它的核心是要清理冰心的此一看法与泰戈尔的宗教思想，以及泰戈尔的宗教思想与基督教之间的关联。更为有趣的还在于，另有学者在论及冰心思想的时候，是把泛神和泛爱联系起来的："泰戈尔的哲理，基督教的教义，再加上冰心童年面对大海的深思遐想，它们的结合使冰心成为一个泛神论者，特别是成为一个泛爱主义者。那种'神即自然'，'爱的福音'，都深深地印烙在她的灵魂中。"[①] 这样，我的问题就变为了两个：审美主义的自然观和泛爱主义这两者，与我之所谓冰心的爱的诗学之基督教实质之间是何关系？

泛神论的概念，是历史地形成的，又称万有神教，谓宇宙间只有一个长住不变，自有永有，绝对永恒的"本质"（essence）；有限之物（finite things），万殊变迁，其本身并无真正的存在。泛神论反对超越神论，否认神的位格，以及上帝创世之说，谓有限之物，乃出自无限，非由于创造。之所以无限出有限，乃为一种内在的原则，此即上帝。有限无限，均属一

① 范伯群、曾华鹏：《为探索人生而烦闷的爱的哲理家——〈冰心评传〉之一章》，《中国现代文学研究丛刊》，1981年，第3期。

源，故宇宙非上帝所创造，上帝即寓于宇宙之内。泛神论认为："一即多，多即一"；"宇宙即上帝，上帝即宇宙"。

泛神论思想遍及东、西方，历史悠久，派别林立，但就其对于神的观念而言，无非两类：一为一般的泛神论，例如巴迈尼德斯（Parmenidese），则谓神即万有；如斯宾诺沙，则谓神即自然；神为万有之源泉，万有乃神的结果。其二为特殊的泛神论，其中又分四种：（1）自然的泛神论，谓自然即上帝；（2）唯心的泛神论，如德儒费希奈（G. T. Fechner），谓一切物质，乃为寓于物质的精神之显现。精神有三种：一为世界精神，二为人间精神，三为物质精神，三者乃均为神的意识之表现；（3）伦理的泛神论，如德国哲学家斐希德，谓行于世界之道德的秩序，乃为神的本质之表现；（4）理性的泛神论，如黑格尔以理性为世界之根本原理，故理性即上帝。[①]

从上面关于泛神论的概念和各家学说来看，是否泛神论，最核心的判断是一神论还是万有神论。倘若以此来考量冰心的爱的诗学，显然它不属于泛神论。因为前述已然言明，冰心的言述中只有一个神，那就是上帝，只不过这个上帝除了在一些地方被符合圣典的称为造物者或造物主，而在更多的地方被世俗化地命名为母亲而已。但这并非是说梁锡华的说法完全与事实无涉，他的论点也是建立在对冰心文本的分析基础上的。问题只是在于，他看到的只是表面的事实。举例说明，他认为冰心下面的言词所表明的是"浪漫的泛神论者的行径"：

似乎听到了那夕阳下落的声音。这时我骤然间觉得

① 参章力生著：《系统神学》第2卷《上帝论》第5章《上帝之偏差》之泛神论部分。

> 弱小的心灵被这伟大的印象，升举到高空，又倏然间被压落在海底！我觉出了造化的庄严，一身之幼稚，病后的我，在这四周艳射的景象中，竟伏于纤草之上，呜咽不止。①

正如梁氏预感到的那样，我们的确可以《圣经》为根据来辩护说，冰心此举不是非基督教的。《旧约·诗篇》8：6—9说："你派他管理你手所造的，/使万物，就是一切的牛羊、田野的兽、空中的鸟、/海里的鱼，凡经行海道的，都服在他的脚下。/耶和华我们的主啊，你的名在全地何其美！"冰心称颂的并非万物，也更不是万有神，而是创造万有的上帝。她是被上帝至美的创造物——自然所膺服。她之下跪，并非是崇拜自然，而是这自然的造物主。尤其是当她大病初愈的时候，同样属于上帝所造之物的生命，又被体验得如此美好的回复到自身，这种赞颂之情，更加不可遏止。这使我想起了80岁高龄的伏尔泰，这位置疑基督教却充满基督性的哲学家，随同一位客人登山看日出。登上山顶之时，老伏尔泰早已精疲力竭。但当辉煌的霞光普照而来时，他被眼前的美景所深深倾倒了。他摘下帽子，跪了下来，大声地感叹道："我相信，我相信你，全能的上帝啊，我相信你！"冰心的举动与伏尔泰如出一辙。而他们当时的生命体验也是如此的相似：一个垂垂老矣，一个大病初愈，身体都相当虚弱。伏尔泰喊出的其实也是当时冰心的心声：称颂上帝。冰心对其他自然现象，比如在其抒情和叙述中经常出现的星光、月亮，也可作如此观。就在前引的《旧

① 冰心：《寄小读者·通讯二十九》，《冰心文集》，第3卷，第199页，上海文艺出版社，1984。

约·诗篇》中还有一段话："耶和华我们的主啊，你的名在全地何其美！/你将你的荣耀彰显于天。"[①] "我观看你指头所造的天，并你所陈设的月亮星宿，/便说，人算什么，你竟顾念他？/世人算什么，你竟眷顾他？/"[②] 自然不是神，人也不是，这才是冰心赞美自然的真谛，也才是冰心自然之爱的真谛：赞美全美的天、全美的地，是赞颂这全美之天地的造物主——全美的上帝。帕斯卡尔阐释此一现象的原因说："因为确实内心怀着活生生的信仰的［人］毫不迟疑就可以看出，一切存在都不是什么别的，而只不过是他们所崇敬的上帝的创作罢了。"[③] 所以，冰心之"万有都蕴藏着上帝，/万有都表现着上帝"，也并非是泛神论的：万有蕴藏、表现着上帝，是因其是上帝之所造物，而绝不等同于万有是上帝之泛神论。这在实际上也同时否定了所谓冰心爱的诗学之自然人性论实质。

那么，又怎样解释"无限结合的生死观"呢？这看似受到泰戈尔影响的具有东方泛神论——印度婆罗门教（Brahmanism）之梵我合一色彩的观点，难道还不是泛神论的？冰心的确在《遥寄印度哲人泰戈尔》和《"无限之生"的界线》中表露过这样的观念，但一是它在冰心的整个思想体系中只占很小的位置；二是，如果联系冰心的全部著述，这里的梵，也不是婆罗门教之为万物之本和世界之最初本质（primal essence）的那个梵，而是创造这万物的上帝的别一种说法，冰心的言说和前者只有形似而已。三是，冰心的这种观念是从泰戈尔那里间接地接受过来的，而泰戈尔的此种思想是否一定是婆罗门教

① 《旧约·诗篇》8：1。

② 《旧约·诗篇》8：3—4。

③ ［法］帕斯卡尔：《思想录》，第117页，商务印书馆，1997。

的，本身在学术界就存在争议。萨·拉达克里希南就曾引用一些西方学者的话，认为泰戈尔是典型的基督徒，或者是基督徒型的思想家。这些西方学者说："《吉檀伽利》中的神并非印度哲学中非人格的、冷静的绝对存在。事实上，无论他是否明显的是救世主耶稣，但至少也是一个救世主式的神。其追随者和热爱者的感受，是所有基督徒感受中最深的精髓，"或者说，它体现的是一种印度基督精神。[①] 更进一步，泰戈尔在其对冰心影响较大的《爱的实现》中明确表示过，支撑无限结合之生死观的"完全调和"论，意味着与神合一，并且与人类的其他成员合一，与自然合一，而不是指别的任何意思。因此，著名汉学家马·高利克的下述论断无疑是正确的：

> 冰心的"人生哲学"中，只有一个问题：人类个体和包容宇宙万物的上帝之间的关系。因为宇宙不过是上帝的创造物，是个体生命、死亡和永生的延伸。[②]

其实，说穿了，梁锡华是把泛爱误作泛神。因而在这个意义上，范伯群和他的同伴将泛神论与泛爱主义者相提并论，来谈论冰心，这是好理解的。如果不是从原教旨主义，而是从历史地形成的基督教，尤其是从现代基督教思想来看，在信仰唯一的神——上帝的前提下，有些神学家就是将这种表现为泛爱——不，准确地说，是包罗万有的博爱——的基督教，描绘

① 萨·拉达克里希南：《罗宾得拉纳特·泰戈尔的哲学》，巴洛达，第3—4页，良友出版社，1961。转引自［斯］马利安·高利克：《青年冰心（1919—1923）：冰心与〈圣经〉、冰心与泰戈尔的关系研究》。

② ［斯］马利安·高利克：《青年冰心（1919—1923）：冰心与〈圣经〉、冰心与泰戈尔的关系研究》。

成泛神论式的。弗兰克的论述是比较典型的：

……如同爱的宗教一样，归根到底是说，基督教最终地和信以为真地认为上帝是一切存在物的本原和始基，真正感到上帝无处不在，造物主存在于受造物中，作为联合和贯穿于一切受造物的力量的造物主是一个实在。基督教首先视人为神，感到个人的根和本质在神之中，是难以用语言表达的宝贵本质的表现。基督教虽说是有神论，但同时又是泛神论；虽说崇拜上帝，但又是神人和神人性的宗教；正因为如此，它是爱的宗教；正因为如此，它在如此简单的、自然的、天赋的和人必然有的感情中，例如爱，在爱的兴奋和极乐中，发现了神的伟大普遍本原、第一个最初本质和具有决定意义的标志。此外，如果说在抽象的逻辑方面，爱的宗教来源视上帝无处不在和存在植根于上帝之中，来源于神人性的统一，那么在心理方面——这就是说上帝对人的灵魂和人的意志的作用方面，——则具有相反的相互关系：爱作为天赐的神力打开了灵魂的窗户，使之看到上帝和根源于神的生命的真正本质。这就是为什么这个真理可以向“婴儿”坦白实情，而对“聪明人和理智人”依然守口如瓶的缘故。[①]

如此的引述的确太长，令人乏味，但好处是它一方面使我们看到博爱的基督教如何容易与泛神论挂上钩，另一方面则自然而然地过渡到我们必须谈到的儿童之爱与基督教的关系的话题，因

① [俄] 弗兰克：《爱的宗教》，载刘小枫编：《20世纪西方宗教哲学文选》(上)，第376页，上海三联书店，1996。

为再怎么说它也是冰心爱的诗学中的重要构成因素。弗兰克清楚地论及了基督教爱的真理与婴儿的关联:爱作为天赐的神力打开了灵魂的窗户,使之看到上帝和根源于神的生命的真正的本质,而婴儿的灵魂之窗,较之聪明人和理智人而言,是最容易被爱之神力打开的,或者它在最纯粹的意义上,本身就敞开着,使人们从中最能见证上帝和根源于神的生命的真正的本质。他印证的是基督的说法,只有心灵纯洁像小孩子的人才能进天国。所以,冰心也说:“真理,/在婴儿的沉默中,/不在聪明人的辩论里。”[①]“婴儿,/是伟大的诗人,/在不完全的言语中,/吐出最完全的诗句。”[②]所以,冰心还说:“万千的天使,/要起来歌颂小孩子;/小孩子!/他细小的身躯里,/含着伟大的灵魂。”[③]

上面,我们在回应有关泛神论等问题的同时,也辨析了冰心爱的诗学的构成要素与基督教的关系,在这里,我们可以得出结论了:冰心的爱的诗学的思想实质是基督教的,其对母亲、自然、儿童的歌颂是对上帝的歌颂;对母爱、自然爱、儿童爱的赞颂就是对上帝之爱的赞颂;母爱、自然爱、儿童爱,也是爱母亲、爱自然、爱儿童,其本质是爱上帝。

第三节 《圣经》索隐

当然,单是学理层面的论证是不够的,还需要经验事实的证明。如果说冰心是在与基督教会有一定联系的家庭中长大,后又进入美国卫理公会的贝满女中读书,系统学习《圣经》,

① 冰心:《繁星·四十三》,《冰心文集》,第 2 卷,第 17 页,上海文艺出版社,1983。

② 冰心:《繁星·七十四》,《冰心文集》,第 2 卷,第 25—26 页,上海文艺出版社,1983。

③ 冰心:《繁星·三十五》,《冰心文集》,第 2 卷,第 14 页,上海文艺出版社,1983。

然后又考入另一所教会学校——协和女大，并受洗入教，最后是去同类学府——美国的威尔斯利大学留学深造，这样一种一线相沿的历史性的基督教背景，① 都还无法证明其爱的诗学的基督教来源的话，那么，我们可以首先来看一组冰心直接演绎的《圣经》的诗歌。这组诗歌在主流意识形态宰制的编辑制度下，长期被排除在冰心的各种文集之外。它们发表于北京基督教青年会刊——《生命》杂志上，署名谢婉莹，共 16 首，时间是 1921 年 3 月至 12 月。这些诗是纯粹的基督教诗，其中的《傍晚》、《黄昏》、《客西马尼花园》、《髑髅地》、《使者》等 13 首，在诗题下全部注明了与《圣经》章节的关系。即使没有注明的《天婴》、《人格》和《向往》，其灵感、体验、意象、抒情方式等也是《圣经》式的。在这组诗前，有一段诗人的自序：

> 圣经这一部书，我觉得每逢念它的时候，——无论在清晨在深夜——总在那词句里，不断的含有超绝的美。其中尤有一两节，俨然是幅图画；因为它充满了神圣、庄严、光明、奥妙的意象。我摘了最爱的几节，演绎出来。自然，原文的意思，极其宽广高深，我只就着我个人的，片段的，当时的感想，就写了下来，得一失百，是不能免的了。②

这段自序已经充分说明了诗歌的基督教性质。除这组诗歌外，诸如《晚祷（一）》、《晚祷（二）》、《歧路》、《春水·一四九》

① 参冰心《我入了贝满中斋》和卓如的《冰心传》。

② 《生命》，第 1 卷，第 8 册，1921 年 3 月 15 日。

这样的作品，表现的也是强烈的基督宗教情感。

倘若这些仍然不足以说明冰心爱的诗学的基督教特质，我们还有一个笨办法：做一个细密的索隐，考证在其演绎爱的诗学的文本中，所借鉴的《圣经》资源。这里仅举几例，以资证明。

1. 冰心作品中作为爱的上帝形象与《圣经》的关系

（1）冰心原文：

在宇宙之始，也只有一个造物者，万有都整齐平列着。

——《往事（一）·五》

《圣经》原文：

万物是藉着他造的；凡被造的，没有一样不是藉着他造的。

——《约翰福音》1：3。

（2）冰心原文：

因为我们现在所知道的有限……等那完全的来到，这有限的必归于无有了！

——《国旗》

《圣经》原文：

我们现在所知道的有限，先知所讲的也有限，等那完全的来到，这有限的必归于无有了。

——《哥林多前书》13：9—10

（3）冰心原文：

上帝也要擦干他们一切的眼泪；不再有死，也不再有悲哀，哭号，疼痛；因为以前的事都过去了。

——《一个军官的笔记》

《圣经》原文：

神要擦去他们一切的眼泪。不再有死亡，也不再有悲哀、哭号、疼痛，因为以前的事都过去了。

——《启示录》21：4

（4）冰心原文：

诸天述说上帝的荣耀，穹苍传扬他手所创造的……无言无语……声音却流通地极！

——《画——诗》

《圣经》原文：

诸天述说神的荣耀。穹苍传扬他的手段。
这日到那日发出言语；这夜到那夜传出知识。
无言无语，也无声音可听。
他的量带通遍天下，他的言语传到地极。

——《诗篇》19：1—4

2. 冰心作品中作为爱的牧人形象与《圣经》的关系

(1) 冰心原文：

一片危峭的石壁，满附着蓬蓬的枯草。壁上攀援着一个牧人，背着脸，右手拿着竿子，左手却伸下去摩抚摸岩下的一只小羊，他的指尖刚及到小羊的头上。天空里却盘旋着几只饥鹰。……看！牧人的衣袖上，挂着荆棘，他是攀崖逾岭的去寻找他的小羊，可怜的小羊！它迷了路，地下是岐途百出，天上有饥鹰紧追着——到了山穷水尽的地步了。牧人来了！并不责备它，却仍旧爱护它。它又悲痛，又惭悔，又喜欢，只温柔羞怯的，仰着头，挨着牧人手边站着，动也不动。

——《画——诗》

取材《圣经》：《诗篇》23：1—6；《马太福音》18：12—14；《路加福音》15：3—6。

(2) 冰心原文：

上帝是我的牧者——使我心里苏醒——

——《画——诗》

《圣经》原文：

耶和华是我的牧者，我必不至缺乏。
他使我躺卧在青草地上，领我在可安歇的水边。
他使我的灵魂苏醒，为自己的名引导我走义路。

——《诗篇》23：1—3

（3）冰心原文：

文艺好像游牧的仙子，
　　我是温善的羔羊。
甘泉潺潺的流着，
　　青草遍地的长着；
她慈怜的眼光俯视着，
　　我恬静无声地
俯伏在她杖竿之下。

——《信誓》

《圣经》原文：

耶和华是我的牧者，我必不至缺乏。
他使我躺卧在青草地上，领我在可安歇的水边。
他使我的灵魂苏醒，为自己的名引导我走义路。
我虽然行过死荫的幽谷，也不怕遭害，
因为你与我同在；
你的杖，你的竿，都安慰我。

——《诗篇》23：1—4

3. 冰心作品中作为爱的母亲形象与《圣经》的关系

（1）冰心原文：

天上的星辰，骤雨般落在大海上，嗤嗤繁响。海波如山一般汹涌，一切楼屋都在地上旋转，天如同一张蓝纸卷了起来。树叶子满空飞舞，鸟儿归巢，走兽躲到它的洞穴。万象纷乱中，只要我能寻到她，投到她的怀里……天地一切都信她！她对于我的爱，不因着万物毁灭而更变！

——《寄小读者·通讯十》

《圣经》原文：

神是我们的避难所，是我们的力量，
神是我们在患难中随时的帮助！
所以地虽改变，山虽摇动到海心，
其中的水虽匉訇翻腾，山虽因海涨而战抖，我们也不害怕。

——《诗篇》46：1—3

耶稣说："狐狸有洞，天空的飞鸟有窝，只是人子没有枕头的地方。"

——《路加福音》9：58

天上的星辰坠落于地，如同无花果树被大风摇动，落下未熟的果子，天就挪移，好像书卷被卷起来；山岭海岛都被挪移，离开本位。

——《启示录》6：13—14

(2) 冰心原文：

这时宇宙已经没有了，只母亲和我，最后我也没有了，只有母亲；因为我本是她的一部分！……这是如何可惊喜的事，从母亲口中，逐渐的发现了，完成了我自己！

——《寄小读者·通讯十》

《圣经》原文：

我与父原为一。

——《约翰福音》10：30

4. 冰心作品中作为爱的人间形象与《圣经》的关系
冰心原文：

人世间只有同情与爱恋，/人世间只有互助与匡护，/深山里免儿相伴着狮子，/海底下长鲸回护着珊瑚。

——《往事·以诗代序》

《圣经》原文：

豺狼必与绵羊羔同居，豹子与山羊羔同卧；
少壮狮子与牛犊并肥畜同群；
小孩子要牵引它们。

——《以赛亚书》11：6

有了学理层面和事实层面的证明以后,我们还有什么理由怀疑冰心爱的诗学得以建构的思想质料是基督教的呢?但问题远远没有结束,我们实在可以问:冰心为什么在启蒙浪潮正猛的时候,去高举爱的诗学的大纛?她的爱的诗学的动机结构是什么?

第四节　动机结构

在进入这个论域之前，有一个问题是首先要解决的：冰心的文学文本，特别是小说，大多是寓言化的。说白了，大多是基督教寓言化的。往往是以小说的形式，象征性地传达基督教的真理。因此，在这个意义上说，冰心的文学文本，其实大多是关于爱的诗学言述，这也没有什么大错。如能得出这个结论，对于我们下面的论述，就会显得顺理成章。关于散文和诗歌，很容易理解，在此，我的重心放在小说上。

关于寓言，我们大都能心领神会。但是真正问一句何谓寓言？或者说，要给寓言下一个准确的定义，还不太容易。寓言一词较早见于《庄子》，庄周说："寓，寄也，以人不信己，故托之他人，十言而九见信。"一部汪洋恣肆的《庄子》就是一部有关宇宙人生意义的寓言。在西学里，寓言被比喻为"穿着外套的真理"，或者被想象为灵肉一体的人。寓言家拉封·丹就说，一个寓言可分为身体与灵魂两部分：所述的故事好比身体，所给予人的教训好比灵魂。寓言的写作，就是给思想穿上衣裳，赋予血肉，而使之形象化的过程。讲道理是寓言的出发点和归宿，因而寓言往往不太照顾情节与情节之间的因果联系，也不太注重它是否符合科学理性、情感逻辑和生活实情，而总是在不断地寻找幻想界与理念界、实然与应然之间的关联，以使后者穿越前者的表层，从理性的深处脱颖而出，达到规劝接受者的目的。这样说来，所谓寓言，大致就是指用讲故事的方式陈述某个或某些道理。说冰心的小说大多是基督宗教寓言式的，实际上是说，它是以小说的形式在传达基督教的真理。这也是基督教常用的传道方式。

贺玉波较早发现了冰心小说不符合生活情理的症候："《超人》，据普通一般读者说是全集中最好的一篇，但我的意思则不然。譬如厨子的儿子禄儿所写的信太好，像他那样读过几年书的儿童，竟写出'……然而我有一个母亲，她因为爱我的缘故，也很感激先生。先生有母亲么？她也一定是爱先生的。这样我的母亲和先生的母亲是好朋友了。所以先生必要收母亲的朋友的儿子的东西。’这样通达委婉而富有深意的话，令人难以置信。”[①] 冰心最好的小说，在情节上却是“令人难以置信”的，这说明冰心的小说不是通常意义上的小说：情节并不重要，重要的是透过小说外衣所呈现的道理。冰心小说中不符合情理的还很多，诸如：《爱的实现》、《最后的使者》、《疯人笔记》、《悟》等，但恰恰是这些小说，较为完整地体现了冰心的爱的诗学。

另一位学者却从论辩性这一与小说特性相去甚远的特征上，触及到了冰心小说的某种寓言性质。为什么冰心的小说是论辩性的？这位学者说，因为“她必须面对对于爱的种种怀疑进而说服自己也说服别人，或者说，只有首先说服自己才能说服别人”，而由此带来了她小说创作上鲜明的论辩性，“也正是在这样的论辩中，冰心把她的爱的体验系统化、哲学化了，由《超人》到《悟》，标志着她的爱的哲学的完成。”[②] 还有学人干脆说冰心的小说是一种“爱的说教”。[③] 将这样一些历史话语联系起来看，不注重情节是否符合外在的现实，通过论辩的方式进行爱的说教，其实就已经言明了冰心小说的寓言化特质。

透过这种寓言化小说是不难察觉冰心爱的诗学的动机结构的。概括起来是：抵抗虚无主义；解决生死问题；反抗人间不

---

① 贺玉波：《歌颂母爱的冰心女士》，载《现代文学评论·中国现代女作家》，复兴书局，1931。

② 参刘思谦：《“娜拉”言说——中国现代女作家心路纪程》中有关《冰心：迷离的东方女性之真》的部分，上海文艺出版社，1993。

③ 范伯群、曾华鹏：《论冰心的创作》，《文学评论》，1964年，第1期。

幸。

1. 抵抗虚无主义

抵抗虚无主义，是冰心小说《超人》的主题。也是爱的诗学对尼采虚无主义的一次凯旋。主人公何彬是一个典型的虚无主义者，也是冰心所理解的尼采意义上的超人。他认为："世界是虚空的，人生是无意识的。人和人，和宇宙，和万物聚合，都不过如同演剧一般：上了台是父子母女，亲密的了不得；下了台，摘了假面具，便各自散了。哭一场也是这么一回事，笑一场也是这么一回事，与其互相牵连，不如互相遗弃；而且尼采说得好，爱和怜悯都是恶……"。[①] 何彬的这段话，可以说是虚无主义的宣言：世界是一个毫无意义可言的空场，历史是一堆无价值关联的碎片，人与宇宙万有之间是一种偶在性关系，人与人的伦理链条已然断裂，生活世界呈现为一片荒诞的废墟。在此情景下，人直接面临他的深渊状态，人的存在、欢笑与眼泪都无价值可言。再加上对尼采主奴式道德的冰心式解读，何彬将爱和怜悯也视为善的对立物，他与周遭的人断绝往来，内心孤零而阴冷。这是一个抽空了意义的超人。

冰心为何一上场就瞄准了尼采的虚无主义？并运用想象和象征把他图解成活鲜鲜的现世人物何彬？这要看尼采的虚无主义究竟是什么。尼采对虚无主义有一个精彩的问答："虚无主义意味着什么？——最高价值的自行贬黜。"最高价值为何物？是一个与感性对立的超感性的领域，既可以是上帝，也可以是道德法则，还可以是理性权威，等等。但这些由传统形而上学提供的最高价值，在尼采看来，都已失去了对历史的构成力

① 冰心：《超人》，《冰心文集》，第1卷，第77—78页，上海文艺出版社，1982。

量，都已沦丧了，这是“迄今为止关于存在者整体本身的真理的崩溃”。[①] 欧洲传统形而上学背后，矗立着巨大的基督教文化背景，传统形而上学的崩溃，无疑宣判了这一背景的隐退。于是，1880 年代，尼采宣布了他的惊人发现：“近来最重要的事件——‘上帝死了’，即对基督教上帝的信仰是毫无价值的——已经开始对欧洲投下了一片阴影。”这片阴影同样笼罩着冰心，如果上帝果真死了，人的存在何以可能？爱的诗学何以可能？爱和怜悯是基督教的伦理基础，当从何彬那里被抽走以后，一个冰冷心肠、石头心肠的人难道是正当的？

也许冰心并未真正读懂尼采，她也不可能像加缪一样去区分施蒂纳的虚无主义与尼采的虚无主义，更不能看出前者是在死胡同中欢笑，后者却非要撞墙。何彬很可能也只是耳食了几句尼采之言，就像当时大多数的“五四”青年一样。因此，尼采或许对于冰心并不那么重要，重要的是，冰心要抵制虚无主义本身，尼采在这里只是成了它的一个有效表达的代码。可以推论，冰心面对的是虚无主义将神义世界勾消后留下的深刻绝望。我无法返回冰心原初的心灵，但是可以猜想，冰心在当时遭遇了卡夫卡也曾遭遇过的问题：我虽然可以活下去，但我无法生存。因为虚无主义始终绕不开一个悖论：当它给予世界以无意义的时候，却给予了世界以明确的意义，那就是无意义本身。无意义的世界留下了一个巨大的空场，谁都可以在这个空场中填进自以为是的意义之物。任意一个这样的谁替代了绝对者的位置，成了世界意义的给予者和阐释者。人人都成为上帝。落实到具体的生活伦理，却表现为极端的实用主义和个人主义。格尔文的说法是不错的：

---

① 孙周兴：《形而上学的尼采》，《读书》，第 96 页，2003 年，第 2 期。

> 虚无主义的所谓经典含义是与实证论同义的：除了直接被感知、所观察的事物外，对一切都否定。如果谁要问：感知观察正确的根据是什么？回答是："什么也没有"。所以就是虚无。①

其实，感知观察正确的根据并非是什么都没有，而是绝对的自我。虚无主义的何彬就是一个极端的个人主义者，他对外界之事不闻不问，无牵无挂，退守在自己的虚无主义哲学和墓穴一般死寂的心灵里。而极端个人主义者只是在活着，而不是作为意义在生存。因此，冰心反复提醒自己："我的心呵！/警醒着，/不要卷在虚无的漩涡里！"②

冰心的基督教信仰是如此的不可撼动。《超人》的基督教意蕴深刻地表现在这里：确信上帝最初置入人心的爱的根基，可能会如何彬一样被暂时的遮蔽，却永远不可能消失，哪怕是受到外在如何具有煽动力的主义、学说的蛊惑，即便是尼采的虚无主义也不能。它只需要唤醒。当何彬听到楼下凄惨的呻吟的时候，他从尼采那里得来的虚无主义学说——人与人之间不需要互相牵挂，爱与怜悯都是恶——开始自动失效，慈爱的母亲，连同天上的繁星，院子里的花，像月光，如水般地透过窗纱射进房间，也普照其冥暗空洞的心灵。爱的火焰在不知不觉中被点燃。三夜的呻吟，三夜的月明，使他想了三夜的往事——那些关于最初的爱的事件——人类心灵深处最初的记忆。

---

① 格尔文：《从尼采到海德格尔》，《外国哲学资料》，第七辑，第252页。

② 冰心：《繁星·五十三》，《冰心文集》，第2卷，第20页，上海文艺出版社，1983。

终于，他有了爱的举动，拿出巨额的钞票为禄儿治病，做出了一件对于他是“破天荒的事情”。呻吟轻了，月儿缺了，唯有作为爱的象征的慈母、繁星、花朵在梦中朦朦胧胧地浮现。

这深藏在何彬乃至人类心灵最深处的记忆是什么？是作为上帝的爱的代名词：母亲的爱，是圣母玛丽亚的爱：“星光中间，缓缓的走进一个白衣的妇女，右手撩着裙子，左手按着额前。走进了，清香随将过来；渐渐的俯下身来看着，静穆不动的看着，——目光里充满了爱。”① 是上帝的爱粉碎了尼采的虚无主义，使何彬得到了救赎，也使禄儿得到了救恩，消除了不幸。

前面曾经引用过弗兰克的话说过：在儿童那里最容易见证上帝和人的神性的本质。冰心也让何彬在孩子禄儿那里见证了一次上帝的爱的真理：母亲是爱的根源，我们都是母亲之了，因此，我们都是相爱的。就像神是爱的，我们都是神之子，所以我们也都是爱的一样。何彬写给禄儿的信，“是悔罪的人呼吁的言词”：“世界上的母亲和母亲都是好朋友，世界上的儿子和儿子也都是好朋友，都是互相牵连，不是互相遗弃的”②，那么，“人类呵！/相爱罢，/我们都是长行的旅客，/向着同一的归宿。”③ 这样，冰心通过《超人》再一次向我们证实了：爱对于人是在体性的；再次在上帝隐退的黑夜时代呼唤爱的临场，以期在重新修复价值根基的立场上，彻底颠覆虚无主义。

冰心以爱的诗学抵制虚无主义的集大成者，无疑是小说

---

① 冰心：《超人》，《冰心文集》，第1卷，第80—81页，上海文艺出版社，1982。

② 冰心：《超人》，《冰心文集》，第1卷，第83页，上海文艺出版社，1982。

③ 冰心：《繁星·十二》，《冰心文集》，第2卷，第8页，上海文艺出版社，1983。

《悟》。其对虚无主义的反击，深入到宇宙、自然、社会、人生诸方面。钟梧虽有终悟之寓意，但在当初的确是一个虚无主义者，也可以说是冰心有意设置的虚无主义的靶子。他在给星如的信中，完整地表述了自己的虚无主义观点。他认为：(1) 世界是一个剑林刀雨的盲触的世界。作为生灵的人类，像石块般在其中颠簸呻吟、流血流泪。(2) 自然也是盲触的自然。“大地盲触而生山川，太空盲触而生日月星辰，大气盲触在天为雨雪云霞，在地为林木花草。”一切生物都有它最不幸最痛苦的历史。(3) 人类都是自私自利的人类。“制度已定，阶级已深，自私自利，已牢牢的在大地上立下根基。这些高等动物，不惜以各种卑污的手段，或个人，或团体，或国家，向着这目的鼓励奔走。”人类充斥着虚伪、残忍，而非互助与同情。(4) 否定一切绝对的价值。“彻底地说，我直是没有人生哲学，我厌恨哲学文艺等等高超玄怪的名词!”它们都是泡影空花，自欺欺人的东西。(5) 确立极端的个人主义：“我所信的只是我自己”。因为，我确信人生只有痛苦和眼泪。我的人生哲学是：不求利益群众，不求造福社会，只求混一碗饭吃，救自己于饥渴死亡。[①] 钟梧的这些话语，即使在今天听来，也是如此的熟悉，它有几个关键点值得我们注意。首先，他以世界、自然、人类社会和历史的根本偶然性，否定了基督教的上帝创世说，否定了历史理性。其次，他以人性恶、人性恨，否定了人性善、人性爱。再次，他以虚无的态度颠覆了形上之思，拒绝了人类自己对世界意义的解释。最后万流归宗，落脚到极端的个人主义和实利主义的人生哲学上面。这就最终触及到了虚无主

① 冰心：《悟》，《冰心文集》，第 1 卷，第 169—171 页，上海文艺出版社，1982。

义的实质：弃绝一切外在的价值，确立自我中心主义。在这个意义上说，布隆舍的观点是对的。他认为虚无主义是从“不”走向“是”，“虚无主义与‘绝对’要征服虚无主义的意志是完全相同的。”[①] 由此，我以为虚无主义“虚”和“无”的是外在价值，其主义则在自我价值上。虚无主义并非虚无，而是绝对的实利主义，即钟梧之饭碗主义，并以此出发来解释世界。在此引述布隆舍解读尼采虚无主义的一段话是有意义的：

> 虚无主义是什么呢？它只是一种纯粹的人道主义！或者说是对这样一个事实的认可：人被剥夺了或者说摆脱了以上帝为典范所设想出的具有绝对意义的理想，所以，从现在开始，人必须创造世界并赋予其意义——就从现在开始。这是一项巨大的，也是令人迷醉的使命。[②]

这项使命其实早已从启蒙时代就开始实施了，只是两个世纪后，蓦然回首，人们却发现：人在自己创造世界并赋予其意义的沉醉中迷失了自己。这岂不怪哉！而冰心关心的问题是：虚无主义在不断抽去我们脚下每一个坚固基础的无限否定的运动中，在追求人的意志无限解放，“一切都被允许”的承诺中，否定了上帝的爱，否定了爱对于人生不可或缺的意义。钟梧的质问，也是冰心自己对自己的设问：“无数盲触之中，有哪一件是可证明‘爱’之一字呢?”钟梧之“天性之爱，我已几乎忘了”的现状，正是让冰心痛心疾首的。冰心不能容忍的还

① 布隆舍：《经验的局限：虚无主义》，载刘小枫等编《尼采在西方——解读尼采》，第147—156页，上海三联书店，2002。

② 布隆舍：《经验的局限：虚无主义》，载刘小枫等编《尼采在西方——解读尼采》，第148页，上海三联书店，2002。

有：钟梧竟然以科学主义取代爱的宗教对世界终极意义的解释。钟梧说："我相信世界上除了一加一是二，二加二是四，是永无差错的天经地义……世界上的事物，不用别的话来解释，科学家枯冷的定义，已说尽了一切。"① 钟梧的话再一次印证了前述格尔文的说法："虚无主义的所谓经典含义是与实证论同义的：除了直接被感知、所观察的事物外，对一切都否定。"②

面对钟梧的挑战，醒如或者说冰心怎样来应对？醒如的回信机智而深邃，可以看作是冰心爱的诗学的较为完整的演绎。他首先以退为攻，从心灵上靠近对方，在富有亲和力的柔光中，拉开说服的攻势。他承认钟梧的人生哲学震撼了他的信仰，使他进退无依；也承认自己曾是悲观主义者，在厌世主义里打过转身。换言之，今日之钟梧就是往日之我的写照。有了这番入情入理的铺垫，醒如进入了正题：只是近两三年来，自己才仿佛认出了人生真义，尤其是钟梧的来信，也才使自己有了病中的七日之思，"重重的证实了我原来的与你相反的主义"。接下来，醒如始终以现身说法的方式，从几个方面展开了爱的哲学的言述。

爱，使我得以救赎，爱指引我的归途。钟梧的来信，让我信仰迷茫，寸心如焚，是爱的启示引领我的灵魂回归。冰心讲述了一个凄美动人的爱的故事：湖与爱的故事。母亲暴病，儿子渡湖请医，昏黑中坠水不返。母亲夜夜在窗口点燃一盏明灯，指示儿子以隔湖的归路。不论儿子以灵魂或肉体归来，这

---

① 冰心：《悟》，《冰心文集》，第 1 卷，第 170—171 页，上海文艺出版社，1982。

② 格尔文：《从尼采到海德格尔》，《外国哲学资料》，第七辑，第 252 页。

一盏灯永远临照。时光流转，岁月沧桑，儿子之形骸已然沉入泥土，母亲的骨髓也已化作尘埃，然而那一盏长明不熄的灯火，却依然照临我的归途，救赎了几近信仰悬崖的我。醒如要证明的是，只有永恒的爱，才能对人的灵魂进行救助。

自然不是盲触，自然是爱的自然，是爱的见证。湖与爱的故事，已经证明：茫茫的自然界“随处留下了爱的痕迹”。为了证明自然之爱，冰心娴熟地运用了基督教神学家托马斯·阿奎那证明上帝存在的一种方法：以果求因法，即从宇宙存在的井然有序中推导出最初的设计者——造物主。即如18世纪法国的自然神论者伏尔泰在《形而上学论》中提出的，从设计出发论证上帝的存在，以及著名的上帝与钟表匠之间进行类比的典型例证：就如我们看见指针标明了时刻的钟表的时候，可以推论出“有一个理智的存在物安排了这个机械的发条”一样，我们也可以从一切有序的事物中推论出：“可能有一个理智的、更高的存在物，非常巧妙地准备并造成了这样的事情。”这个更高的存在物，就是上帝。[①] 冰心是“因着金字塔，而承认埃及王，因着万里长城，而追思秦始皇”，证明了：“这清极，秀极，灿烂极，庄严极的宇宙，横在眼前，量我们怎敢说天地是盲触的，没有丝毫造物的意旨?”同时也证明了爱的存在。[②]

切身体验“不能证明人类是不爱的”。爱的原体验——对母爱的体验——是爱的在体性，也是人类之爱永不熄灭的一个事实性原因。我所住的医院不正是人间的普遍象征：目中所见，耳中所闻，无非呻吟痛苦？然在此中更能见出人类的爱：

---

① ［法］伏尔泰：《形而上学论》，转引自詹姆斯·C·利文斯顿著，何光沪译：《现代基督教思想——从启蒙运动到第二届梵蒂冈仁义》，第51页，四川人民出版社，1999。

② 冰心：《悟》，《冰心文集》，第1卷，第180页，上海文艺出版社，1982。

“在院的末三日，我凭窗下望，看见许多的父母，姑姨，伯叔，兄弟，姊妹，朋友，来探视他们病中的关切的人”，此情此景，“难道世界是不爱的！”人类何以会是爱的呢？从我们入世之初，就被不绝如缕的爱丝——母爱缠绕，就在此时，母爱已在我们胸中点燃了熊熊的心灵之火，就是从此我们“深深的承认了世界是爱的，宇宙是大公的，因为无论何人，都有一个深恳极爱他的母亲。”自此推想，我们就可以了解世界了。

> 茫茫的大地上，岂止人类有母亲？凡一切有知有情，无不有母亲。有了母亲，世上便随处种下了爱的种子。于是溪泉欣欣的流着，小鸟欣欣的唱着，杂花欣欣的开着，野草欣欣的青着，走兽欣欣的奔跃着，人类欣欣的生活着。万物的母亲彼此互爱着；万物的子女，彼此互爱着；同情互助之中，这载着众生的大地，便不住的纡徐前进。懿哉！宇宙间的爱力，从兹千变万化的流转运行了！①

而且，钟梧自己的行为也不能否定而是恰恰相反在证实爱的存在。醒如反问道：你对我的关照，不是也证明了纵然你的人生哲学是虚无的，却依然“不能泯灭了造物者付与你的对于朋友的爱”？何况“不是世界上随处有爱，随处予人以生路，你的脆弱的血肉之躯，安能从剑林刀雨的世界中，保持至今日呢？”②

既然爱是人存在的意义和根据，科学主义有什么理由替代

① 冰心：《悟》，《冰心文集》，第1卷，第182—183页，上海文艺出版社，1982。

② 冰心：《悟》，《冰心文集》，第1卷，第183页，上海文艺出版社，1982。

爱的宗教对世界的解释呢？“科学家枯冷的定义，只知地层如何生成，星辰如何运转，霜露如何凝结，植物如何开花，如何结果。科学家只知其所当然，而诗人，哲士，宗教家，小孩子，却知其所以然”，他们能透彻地了解人类的来路和归途：“这一切只为着‘爱’！”[①] 质言之，科学只能解释世界有限的意义，它怎能取代爱的宗教对世界的终极关怀？冰心在这里以爱的宗教反对科学主义，对于抵制虚无主义有什么意义？也许西哲的观点可以帮助我们理解。西哲以为，与虚无主义的真空相对应的，是科学运动，因此“科学只能是虚无主义的了；它只是一个剥夺了意义的世界的意义，一种最终以无知为基础的知识。”换句话说：“虚无主义通过使科学成为可能，也使自己成为科学的可能——这意味着它可以毁灭人类世界。”[②] 想想当下日胜一日的环境污染、核弹威胁、大规模杀伤性武器等等如此这般的景象，谁敢断言科学这把越来越锋利无比的刀，最终不会砍向人类？为此，谁又能说西哲之言完全是耸人听闻？尤其是脚下的价值地基愈来愈松动飘摇的时候？

与其说醒如不如说冰心论辩的高明之处还在于，他部分地承认钟梧关于人世丑恶的看法：自私自利的制度阶级，的确已在人类中立下牢固的根基。但这一切并不能说明而且恰恰是证明了爱之必需。因为“如是种种，均由不爱而来”。饭碗主义，只图救自己于饥渴死亡，本身就是自私自利在个体身上的体认，就是一件卑污的事，持此观点和按此行为的人，还有什么资格来指摘人类的虚伪和残忍？

---

① 冰心：《悟》，《冰心文集》，第1卷，第181—182页，上海文艺出版社，1982。

② 布隆舍：《经验的局限：虚无主义》，载刘小枫编《尼采在西方——解读尼采》，第150—151页，上海三联书店，2002。

为了增强论辩的说服力，冰心还以帕斯卡尔的那个著名的为信仰下赌注的方式，来为自己的爱的宗教作退一步的设想和最后的陈述："再退一步，已是退无可退，纵使我的理论完全是假的，你的理论完全是真的，为着使众生苦中加苦，也宁可叫你弃你的真来就我的假。不但你我应当如此信，而且要大声疾呼的劝众生如此信。"犹如帕斯卡尔在赌上帝是否存在时的理路一样："假如你赢了，你就赢得了一切；假如你输了，你却一无所失。因此，你就不必迟疑去赌上帝存在吧。"[①] 因为爱除了使你放弃虚无，不会让你失去什么，相反，你会赢得一个温暖而有意义的世界。为此，何不让我们"一边流迸着血泪，一边肩起爱的旗帜，领着这'当面输心背面笑，翻手作云覆手雨'的人类，在这荆棘遍地的人生道上，走回开天辟地的第一步上来！"[②]

我之所如此长篇大论地来展示冰心对爱的诗学的论辩，是觉得这些内容或许对于当下的现代汉语文学界、诗学界并非毫无意义。20世纪80年代中后期以来，面对虚无主义的一次又一次挑战都使我感到：冰心当年关于爱的哲学、诗学的对话语境，今天依然存在？而且就其敞开的对话空间而言，似乎超过前者？

2. 解决生死问题

生死问题能够终极地解决吗？恐怕很难。不过，任何宗教、哲学和伦理学都有解决此一问题的内在冲动，并由此给出各自的人生意义。因为正如海德格尔所言："人是向死的存有。"对此冰心也有深刻的体悟，她在一首诗中写道："未生的

① ［法］帕斯卡尔：《思想录》，第110页，商务印书馆，1997。

② 冰心：《悟》，《冰心文集》，第1卷，第184页，上海文艺出版社，1982。

婴儿，/从生命的球外/攀着‘生’的窗户看时，/已隐隐地望见了/对面‘死’的洞穴。”[①] 即生命的过程直接就是死亡的过程，人降临人世的第一声啼哭，就是无可奈何地从此走向死亡的哀告。这样，“生还是死”就成了一个问题，而且是关乎人如何地存在的重要问题。冰心说：“生，老，病，死，是人生很重大而又不能避免的事。无论怎样高贵伟大的人，对此切己的事，也丝毫不能为力。”[②] 但又并非不能思考。那么，冰心爱的诗学又是如何的思入此一问题的呢?

冰心对生死问题的思考，可以首先在伦理层次上考察。作为伦理的生死，是人关于生死的基本看法和价值判断。古代中国，以儒、道、释为基本价值支撑，建立了一套完整的生死伦理。而冰心对生死伦理的询问，应该说是以寓言的方式，在生者与拟想的死者的对话中得以进行的。这集中表现在《“无限之生”的界线》和《问答词》两篇散文中。前者侧重于死，后者侧重于生。

在《“无限之生”的界线》里，冰心化身为死者——她的同窗宛因和生者“我”。宛因已然作古，“她去的那个地方，我不能知道，世人也不能知道，或者她自己也不能知道。”但“我”亲眼看见她的躯壳埋在黄土里了。为此，“我”极度的灰心失望，对死的思考由此从两个“追问”得以展开：一是，那个埋在黄土里的躯壳“能以代表宛因么”? 如果不能，那什么能够代表呢? 二是，死是一个破坏者，一个“大有威权者”，“无论是惊才，绝艳，丰功，伟业”与之一接触，顷刻化作一

① 冰心：《春水·一六九》，《冰心文集》，第 2 卷，第 114—115 页，上海文艺出版社，1982。

② 冰心《寄小读者·通讯十四》，《冰心文集》，第 3 卷，第 129 页，上海文艺出版社，1984。

捧黄土，“这样的人生，有什么趣味？纵然抱着极大的愿力，又有什么用处？又有什么结果？到头也不过是归于虚空，不但我是虚空，万物也是虚空。”这实际是经由死而对生命终极价值的追问。这一追问方式，不是普通的伦理之思，而是一个地道的伦理神学之问。我们知道，伦理神学有两个先决条件：一是“依赖于两个假设（postulates），那就是自由意志与寻求终极价值的责任感”；二是“人有寻求终极价值或权威的责任与义务。”正是“在这个寻求终极价值的过程中，人生也就被赋予了终极的意义。”①

追问的结果如何呢？开始，“我”试图以世俗化的宿命论，来获得对这两个问题的解答，来“慰安自己”：“何必为死者难过？何必因为有‘死’就难过？人生世上，劳碌辛苦的，想为国家，为社会，谋幸福；似乎是极其壮丽宏大的事业了。然而造物者凭高下视，不过如同一个蚂蚁，辛辛苦苦的，替他同伴驮着粟粒一般。几点的小雨，一阵的微风，就忽然把他渺小之躯，打死，吹飞。他的工程，就算了结。我们人在这大地上，已经是象小蚁微尘一般，何况在这万星团簇，缥缈幽深的太空之内，更是连小蚁微尘都不如了！如此看来，……都不过是昙花泡影，抑制理性，随着他们走去，就完了！何必……”命定如此，又何必追问呢？这恐怕是世俗理论中最有力量的。可是，它依然无法使“我”的灵魂安妥。“我”发现这番“理论”并未使“我”“超越到世外去”，相反，“我”“苦痛已极，低着头只有叹息”。宿命论显然对解决死的问题，在事实上无能为力。

① ［德］卡尔·白舍客著，静也等译：《基督宗教伦理学》（第一卷），第3页，上海三联书店，2002。

正在“我”孤苦无援之际，宛因白衣飘举，犹如天使，降临人世。她与“我”的一段对话，才终于解开了死亡之谜。宛因否定她已死去，而不过是越过了“无限之生的界限”，“我同你依旧一样地活着，不过你是在界线的这一边，我是在界线的那一边，精神上依旧是结合的。不但我和你是结合的，我们和宇宙间的万物，也是结合的。”生与死不过是“无限之生的界线”罢了。宛因已然进入无限之生，而“我”还在奔赴途中而已。

何谓“无限之生”？冰心解释说，“无限之生”就是天国，就是极乐世界。这光明神圣的地方，既在生前也在死后，既是过去、将来，也是现在；既在世外，又在世内；是一条无始无终的路。在这条路上：“我就是你，你就是我，你我就是万物，万物就是太空：是不可分析，不容分析的。这样——人和人中间的爱，人和万物，和太空中间的爱，是昙花么？是泡影么？那些英雄，帝王，杀伐争竞的事业，自然是虚空的了。我们要奔赴到那‘完全结合’的那个事业，难道也是虚空的么？去建设‘完全结合’的事业的人，难道从造物者看来，是如同小蚁微尘么？”当然不是。因为“万全的爱，无限的结合，是不分生——死——人——物的，无论什么，都不能抑制摧残他。”①

难以理解的是：宛因明明死去，怎么又无限之生了？这难道不是一个悖论么？倘若要得到合理的解释，就要从一个普通的神学问题过渡到基督教神学对死的看法。从《圣经》来看，人之生是神按照自己的形象所造。如何造？是神用地上的尘土捏造，并将生命的气息——灵——吹入人的鼻孔而使之生。人

① 冰心：《“无限之生”的界限》，《冰心文集》，第3卷，第4—7页，上海文艺出版社，1984。

之死，尘土仍归于尘土，灵仍归于赐灵的神，躯体息了世上的劳苦，灵魂复活成为不朽。人之生如一粒麦子种在地里，很快生根发芽，开花结果；人之死如退休回家，享受天国永远的安宁。冰心把其中的“死的观念”表述为：“我的形质，消化在这世界的尘土里；我的精神，也调和在这太空的魂灵里；生死都跳不出这无限之生，你我是永远无间隔的。”① 据此，宛因死去的只是外在的物质躯壳，而灵魂进入了上帝的国得到了永生。冰心的上述说法之所以不能是印度婆罗门教梵我合一式的泛神论，主要是她承认有一位造物主；而之所以又不能解读为柏拉图式的“灵魂不朽”，又在于它体现了犹太人和基督徒如下的看法：

> 死亡是某种真实而又可怕的东西。因此，它不是被看作从一间房子走向另一间房子或脱下旧套换上新装。它意味着绝对的灭绝——从明亮的生命循环转至“死亡的无限黑暗”。只有借助上帝创造性的至爱，才能获得超越坟墓的新存在。②

所以，最后当“我”问及如何实现无限之生时，宛因指着天边说：“你迎着他走去罢。你看——光明来了！”③ 这个他，我们只能理解为造物者——上帝的那个他。从另一个层面上讲，把

---

① 冰心：《遗书·十六》，《冰心文集》，第1卷，第147页，上海文艺出版社，1982。

② ［英］希克：《不朽与复活》，载刘小枫编：《20世纪西方宗教哲学文选》(中)，第1044—1045页，上海三联书店，1996。

③ 冰心：《“无限之生”的界限》，《冰心文集》，第3卷，第7页，上海文艺出版社，1984。

死看作是无限之生的界线，既划分了人的世俗生活和复活生活，同时又将两者结合起来，这就回应了圣保罗在讨论“死人复活”的真实含义时，为基督教提供的一个基本答案，[①] 即上帝对人的心理物理个体的重新创造或重新塑造，“不是把它创造为已死去的有机体而是创造为 soma pneumatikon 即‘精神躯体’，它栖居于精神世界之中，正如物质的躯体栖居于我们现有的物质世界之中一样。”[②]

如此一番问答之后，“我”终于明白了死的意义，它意味着与基督的完美结合，“充满了天国的希望、不朽和复活的希望以及最终与基督在一起的希望”；[③] 同时也明白了生的意义，是奔向那“完全结合”的道路。因为在基督教看来，“我们没有一个人为自己活，也没有一个人为自己死。我们若活着，是为主而活；若死了，是为主而死。所以我们或活或死，总是主的人。”[④] 到此，关于死，基督教伦理颠覆了世俗伦理。

但既知死，未必真知生，尤其落实到人的世俗生活层面。而这恰恰对人而言是最紧要的。紧接着的《问答词》，就是冰心进一步追思此一问题的。它始于这样的设问：什么是生命？人生一世，总有一死，曾有的一切，都将灰飞烟灭，一了百了。既如是，浑浑噩噩又如何？流芳百世又何用？何况现实社会是如此的污浊，现世人生又是这样的烦恼。乐园在哪里？天

① 参《新约·哥林多前书》15：1—55。

② ［英］希克：《不朽与复活》，载刘小枫编：《20 世纪西方宗教哲学文选》(中)，第 1045 页，上海三联书店，1996。

③ ［德］卡尔·白舍客著，静也等译《基督宗教伦理学》第二卷，第 371 页，上海三联书店，2002。

④ 《新约·罗马书》14：7—8。

国在何处？不过心造的幻影罢了。世界哪有什么光明与快乐，即使偶尔有，也是相对的、短暂的，这一切也不过是自欺、自慰而已。冰心这些问，问得很有力量，可以说集中了无神论者、宿命者、悲观主义者对生的看法，这正如《旧约·传道书》中，传道者言尽万事尽属虚空一样。可是，宛因对此的回答显得软弱无力。她采取的策略只是让你信。信“世界上的力量，永远没有枉废”；信“你是大调和生命里的一部分，你带着你独有的生命”，并劝你“只管赞美‘自然’，讴歌孩子，鼓吹宇宙的爱，称世界是绵绵无尽”；劝你勤勤恳恳、脚踏实地为世人造福。[①] 至于何以要如此，生的意义究竟何在，却缄口不言。小说《世界上有的是快乐……光明》也采取了同样的策略。一个在“五四”落潮期，眼见国家纷乱、社会黑暗和人心萎靡，而选择了自杀的青年，只听了小孩关于世界有的是光明和快乐之言，就犹如得到神启一般，眼前光明灿烂，心中云消雾散，在泪流满面式的庄严华美的感动中，放弃了轻生的念头，转变了人生观。到了小说《烦闷》中，冰心才正式给出了生之意义的答案。对于被“到底是吃饭为活着，还是活着为吃饭”等问题迷惑的“他”，唯物论不能给“他”谜面，冷静的理性不能让“他”明白，神秘主义也未能使“他”勘破，唯当他轻轻推开家门，被眼前的情景所深深感动，他才恍然大悟，人生的真义在于爱——神圣的爱：“母亲坐在温榻上，对着炉火，正想什么呢。弟弟头枕在母亲的膝上，脚儿放在一边，已经睡着了。跳荡的火光，映着弟弟雪白的脸儿，和母亲扶在他头上的手，都幻着微红的颜色。……光影以内，只有母亲的温

① 冰心：《问答词》，《冰心文集》，第3卷，第10—12页，上海文艺出版社，1984。

柔的爱，和孩子天真极乐的睡眠。”[①] 这既是普通的人间之爱，更是圣爱的世俗化写照。因为，这使熟悉《圣经》的人，无法不想起《旧约·以赛亚书》第66章中的一段经文：“耶和华如此说：……你们必蒙抱在肋旁，摇弄在膝上，母亲怎样安慰儿子，我就照样安慰你们。”

这样，爱，就成了冰心解决生死问题的关键。冰心说：“有了我的爱，便是有了一切”；[②] 人类之所以为人类，世界之所以成世界，全在爱；[③] 人为爱而生死，“精神和形质，在亲爱的人的心目中，一同化烟，是最干净的事。”[④] 而由爱而生的同情与爱本身，也因此成了走在生命路两旁永恒的伴侣，她们“随时撒种，随时开花，将这一径长途，点缀得香花弥漫，使穿枝拂叶的行人，踏着荆棘，不觉得痛苦，有泪可落，也不是悲凉。”[⑤] 冰心的爱是十字架上的爱。这象征着爱与生、爱与死、爱与复活的十字架，“在有生之前，它已经竖立在那里，等候着我们了”，它既是我们“生前的友”，又是我们“死后永久的伴侣”。[⑥] 生与死、死与生在十字架上得到了完全的统一，得到了彻底的回应。

---

① 冰心：《烦闷》，《冰心文集》，第1卷，第117—118页，上海文艺出版社，1982。

② 冰心：《寄小读者·通讯二十》，《冰心文集》，第3卷，第160页，上海文艺出版社，1984。

③ 冰心：《寄小读者·通讯十九》，《冰心文集》，第3卷，第157页，上海文艺出版社，1984。

④ 冰心：《遗书·五》，《冰心文集》，第1卷，第131页，上海文艺出版社，1982。

⑤ 冰心：《寄小读者·通讯十九》，《冰心文集》，第3卷，第157页，上海文艺出版社，1984。

⑥ 冰心：《十字架的园里》，《冰心文集》，第3卷，第317页，上海文艺出版社，1984年。

3. 反抗人间不幸

帕斯卡尔说："在我们与地狱或天堂之间，只有生命是在这两者之间的，它是全世界上最脆弱的东西。"[①] 冰心对人的弱者地位也深信不疑："我们都只是弱者！/甜香的梦/轮流着做罢，/憔悴的杯/也轮流着饮罢，/上帝原是这样安排的呵！"[②] "我只是一个弱者！/光明的十字架/容我背上罢，/我要抛弃了性天里/暗淡的星辰！"[③] 人不仅是弱者，而且在冰心看来，由于人离上帝是如此的遥远，以至于人在与上帝相遇的遥远征程中，显得何其的渺小："倘若我能以达到，/上帝呵！/何处是你心的尽头，/可能容我知道？远了！/远了！/我真是太微小了呵！"[④] 人之所以是弱者，之所以渺小，是因为人类的始祖被诱惑，违背了主命，离弃了上帝。这样，作为弱者的人、渺小的人、有罪的人将孤独无援，并始终面临不幸。因此，西蒙娜·薇依认为，不幸（Malheur）——人的存在之不幸，是本体论的。这意味着，人类通过任何手段都无法消除生存之不幸，哪怕是社会革命也不行。革命可以反抗社会的不义，但不会消除生活中的不幸。吊诡的是：某种性质的不幸总会强烈、深切、痛苦地被感受为不义。于是，反抗不义的革命往往以消除不幸的名义，来动员组织社会力量，并将人的受苦作为一个阶级来谈论，而在事实上将不幸的个人排除在革命之

---

① ［法］帕斯卡尔：《思想录》，第103页，商务印书馆，1997。

② 冰心：《春水·二》，《冰心文集》，第2卷，第60—61页，上海文艺出版社，1983。

③ 冰心：《春水·二十六》，《冰心文集》，第2卷，第68页，上海文艺出版社，1983。

④ 冰心：《春水·九》，《冰心文集》，第2卷，第63页，上海文艺出版社，1983。

外。革命成功了，个人的不幸依然存在。那么，什么能帮助个人战胜不幸呢？薇依以为只有基督信仰，因为“基督教卓然是奴隶们的宗教”，因为上帝之爱永远与人的不幸依偎在一起。[①]我在这里谈论薇依有何意义？是因为冰心和她的看法是如此的一致，冰心说：“主义救不了世界/学说救不了世界/要参与那造化的妙功呵/只有你那纯洁高尚的人格/万能的上帝/求你借着无瑕疵的自然/造成我们高尚独立的人格。”[②]主义救不了世界，学说救不了世界，显然是从消除人的不幸的意义上说的。信仰的问题，始终是关乎个体生命的事件。

冰心虽然没有像薇依那样，早年从事过实际的劳工运动，但冰心在早先却以文学的形式关注过社会问题。按照茅盾当年的说法，冰心走向爱的诗学的起点，是对于现实的注视。[③]她发表于1919年的第一篇小说《两个家庭》触及的是当时人们普遍关心的家庭问题；随后问世的《斯人独憔悴》，以敏锐的政治嗅觉，提出了刚刚爆发不久的“五四”运动中，象征革命势力与保守势力之间的父子冲突问题，并迅速引起社会反响，不到3个月，就被学生剧团改编成话剧，搬上舞台。紧接着发表的《秋风秋雨愁煞人》和《去国》，也都是问题小说，前者表现了理想与现实的尖锐矛盾，后者则揭露了北洋政府的腐败无能和当时中国的黑暗现实对留学青年爱国之心的深深伤害。在“五四”运动过后不到3个月的时间里，初入文坛的冰心，就连续推出了4篇关涉社会和革命的问题小说，如果照此发展下去，冰心应该成为另一类作家。可是不久以后，冰心却突然

① 参刘小枫：《走向十字架上的真——20世纪基督教神学引论》，第173页，三联书店，1995。

② 冰心：《人格》，《生命》，第2卷，第2册。

③ 茅盾：《冰心论》，《文学》，第3卷，第2期，1934年8月。

转向，在小说中就像在诗歌、散文中一样，高举起爱的旗帜，以基督的爱，而不是激进的社会学说，来解决迫切的现实问题，尤其是个人的不幸。至于转向的原因或动力，至少就我掌握的资料来看，无法实证地给出答案。但可不可以推论：正经历或置身于“五四”运动落潮期的冰心，面对当时生活世界普遍存在的不幸，是不是越来越坚定了她的信仰，除了基督，主义救不了世界，学说救不了世界呢？总之，在接下来的主要小说中，冰心就以上帝的爱和基督教的伦理，来反抗个人的不幸了。

《最后的安息》讲述的就是一个爱与不幸的故事。惠姑的爱，诚然没能改变甚至加剧了现实的不义，但是翠儿悲苦的灵魂却得到了安顿。翠儿四岁死了爹娘，成了童养媳，受尽婆婆的凌虐，承受着超负荷的生活重压。她的内心充满的只有悲苦恐怖，她的身体感受的全是鞭笞冻饿，世界对于她只是一个凄苦黑暗的涕泣之谷，她从来不知道还有爱与关切，同情与悲悯。惠姑慈怜温蔼的言语，第一次使翠儿的心灵受到巨大的震动：“她抬头看了片晌，忽然觉得如同一线灵光，冲开了她心中的黑暗。这时她脑孔里充满了新意，只觉得感激和痛苦都怒潮似的，奔涌在一处”，泪水夺眶而出。[①] 一个哭告无门的女孩，终于有了哭诉可以得到应答的机会。神圣的爱显示出如此非凡的魔力：“一片慈祥的光气，笼罩在翠儿身上。她们两个的影儿，倒映在溪水里，虽然外面是贫，富，智，愚，差得天悬地隔，却从她们天真里发出来的同情，和感恩的心，将她们的精神，连合在一处，造成了一个爱和神妙的世界。”[②]

① 冰心：《最后的安息》，《冰心文集》，第1卷，第43页，上海文艺出版社，1982。

② 冰心：《最后的安息》，《冰心文集》，第1卷，第43页，上海文艺出版社，1982。

每次读到这里，常常让我思考不已：什么是真正的人道主义？它与宗教、基督教究竟是什么关系？这又牵涉到以下几个提问：什么是真正的善？真正的神性？真正的宗教？真正的基督教？对此的询问和沉思，总使我感到个人经验和理性的限度。也许致力建构普世宗教的汉·斯昆是对的：

> 对于人来说什么是善？回答是：凡是帮助人们获得真正人性的一切！基本的伦理标准相应地就是人不应该像非人那样生活，而应该像人那样生活；他们应该实现全面的人性！在道德上，这就是善。①
>
> 凡是人性的、真正人道的事物，都有理由称为“神性”。②
>
> 真正的宗教是真正人道的实现！③
>
> 基督教越具人性(按山上圣训的精神)，它就越具有基督特性；它越具有基督特性，在外观上就越像是真正的宗教。④

我的理解：凡是真正具有人性的地方，都具有人道、神性、宗教和基督教。按此标准衡量，惠姑的行为，不仅散发着人道主义的光辉，同时也散发着基督神性的光辉。翠儿最后被摧残致死，当一息生命告别人世的时候，因为惠姑爱的关切，她的灵

① ［瑞士］汉斯·昆：《什么是真正的宗教——论普世宗教的标准》，载刘小枫编：《20世纪西方宗教哲学文选》（上），第19—20页，上海三联书店，1996。

② ［瑞士］汉斯·昆：《什么是真正的宗教——论普世宗教的标准》，载刘小枫编：《20世纪西方宗教哲学文选》（上），第20页，上海三联书店，1996。

③ ［瑞士］汉斯·昆：《什么是真正的宗教——论普世宗教的标准》，载刘小枫编：《20世纪西方宗教哲学文选》（上），第30页，上海三联书店，1996。

④ 同上，第29页。

魂得到了“最后的安息”：“她憔悴鳞伤的面庞上，满了微笑，灿烂的朝阳，穿进黑暗的窗棂，正照在她的脸上，好像接她去到极乐世界”。①

由战争给个体带来的不幸，是冰心小说关注的一个重点。《一个军官的笔记》写堂侄两兄弟，在一场不明真相——不知道“为谁牺牲，为谁奋斗”——的战争中互相残杀。结果一个负了伤，一个成了永远的废人。主人公“我”对战争进行了反思，认为战争“不但是不人道，而且是无价值”的。“我”已失去了生存下去的信心，希望喝毒药自杀。谁能救助战争中的不幸者，是所谓的公理和正义吗？谁能使身体残缺的人，得到一颗健全的心灵？是上帝，是圣灵，是爱。小说最后写道：“可喜的消息到了，我不至久安于废人，我要往一个新境界去了，那地方只有‘和平’、‘怜悯’和‘爱’……可怜的主战者呵！我不恨你们，只可怜你们！……‘上帝也要擦干他们一切的眼泪；不再有死，也不再有悲哀，哭号，疼痛；因为以前的事都过去了’。”② 这个只有爱，没有眼泪和哭泣的新天新地是哪里？是上帝完成了创造之工以后的上帝的国。最后一句，是《新约·启示录》21：4的原文。《三儿》里的三儿，被当作靶子误杀。《鱼儿》揭示了在“清洁光明”的表面下，是丧失人性的残酷战争，以及战争带给那位失去了胳膊的老兵的永久的灵魂伤痕。平静湛蓝的海水，实际上是无辜者的血。而战争还没有结束。人类何以有战争？《国旗》给了我们如此的启示：或许是人为的民族国家的建构和划分，使之为着各自的利益，

① 冰心：《最后的安息》，《冰心文集》，第1卷，第49页，上海文艺出版社，1982。

② 冰心：《一个军官的笔记》，《冰心文集》，第1卷，第57页，上海文艺出版社，1982。

在正义的旗帜——国旗和爱国主义——的指引下，公开“合法”地杀人。正是国旗“这小小的巾儿，百千万面，帐幕般零零碎碎的隔开了世界上的，天真的，伟大的爱！人类呢，都蒙蔽在这百千万面的旗影里，昏天黑地的，过那无同情，不互助的生活”。冰心对此显然是持异议的，她借小说人物之口反问：“国旗算什么?”她憧憬：“两个旗儿，并在一处，幻成了一种新的和平的标帜。”她甚至让主人公正面地提出：“我们索性都不要国了，大家合拢来。”因为“朋友的爱，是比国家的爱，更……”。更什么，主人公没说，而是引《圣经》中的话语结束了她的思考：“因为我们现在所知道的有限……等那完全的来到，这有限的必归于无有了！”①

然而，一个重要的事实是不容回避的：上帝是隐蔽的上帝。尤其是进入现代社会以后，人类进入了诸神隐退的黑夜时代，基督在哪里？爱何以可能？爱如何反抗不幸？面对如此深渊处境，人将何为？入思此一问题，我们首先可以从基督神学的无神论立场提问：上帝为何不在？神学家薇依回答了这个问题：我们应该爱的那位上帝不在场——上帝已化身为不幸的爱和爱的不幸本身。他因为爱，在十字架上倾空了自己。上帝已经死在了这个纯粹的物质世界，这个物质世界也因此成为上帝之最深奥秘得以展示的世界。② 既然上帝已死，那么人怎么办？刘小枫在评述薇依的神学思想时极为精彩地指出：

真实的基督信仰乃体现于，在无神性的地方活出神

① 冰心：《国旗》，《冰心文集》，第1卷，第69—70页，上海文艺出版社，1982。

② 参刘小枫：《走向十字架上的真——20世纪基督教神学引论》，第192页，三联书店，1995。

> 性，在没有爱的地方活出爱，在上帝不在场的地方，活出上帝的形象——基督。[①]

一言以蔽之：就是在没有基督的地方活出基督。有意思的是，冰心早已在小说中表现过这种“真实的基督信仰”，《一个不重要的军人》就是在没有基督的地方活出的基督。主人公“他”面对生活中的种种苦难，“总是那般喜欢”，从来没有怨恨，直到在病中寂寞地死去。父亲死了，分田地没他的份儿，“他只恭默着”；为大嫂做事，任劳任怨，反被斥为坐食山空，他恭默着；在军营里，勤勤恳恳，关心同伴，屡次无辜受鞭打，他一声不吭；他把所有的军饷、军物，都交给嫌弃他的哥嫂；他路见不平，替人挨打，又重病在身，内外夹攻，精神萎顿，仅有的一块买膏药的钱，也被二哥偷走。面对这一切，他“依旧是那般喜欢”。最后，他无声无息地死了，就像一只蚂蚁，“只从册上勾去他的名字”。“然而这营里，普遍的从长官，到他的同伴，有两三天，心灵里只是凄黯烦闷，如同羊群失去了牧人一般！”[②] 牧人在基督教中是基督的别称。这样一个如此不重要的军人，有什么资格称为基督？原因是他活出了基督精神，活化了基督宗教的伦理——神圣的德行：恭顺。马克斯·舍勒认为，恭顺是基督教德行中最温良、最隐秘、最美好的德行。

> 在我们的生存核心之中，恭顺［humilitas（谦卑）］是一种永不停息的内在脉动；这一脉动源于精神上的效力

---

① 参刘小枫：《走向十字架上的真——20世纪基督教神学引论》，第194页，三联书店，1995。

② 《冰心文集》，第1卷，第73页，上海文艺出版社，1982。

准备——为对付善与恶、美与丑、生与死而在精神上作好的准备。恭顺是基督神性的一大活动在心灵深处的显现；在这一活动中，神性自行弃去自己的威严和恢宏气度，进入凡人身体，甘当为世人和芸芸众生谋自由和幸福的奴仆。①

恭顺与冰心的爱的诗学之间有什么关系？恭顺是爱的一种形式。爱运用自己的魅力悄悄地将恭顺融入骄傲之心，从而使心扉敞开，随时准备奉献。"作为基督之爱的最香花朵，恭顺就是最温柔的剪影——具有神性的圣爱在运动中留在人心灵上的剪影……只有恭顺才使人获得一切！因为它的出发点是：没有什么是应得的，一切均为恩赐和奇迹。"② 所以，在不幸中感恩，在感恩中活出恭顺，同时也就活出了爱。

① ［德］舍勒：《德行的复苏》，载刘小枫编：《20世纪西方宗教哲学文选》（下），第1395页，上海三联书店，1996。

② ［德］舍勒：《德行的复苏》，载刘小枫编：《20世纪西方宗教哲学文选》（下），第1400—1401页，上海三联书店，1996。

第六章　存在诗学与基督教

史铁生无疑是我们这个时代最深刻的文学家。他的写作，进入到了现代汉语文学和诗学未曾到达过的领域。那里隔着一条河，河的那边是一片人迹罕至的汉语思想飞地，史铁生从写作之夜出发，摇着轮椅，借助冥思和无与伦比的意志，越过肤浅的真理，到达那里。这是一个痛苦而温暖的过程。他记录这个过程写下的那些小说、随笔，是这个时代汉语思想界足以与帕斯卡尔、克尔凯郭尔、薇依等人的作品相媲美的沉思录。也许在汉语诗学史上，他将从此开辟一个新的时代。

一位具有世界性眼光，在中西文化比较上卓有建树的学者，在谈到史铁生的长篇小说《务虚笔记》时指出，它是当代中国文化史思想史上最重要的著作之一，在平庸之作，装腔作势的文学充斥的今天中国文坛，它不仅是发聋振聩，而且是里程碑——《务虚笔记》是中国文学中，第一部真正的宗教哲理小说，“如果放长时间尺度——例如半个世纪，一个世纪，甚至更长——来估量中国文化的发展，这部被人忽略的长篇小说，就会以其卓绝独特的品格，立在世纪之交的地平线上，成为一柱标尺：这个有着悠久文明的民族，可能已经开始新的艰苦寻求。”①

另一位学者，也是我们这个时代睿智而颇有深度的哲学家和文学批评家，在一本题为《灵魂之旅——九十年代文学的生

① 赵毅衡：《神性的证明：面对史铁生》，《开放时代》，2001年7月号。

存境界》的书中，激动地写下了这样一段话：

> 我们面前终于出现了一位作家，一位真正的创造者，一位颠覆者，他不再从眼前的现实中、从传说中、从过去中寻求某种现成的语言或理想，而是从自己的灵魂中本原地创造出一种语言、一种理想，并用它来衡量或“说”我们这个千古一贯的现实。在他那里，语言是神圣的、纯净的，我们还从未见过像史铁生的那么纯净的语言。只有这种语言，才配成为神圣的语言，才真正有力量完成世界的颠倒、名与实的颠倒、可能世界与现实世界的颠倒；因为，它已不是人间的语言，而是真正的“逻各斯”，是彼岸的语言，是衡量此岸世界的尺度。……它理智清明而洞察秋毫，它表达出最深沉、最激烈的情感而不陷入情感，它总是把情感引向高处、引向未来、引向纯粹精神和理想的可能世界！……使逻各斯的真理自由地展示在他心里，展示在读者面前。①

还有什么样的评价比这更高？至于批评界那些缺乏思想与知识根基的追捧之言，我还没有在此引述。

的确，史铁生从自身的残疾，看到了人的残缺和人的有限性；从人的有限性思入了人的存在；又从对人的存在的追寻，抵达了对神在的仰望。他完成了从审美向伦理、向哲学，最后向宗教的跳跃。他为人的“不可能”的现实，敞开了一个无限的可能性世界。而这些非凡之“思”则是以“诗”的方式完成

① 邓晓芒：《灵魂之旅——九十年代文学的生存境界》，第151—152页，湖北人民出版社，1998。

的。这为当下以至未来已经或将会被消费欲望引诱或刺激得失魂落魄的汉语文学与诗学，找回了一条高贵的超越之路。

我把史铁生的诗学命名为存在诗学，一方面是，他确曾受到西方存在主义哲学的深刻影响。① 另一方面，我是在这样的意义上理解存在的：存在是“语言活动中发生的意义之在”。对存在的思考即对意义之在的思考。只有把握了意义之在，才有可能理解人的存在，即此在，因为人的存在，本质上即意义之在的历史性发生。② 当然，史铁生的存在诗学在思路和言路上可能与哲学不一样，它是倒过来的，他首先面临历史性的此在，并由此在出发去追问和追寻那个意义之在，再反过来让此在的意义得到澄明。他仿佛在黑暗的深渊中，用脚步打造攀升的天楼，以语言为仰望，行走在与上帝相遇的路上。

第一节　极限情景与人的有限

史铁生的诗学是以生命体验为逻辑起点的。他是从常人只有到死或者在难以遭遇的困境中才能感受到的深渊体验出发，开始诗学之思的，这决定了他诗学的走向、样态、品质、高度和深度，不可不事先考察。

1. 绝地与启示

史铁生诗学的逻辑起点，或者说那个生命体验为何？简而言之：极限情景。极限情景是存在主义的关键性概念之一。始作俑者雅斯贝尔斯用以指称人类生存中这么一些情景：

---

① 参林舟：《生命的摆渡——中国当代作家访谈录》，第 175 页，海天出版社，1998。

② 参朱立元主编：《当代西方文艺理论》余虹撰写之第七章，引文自本书第 143 页，华东师范大学出版社，1997。

> 我们从未选择过它们，而它们却使我们面对“在此世存在”之彻底开放性和疏远性。……这些情景中最重要的有偶然、过失以及死亡。它们是人生不可逃避的，但又无法改善的状况。它们向我们的生活注入一种使人不舒服的对危险和不安全的感觉，使我们意识到自己的脆弱和无家可归。[①]

显然，极限情景是一些威胁生存，又无法逃避，把人直接抛入无家可归的、偶然或必然的深渊性事件。

史铁生在21岁上遭遇了这样的事件：高位截瘫。他在著名的《我与地坛》中说：“我活到最狂妄的年龄上忽然地残废了双腿”，突然成了一个失魂落魄的人，“找不到工作，找不到去路，忽然间什么也找不到了”[②]。请注意这个时间：21岁，这是人生最美好的一切正在和就要展开的时候。如果是先天性残疾，或者是没有记忆之前已经这样了，也许史铁生不会如此剧烈地体会到命运的巨大偶然性和不公。不期而遇的苦难，从此把他残酷地锁定在轮椅上，将一个活蹦乱跳的生命囚禁于见方之地，绝望的高墙陡然间隔断了他的前程。灾难并未就此结束，50岁左右他又患上尿毒症，双肾坏死，每三天去医院做一次透析。死神须臾不离地觊觎着他的生命。接踵而至的苦难，注定了史铁生——如果他要活下去——终生必须无休无止地撞墙。这是加缪《西绪福斯神话》里那堵“荒诞的墙”，是

---

① ［英］詹姆斯·C·利文斯顿：《现代基督教思想》（下卷），第694页，四川人民出版社，1999。

② 史铁生：《我与地坛》，参《中华散文珍藏本·史铁生卷》，第8—9页，人民文学出版社，2000。

陀思妥耶夫斯基《死屋手记》面对的那堵“监狱的高墙”，是安德列夫象征世界中，“我和另外一个麻风病人”以胸膛撞击，用鲜血染红的那堵墙，也是史铁生笔下那堵神明般启示的墙、“伟大的墙”：墙永远地在他心里，构筑恐惧，也牵动思念。[①]

就这样，史铁生实际上成了萨特境遇剧的主人公。他面临一个致命的问题，这也是当年丹麦王子哈姆莱特曾经面临过的：是死还是活？也是存在主义哲学家认为真正严肃的哲学问题：“判断人值得生存与否”的问题。[②] 这意味着，史铁生必须在命运设定的极限境遇中做出“自由选择”——生与死的抉择。

许多年以后，当他在回忆当年残疾的情景时这样写道：“心里荒荒凉凉地祈祷：上帝如果你不收我回去，就把能走路的腿给我留下。”但是上帝没有应答，也没有给他留下能走路的腿，只是把无路可走的绝望，以及还要不要继续走路和走怎样的路的问题留给了他。为了解答这个问题，史铁生一思索就是好几年。有何必要思索这么长的时间？

从一般的意义而言，史铁生陷入了这样的悖论：对于他，生存下去就是受苦，而这种受苦如果没有意义，也就失去了生存下去的正当性，不如及早解脱；而要解脱，又必须找到去死的理由，寻求死亡的意义，否则就此放弃生命这一行为本身也就失去了根据。换言之，不解决死的意义，这样的死与无意义的活没有什么两样。可是，死的意义不是容易解决的，它关涉到人生的根本问题。从存在主义的角度来说，人就是向死而生

① 史铁生：《墙下短记》，参《中华散文珍藏本·史铁生卷》，第104—107页，人民文学出版社，2000。

② ［法］加缪：《西绪福斯神话》，《加缪文集》，第624页，译林出版社，1999。

的存有。死是存在与非存在的边界。按照海德格尔的说法，死是毁灭性的虚无，是人面临的一种无可逃避的、非存在的威胁。死的意义是如此重大："对于死亡时虚无的预想，赋予了人的生存以其生存的特性。"当然，人受到非存在威胁的还不仅仅是死，另一位存在主义的大师萨特认为还有无意义之威胁。[①] 即是说，虽不死，但无意义地活着，依然是非生存。这样，史铁生事实上陷入了更大的悖论：选择死，就是选择非存在，选择活，倘若无意义，也是非存在。那么，剩下的就只有一条路了：活，而且必须活出意义？不过，这只是存在主义的理论推论，而史铁生面对的是残酷的生命事实。

据史铁生回忆，在那些思索的日子里，他一连几小时专心致志地想关于死的事，也以同样的耐心和方式想过他为什么要出生，"这样想了好几年，最后事情终于弄明白了：一个人，出生了，这就不再是一个可以辩论的问题，而只是上帝交给他的一个事实；上帝在交给我们这件事实的时候，已经顺便保证了它的结果，所以死是一件不必急于求成的事，死是一个必然会降临的节日。……剩下的就是怎样活的问题了。"[②]

后来，他在另一处也表达了与此相似的意思："剧本早都写好了，演员的责任就很明确：把戏演好，别的没你什么事。"[③] 史铁生是怎样弄明白的，使他得出了这一达观得有些宿命色彩的结论，而将他从极限情景中拯救出来，决定活下去的？这要看逼迫史铁生思考生死问题的究竟是什么？说穿了，

---

① ［美］蒂利希：《存在与上帝》，刘小枫主编：《20世纪西方宗教哲学文选》（中卷），第850页，上海三联书店，1996。

② 史铁生：《我与地坛》，参《中华散文珍藏本·史铁生卷》，第10页，人民文学出版社，2000。

③ 史铁生：《病隙碎笔》，第189页，陕西师范大学出版社，2003。

就是残疾。当他选择活下去的时候，实际上他确认了这样一个事实：残疾地活下去是值得的、有意义的。换言之，他为人的残疾找到了正当性根据。

人的残疾是正当的、有价值的、有意义的？是的。因为史铁生从一己肉体的残疾，看出了人、人类的残缺，即根本性局限——人的有限性。

史铁生认为："残疾，并非残疾人所独有。残疾即残缺、限制、阻障。名为人者，已经是一种限制。"[①] "人的残疾即是人的局限。"残疾人的残疾是肉体上的，整个人类的残疾却是与生俱来的残缺，"对某一铁生而言是这样，对所有的人来说也是这样，人所不能者，即是限制，即是残疾，它从来就没有离开过"。[②] 从这个意义上说，每一个人都是残疾人。何以这样说？或者说史铁生的根据是什么？

在史铁生看来，人的出生是不可选择的、不可辩论的偶然性事件，人"只是一具偶然的肉身。所有的肉身都是偶然的肉身，……是那亘古不灭的消息使生命成为可能"。[③]

从生存论的角度看，"我们生存的空间有限，我们经历的时间有限"。而残疾的蓦然而至，更使人感受到命运的荒诞。史铁生对人之存在的这种完全的偶然性和尖锐的荒诞性体验，帕斯卡尔曾有过这样的描述：

> 当我思索我的生命历时之短暂，这生命被以前以后的永恒所吞没，又思索我所占据的空间之渺小……，我被抛

---

① 史铁生：《病隙碎笔》，第72页，陕西师范大学出版社，2003。

② 史铁生：《病隙碎笔》，第69页，陕西师范大学出版社，2003。

③ 史铁生：《病隙碎笔》，第168页，陕西师范大学出版社，2003。

进了无限浩翰的空间之中，我对之一无所知，它对我也十分陌生，这时候我会感到恐怖，我为自己生存于此地而不是彼地感到惊骇，因为没有任何理由是在此地而不是在彼地，是在此时而不是在彼时。是谁把我放在此地的？这个地方和这段时间，是根据谁的命令和指示而分配给我的？①

从认识论的层面说，我们的知识永远不可能穷尽外部世界的奥秘，“我们其实永远在主观世界中徘徊。而一切知识都只是在不断地证明着自身的残缺，它们越是广博高妙越是证明这残缺的永恒与深重，它们一再地超越便是一再地证明着自身的无效。”②这是人的“智力的绝境——你不可能把矛盾认识完”。③

从行为能力着眼，就像高位截瘫的人不能行走一样，健全的人也不能飞翔。概而言之，人是被抛到这个世界上来的才是实情。生而为人，终难免苦弱无助，即便是多么英勇无敌，多么厚学博闻，多么风流倜傥，世界还是要以其巨大的神秘置你于无知无能的地位。④

这样，史铁生实际上就从审视生理上的残疾，上升到了对

---

① ［英］詹姆斯·C·利文斯顿：《现代基督教思想》（下卷），第686页，四川人民出版社，1999。在另一个版本中是这样翻译的：“当我思索我一生短促的光阴浸没在以前的和以后的永恒之中，我所填塞的——并且甚至于是我所能看见的——狭小的空间沉没在既为我所不认识而且也并不认识我的无限广阔的空间之中；我就极为恐惧而又惊异地看到，我自己竟然是在此处而不是在彼处，因为根本没有任何理由为什么是在此处而不是在彼处，为什么是在此时而不是在彼时。是谁把我放置在其中的呢？是谁的命令和行动才给我指定了此时此地的呢？”见［法］帕斯卡尔《思想录》，第101页，商务印书馆，1997。

② 史铁生：《病隙碎笔》，第95页，陕西师范大学出版社，2003。

③ 史铁生：《答自己问》，《写作之夜》，第24页，春风文艺出版社，2002。

④ 史铁生：《病隙碎笔》，第10页，陕西师范大学出版社，2003。

人的有限性的形而上学的思考：人是有限性的存在。何谓有限性？当代著名的存在主义神学家蒂利希解释说："受到非存在所限制的存在，是有限性。"非存在又显现为存在之尚未，以及存在之不再。史铁生对人的有限性的上述思考，是颇富洞见的，暗合了蒂利希的理论。蒂利希认为，时间、空间、因果性和实体性都具有存在与非存在这双重性，其中的非存在性是人成为有限性存在的重要因素。时间是本体性质的，它吞噬着它的所造物，使其由盛而衰，归于消亡，人由此产生了"对于不得不死的焦虑"，正是在这种焦虑中，非存在被人从内部体验到了。人"占有空间，也就意味着受制于非存在"，意味着"不拥有任何确定的地位"，意味着"不得不最终丧失每一个地位，并随之而丧失存在本身"。因为人终有一死。因果性的非存在性，对人而言则表现为不拥有"自存性"，即人的存在不是自明的，人存在的原因不在自身，而在之外。"自存性只是上帝才有的特点"，作为有限的人，如海德格尔所言是被抛入存在的。因而"人的存在是偶然的；他自身没有任何必然性"，他是非存在的猎物，"把人抛入生存的那同一种偶然性，也可以把人推出生存"。这也决定了人是从属于偶然事件的实体，也可以说，"它在偶然事件中表现自己"。①

2. 困境与源泉

人的有限性，决定了人的根本困境。史铁生认为，人有三种根本困境：

第一，人生来注定只能是自己，人生来注定是活在无

① ［美］蒂利希：《存在与上帝》，参刘小枫主编：《20世纪西方宗教哲学文选》（中卷），第854—862页，上海三联书店，1996。

> 数他人中间并且无法与他人彻底沟通。这意味着孤独。第二，人生来有欲望，人实现欲望的能力永远赶不上他欲望的能力，这是一个永恒的距离。这意味着痛苦。第三，人生来不想死，可是人生来就是在走向死。这意味着恐惧。[①]

孤独、痛苦、恐惧是人生无法根除的苦难。这些苦难是在体性，它们塑造了人，成为人的存在本身，也构成了人的命运。这里的命运，不是一种无意义的宿命，“它是与意义结合在一起的必然性”。[②] 在史铁生看来，自觉到人的有限性和苦难的在体性，是人寻找生命的意义的开端，也是包括文学在内的一切艺术的动力和源泉。换言之，人的残缺和苦难，对于人不仅不是无意义的，而且是意义之源。

从生命意义生成的动力结构观之，认识到人的有限性和苦难的在体性，首先使人关切生命的过程。既然人是有限时空内的存在，人生的过程就是从存在向非存在的过程，并最终走向死亡。无论人多么豁达，“还是忘不了一件事——人是要死的，对于必死的人（以及必归毁灭的这个宇宙）来说，一切目的都是空的”。生命的意义只能在生命的过程中产生和建构。意识到这一点，就可能从当初重视生命的目的转向重视生命的过程：“惟有过程才是实在”，何苦不在这必死的路上纵舞欢歌呢？坦然地“把上帝赐予的高山和深渊都接过来，‘乘物以游心’，玩它一路，玩得醉心神迷不绊不羁创造不止灵感纷

① 史铁生：《自言自语》，《写作之夜》，第 51 页，春风文艺出版社，2002。

② ［美］蒂利希：《存在与上帝》，刘小枫主编：《20 世纪西方宗教哲学文选》（中卷），第 865 页，上海三联书店，1996。

呈”,[①] 在欢乐中承担苦难，在承担苦难中享受欢乐，在苦难和欢乐的过程中创造生命的意义。只有过程才是对付绝境的办法：

> 过程！对，生命的意义就在于你能创造这过程的美好与精彩，生命的价值就在于你能够镇静而又激动地欣赏这过程的美丽与悲壮。但是，除非你看到了目的的虚无你才能进入这审美的境地，除非你看到了目的的绝望你才能够找到这审美的救助。但这虚无与绝望难道不会使你痛苦吗？是的，除非你为此痛苦，除非这痛苦足够大，大得不可消灭大得不可动摇，除非这样你才能甘心从目的转向过程，从对目的的焦虑转向对过程的关注，除非这样的痛苦与你同在，永远与你同在，你才能够永远欣赏到人类的步伐与舞姿，赞美着生命的呼喊与歌唱，从不屈获得骄傲，从苦难提取幸福，从虚无中创造意义，直到死神和天使一起来接你回去，你依然没有玩够，但你却不惊慌，你知道过程怎么能有个完呢？过程在到处继续，在人间、在天堂、在地狱，过程都是上帝的巧妙设计。[②]

其次，迫近心魂的自由。外在肉体的残疾，存在时空的有限，好比是一场安排好的戏剧，人是这出剧中的演员。而“一个好演员，必是因其无比丰富的心魂被困于此一肉身，被困于此一境遇，被困于一个时代所有的束缚，所以他/她有着要走

---

① 史铁生：《答自己问》，《写作之夜》，第 24 页，春风文艺出版社，2002。

② 史铁生：《好运设计》，参《中华散文珍藏本·史铁生卷》，第 53 页，人民文学出版社，2000。

出这种种实际的强烈欲望，要在千变万化的角色与境遇中，实现其心魂的自由”。[①] 如果说残疾是肉身折磨着精神，孤独、痛苦和恐惧是精神折磨着心魂，那么，受多重磨挫的心魂，必产生冲破肉身与精神囚禁的巨大驱动力，奔赴其自由的境界。

再次，探入艺术的根基。艺术的根基是什么？史铁生说，“是人类与生俱来的困境”。已有的文化是否成为艺术的根基，取决于它是否为人类造出困境，“惟其造出困境，这才长出文学”，长出艺术。[②] 因为困境是这样一种东西，它让艺术家一来就“掉进了一个有限的皮囊”，他的周围“是隔膜，是限制，是数不尽的墙壁和牢笼，灵魂不堪此重负，于是呼喊，于是求助于艺术，开辟出一处自由的时空以趋向那无限之在和终极意义”，从而使艺术禀有了“美的恒久品质”。[③] 就纯文学而论，它所面对的就是“人本的困境”，“譬如对死亡的默想、对生命的沉思，譬如人的欲望和人实现欲望的能力之间的永恒差距，譬如宇宙终归要毁灭，那么人的挣扎奋斗的意义何在等等，这些都是与生俱来的问题，不依社会制度的异同而有无。因此它是超越着制度和阶级，在探索一条属于全人类的路。”[④]

最后，人的有限性和苦难在体性的澄明，使人不断寻求超越之路。史铁生说，“无缘无故的受苦，才是人的根本处境”，也正是上帝的启示。但“这处境不是依靠革命、科学以及任何方法可以改变的，而是必然逼迫着你向神秘去寻求解释，向墙

---

① 史铁生：《病隙碎笔》，第 168 页，陕西师范大学出版社，2003。

② 史铁生：《随想与反省》，《写作之夜》，第 78—79 页，春风文艺出版社，2002。

③ 史铁生：《病隙碎笔》，第 172 页，陕西师范大学出版社，2003。

④ 史铁生：《答自己问》，《写作之夜》，第 30 页，春风文艺出版社，2002。

壁寻求回答，向无穷的过程寻求救助”。[①] 我理解，他的意思是说，世俗生活世界的一切无力解救人的困境，人必须探询一条世俗意义以上的路：超越之路。个人永远都是有限，都是局部，“局部之困苦，无不源于局部之有限，因而局部的欢愉必是朝向那无限之整体的皈依。”所以史铁生说：“只要你注意到了人性的种种丑恶，肉身的种种限制，你就是在谛听或仰望那更为高贵的消息了。”[②] 所以史铁生又说：“人既看见了自身的残缺，也就看见了神的完美，有了对神的敬畏、感恩与赞叹。”[③]

从探询生命意义的方向来看，认识到人的有限性和苦难的在体性，使人向个体自身和生命的内部探求意义。史铁生引用刘小枫的话说，人的有限性以及受苦是私人形而上学意义上的，不是现世社会意义上的，所以根本不干正义的事。为私人的受苦寻求社会或人类的正义，不仅荒唐，而且会制造出更多的恶。个体的不幸及生命的意义只能靠个体自身来解决。正如俄罗斯思想家弗兰克在其《生命的意义》中所说，生命的意义不是给予的，而是被提出来的。

> 生命的意义不在向外的寻取，而在向内的建立。那意义本非与生俱来，生理的人无缘与之相遇。那意义由精神所提出，也由精神去实现，那便是神性对人性的要求。这要求之下，曾消散于宇宙之无边的生命意义重又聚拢起来，迷失于命运无常的生命意义重又聪慧起来，受困于人

---

① 史铁生：《宿命的写作》，《写作之夜》，第 11 页，春风文艺出版社，2002。
② 史铁生：《病隙碎笔》，第 166—167 页，陕西师范大学出版社，2003。
③ 史铁生：《病隙碎笔》，第 147 页，陕西师范大学出版社，2003。

之残缺的生命意义终于看见了路。[①]

所以，对探寻生命意义的个体心性而言，史铁生认为重要的不是外在的客观真理，而是克尔凯郭尔的主观性真理。

作为存在主义者的克尔凯郭尔不相信所谓的客观反映之说，对理性的客观性大张挞伐，指责其把主体变成了偶然随机的东西，把主体的生存改造成了某种非人格的东西，排除了人的切身体验，否定了人的自由选择与自我决定，从而也就否定了人自己造就自己的能力和事实。纯客观的真理不能认识人类生存的真理，“真理恰恰在于内在性”，“因为，每个人都是一个精神性的存在，对他来说，真理不存在于任何别的东西之中，而存在于亲自运用的自我活动之中。”[②] 真理的这种切己性是说，“我们只有从生存上去体验另一种生存方式，才能理解那种方式”，这就好比马丁·路德所说，“一个人成为神学家，靠的是生活、死亡、受罚，而不是靠理解、阅读、冥想。”[③] 人的有限性和苦难的在体性，催迫人向生命的内部要意义，寻找主观性真理，其实质是“要找到一个对我来说是真实的真理，要找到我可以为之生为之死的观念”。[④] 这样的主观性真理，虽然“不存在供人们建立其合法性以及使其合法的任何客观准则”，但则“是发扬生命的难以捉摸、微妙莫测和

① 史铁生：《病隙碎笔》，第96页，陕西师范大学出版社，2003。

② ［英］詹姆斯·C·利文斯顿：《现代基督教思想》（下卷），第638页，四川人民出版社，1999。

③ ［英］詹姆斯·C·利文斯顿：《现代基督教思想》（下卷），第690页，四川人民出版社，1999。

④ ［英］詹姆斯·C·利文斯顿：《现代基督教思想》（下卷），第634页，四川人民出版社，1999。

不肯定性的依据”。[1]

在长篇小说《务虚笔记》中，“我”对主观性真理有过一段生存现象学式的还原与阐释。有一天我知道了“哥德尔不完全性定理”：一个试图知道全体的部分，不可能逃出自我指称的限制。由此，我获得了更多想象的自由，我的冥思也开始澄明。当我要“回答世界是从什么时候开始”的这样的问题，我发现，“一个不可逃脱的限制就是，我只能是我。事实上我只能回答，世界对我来说开始于何时”。比如，我生于 1951 年，但它对于我只是一个传说。因为它对我来说是一片空白，是零，是完全的虚无。只有到了 1955 年的某个周末之后，世界对我才开始存在，才渐渐有了意义。据说生“我”那天下着大雪，从未有过的大雪，可是，我总是用 1956 年的雪去想像 1951 年的雪，或者说 1956 年的雪，才使 1951 年的雪有了形象，有了印象，雪对于我也才开始存在。“因为我找不到非我的世界，永远都不可能找到。所以世界不可能不是对我来说的世界。”[2] 总之，我关于世界的真理，只能是我的，是主观性的。

自觉到人的存在的有限性和苦难的在体性，对于史铁生，不仅形成了关切生命过程、迫近心魂自由、探入艺术根基和寻求超越道路这样的生命意义生成的动力结构，确立了在生命内部探询主观性真理的意义叩问方向，而且使史铁生具有了谦卑的伦理心态，具有了站出残疾观照残疾，站出人自身反观人的能力和处身位置，在主体内部产生了“我”与“史铁生”这一主客体交互的对话结构，从而对个体心性和人的存在的勘探，

① 史铁生：《病隙碎笔》，第 95 页，陕西师范大学出版社，2003。
② 参史铁生：《务虚笔记》，第 84—85 页，上海文艺出版社，1996。

抵达了理性不能照亮的“黑夜”。

第二节　写作之夜与存在之思

有必要再一次提到克尔凯郭尔，不只因为他是存在主义哲学家，而是因为他关于绝望与拯救的论述太过切合史铁生的心路历程。克氏认为绝望可以导致一种精神上的僵硬和死亡，也可以有助于唤醒一个人，使他明白自己永恒的正当性。他甚至断言，除了经历绝望之外，是不存在任何拯救的。

> 我劝告你要绝望……不是作为一种安慰，不是作为一种你要继续留在其中的状态，而是作为一种需要灵魂之全部力量、严肃和专注的行为……。一个人倘若没有尝过绝望的痛苦，他也就错失了生命的意义。①

绝对地绝望，就是挣脱有限的观察角度对自己的束缚，因为，“当一个决意要（绝对地）绝望的时候，他也就选择了绝望所选择的东西，即处于永恒正当性之中的自身”。② 史铁生所处的极限境遇，曾经使他深陷绝望的深渊，思想情感无数次行走在自杀的边缘。但他终于从个体肉身的残疾，看到了人类的残缺和有限性，产生了寻求生命意义的内在动力，明确了意义寻求的方向、伦理态度，以及在个体内部展开主客体交互对话的意义询问方式。绝望的痛苦，催他上路，去求索生命的永恒的

① ［英］詹姆斯·C·利文斯顿：《现代基督教思想》（下卷），第619页，四川人民出版社，1999。

② ［英］詹姆斯·C·利文斯顿：《现代基督教思想》（下卷），第619页，四川人民出版社，1999。

正当性。

到此这样说一点也不为过：史铁生是从个体的生存体验，走向形上的存在之思，还将从存在之思叩问超越之路。简言之，他是从经验的生存，走向先验的存在，并朝着超验的神在跳跃。

1. 写作与意义

自觉到生命意义的重要固然关键，但意义不会自动呈现。从存在的此岸世界，到达神在的彼岸世界，需要过渡的桥梁，或者说中介。这个桥梁或中介，对于史铁生而言就是写作。

写作，是对史铁生的救赎。在《我与地坛》中，史铁生思考了三个要命的问题：要不要去死？为什么活？干嘛要写作？在这里，写作问题是与生死问题并列的同等重要的问题。当死的问题被悬置（解决）以后，写作与活就是一而二、二而一的事了。那么，写作与活的关系又如何呢？史铁生否定了为了写作而活着的说法，认为，“只是因为我活着，我才不得不写作。”抑或是因为还想活着，所以才写作。写作是活下去的一条路：“写，真是个办法，是条条绝路之后的一条路。”① 在另一处，史铁生在回答“人为什么写作”时，更是直白地说：“为了不至于自杀。”②

换个提问的角度：为何写作拯救了史铁生？为何写作使他不至于自杀？一个直接的理由是，写作“油然地通向着安静”，通向灵魂的安宁。③ 在史铁生残疾不久的日子里，他被命运击昏了头，脾气坏到极点，经常像发了疯一样，这时，写作使他

① 史铁生：《宿命的写作》，《写作之夜》，第8页，春风文艺出版社，2002。

② 史铁生：《答自己问》，《写作之夜》，第17页，春风文艺出版社，2002。

③ 参史铁生：《宿命的写作》和《答自己问》，《写作之夜》，第12页、第20页，春风文艺出版社，2002。

浮躁凌厉之心，趋于平静。后来史铁生回忆说："我其实未必合适当作家，只不过命运把我弄到这一条（近似的）路上来了。左右苍茫时，总也得有条路走，这路又不能再用腿去趟，便用笔去找。而这样的找，后来发现利于此一铁生，利于世间一颗最为躁动的心走向宁静。""写作救了史铁生和我"。在这个意义上说，"写作为生是一件被逼无奈的事。"① 当然，有一个推论也是可以成立的：我们知道，史铁生是因着生命的意义而活下去的，既然写作可以让他活下去，那说明写作于他而言，是可以产生意义的。对此，史铁生如此说："写作便是要为活着找到可靠的理由，终于找不到就难免自杀或还不如自杀"，②"写作就是要为生存找一个至一万个精神上的理由，以便生活不只是一个生物过程，更是一个充实、旺盛、快乐和镇静的精神过程。"③ 写作在这里成了寻找，成了一个在寻找中精神不断攀升，生命的意义不断涌现的过程。

有趣的是，史铁生把此一过程命名为"写作之夜"。夜，当然是夜晚、是黑夜。写作怎么和夜晚、黑夜搭上了界？连稚童也明白，这里不是指作家的夜间写作习惯，而是一种象征：在确定无疑的能指下面，蕴含着丰富的所指。

夜晚或者黑夜，指的是史铁生写作的处身位置：黑夜时代。史铁生曾经这样描述这个时代，"神约"已然放弃，人性解放成魔性，而"魔性一经有了人性作招牌，靡菲斯特宏图大展正是一路势如破竹了"；人虽然放逐了诸神，"可人造为神的现代迷信并不绝迹"；新的神祇——"一切以商品、利润为号

① 史铁生：《病隙碎笔》，第63页，陕西师范大学出版社，2003。

② 史铁生：《答自己问》，《写作之夜》，第17页，春风文艺出版社，2002。

③ 史铁生：《答自己问》，《写作之夜》，第18页，春风文艺出版社，2002。

召的主义”——正在各处显身。① 人们追求的只是对物质与权力的渴慕，从不问灵魂在暗夜里怎样号啕，从不知精神在太阳底下如何陷入迷途，从不见人类是同一支大军，他们在广袤的大地上悲壮地行进，被重重围困，从不想这颗人类居住的星球在荒凉的宇宙中应该闪耀怎样的光彩。②

史铁生描述的这个时代的特征，不正是海德格尔笔下的“世界黑夜的时代”?

> 夜晚到来。自从赫拉克勒斯（Herakles）、狄奥尼索斯（Dionysos）和耶稣基督（Christus）这个“三位一体”弃世而去，世界时代的夜晚便趋向于黑夜。世界黑夜弥漫着它的黑暗。上帝之离去，“上帝之缺席”，决定了世界时代。……上帝之缺席意味着，不再有上帝显明确实地把人和物聚集在它周围，并且由于这种聚集，把世界历史和人在其中的栖留嵌合为一体。但在上帝之缺席这回事情上还预示着更为恶劣的东西。不光诸神和上帝逃遁了，而且神性之光辉也已经在世界历史中黯然熄灭。世界黑夜的时代是贫困的时代，因为它一味地变得更加贫困。它已经变得如此贫困，以致于它不再能察觉到上帝之缺席本身了。③

由于上帝之缺席，世界便失去了它赖以建立的基础。当然，意义也就相应失去了它得以可能的基础。丧失了基础的世界时代悬于深渊之中。

---

① 史铁生：《病隙碎笔》，第 96 页，陕西师范大学出版社，2003。

② 史铁生：〈答自己问〉，《写作之夜》第 29 页，春风文艺出版社，2002。

③ ［德］海德格尔：《诗人何为?》，孙周兴选编：《海德格尔选集》（上），第 407—408 页，上海三联书店，1996。

史铁生“察觉到”了上帝的缺席，也就注定了经历并承受这样的世界之深渊：黑夜时代。史铁生的困难在于，他要在这个失去了意义根基的世界，通过写作找回意义。这如何可能？除非让上帝临在，让诸神返回？然而，这亦如海德格尔所问：“如若人没有事先为它准备好一个居留之所，上帝重降之际又该何所往呢？如若神性之光辉没有事先在万物中开始闪耀，上帝又如何能有一种合乎神之方式的居留呢？”这就是说，曾经在此的诸神唯在适当时代里才能返回，“唯当时代已经借助于人在正确的地点以正确的方式发生了转变，诸神才可能‘返回’”。换言之，诸神的返回是以人的转变为前提的：“只要还没有伴随出现人的转向”，世界时代之转变“便无所作为”。于是，问题又变为：人怎样实现转向？海氏认为，“人的转向是在他们探入本己的本质之际才发生的。这一本质在于，终有一死的人比天神之物更早地达乎深渊。”关键之点是，人在深渊中思入本质。

如前所述，史铁生已从个体的生命体验思入存在，但他是否能够和已经思入人的本质还是一个有待审理的问题。而按照海氏的理路，即使思入本质、思入存在，也未必真正抵达存在、抵达本质本身。“当我们思人的本质时，依然更接近于不在场（Abwesen)，因为他们被在场（Anwesen）所关涉。”这样，史铁生在写作之夜，对生命意义的寻求，只是“吟唱着去摸索远逝诸神之踪迹”，“从而为其终有一死的同类追寻那通达转向的道路”；只是在黑夜的时代里“道说神圣”，[①] 是对上帝的重临和诸神的返回发出泣泪的呼告。因此，比照荷尔德林的

① ［德］海德格尔：《诗人何为?》，孙周兴选编：《海德格尔选集》（上），第408—410页，上海三联书店，1996。

说法，史铁生的写作之夜就是神圣之夜。

关于黑夜，记得黑格尔还有一段话：

> 人就是这个黑夜，这个空洞的虚无，一切都保持着它的简单性，由无限多的表象组成的财富。……这就是那黑夜，那自然的内在性，这就是那在这里存在着的——纯粹的自己。如果你去注视人们的眼睛的话，你就瞥见这黑夜，进入这黑夜的里面，黑夜将成为可怕的东西。一个人的对面悬挂着世界的黑夜。①

引用这段话是想说明，史铁生的写作之夜所指的那个黑夜，还包括这样一个浩瀚无际的内在宇宙：人的理性无法照亮的那个诡秘幽深的心灵世界，“这就是那在这里存在着的——纯粹的自己。”并经由自己的黑夜进入他者的黑夜，即“一个人的对面悬挂着的世界的黑夜”，以探入人的本质和存在，敞开“那被隐藏起来的人之全部”。②

黑夜者何？史铁生说：“难以捉摸、微妙莫测和不肯定性，这便是黑夜。但不是外部世界的黑夜，而是内在心流的黑夜。”③ 心流的黑夜不只在黑夜，也在白昼的狂欢之中，“在白昼插科打诨之际”，黑夜已然降临，“此刻心里正有着另一些事，另一些令心魂不知所从的事，不可捉摸的心流眺望着不可

---

① 转引自吕迪格尔·萨弗兰斯基（Ruediger Safranski）著，靳希平译：《海德格尔与战后的法国哲学》，原载《哲思杂志》，第2卷，第1期、第2期，1999年5月。

② 史铁生：《病隙碎笔》，第200页，陕西师范大学出版社，2003。

③ 史铁生：《病隙碎笔》，第95页，陕西师范大学出版社，2003。

捉摸的前途，困顿与迷茫正与黑夜汇合。”[1] 史铁生常常把这个黑夜所居留的世界命名为“心魂”、“心神”，或“绵绵心流”，“写作不过是为心魂寻一条活路，要在汪洋中找一条船”，写作和文学“都要皈依心魂”，因而，“写作一向都在这样的黑夜中”，它是鲜活的生命在眼前的黑夜中问路。

心魂是我们习以为常的创作意图与创作构思之外的另一种存在，是“一些深隐的、细弱的、易于破碎但又是绵绵不绝的心的彷徨”，是在构思的缝隙中被遗漏、被删除的东西。[2]

心魂是一片更为“玄奥、辽阔、广大的存在”，也是一个矛盾、冲突与纷争，聚会、呼喊与诉说的戏剧世界，有着不为理性把握的内在关联：“条条心流暗中汇合，以白昼所不能显明的方式和路径，汇合成另一种存在，汇合成夜的戏剧”。这场戏剧引领人走出“白昼之必要的规则”而进入人之“由衷的存在”。[3]

心魂不甘就范现实的陈规，“心魂的眺望一向都在实际之外”，跟随心魂的写作，能够越出“实际之真”，逼近“艺术之真”：“心魂一旦感受到荒诞，感受到苦闷有如囚徒，便可能开辟另一种存在，寻觅另一种真”，即存在的真，艺术的真。所以，“唯心神的黑夜，才开出生命的广阔，才通向精神的家园”，[4] 才通达“诗意地栖居”。不过，史铁生说，这种“诗意地栖居”不是独享的逍遥，而是永远地寻觅与投奔，并且总在这黑夜中。心魂之域本无尽头。[5] 黑夜的那边还有黑夜，黑夜

---

① 史铁生：《病隙碎笔》，第 130 页，陕西师范大学出版社，2003。

② 史铁生：《病隙碎笔》，第 91 页，陕西师范大学出版社，2003。

③ 史铁生：《病隙碎笔》，第 94 页，陕西师范大学出版社，2003。

④ 史铁生：《病隙碎笔》，第 109 页，陕西师范大学出版社，2003。

⑤ 史铁生：《病隙碎笔》，第 114 页，陕西师范大学出版社，2003。

的尽头仍是黑夜，心魂的黑夜。

2. 黑夜与白昼

黑夜还存有一双眼睛，是一双与白昼对立的眼睛，也是“最后的眼睛”。这双眼睛，彰显了史铁生黑夜诗学的另一特点。“当白昼的一切明智与迷障都消散了以后，黑夜要你用另一种眼睛看这世界。”史铁生之所谓白昼者为何？白昼是一个象征性符码，意指“明智”、“清晰”、“规则”、“时间”、“空间”、“历史”、“有限”、“确定性”，指称被民族国家分割，高度组织化、制度化并受制于技术统治的外部世界，以及被意识形态和形而上学宰制的内在的理性世界。那双最后的眼睛，则是紧盯着生命意义不放，对“白昼表示怀疑而对黑夜秉有期盼的眼睛”。[①] 写作之夜借助这双眼睛，追逐受造之中的那缕游魂，跟踪那缕游魂的种种可能的去向，倾听那缕游魂浪迹徘徊所携带的消息——有关生命终极意义的消息，由此澄明和敞开自身的存在，并揭穿、解构和批判一个非存在的世俗世界。

在文字的底部，史铁生有一个极为隐蔽的逻辑：人之为人的东西，不都在理性世界中，更在绵绵心流里，而“绵绵心流并不都在白昼的确定性里，还在黑夜的可能性中，在那儿，网织成或开拓出你的存在，甚或你的现实”。[②] 那双眼睛正是对这种“现实”和“存在”的开拓与发现。有了黑夜中这双眼睛的存在，就使写作成为对生活的匡正，正如有位大诗人说诗是对生活的匡正一样。因为心魂是自由的起点和凭证，是对不自由的洞察与抗议。这种匡正，“不单是针对着社会，更是针对

① 史铁生：《病隙碎笔》，第92—93页，陕西师范大学出版社，2003。

② 史铁生：《病隙碎笔》，第92—93页，陕西师范大学出版社，2003。

着人性。自由，也不仅是对强权的反抗，更是对人性的质疑”。[①] 匡正的可能性和动力就存在于心魂深处，而不在于某种外在理念的演绎和驱使，原因是，“一个明确走在晴天朗照中的人，很可能正在心魂的黑暗和迷茫中挣扎”，这迷茫与挣扎，其实就是匡正的源初形态。生活和写作都不能失去匡正，就像白昼不能失去黑夜一样。如果失去了，史铁生问：“什么假不能炒成真？什么阴暗不能标榜为圣洁？什么荒唐事不能煽得人落泪？”竟至于什么真都可能沦落为无言的沉默。[②]

黑夜需要照亮，白昼需要黑夜的匡正，但谁来照亮？又谁有资格来匡正呢？按照史铁生的陈述，当人们从“世界黑夜”走进“心魂黑夜”的时候，也就走进了照亮者和匡正者降临的所在，走进了仰望与照耀的所在，走进了忏悔、呼告与应答的所在。

> 夜深人静，是个人独对上帝的时候。其他时间也可以，但上帝总是在你心魂的黑夜中降临。忏悔，不单是忏悔白昼的已明之罪，更是看那暗中奔溢着的心流与神的要求有着怎样的背离。忏悔……是看上帝，仰望他，这仰望逼迫着你诚实。这诚实，不止于对白昼的揭露……，但你不能不对自己坦白，不能不对黑夜坦白，不能不直视你的黑夜：迷茫、曲折、绝途、丑陋和恶念……一切你的心流你都不能回避。因为看不见神的人以为神看不见，但“看不见而信的人是有福的”，于是神使你看见——神以其完美、浩瀚使你看见自己的残缺与渺小，神以其无穷之动使

① 史铁生：《病隙碎笔》，第106页，陕西师范大学出版社，2003。
② 史铁生：《病隙碎笔》，第115页，陕西师范大学出版社，2003。

你看见永恒的跟随，神以其宽容要你悔罪，神以其严厉为你布设无边的黑夜。因此，忏悔，除去低头还有仰望，除知今是而昨非还要询问未来。[①]

史铁生继续说，“你要忏悔”，这是神的话，不是人的话，倘由人说就是病句。忏悔，是个人独对上帝的时刻，是只关乎个体心性的事，就像梦，别人不得参与。谁参与，谁就可能为人带来祸害。“文革”时的“表忠心”和“狠批私心一闪念”，就是企图干预、篡改和管住每一个体的心性，结果造成史无前例的人性灾难。其根源“就因为人说了神的话”，[②] 就因为人对说了神的话的人神的狂热膜拜。

这样，史铁生的写作之夜，就是处身于世界黑夜时代的诗人的世俗批判之夜、人性勘探之夜和神性呼告之夜，是史铁生经由生存体验和存在之思抵达神性之域的据点和津梁。

第三节 神性之域与写作零度

从写作之夜出发，史铁生走向哪里呢？走向了宗教。史铁生如此对文学命名：“文学就是宗教精神的文字体现”。[③]

文学是宗教精神的文字体现这一命名，与现代和后现代关于文学的界定大相径庭，不仅不同于马克思主义经典作家的文学是社会生活的反映，不同于新马克思主义者文学是意识形态话语的生产，不同于精神分析学派的文学是人类集体无意识原

① 史铁生：《病隙碎笔》，第 133 页，陕西师范大学出版社，2003。

② 史铁生：《病隙碎笔》，第 134 页，陕西师范大学出版社，2003。

③ 史铁生：《自言自语》，《中华散文珍藏本·史铁生卷》，第 174 页，人民文学出版社，2000。

型的象征，不同于存在主义的文学（诗）是人之存在的栖居之地，也不同于解构主义大师的文学是能指的自由游戏，文学是某种权力话语。如果说，现代与后现代给文学的是某种深刻的革命，那么，史铁生似乎是要在这些革命渐入迷途的时候寻找新路。但无论怎么说，文学是人的文学，而不是别的什么的，宗教精神是人的精神，也不是其他什么存在的，因此，史铁生在提出这一命题后，一直在证明一个东西，即宗教精神不是虚妄，而是一种精神实在，不是外在给予，而是内在本有的，以此求证这一命题的合法性。

1. 宗教的居所

宗教精神具有实在性、内在性吗?倘若是,它存身何处?为了回答这个问题,史铁生按照自己的方式对人的在世之维进行了划分。

众所周知，自文艺复兴和笛卡尔时代以降，人们已经养成这样一种认识：人是自然世界的一部分；已经习惯于对人的二元划分：灵魂与肉体，主观与客观，心理与物理，而且，这种划分也是近代西方哲学的基本前提。到 20 世纪上半叶，俄罗斯新精神哲学家对此进行修正，认为人不是世界的一个微小的部分，相反，世界是人的一部分；人远远大于人自身，人不仅仅限于他的外部表现，而是另外一种大不可量的东西。这就是人的精神世界。由此，别尔嘉耶夫等人认为人不是两维，而是三维，人是“精神——灵魂——肉体的有机体”。[①] 这派哲学家还对人的内心世界作了进一步细分，即“精神”与“灵魂”的区别。“灵魂”是与肉体相对而言的，是人的自然方面的属性和机能，而“精神”则是超自然的，是人的超越性，是人的

① ［俄］别尔嘉耶夫：《自由精神哲学》，转引自［俄］弗兰克：《俄国知识人与精神偶像》，第 7 页，学林出版社，1999。

最高本质的表现。①

史铁生无疑受到过俄罗斯新精神哲学的影响，② 也将人视为三维基础上的多维存在。但他从汉语特有的语义出发，对三维做出了调整，其秩序是：心（灵）魂——精神（思想）——肉体。肉体相对于感性，精神（思想）相对于理性，心魂相对于神性。肉体或肉身之存在，可谓是不证自明的，它可以仅指“没有精神活动的生理性存活”。③ 但精神和灵魂就要复杂得多。在史铁生看来，精神问题高于肉体问题，④ 而灵魂与精神不仅不同，而且既高于和大于肉身，又高于和大于精神，是对人施行全面督察的那个东西。

精神与思想在史铁生的词典里是通用的，就像心魂与灵魂之通用一样。思想是有限的，灵魂是无限的；思想是工具，灵魂是归宿。

> 任何思想都是有限的，既是对着有限的事物而言，又是在有限的范围中有效。而灵魂则指向无限的存在，既是无限的追寻，又终归于无限的神秘，还有无限的相互干涉以及无限构成的可能。因此，思想可以依赖理性。灵魂呢，当然不能是无理性，但他超越着理性，而至感悟、祈祷和信心。思想说到底只是工具，它使我们“知”和“知不知”。灵魂则是归宿，它要求着爱和信任爱。⑤

---

① 参［俄］弗兰克：《俄国知识人与精神偶像》之徐凤林的中译本前言，第6—7页，学林出版社，1999。

② 参史铁生：《病隙碎笔》，第96页，陕西师范大学出版社，2003。

③ 史铁生：《病隙碎笔》，第153页，陕西师范大学出版社，2003。

④ 史铁生：《自言自语》，《写作之夜》，第72页，春风文艺出版社，2002。

⑤ 史铁生：《病隙碎笔》，第203页，陕西师范大学出版社，2003。

就是说，思想是有限之在，灵魂是无限之在。当思想仅限于个体生命时，便更像是生理的一种机能，肉身的附属，甚至累赘。但当其联通了那无限之在，追随那绝对价值，它“就会因自身的局限而谦逊，因人性的丑陋而忏悔，视固有的困苦为锤炼，看琳琅的美物为道具，既知不断地超越自身才是目的，又知这样的超越又是永远的过程。这样，他就不再是肉身的附属，而成为命运的引领”，而升华为灵魂，进入了不拘一己的关怀与祈祷。因此，思想有向灵升华的可能。

尼布尔就曾表示过相同的看法，作为思想的理性，“是有限社会的工具，是其生理需要的手段，是有限时间、有限地点的片面看法的奴隶。这样一来，它总是超越自身存在中那些意外的、不由自己所决定的现实去设想秩序、统一及和谐的可能性”。[①] 这种可能性在史铁生那里主要表现在，“当自以为是的‘知’终于走向‘知不知’的谦恭与敬畏之时，思想则必须服从乃至化入灵魂和灵魂所要求的祈祷”，除非因为理性的狂妄而背离整体与爱的信任，自甘陷入价值的虚无。[②] 在此一向度上也可以说，思想“只是一种能力。而灵魂，是指这能力或有或没有的一种方向，一种辽阔无边的牵挂，一种并不限于一己的由衷的祈祷。”精神或思想能力的有限，并不说明灵魂一定卑下，“他们迟滞的目光依然可以眺望无限的神秘，祈祷爱神的普照。事实上，所有的人，不都是因为能力有限才向那无边的神秘眺望和祈祷吗?”[③]

灵魂与精神的对立，必是无限与有限的对立，必是绝对与

① ［美］尼布尔：《基督教的原罪概念》，参刘小枫主编：《20世纪西方宗教哲学文选》（上卷），第298页，上海三联书店，1996。

② 史铁生：《病隙碎笔》，第203页，陕西师范大学出版社，2003。

③ 史铁生：《病隙碎笔》，第158页，陕西师范大学出版社，2003。

相对的差距。灵魂对精神的作用，必是无限之在试图对有限之在施加影响，必是绝对价值试图对相对价值施以匡正。那无限与绝对，其名何谓？史铁生回答说，“在信仰的历史中他就叫做：神。他以其无限，而真。他以其绝对的善与美，而在。他是人之梦想的初始之据，是人之眺望的终极之点。他的在先于他的名，而他的名，碰巧就是这个‘神’字。”[①] 在此意义上的神，“乃有限此岸向无限彼岸的眺望，乃相对价值向着绝对之善的投奔，乃孤苦的个人对广博之爱的渴盼与祈祷”。[②] 既然，心魂是神的驻足之所，那么当然也就是宗教精神的存身之所，宗教精神的内在性、实在性也就在于兹。

问题是，从实证经验的角度，灵魂看不见摸不着，根本不存在，何言实在性？对此，史铁生执拗地反驳道：“并非看得见摸得着的东西才存在，你能撞见谁的梦吗？或者摸一摸谁的幻想？”这恰如“神”一样，他只“在被猜想之时诞生，在被描画的时候存在，在两种相反的信奉中同样施展其影响。”[③] 这样，史铁生就完成了关于人的灵魂、精神与肉身的三维划分，为神和神性找到了居所，为宗教精神留下了足够的地盘。

2. 文学的位置

史铁生对人的三维划分，无意中对应了马克斯·舍勒关于知识的三种划分。在我看来，关于世界和人的经验认知，对应于舍勒之事功型知识；对人的精神世界的认识，对应于舍勒之素养型的形上知识；对人的心性与灵魂的询问，对应于舍勒之得救型知识。前者关涉科学，中者依赖哲学，后者凭附宗教。

---

① 史铁生：《病隙碎笔》，第154页，陕西师范大学出版社，2003。
② 史铁生：《病隙碎笔》，第157页，陕西师范大学出版社，2003。
③ 史铁生：《病隙碎笔》，第24页，陕西师范大学出版社，2003。

从另一个角度还可以说，前者提供知识，中者生产思想，后者探询意义。

科学、哲学和宗教，知识、思想和意义，这是三个不同的领域。史铁生要经由写作追问和获得生命的意义，势必要将文学从知识、思想带入到意义之域，势必要厘清科学、哲学与宗教（信仰）之区别与联系，以最终确立文学是宗教精神的文字体现。

事实正是这样。在科学、哲学与宗教的界定上，史铁生同意罗素的观点："一切确切的知识都属于科学。一切涉及超乎确切知识之外的教条都属于神学……介乎神学与科学之间的就是哲学。"[①]

在科学与信仰的关系上，史铁生认为，"科学并非我们惟一的依赖，甚至不是根本的依赖"。科学解决不了史铁生的高位截瘫，给他健康的腿；科学不能根治他正痛苦其中，三天一次透析的尿毒症，科学更不能解决在如此的生存绝境中史铁生活下去的意义，即正当性问题。科学在显示其最大程度的可能的时候，也将其根本性的无能暴露无遗。更为关键的是，"一个人，身患绝症，科学已无能给他任何期待"，他的坚强与泰然，全靠信心。[②] 科学与信仰的边界是清晰的：

> 科学的要求是真实，信仰的要求是真诚。科学研究的是物，信仰面对的是神。科学把人当做肉身来剖析它的功能，信仰把人看作灵魂来追寻它的意义。科学在有限的成就面前沾沾自喜，信仰在无限的存在面前虚怀若谷。科学

① 史铁生：《随想与反省》，《写作之夜》，第 86 页，春风文艺出版社，2002。

② 史铁生：《病隙碎笔》，第 23—24 页，陕西师范大学出版社，2003。

看见人的强大，指点江山，自视为世界的主宰，信仰则看见人的苦弱与丑陋，沉思自省，视人生为一次历练与皈依爱愿的旅程。自视为主宰的，很难控制住掠夺自然和强制他人的欲望，而爱愿，正是抵挡这类欲望的基础。但科学，如果终于，或者已经，看见了科学之外的无穷，那便是它也要走进信仰的时候了。而信仰，亘古至今都在等候浪子归来，等候春风化雨，狂妄归于谦卑，暂时的肉身凝成不朽的信爱，等候那迷恋于真实的眼睛闭上，向内里，求真诚。①

那么，哲学与宗教呢？史铁生认为，哲学与宗教的区别恰以智性与悟性的区别。“哲学的末路通入宗教精神。”② 哲学梦寐以求的是要把人的终极问题弄个水落石出，以期根除灵魂的迷茫。但凭形上之思和有限的理性，终于不能勘破上帝设下的谜面。而人——这个流浪在大地上的异乡客——又是那么的固执，在知识和学问捉襟见肘的领域和时刻，也依然不厌弃这个存在，不放弃对存在的追问，这样就只好走出哲学，踏进宗教的领地。③

如此观之，“宗教精神并不敌视智性、科学和哲学，而只是在此三者力竭神疲之际，代之以前行。”④

谈论科学、哲学和宗教这三者的落脚点是文学，文学与科学、哲学和宗教又是什么关系呢？史铁生回答说：“智力的局限由悟性来补充。科学和哲学的局限由宗教精神来补充。……

① 史铁生：《病隙碎笔》，第173—174页，陕西师范大学出版社，2003。

② 史铁生：《宿命的写作》，《写作之夜》，第2页，春风文艺出版社，2002。

③ 史铁生：《自言自语》，《写作之夜》，第59页，春风文艺出版社，2002。

④ 史铁生：《宿命的写作》，《写作之夜》，第4页，春风文艺出版社，2002。

文学就是宗教精神的文字体现。”①

3. 眺望的方向

确认了宗教精神的实在性和文学是宗教精神的文字体现以后，对于史铁生而言，“惟一的问题是：向着哪一位神，祈祷?”也就是说，信仰哪一位神呢？因为有各种各样的宗教，不同的作家可以有不同的宗教，其文学也就会有各自不同的宗教表达，处于特定境遇中的史铁生信仰何种宗教呢？又去体现怎样的宗教精神？

史铁生认为有三类神，一类是鼓吹万能的，一类是爱好偶然性的，一类是仁慈和完美的。第一类神自吹自擂好说瞎话，其实是扯淡，大水冲了龙王庙的事并不鲜见，当然不用理他。第二类神，既然喜欢偶然，就不能一味的指靠他。只有第三位神才是可以依赖的。因为他

> 才是博大的仁慈与绝对的完美。仁慈在手，只要你往前走，他总是给路。在神的字典里，行与路共用一种解释。完美呢，则要靠人的残缺来证明，靠人的向美向善的心愿证明。在人的字典里，神与完美共用一种解释。……他把行与路作同一种解释，就是他保证了与你同在。路的没有尽头，便是他遥遥地总在前面，保佑着希望永不枯竭。②

这位神不像第一位神那样允诺实惠，也不像第二位神那样诡秘莫测，以致于玩弄取笑你，他是一位绝对超越的神，他“不在

① 史铁生：《自言自语》，《写作之夜》，第 57 页，春风文艺出版社，2002。

② 史铁生：《病隙碎笔》，第 11—12 页，陕西师范大学出版社，2003。

空间中，甚至也不在寻常的时间里，他只存在于你眺望他的一刻，在你体会了残缺去投奔完美、带着疑问但并不一定能够找到答案的那条路上。”他是谁？他是与人“有着永恒距离”的上帝。他之所以超越寻常时空，之所以不能亲临俗世，“在于他要在神界恪尽职守，以展开无限时空与无限的可能，在于他要把完美解释得不落俗套、无与伦比，不至于还俗成某位强人的名号”。因为“信仰之神一旦变成尘世的权杖，希望的解释权一旦落到哪位强徒手中”，人间就将灾难无穷。

如此这般，那位超越的神——上帝，在史铁生看来，就不仅应该是人所祈祷的，而且“也应该是文学的地址，诗神之所在，一切写作行为都应该仰望的方向”。史铁生说，奥斯维辛之后，人们对上帝和诗产生了怀疑，这是事实。但正是那样的怀疑使人们重新听见诗的消息，同时也证明了仰望上帝之必要。①

我的疑问是：最早进入华夏的佛教的那位神，难道就不值得仰望？不应当信奉？在后殖民时代，在欧西话语霸权的威逼下民族情绪日渐膨胀，复兴东方文化的呼声见天嘹亮的现实境遇中，史铁生唯独东方的神不拜，唯独家门的神不理会，却去仰望西方的上帝？搞什么搞呀？

史铁生有史铁生的理由。他在谈到“尽可能避开认同佛教”时，直言不讳地表达了“对一些流行的佛说存有疑问”。其疑问的核心是：佛教以福乐为期许可不可能？如何可能？会有怎样的后果？大凡宗教都相信人生是一次苦旅，流行的佛说相信人生之苦出自人的欲望，倘能灭断这欲望，苦难就不复存在。这就预设了一种可能：生命中的苦难是可以消灭的。但史

① 史铁生：《病隙碎笔》，第11—12页，陕西师范大学出版社，2003。

铁生问道："脱离一己之苦可由灭断一己之欲来达成，但是众生之苦犹在，一己就可以心安理得吗?"众生未度，一己便告无苦无忧，"其传达的精神意向，很难相信还是爱的弘扬，而明显接近着争的逻辑了"。争什么？争天堂。这争天堂与争高官厚禄，有什么不同？这不是世俗的逻辑？不是远离宗教信仰的证明？"大凡信仰，正当在竞争福乐的逻辑之外为人生指引前途，若仍以福乐为期许，岂不倒要助长了贪、嗔、痴?"岂不反倒助长了欲望？再说，苦难怎么可能灭掉？"这个人间的特点是不可能没有矛盾，不可能没有差别和距离，因而是不可能没有苦和忧的。"即便世间的苦难可以消除，那么，"诸多与生俱来的忧苦何以救赎"？再退一步，倘若真能以断灭人的欲望来断绝苦难，没有了欲望和苦难的人成了什么？不就成了植物或者冰冷的石头，那还需要什么信仰？可见，无苦无忧的许诺很成问题。不仅如此，以无苦无忧的世界为目标，还"会助长人们逃避苦难的心理，因而看不见人的真实处境，也看不见信仰的真意"。史铁生认为，只有"苦难呼唤着信仰"。换一个角度审视，以福乐为许诺的佛教，"在逻辑上太近拉拢。以拉拢来推销信仰，这'信仰'非但靠不住，且很容易变成推销者的福利与权柄"。在此福乐许诺之下的虔诚者，"他的终极期待能是什么"？那些"善行"下面的动机又能是什么？比如捐款的后面，很难说没有欲望很强的功利之心，这样的行为，在当下的商业社会消费时代又很难说不沾染上铜臭味，而使信仰在不知不觉中被纳入商业轨道。这难道还不是问题？

由此观之，"倘信仰不能给出一个非同凡响的标度，神就要在俗流中做成权贵或巨贾了"。另一方面，史铁生认为，"天堂若非一个信仰的过程，而被确认为一处福乐的终点，人们就会各显神通，多多开辟通往天堂的专线。"而善行是判断能否通往天堂的条件。关键是：善行由谁来判断？谁说了算？历史早已证明，最后还是由人说了算。“于是，造人为神的事就有了，其恶果不言自明。”归根到底的原因在于：“许诺福乐原非神之所为，乃人之所愿，是人之贪婪酿造的幻景，人不出面谁出面?”到此，结论终于出来：流行的佛说显然还不是一条超越之路。[①]

你不一定赞同史铁生的分析、推论与结论，但有一点你不得不承认，正是这样的思想过程使他走向了“另一种信仰”——基督教。

何以基督教就是真正的信仰、真正的宗教？就是超越之路呢？因为在史铁生看来，它基于这样的信理：“人是生而有罪的。”这不仅是说，人性先天就有恶习，因而忏悔是永远要保有的品质，还是说，人即残缺，因而苦难是永恒的。这不仅是事实，而更在于因此而信仰，就可能有了非同凡响的方向：

> 看见苦难的永恒，实在是神的垂怜——惟此才能真正断除迷执，相信爱才是人类惟一的救助。这爱，不单是友善、慈悲、助人为乐，它根本是你自己的福。这爱，非居高的施舍，乃谦恭地仰望，接受苦难，从而走向精神的超越。[②]

史铁生认为，这样的信仰才是众妙之门，人人可为，人人都可因爱的信念而有福；这样的信仰“不许诺实际的福乐，只给人

---

① 史铁生：《病隙碎笔》，第138—144页，陕西师范大学出版社，2003。

② 史铁生：《病隙碎笔》，第144页，陕西师范大学出版社，2003。

以智慧、勇气和无形的爱的精神”，是每个人面对苍天的敬畏和祈祷；这样的信仰之天堂，“非一处终点，而是一条无终的皈依之路，这样，天堂之门不可能由一二强人来把守，而是每个人直接的谛听与领悟，因信称义，不要谁来做神的代办”。[①]每个人都可以行走在与上帝相遇的途中。

4. 存在的探问

显然，史铁生倾向于信仰上帝，信仰基督教。问题是：文学怎样体现这种宗教精神呢？史铁生主张回归写作的零度。

史铁生之写作零度不同于罗兰·巴特意义上的，而是回到或眺望人的原初的存在，他将之命名为“原在”。原在“即是神在”，是人赖以塑造和受造的最初之在。[②]

> 这就是“写作的零度”吧？当一个人刚刚来到世界上，就如亚当和夏娃刚刚走出伊甸园，这时他知道什么是国界吗？知道什么是民族吗？知道什么是东西文化吗？但他却已经感到了孤独，感到了恐惧，感到了善恶之果所造成的人间困境，因而有了一份独具的心绪渴望表达——不管他动没动笔，这应该就是、而且已经就是写作的开端了。写作，曾经就是从这儿出发的，现在仍当从这儿出发，而不是从政治、经济和传统出发，甚至也不是从文学出发。[③]

说到底，写作的零度即生命的起点，写作由之出发的地方

---

① 史铁生：《病隙碎笔》，第146—147页，陕西师范大学出版社，2003。

② 参史铁生：《病隙碎笔》，第98页，陕西师范大学出版社，2003。

③ 史铁生：《病隙碎笔》，第201页，陕西师范大学出版社，2003。

即生命之固有的疑难，写作之最终的寻求，即灵魂最初的眺望。[①] 写作的零度就是要在永不止息的、世界的“第一推动”和“绝对的开端”中找到心魂的位置，把在世俗世界中走失了的人，迷了路的人唤回来。

在史铁生看来，哪种文化，甚至哪种宗教都不是世界的“第一推动”和“绝对的开端”，都只是它们的后果，或闻天启而从神命，或视人性本善为其圭臬。“‘第一推动’或‘绝对的开端’，只能是你与生俱来的、躲不开也逃不脱的面对。”惟在此后，人和人类才有了生命的艰难，精神的迷惘，才有了文化和信仰，理性和启示，也才有了妄念与无明。只有从这永恒的处境、根本的处境出发，才能回到写作的零度，文学也才能是宗教精神的文字体现。如果“只从寺庙或教堂开始，料必听到的只是人传”，离真的文学就相去甚远了。

然而，无论是“第一推动”还是“绝对的开端”，都与人有着永恒的距离，写作如何才能回到零度？路在哪里？史铁生说：“你的问，是你的路。你的问，是有限铺向无限的路，是神之无限对人之有限的召唤，是人之有限对神之无限的皈依。”语言是人存在的家园。人以语言构筑存在。文学是人问与思，倾听存在的一种语言。文学是对存在的语言之问和语言建构。史铁生对此有一段十分睿智的叙述：

> 人是以语言的探问为生长，以语言的构筑为存在的。从这样不息的询问之中才能听见神说，从这样代代流传的言说之中，才能时时提醒着人回首生命的初始之地，回望

① 参史铁生：《宿命的写作》，《写作之夜》，第 8—9 页，春风文艺出版社，2002。

那天赋事实（第一推动或绝对开端）所给定的人智绝地。或者说，回到写作的零度。神说既是从那儿发出，必只能从那儿听到。①

第四节　话语仰望与可能世界

文学是宗教精神的文字体现。文学是语言对存在的探问，对神在的仰望，那么史铁生问询了什么？听到了什么？又眺望到了什么呢？或者问，史铁生在作品中表现了怎样的宗教精神、宗教观念？这种表现又将汉语文学和诗学推向了何方？

在进入这个问题之前，我们可以先看一段史铁生的自述：

> 也闹不清是从哪天起他终于信了：地狱和天堂都在人间，即残疾与爱情，即原罪与拯救。②

这里的“他”，指史铁生自己，“信”是说信仰。这段话语实际隐藏着这样两个有趣的命题：残疾即原罪，爱情即拯救。在我看来，这两个命题，构成了史铁生宗教观念的基本内容和基本特点。

在另一处史铁生又将此表述为：“上帝为人性写下的最本质的两条密码是：残疾与爱情。残疾即残缺、限制、阻障……是属物的，是现实。爱情属灵，是梦想，是对美满的祈盼，是无边无限的，尤其是冲破边与限的可能，是残缺的补救。”③

---

① 史铁生：《病隙碎笔》，第 238 页，陕西师范大学出版社，2003。

② 史铁生：《病隙碎笔》，第 66 页，陕西师范大学出版社，2003。

③ 史铁生：《病隙碎笔》，第 65 页，陕西师范大学出版社，2003。

当代著名神学家说，在传统基督教福音中，“充满爱的圣戒同原罪乃是一双孪生子”。[①] 当史铁生把残疾残缺诠释为原罪的时候也说，上帝正是“以残疾的人来强调人的残疾，强调人的迷途和危境，强调爱的必须与神圣”。[②]

1. 原罪与爱情

残缺即原罪。前面说过，残疾是史铁生的人生境遇，也是他的诗学的逻辑起点。他从残疾看到了人的残缺，又从残缺认识到了人的有限性，从而思入存在，并走上与上帝相遇的道路。而这条路的开端依然是残疾，只不过这次他是从残疾所呈现的残缺中，见出了人的原罪。

原罪，是基督教信义的核心理念之一，要旨是人背离了上帝。史铁生从基督教那里捕获了原罪观念，同时也就敞开了一个宏大的宗教视野，获得了审视人的永恒背景和绝对尺度。但在这种审视下，现世的人的原罪，却带上了世俗的特征。换言之，史铁生笔下的原罪意涵已不仅是基督教意义上的，而且具有了具体的历史性——是人进入实在的时空中原罪的诸种形态。即便是居于时空之外的上帝，也有道成肉身，以独生子耶稣的名义进入特定历史，救赎人的时候，是人就只有历史中的人。而原罪在人的身上也就相应地会演变成多种的历史样态。这是其一。其二是，史铁生的文学和诗学，都是从一己之生存体验为逻辑起点的，这也是我把他纳入存在诗学的范畴来讨论的原因之一。因为存在主义者开始其形上之思的出发点，“是从他自己作为一个人的切身体验中产生的种种问题”，他之哲

① ［美］尼布尔：《基督教的原罪概念》，刘小枫主编：《20世纪西方宗教哲学文选》(上卷)，第297页，上海三联书店，1996。

② 史铁生：《病隙碎笔》，第72页，陕西师范大学出版社，2003。

学反思，神学思索，乃是出于他之积极卷入这个世界，即从生存的角度思考人。套用费尔巴哈的说法是，他们“要在生存中思考”。[1] 这种从生存中思考、写作的方式，无疑会使史铁生将生存境遇中的时代特征，以及在此时代中长出来的具体问题，包括原罪问题带入到他的作品中。

关于史铁生笔下的时代特征及作品中原罪的表现形式，赵毅衡的梳理和论析是独具慧眼的。什么是史铁生作品中几代人所经历的时代特征？赵毅衡通过对小说《关于詹牧师的报告文学》和《钟声》的分析，令人信服地指出，是一种“具有类神性的‘时代精神’”。

> 那就是，我们曾长期拥有全能全知全善的，具有充分神性品格的道德化意识形态。我们的成长，一直在这个精神的呵护与威势之中。它具有充分的父性权威，压迫我们，但它的美好许诺，也让我们免除自己寻找人生目的之苦。……甚至今天，在潜意识中，我们还在怀念这个可以让生命小舟归岸停泊的乌托邦。我们的个体存在，曾骄傲地沾有历史目的论的辉光，我们每日的实践，曾充满了神圣的未来性。[2]

当詹牧师们用马克思主义对基督教进行话语颠覆的时候，上帝的各种神性品格就转移到了新的意识形态上。而当这种意识形态实际上全面取代生活世界的意义，成为一种绝对尺度以后，

---

① ［英］詹姆斯·C·利文斯顿：《现代基督教思想》（下卷），第689页，四川人民出版社，1999。

② 赵毅衡：《神性的证明：面对史铁生》，《开放时代》，2001年7月号。

或者说当一种社会科学理性不仅赢得独尊的社会法权，而且事实上具有神权的时候，对人的全面审判也就在不知不觉中开始了，人的原罪也就自动或被动地呈现出来。

赵毅衡把史铁生作品中表现的原罪方式归纳为三种。一种是，以意识形态名义推翻亲情扫灭爱心；一种是，我们每个人都参与了拆毁神性的罪恶；再一种是，我们每个人都可以成为“叛徒”，甚至必然“叛变”我们的良心或信仰，尤其是思想者最终都有可能背叛自己的天职：批判与救赎，而烙上“叛徒原罪”的印记。在史铁生的《钟声》、《奶奶的星辰》、《文革命记愧》、《中篇1或短篇4》、《毒药》、《黑黑》和《两个知篇》等作品中对此都有所表现。

当史铁生把目光暂时从道德形而上和意识形态神上面移开的时候，人的初始情境，或者说人从虚无进入历史，进入记忆，开始获得自我身份认同的当口所遭遇的身体残疾，心灵创伤，都会以原罪的方式跟随人的一生，并带来人的根本性困境。这一困境不仅是史铁生的形上之思和神性之问的起点，也成为长篇小说《务虚笔记》故事展开的逻辑起点和持久的动力，成为人物命运演绎的决定性因素。

每个人的童年都是一幢美丽的房子，这幢房子有许许多多的门，不同的门内有不同的风景。人都是从“童年之门”进入历史的。但是，正如小说中的人物O所说，在童年，“你推开了这个门而没有推开那个门，要是你推开的不是这个门而是那个门，走进去就会大不一样”。推开不同的门，会带来不同的伤痕，也就会终生背负不同的原罪。因为“从两个门会走到两个不同的世界中去，甚至这两个世界永远不会相交。”[①]究竟推开那

① 史铁生：《务虚笔记》，第46—47页，上海文艺出版社，1996。

个门,对于无穷的人来说具有无穷的偶然性、可能性,但对于你就只有一种可能,你推开了这个门,也就失去了推开那个门的可能性,接踵而至的就是那个门所敞现的命运。同时,每个人都面临推开任意一个门的无限可能性,就像小说中的任何一个人都可以是L、O、Z、N、C、WR一样。但门一旦推开,这可能性就转变为你的现实,你的处境,你的残缺,你的有限,你就被赋予了一种独特的人生形式,给予了属已的人间角色。

画家Z推开的是一道人间不平等的门,并被其深深刺痛,心生怨恨,后通过艺术和肉体的占有来报复雪耻。女教师O很幸运,她推开的是美好的梦幻之门。可幸运给她带来的并不是幸运本身,而是灾难,梦幻的破灭把她送上了自杀的道路。后来成为诗人的L,推开的是纯情的门,谁知他的纯情被出卖,结果成为既是忠诚的恋人,又是好色之徒。

从不同的门进入世界的那个偶然时刻,即人从虚无或无限中分离出来成为有限的个体,获得残缺,打上原罪烙印的瞬间,才是人的“生日”,才是人之存在的开端。这个瞬间,就好像是蛇引诱伊甸园的人类始祖夏娃偷吃禁果的那个瞬间,它以原罪的方式开启了人类的历史。当然,每个人推开这个门的时间并不完全一样,也就是说,不同的人获得人的初始情境的时间是不确定的,比如C就是在步入青年,美好的人生正在逶迤展开之际,突遭残疾,才赢得自己的“生日”和身份,由此开始“自己”的道路的。还有,即便是仓促中推开了一道门,也还是有理由再选择,不过,在这时你的选择的方向和方式已经在那个门内了。Z不就是这样?

不管是从外在于人的道德化的意识形态,还是从内在于人的初始情境,人都是从这个残疾,或者说带着这个残疾,即原罪上路的。

爱情即拯救。残缺是原罪，是在体性的，是人无法逃避的，但人是巨大的存在之消息的热情的载体，人的存在便是人的残缺永不止境地向着圆满仰望、迁徙，就是原罪的一次无休无止的救赎。谁来救赎？史铁生认为是爱情。

爱情在史铁生那里是爱的泛指，它至少包含着从永恒的消息处传来的圣爱，以及博爱、爱情、怜爱和性爱等若干层次。何谓爱？史铁生说，给爱下定义是要惹上帝发笑的。爱作为情感，可以是喜欢、爱护，也可以是尊敬，或者是某种难以控制的冲动。“除此之外还有最紧要的一项：敞开。互相敞开心魂，为爱所独具。”这种敞开，“是同性之间和异性之间都有的期待，是孤单的个人天定的倾向，是纷纭的人间贯穿始终的诱惑”。[①]

但要真正理解这一点，或者要真正理解爱，必须首先知道如何有爱，因何而爱，爱，为什么是合法的？或者问，爱的动力源自何处？史铁生认为，爱的能量就来自人的残缺，以及由残缺而来的孤独，隔膜。

> 爱之永恒的能量，在于人之间永恒的隔膜。爱之永远的激越，由于每一个“我”都是孤独。人不仅是被抛到这个世界上来的，而且是一个个分开着被抛来的。[②]

这又要回到创世纪，回到人类堕落那个神话。在上帝那儿，在灵魂被囚进肉体之前，那个存在本身，即“巨大的存在之消息”是浑然一体，不分彼此内外，浮摇漫展无所不在。后来，人受到撒旦的诱惑，背叛了上帝，人间就诞生了。“人间诞生了其实就是有

① 史铁生：《病隙碎笔》，第44页，陕西师范大学出版社，2003。

② 史铁生：《病隙碎笔》，第45—46页，陕西师范大学出版社，2003。

限诞生了。”有限诞生了，人的孤独也就相伴而来了，爱的呼喊也就开始了。因为，从那时起，“巨大的存在之消息被分割进亿万个小小的肉体，小小的囚笼……那巨大的存在之消息，因分割而冲突，因冲突而防备，因防备而疏离，疏离而至孤独，孤独于是渴望着相互敞开——这便是爱之不断的根源”。这样，就可以为爱下定义了：“爱，即分割之下的残缺向他者呼吁完整，或者竟是，向地狱要天堂。”[①]“爱情是站在现实的边缘向着神秘未知的呼唤与祈祷，它原本是一种理想或信仰。”[②]

爱情是本源性的，就像残缺一样，是人之所是的标识之一。因此，不能用人类之爱、民族之爱或祖国之爱一类的宏大话语，去湮灭它、遮蔽它。这并非是不敬仰人类之爱——博爱，而是这爱情已在其中，这爱情是通向它的。[③] 博爱与爱情之间只存理想与现实、永恒性与可能性的区别。

> 博爱是理想，而爱情，是这理想可期实现的部分。因此，爱情便有了超出其本身的意义，它就像上帝为广博之爱保留的火种，像在现实的强大包围下一个谛听神喻的时机，上帝以此危险性最小的 1 对 1 在引导着心灵的敞开，暗示人们：如果这仍不能使你们卸去心灵的铠甲，你们就只配永恒的惩罚。[④]

正是在爱上，史铁生从期待上帝的存在主义只身走向了上帝，践行着自己的超越。

---

① 史铁生：《病隙碎笔》，第 46—50 页，陕西师范大学出版社，2003。
② 史铁生：《病隙碎笔》，第 183 页，陕西师范大学出版社，2003。
③ 史铁生：《病隙碎笔》，第 78 页，陕西师范大学出版社，2003。
④ 史铁生：《病隙碎笔》，第 79 页，陕西师范大学出版社，2003。

也正是在爱上，史铁生突破了狭隘的民族、国家主义，甚至东方主义，直奔人类这个“类”之存在的心脏，使詹明信如此振振有词不容置疑的结论落空：“第三世界的文本，甚至那些看起来好像是关于个人和利比多趋势的文本，总是以民族寓言的形式来投射一种政治：关于个人命运的故事包含着第三世界的大众文化和社会受到冲击的寓言。”① 史铁生的那些文本当然是“第三世界文本”，但是那些文本讲述的关于个人的故事，比如《务虚笔记》包含着的则是整个人类的故事。

也正是在爱上，史铁生越过了各种以性别为边界、以群、族、乃至国度为范围构筑的爱的樊篱。比如女权主义者对性别的极端诉求和社会对同性恋的无端指责等。爱恋与爱愿，既然是心魂与心魂的相遇，既然是“因异而生”，性别就不是绝对的前提，重要的是他者，是异在。人与人之间是如此，群与群、族与族、国与国之间莫不如此，都在“呼唤沟通与爱恋”。②

再从存在主义来看，萨特认为“他人即地狱”，史铁生却要人“以孤胆去赌——他人即天堂，甚至以痛苦去偿你平生的夙愿”，即爱的夙愿。在现实世界中，他人即地狱或许并没有错。在他人那儿可能有心灵的伤疤结成的铠甲，有防御的目光铸成的刀剑，有语言排布的迷宫，有笑靥掩蔽的陷阱。在现代世俗主义那里，爱可能是不可理喻，甚至是荒诞的，爱是危险的，心魂的敞开是危险的。即便是这样，又有什么好奇怪的？这不就是我们面临的世界深渊的表征吗？这不恰恰说明这个深渊世界需要光的照耀——爱的照耀吗？何况光的火种并未熄

① ［美］詹明信：《晚期资本主义的文化逻辑》，第523页，三联出版社，1997。

② 史铁生：《病隙碎笔》，第180页，陕西师范大学出版社，2003。

灭，在那“地狱”景观的后面，“仍有孤独的心在战栗，仍有未熄的对沟通的渴盼”，[①] 仍有他人即天堂的永恒的可能性背景。那就应该去赌，而不应当是地狱面对地狱，荒诞面对荒诞。

由此，还可以说，爱情之所以是救赎，是因为现实即残缺，现实即心灵的隔离，爱情是对这种现实的承担。史铁生说，现实是人吃了善恶树上的果实，因而偏离了上帝之爱的角度，只看重人的社会价值、肉身功能和物质拥有的结果。

具体而言，史铁生大致同意毛姆的意见，认为爱至少可以划分为两种：“一是指性爱，一是指仁爱”。后者在史铁生的解读里不同于儒家的仁爱，而是指博爱，是永恒，是绝对的善；前者会消失，会死亡，甚至会衍生成恨。[②]

性爱与爱情不是一码事，但又彼此联系。“单纯的性爱难免是限于肉身的”，只有当两颗不甘于肉身的灵魂，在“一同去承受人世的危难，一同去轻蔑现实的限定，一同眺望那无限与绝对”中，相互发现了对方的存在时，性爱才上升为爱情。[③] 性是爱情的仪式，是爱情的语言。仪式带有狂欢的禀赋，语言是心魂的表达和祈告，其共同的走向是敞开。这符合爱是敞开的特点。所以，史铁生说：性，以其极端的遮蔽状态和极端的敞开形式，符合了爱的要求，而具有了爱的属性，走进了爱的领地。爱情所以看中性，正是要以心魂的敞开去敲碎心魂的遮蔽，这样，爱情找到了性就像艺术家终于找到了自己的艺术形式。

---

① 史铁生：《病隙碎笔》，第 44 页，陕西师范大学出版社，2003。

② 史铁生：《病隙碎笔》，第 175 页，陕西师范大学出版社，2003。

③ 史铁生：《病隙碎笔》，第 176 页，陕西师范大学出版社，2003。

有趣的是，性也要向艺术发展，这种发展是人类的进步。性的艺术，更是以一种非凡的语言在倾诉，在表达，在祈祷心灵深处的美景。那美景就是心灵的团聚，这是上帝赐给人的财富。

> 你有限的身形，和你破形而出的爱愿。你颤抖着、试着用你赤裸的身形去表达吧，那是一个雕塑家最纯正的材料，是诗人最本质的语言，是哲学最终的真理，是神的期待。①

因此，史铁生说："性爱，原是上帝给人通向宏博之爱的一个暗示，一次启发，一种象征，就像给戏剧一台道具，给灵魂一具肉身，给爱愿一种语言。"②

不管是性爱还是爱情都包含了怜爱。史铁生以为，"怜爱是高于性爱的"，是通向仁爱或博爱的起点。③

仁爱或博爱不是伦理范畴里的善，而是宗教意义上的爱愿。一切善都是出自爱愿，但在爱愿之外不存在独立的善。伦理学视"正当"为善，在史铁生看来，这是一种危险，因为，现实可能把善制作成一副人的枷锁。④ 当耶稣说："我赐给你们一条新命令，乃是叫你们彼此相爱。我怎样爱你们，你们也要怎样相爱"的时候，他的声音正如林语堂所言，是温柔的，同时也是强迫的，是一种近两千年浮现在人了解力之上的命令的声音。以"正当"为圭臬的伦理，也会对人发出这样的强迫

① 史铁生：《病隙碎笔》，第 77 页，陕西师范大学出版社，2003。
② 史铁生：《病隙碎笔》，第 179 页，陕西师范大学出版社，2003。
③ 史铁生：《病隙碎笔》，第 176 页，陕西师范大学出版社，2003。
④ 史铁生：《病隙碎笔》，第 176 页，陕西师范大学出版社，2003。

的命令，但它的声音不会是温柔的。因为前者的声音，“是无限与绝对的声音，是人不得不接受的声音，是人作为部分而存在其中的那个整体的声音，是你终于不反抗而愿皈依的声音。而后者，是近二千年来人间习惯了的声音，是人智制作的声音，是肉身限制灵魂、现实挟迫梦想的声音，是人强制人的声音。”[①] 可见，史铁生是在宗教的意义上，在超越的意义上谈论我们习以为常的仁爱或博爱的。

史铁生认为，不是伦理的正当性要求产生爱愿，而是爱愿本身就是善，因而，“爱愿必博大而威赫地居于规则之上”。现实的伦理规范，法律条文，都是人定，就别指望它一定没有问题。宏博的爱愿不是人的自然本性，是人超越动物性而独具的智慧，是人见自然绝地而有的精神追求，是闻神命而有的觉醒，是人性升华的路径。[②] 爱愿是听从神命的，而“神命高于人定”，所以爱愿高于规则。虽然爱愿跟随神的引领，但爱愿不能是等待神迹的宠溺，“要紧的一条是对神命的爱戴，以人的尊严，以人的勤劳和勇气，以其向善向美的追求，供奉神约，沐浴神恩。”[③]

2. 语言与呼唤

作为写作的文学，之所以是宗教精神的体现，因为它就是这种爱的敞开。在此一向度上说，写作不同于传统意义上的文学，“它从来就不是什么学问”，本不该有什么规范，遵循什么学理，它是天地间最自由的一片思绪，是有限的时空中响彻的无限呼唤。它在追问中倾听，在倾听中倾诉，在倾诉中敞开与

① 史铁生：《病隙碎笔》，第 176—179 页，陕西师范大学出版社，2003。

② 史铁生：《病隙碎笔》，第 217 页，陕西师范大学出版社，2003。

③ 史铁生：《病隙碎笔》，第 217—218 页，陕西师范大学出版社，2003。

澄明。“人需要写作与人需要爱情是一回事”，因为归根结蒂，“人，都在一个孤独的位置上期待着别人，都在以一个孤独的音符而追随那浩翰的音乐，以期生命不再孤独，不再恐惧，由爱的途径重归灵魂的伊甸园。”① 写作就是在这条爱的途径上，“提醒着人的孤独，呼唤着人的敞开，并以爱的祈告去承担人的全部。”② 所以，史铁生如此说，关于写作，“上帝也看重它，给它风采，给它浪漫，给它鬼魅与神奇，给它虚构的权力去敲碎现实的呆板，给它荒诞的逻辑以冲出这个既定的人间，总之给它一个机会，重归那巨大的存在之消息，浩浩荡荡万千心魂重新浑然一体，赢得上帝的游戏，破译上帝以斯芬克斯的名义设下的谜语。”这个谜语就是人的终极存在。③ 换言之，写作是“用笔、用思、用悟去寻找存在的真相”。④

巨大的存在之消息的重新聚合，就是重归天国或天堂，史铁生说那就是皈依。写作就是要使“分割的消息”重新联通，隔离的心魂重新聚合。因此，写作也是一种皈依，就是一种在黑夜中摸索通往天国的路。但史铁生说，“皈依无处”，这如何可能？关键是，皈依什么？“皈依并不存在一个处所，皈依是在路上。”如何上路？凭什么上路？“惟以爱的步伐”。通往天国只有一条路：“永远是爱的步伐”。这样，皈依就是一种心情，一种行走姿势。写作，就是以爱的步伐行走在永恒的超越之路上的一种姿势。⑤ 之所以是这样一种姿势，是因为“人可以走向天堂，不可以走到天堂”。走向，意味着彼岸的成立，

---

① 史铁生：《病隙碎笔》，第198页，陕西师范大学出版社，2003。

② 史铁生：《病隙碎笔》，第200页，陕西师范大学出版社，2003。

③ 史铁生：《病隙碎笔》，第49页，陕西师范大学出版社，2003。

④ 史铁生：《病隙碎笔》，第201页，陕西师范大学出版社，2003。

⑤ 参史铁生：《病隙碎笔》，第50页，陕西师范大学出版社，2003。

走到，却实际取消了彼岸。而彼岸的消失即信仰的终结、拯救的放弃，又回到残缺本身。爱，只是通向天国的精神恒途。天堂不能到达，正是爱成立与存在的证明，不能到达，也正是意义生成的可能性条件，也是写作的意义得以可能的理由："你若永远走向它，你便随时都在它的光照之中"。[①]

写作为何以爱的步伐，就能倾听存在、通向存在？写作与爱以什么为中介实现通约？

史铁生认为，写作是一种语言，其实爱也是一种语言。写作是一种书写，爱也是一种书写。至少，爱和语言意图一致——都是让"智者走向心魂深处，让深处的孤独与惶然相互沟通，让冷漠的宇宙充满热情，让无限的神秘暴露无限的意义"。《圣经·旧约》里面写到了巴别塔。巴别塔虽不成功，但巴别塔写满了人走向天国——上帝的国的愿望。这个愿望所凭靠的就是语言，共同的语言。修建巴别塔，就是人类的一次书写，一次写作，连上帝也不敢小视，也不敢嘲笑。因为，"人的处境是隔离，人的愿望是沟通，这两样都写在了上帝的剧本里。"[②] 而在这出戏里，上帝又为隔离与沟通启示了一条路：爱。爱就是神的话，神的语言，写作就是这神的话、神的语言的传达。所以，爱是在言说中呈现，是在话语中现身，是在叙述中赢回权利。

> 在坦城的言说之中爱自会呈现，被剥夺的权利就会回来。爱情，并不在伸手可得或不可得的地方，是期盼使它诞生，是言说使它存在，是信心使它不死，它完全可能是

---

① 史铁生：《病隙碎笔》，第56页，陕西师范大学出版社，2003。

② 史铁生：《病隙碎笔》，第50页，陕西师范大学出版社，2003。

现实但它根本是理想呵，它在前面，它是未来。所以，说吧，并且重视这个说吧，如果白昼的语言已经枯朽，就用黑夜的梦语，用诗的性灵。①

这样，在写作的意义上，爱就不仅是对现实的承担，“甚至具有反抗现实的意味”，而使之成为对现实、对生活的匡正。不过，这种匡正不止于对一群、一族、一国之现实的匡正，而是面对人的永恒处境，对人之存在的去蔽。“什么国界呀、民族呀、甲方乙方呀，那原是灵魂的阻碍，是伊甸园外的堕落，是爱愿和写作渴望冲开的牢壁”。② 写作应该越壁而去，直奔黑夜时代人自身心魂的深处。

3. 拯救的悖论

那么，在史铁生的写作实践中情况又如何呢？长篇小说《务虚笔记》的主题可以说就是“残疾与爱情”。但在这之前史铁生很少写到爱情。有人在论及他 20 世纪 90 年代以前的小说时，甚至指出因为残疾而来的“自卑情结”和“潜意识中的性嫉妒”，以及“他对性的描写，最后往往归结于人生或者说命运的探讨”，因而“他没有一部性爱主题的小说”。③ 应该说，后半句话是正确的。既然爱情关涉拯救，它就是一个既重要且复杂的问题，所以史铁生说，“要想清楚或者理解清楚它需要的时间多一些”，还主要不在逃避。④《务虚笔记》是史铁生倾尽心力之作，这之中的爱情又如何呢？是不是承担起了对残疾

① 史铁生：《病隙碎笔》，第 80 页，陕西师范大学出版社，2003。

② 史铁生：《病隙碎笔》，第 202 页，陕西师范大学出版社，2003。

③ 吴俊：《当代西绪福斯神话——史铁生小说的心理透视》，《文学评论》，1989 年第 1 期。

④ 林舟：《生命的摆渡》，第 169 页，海天出版社，1998。

的拯救？

读完了，你也许会失望。除了C和X的爱情，其余的不仅没有承担起对残缺的拯救，反而显示出人更大的残缺。

Z因从小的心灵创痛，对异性只有征服和占有；O要以爱情拯救Z，没有理由地离开前夫，既亲手摧毁了爱情，伤害了他人，又把自己送上了情感和生命的断头台。WR青年时被放逐到另一个世界，当他重返生活世界的时候，意识到了权力的重要，可是，一旦他迷恋上现实的权力，无疑会最终放逐理想的爱情。L够纯情、多情、痴情了吧，结局却是一个淫乱之徒。Z的叔叔是一个革命者，他的爱情却被他信奉的革命所毁灭，演绎成小说中最具悲剧力量的"葵林故事"——革命+爱情+叛徒的故事。HJ与T已经是下一代了，他们的爱情呢？更是变种为利益交换。

史铁生怎么了？史铁生没有怎么。因为他说过："人的本性倾向福音，但人的根本处境是苦难，或者是残疾"；[①] 因为他说过，爱情根本是一种理想和信仰；因为他说过，人只有走向而不能走到天堂，走到即意味着彼岸的消失，信仰的放弃；还因为《务虚笔记》是史铁生那代人的成长史、青春史。你还能期望那个时代的现实世界给你多少美好？有了C和X的爱情就足够了。

也就是说爱情依然是拯救，因为《务虚笔记》中有C和X的爱情存在。这就说明爱情对残疾的拯救，并不全在可能世界中，也可以在现实世界中，只要你永远地仰望和等待，永不放弃信心，永远地冲击梦想。要知道"现实不能拯救现实"，[②]

① 史铁生：《务虚笔记》，第40页，上海文艺出版社，1996。

② 史铁生：《务虚笔记》，第288页，上海文艺出版社，1996。

只有梦想才能，只有在梦想中握紧爱的权利，并为此不断地创造新的爱的语言才能拯救现实。

C的残疾，在世俗的眼光里已然失去爱的能力和权利，人们以沉默，或者以“爱”与“好人”的悖论式诘难——“你爱她，你就不应该爱她”，“她爱你，你就更不应该爱她”①，因为你是一个好人——来让他自动放弃实现爱的可能性。只有F医生没有，他对C的鼓励，坚定了C的不懈追求。奇迹发生了：C对X终于从爱走向了性，找到了表达爱情的语言和仪式。史铁生以如此激动人心的语言记录下那一刻：

> 这仪式使远去的梦想回来。使一个残疾的男人，像一个技穷的工匠忽然有了创造的灵感，使那近乎枯萎的现实猛地醒来，使伤残的花朵霎那间找回他昂然激荡的语言……也许生命就是为了等候这一场狂欢，也许原野和天空就是为了筹备这个盛典，昂耸和流淌的花朵是爱的最终语言、极端语言……感谢上帝，感谢他吧，感谢他给爱留下了这极端的语言……现在，世界借助这语言驱逐了恐惧只承认生命的自由，承认灵与肉的奇思异想千姿百态胡作非为……一切都化作飘弥游荡的旷野洪荒气息，成为风，成为光，成为颤栗不止的草木，寂静轰鸣的山林，优雅流淌的液体，成为荡然无存的灰烬……②

这不仅是奇迹，也是跨越了医学、科学的神迹，是神性的证明。

除了C和X，在《务虚笔记》中，爱情几乎都没有成为对

① 史铁生：《务虚笔记》，第416页，上海文艺出版社，1996。

② 史铁生：《务虚笔记》，第291—292页，上海文艺出版社，1996。

残疾的拯救，恰恰相反，成了残疾的证明。这如何解释？我想，在前述的理由之外还有一条，就是史铁生把爱情推拒到了人们只能仰望的可能世界中去了，而使之成为一种信靠，成为人的残缺或原罪可以得救的期盼和祈祷。在这时，人获得了站出自身的超越世界，而当以此世界反观自身的时候，就有了末世审判的眼光。事实上，在我看来，《务虚笔记》最具革命性意义的就是，它对人的各种可能性的残疾与爱情进行了末世意味上的审判。

4. 最后的审判

小说第三节，O 因爱自杀构成了全书的主要悬念。对 O 自杀谜团的破解，也是小说演进的主要动力之一。而这个破解又是通过小说中所有人物的残疾与爱情的具体演绎、思索与审理来进行的。到第二十一节，小说快临近尾声的时候，几乎所有的人物都出场对 O 的自杀原因进行猜测。这一过程就是一个象征性的末世审判。

众所周知，基督教的末世论内含两个层次的意涵：个人性的末世论和宇宙性末世论。前者关涉人生的终结，个人的死亡问题；后者则是宇宙的结局，所谓世界的末日。末日审判也相应在这两个层次上展开。《务虚笔记》应该属于前者。这样一种末世论或者说末日审判，我以为是史铁生宗教观念的另一个重要组成部分。

末世论或末日审判的关键问题是：灵魂是否不死或者说永生。对此，史铁生多有论述。前面谈到，史铁生对人进行了肉体、精神和灵魂的三维划分，并确认了灵魂的内在性、实在性，从而为人的宗教精神的内在性、实在性找到合法性依据。而事实上，史铁生在找到这种依据的同时，也为末世论留下了地盘，为证明灵魂不死留下了空间。在史铁生处身的汉语思想界，只有神圣的末世图景，而没有关于灵魂不死接受审判的说法。如果有，那也是歪理邪说，封建迷信，当然谈不上宗教意义上的末世论了。

可以先问：灵魂不死，并将会接受审判，与人的现世生存有何关系？一言以答之，关系到人是否能过正义的生活，关系到人是否有对伦理的终极关切。人死的问题是人活着的时候就应当关注的事情。这正如存在主义哲学所认为，人作为“此在”是一种“先行到死”的存在者，正视了死亡之事实，“它会在我们面前确立起眼前时刻的充分价值，会要求我们在死亡夺去这最宝贵的天赋之前，就在此时此地赋予我们的生命以某种决定性和重要意义”。①

还可以问：凭什么能够使人这样做？或者是，因为人终有一死，就急着要意义来干什么？这本身有什么意义？我想，建基于基督教文化背景之上的存在主义哲学，很难排除末世论和末日审判的影响，即便它力求这样做。史铁生则是通过对在人死后灵魂是否有无上持不同观点的两类人的分析，来间接回答这个问题的。一类人宁信其有，一类人偏要宣布其无。信其有者，可算是有神论者，信其无者当然就获得了无神论者的桂冠，这在启蒙理想建制化以后，科学技术宰制的现代社会，是一项不低的荣誉。可是，试探其动机结构就会发现，这有无后面的文章还并不那么简单。“信其有者的推演是：于是会有地狱，会有天堂，会有末日审判，总之善恶终归要有个结论。”信其无者则逃过了末日审判这一劫。这有什么不一样？

① ［英］詹姆斯·C·利文斯顿：《现代基督教思想》（下卷），第695页，四川人民出版社，1999。

> 信其有者，为人的行为找到了终极评判乃至奖惩的可能，因而为人性找到了法律之外的监督。……信其无者则为人的为所欲为铺开坦途，看上去像是渴盼已久的自由终于降临，但种种恶念也随之解放，有恃无恐。[①]

专制趁机猖獗，乱世英雄大权独握，神俗都踏在脚下。作恶者更倾向于灵魂的无，死便是一切的结束，恶行也随之得到彻底解脱。如果灵魂存在，还要接受审判，对他们而言就是一种无言的痛苦。在这个意义上，史铁生说，人死后灵魂是否存在的问题，它压根儿就不是一个科学问题，而是一个信仰问题。科学需要证实，信仰不需要。因为“实证必为有限之实，信仰乃无限之虚的呼唤”。[②]“人死后灵魂依然存在，是人类高贵的猜想，就像艺术，在科学无言以对的时候，在神秘难以洞穿的方向，以及在法律照顾不周的地方，为自己填写美的志愿，为自己提出善的要求，为自己许下诚的诺言。”[③] 以永远过一种正当的生活。

这种正当生活，是在不断忏悔中得以成为可能的。因为，确认人死后灵魂存在，也就确信了神的存在，人也就能忏悔。忏悔的前提是：人必须有一个善恶标准。这个标准由谁给出？人能给自己给出吗？如果能，给出的依据谁说了算？倘若还是由人说了算，这个依据有多少可靠？显然，需要由一个超越于人之上的来给出这个标准。这超越于人之上的，在人的词典里

---

① 史铁生：《病隙碎笔》，第24—26页，陕西师范大学出版社，2003。

② 史铁生：《病隙碎笔》，第167页，陕西师范大学出版社，2003。

③ 史铁生：《病隙碎笔》，第25页，陕西师范大学出版社，2003。

就叫：神。人不是可以进行良心审判吗？但良心怎样审判？史铁生说："良心的审判，注定的，审判者和被审判者都只能是自己。这就难了，自我的审判以什么作标准呢？除非是信仰！"[①] 在没有信仰的前提下，不仅人自己不能审判自己，就是人也不能审判人。这正如巴赫金在揭示列夫·托尔斯泰的长篇小说《复活》的基本思想主题时，颇富洞见地指出的那样，"不能允许人对人的任何审判。"而且，也"没有一个配做法官的人，也不可能有这样的人"。[②] 人对人的审判，基于审判者对自身的无罪推论，对自己上帝身份的预设。[③] 这是人对神的僭越，是人自做神明，为所欲为的表现。人对人的审判会导致神明与神明的战争，人的历史有多长，定罪与平反的活动就会有多久，善恶的结论就永远是个未知数，历史也就成了胡适之所谓任人打扮的小姑娘。

当人确立了信仰，灵魂就可以独立面对神进行倾诉、忏悔和讨教。其实信仰、神不是什么神秘莫测的东西，当然也不是理性推导出来的，"他是人的理性看见了理性的无能听见的启示"；是人的理性步入绝境后，在服从与祈祷中听见的神命；[④] 是人"在思之所极的空茫处，自己选择一份正义，树立一份信心。这选择与树立的发生，便可视为神的显现。"这就是信仰了。这样的信仰与神何需证明，只要坚守就好了。但并不是人有能力进行这种选择和树立，人就可以是神。

神永远不是人，谁也别想冒充他。神拒绝"我们"，并不

① 史铁生：《病隙碎笔》，第 26 页，陕西师范大学出版社，2003。

② ［俄］巴赫金《巴赫金全集·小说理论》，第 23 页，河北教育出版社，1998。

③ 唐小林：《文学的人性与先锋以后》，《百花洲》，2002 年，第 5 期。

④ 史铁生：《病隙碎笔》，第 229 页，陕西师范大学出版社，2003。

> 站在哪一家的战壕里。神，甚至是与所有的人都作对的——他从来都站在监督人性的位置上，逼人的目光永远看着你。在对人性恶的觉察中，在人的忏悔意识里，神显现。在人性去接近完美却发现永无终途的路上，才有神圣的朝拜。[①]

人不仅不是神，也不可代替神，否则人性有恃无恐，其残缺与丑陋难免胡作非为。

神虽然不是人，但史铁生认为，神确实是存在的。“一切威赫的存在，一切命运的肇因，一切生与死的劫难，一切旷野的呼告和信心，都已是神在的证明。”神在西奈山上显现为光，指引摩西。神就是这样的光，是人心灵的指引、警醒、临督和鼓励。除了这光，还有神迹的证明：“这天之深远，地之辽阔，万物之生生不息，人之寻求不止的欲望和人之终于有限的智力，从中人看见了困境的永恒，听见了神命的绝对，领悟了：惟宏博的爱愿是人可以期求的拯救。”[②]

史铁生是在向生命要求着意义，是在追求正义的生活，所以，他相信灵魂是永生的。他打了一个有趣的比方。一棵树上落着一群鸟儿，把树砍了，并不意味着树上的鸟儿就没有了，他们只是到了别处。人的肉身即如这树，灵魂曾经栖息在这里，肉身死了，化作了尘埃，但只要人间的困苦不消失，人间的消息不减损，人间的爱愿不放弃，灵魂就必定还在，就像活着的鸟儿还会飞回来，找到新的栖居一样，这灵魂也要栖居于新的肉身，寄寓在别样的尘世之名下。[③] 因为，人的生命只是

---

① 史铁生：《病隙碎笔》，第26—29页，陕西师范大学出版社，2003。

② 史铁生：《病隙碎笔》，第227页，陕西师范大学出版社，2003。

③ 参史铁生：《病隙碎笔》，第162页，陕西师范大学出版社，2003。

永恒的消息赖以传扬的载体，人的心魂系于无限与绝对，肉体消失了，它还要继续飞扬，还要永存人间。它仍然以“我”而在，以“我”而问，以“我”而思，以“我”为角度去追寻那亘古之梦。这灵魂，恰如史铁生在《我与地坛》的末尾写到的那个太阳，“他每时每刻都是夕阳也都是旭日。当他熄灭着走下山去收尽苍凉残照之际，正是他在另一面燃烧着爬上山巅布散烈烈朝辉之时。……宇宙以其不息的欲望将一个歌舞炼为永恒。这欲望有怎样一个人间的姓名，大可忽略不计。”这宇宙的欲望，就是造物主的气息，也是人的灵魂。肉身是从无中来，还将回到无中去，惟有不灭的神魂永远流传，生命在这流传中得其形态。这就是说，“不见得是我们走过生命，而是生命走过我们；不见得是肉身承载着灵魂，而是灵魂订制了肉身。就比如，不是音符连接成音乐，而音乐要求音符的连接。那固有的天音，如同宇宙的呼吸，存在的浪动，或神的言说，它经过我们然后继续他的脚步，生命于是前赴后继永不止息。”[①] 这总使我想起列夫·舍斯托夫的一句话：“死亡天使降临于人，为的是把人的灵魂和肉体分开，而使他全身长满眼睛。”[②] 人由此看到另一个世界，一个超越了必然的自由存在的世界。

O在《务虚笔记》开始不久就自杀了，但她的灵魂没有死，小说中几乎所有的人都在继续着她要勘破的秘密，关于爱的秘密。小说的读者，尤其是那些特殊的读者——评论家们，也在探询着她至死也在求索的问题，爱的问题。这难道不是她灵魂存在的见证？这也反过来证明了写作的意义，它能使这种

① 史铁生：《病隙碎笔》，第 184 页，陕西师范大学出版社，2003。

② ［俄］列夫·舍斯托夫：《在约伯的天平上》，第 25 页，三联书店，1989。

灵魂的存在得以敞开，生命的重量得以保存：

> 写作，就是为了生命的重量不被轻轻抹去。让过去和未来沉沉地存在，肩上和心里感到它们的重量，甚至压迫，甚至刺痛。现在才能存在。现在才能往来于过去和未来，成为梦想。①

但我的真正的问题是，既然史铁生说人与上帝有着永恒的距离，人不能是神，那么，他有什么资格在小说中担当末日审判者？我们误会史铁生了，小说虽然运用了如上帝般的全知全能的视角，但作者并没有伪装人神，而是创造了一种特殊的叙述，一种特殊的诗学——可能性诗学，来完成了对人灵魂的拷问，这一末日审判式的拷问。

5. 可能性诗学

可能性诗学是我的命名，但问题的提出则应归功于邓晓芒，他的研究《务虚笔记》的专章——《史铁生：可能世界的笔记》——对此有深刻的论述。有了神在的背景，就有了超越性世界，也就有了可能性诗学的根基。

可能性对于史铁生的写作之所以是重要的，是因为它可以为史铁生的灵魂审判，找到普遍价值，提供绝对尺度。在史铁生看来，除了上帝，除了神明，除了那个可能世界是单纯的、明澈的、通透的，一切现实的东西，一切人，包括作家自己都是悖论的。《务虚笔记》的开篇就写道："我是我的印象的一部分/而我的全部印象才是我"，那我是谁？这让靠印象而非靠记忆写作的作家如何写作？还有一个著名的悖论："下面这句话

① 史铁生：《务虚笔记》，第462页，上海文艺出版社，1996。

是对的/上面这句话是错的”，[1] 那什么才是对错？这让以语言来逼近存在的作家又怎样言说？既然现实是悖论的，人是悖论的，连语言都会是悖论的，那么，人与人之间如何相通？语言如何通约？尺度如何有效？如果不能，灵魂的审判凭什么可能？

对此，邓晓芒指出：

> 只有在可能性中，一切悖论才迎刃而解。悖论总是现实的，就是说，导致现实的冲突的。在单纯现实中，悖论是不可解的，人与人，人与自己，现在与过去、与未来都不相通。然而在可能性中，一切都是通透的。正因为人是可能性，才会有共通的人性、人道，才会有共通的语言，才会“人同此心心同此理”。凡是想仅仅通过现实性来做到这一点的人，凡是想借助于回复到人的自然本性、回复到植物和婴儿或天然的赤诚本心来沟通人与他人的人，都必将消灭可能性，即消灭人，都必将导致不可解的悖论。[2]

这样，可能性成为《务虚笔记》叙述的基点。小说也找到了一种普遍性的语言，逻各斯的语言，彼岸的语言，一种在写作之夜提到的眺望原在的语言。有了这种语言，也就有了衡量世界，拷问灵魂的尺度。

可能性诗学，突破了现实反映论的文学观，扭断了那些所

---

① 史铁生：《务虚笔记》，第9—10页，上海文艺出版社，1996。

② 邓晓芒：《灵魂之旅——九十年代文学的生存境界》，第155页，湖北人民出版社，1998。

谓的有关现实必然性的链条，按照可能世界的要求来建构现世生活的文学图景。《务虚笔记》中的故事主要不是在现实的时空中发生，而是在“心魂”中发生的事件。“二者的不同在于：前者是泾渭分明的人物塑造或事件记述，后者却是时空、事件乃至诸人物在此一心魂中混淆的印象”①。小说中的人物、对话、场景、情节等等，都是相通的、许多都是可以互换的。它不反映现实世界里的什么，而是展示可能世界里有什么，不过，由于文学和理解的需要，这种展示的手段却是现实的。这些故事，好像就在身边发生着，在历史中发生过，或就要发生。并不发生在任何的个人身上，但又在任何个人的身上都可能发生。

可能性诗学，扬弃了现实反映论的文学真实观。它没有现实世界的真实，只有心魂的真实。《务虚笔记》里的一个叙述者——“我”——说：“真实并不在我的心灵之外，在我的心灵之外并没有一种叫作真实的东西原原本本地呆在那儿。真实，有时候是一个传说甚至一个谣言，有时候是一种猜测，有时候是一片梦想，它们在心灵里鬼斧神工地雕铸成我的印象。”②“我”不认为，“我”不能够塑造任何完整和丰满的人物。因为，“我不可能走进他们的心魂，是他们铺开了我的心路。”“我”不能塑造他们，而是被他们所塑造。他们变成印象住进了“我”的心灵，在那儿编织雕铸成了另一个无边无际的世界，“那才是我的真世界”。③“我”这样写他们，等于写了“我”自己的种种可能性。“我的心魂，我的欲望，要比我的实

---

① 史铁生：《关于〈务虚笔记〉的通信》，《中华散文珍藏本·史铁生卷》，第195页，人民文学出版社，2000。

② 史铁生：《务虚笔记》，第9页，上海文艺出版社，1996。

③ 史铁生：《务虚笔记》，第346—348页，上海文艺出版社，1996。

际行为大得多，那大出的部分存在于我的可能性中，并在他人的现实性中看到了它的开放——不管是恶之花，还是善之花。”[①] 他们对“我”虽以他者的身份存在，但对他们的理解、诉说、揣测、希望、梦想才构成了“我”。“我经由他们，正如我经由城市、村庄、旷野、山河，物是我的生理的岁月，人是我心魂的年轮。”[②] 所以，史铁生说，《务虚笔记》可名曰“心魂自传”。

因此，可能性诗学也放弃了历史理性的真实观。历史，或者往事，过去的生活，可以分为两种，一种是被意识到的，一种没有，只有被意识到的生活才是真正存在的，才被保存下来成为意义的载体。但“它们只是作为意义的载体才是真实的，而意义乃是现在的赋予”。[③] 这是史铁生写在《务虚笔记》里的一段话，其表述的历史观与克罗齐的任何历史都是当代史的观点有什么两样？

在另一处小说还写道：

> 我曾相信历史是不存在的，一切所谓历史都不过是现在对过去（后人对前人）的猜度，根据的是我们自己的处境。我不打算放弃这种理解，我是想把另一种理解调和进来：历史又是存在的，如果我们生来就被规定了一种处境，……那就证明历史确凿存在。这两种针锋相对的理解

---

① 史铁生：《关于〈务虚笔记〉的通信》，《中华散文珍藏本·史铁生卷》，第203页，人民文学出版社，2000。

② 史铁生：《关于〈务虚笔记〉的通信》，《中华散文珍藏本·史铁生卷》，第200页，人民文学出版社，2000。

③ 史铁生：《务虚笔记》，第8页，上海文艺出版社，1996。

互相不需要推翻。[①]

是不需要互相推翻，因为史铁生在这里谈论的是关于历史的两个不同的层面：一个是叙述的历史，或者说话语中的历史；另一个是曾经发生或正在发生、将要发生的历史事件，对当下的人来说，就是一种现实境遇。史铁生不相信的是前者，即通过历史理性建构起来的话语的历史。因为它不过是一种“猜度”，何真实之有？况乎不同人的猜度还会有不同的历史。就是关于昨天，两种不同的猜度就可能有两个不同的昨天，这两个昨天“甚至是不能互相讲述的，因为很可能，那是两种不能互译的语言”。[②] 这些说法与新历史主义者海登·怀特的观点又有什么不同？在散文中，史铁生还直接引述一位诗人的诗句，来表明自己对历史的态度：“历史仅记录少数人的丰功伟绩/其他人说话汇合为沉默”。[③] 这就进一步说明，历史不仅是一种话语，而且仅仅是一种权力话语，其本性是断章取义。多数人都保持沉默，这样的历史除了还原虚假，还能还原什么？这与解构主义大师福柯的理论不也同出一辙？而且，史铁生前面那些关于历史的说法，也暗合了福柯的一句箴言：关键不在于话语讲述的年代，而在于讲述话语的年代。这样，史铁生事实上消解了历史理性的真实性。

我的可能性，心魂的可能性，借助想像和语言化作他者的现实，呈现为一个具有实在性的可能世界。由于我的可能性是背靠神在、神性，仰望无限和绝对，追问人的终极存在而来，

---

① 史铁生：《务虚笔记》，第 55 页，上海文艺出版社，1996。

② 史铁生：《务虚笔记》，第 333 页，上海文艺出版社，1996。

③ 史铁生：《病隙碎笔》，第 130 页，陕西师范大学出版社，2003。

因此，由此而建构的可能世界，就不再是三维的，而是多维，无穷多维甚至是无极之维的世界。[①] 在这个先靠语言获得的世界中，人性的方方面面，包括那些被掩饰、被遮蔽，被红色的意识形态符号所挪用、删改、强暴，被习以为常的伦理规范、世俗势力所正当化、正义化的人性的残缺、丑陋、罪孽，那些深藏在黑夜的世俗污垢，都在无限的可能性想像中被现实化，被展现，都可能在这种展现中被晾晒到阳光底下，被客观到无情的目光所审视，所穿透，最终还人、还人的生活世界一个本相，还善恶一个清白。这难道还不带有末日审判的意味吗？不仅如此，史铁生的可能性诗学，沿着这条路走到了现象学那里。它抵达现象学力图抵达的境界。

> 正如胡塞尔现象学通过“自由想象的变更”而达到对事态的“本质还原”一样，史铁生通过他的人物各自的内心独白和极富创造性的对话，而建立了一种新型的语言和语境。他证明了胡塞尔所要证明的同一件事：“现实存在对于自然科学是独断地被设定的抽象存在，它被赋予了实存之物的意义却并无严格的根据，而只是一种超验的信念（信仰）；现象学的存在则是一切可想象之物的存在，是一切可能世界的存在，它本身并不实存于时空（虽然它有可能实存于时空，即实现为现实存在），但它比独断的超验存在更‘具体’，是每个人可以直接体验到、直观到的，实际（real）在手的。正因此才会有‘理想’的真实、道德‘应当’的真实、艺术的真实，有科学的幻想和成年人的童话，才会在有限的个人、甚至有限的动物物种身上体

① 参史铁生：《务虚笔记》，第535页，上海文艺出版社，1996。

现出无限的价值，才会在瞬间中展示永恒的意义。”①

所以，邓晓芒说，史铁生是当代哲学素养最高的作家，是中国唯一的一个进入了现象学语境的作家，也是唯一的一个真正意识到“不是人说语言，而是语言说人”这一解释学的语言学原则的作家。因为，这条原则离开现象学还原的前提，是根本不能理解的，它首先要求承认可能世界高于现实世界，现实世界只不过是可能世界的“实例”，可能世界自身有它永恒的价值；是梦想，而不是自然天性，造成了现实的人的历史。当然，亦如邓晓芒所说，在《务虚笔记》里，现象学还原的最终结果不是抽象的观念、理念，而是无所不在的“情绪”，是每个人心灵中隐伏着的永恒的旋律和诗。哲学与诗的这种直接契合甚至等同，正是现代西方现象学运动所要达到的理想目标。史铁生所创造的文本与萨特的诸多作品（如《恶心》、《脏手》等）相比毫不逊色，而且更加具有诗的气质。而就思想性的丰富度和深度来说，邓晓芒以为当代一切寻根文学的总和也抵不上一部《务虚笔记》。

终于，史铁生走过了这样一条非同凡响的、不断超越的道路：从自身的残疾见出人的有限性，由人的有限性思入人的存在，再从存在走向与上帝相遇的途中；在此途中，实现了从残疾的现实世界的不可能，向圆满的、无限的可能世界的飞跃，建构起了只能以史铁生命名的可能性诗学。这是对现代汉语诗学的重要贡献。而其可能性诗学的思想资源则主要来自基督教。

---

① 邓晓芒：《灵魂之旅——九十年代文学的生存境界》，第 197 页，湖北人民出版社，1998。

第七章　民间诗学与基督教

作为文学的终极意义在哪里？诗人于坚说，在于回到真理。作为文学的写作就成了回到真理的斗争[①]。在汉语文学界，恐怕至今还没有人认为于坚是具有宗教情怀的作家。而较为一致的看法是，他是一个远离形而上的“民间诗人”，离所谓的“知识分子立场”也有相当的距离，他对那些自以为靠神性写作的诗人，还颇有微词，更谈何宗教意识？于坚本人如果知道将他纳入现代汉语诗学与基督教这一话题进行谈论，想来也会大惑不解？其实，这有什么好奇怪的？于坚通过其天才的思考和诗意的言说，使他的诗论从最底层的民间，走向了仿佛遥不可及的“彼岸”。

第一节　诗的遮蔽

于坚诗论要解决的核心问题是，什么是“真正的诗”？或者说，他的“思”是带着对“真正的诗”的追问和寻找上路的。

1. 诗与意识形态

谈到“诗”，首先要对这里的“诗”划定范围。于坚是诗人，因此很容易被人误会，他说的诗或诗歌就是说的诗歌这类文体。但事实远非如此。引一段于坚的话为证：

---

① 于坚：《棕皮手记·活页夹》，第240页，花城出版社，2001。

> 其实那些具有伟大精神世界的诗歌，例如《红楼梦》、《尤利西斯》、《寻找失去的时间》、《在流放地》无不首先是日常生活的史诗，而不是思想的史诗。[①]

从这段话可以看出，于坚所说的诗歌，主要指整个文学作品，他关于诗的言说，就主要是关于文学的理论。

问“什么是真正的诗?”实际上就是在本体论的层次上对诗进行界定。维特根斯坦说：界定就是否定。要回答诗是什么，也就是要回答诗不是什么。于坚在关于诗的言述中，也采用了这样的策略：在“这个充满伪知识的世界把诗歌变成了知识、神学、修辞学、读后感。真正的诗歌只是诗歌。诗歌是第一性的，是最直接的智慧，它不需要知识、主义的阐释，它不是知识、主义的复述。”[②] 在别处，于坚还多次说过，诗歌不是意识形态，不是形而上学，也不是乌托邦。

问题是，历史的情形恰恰相反。进入20世纪，汉语思想界“被现代”的过程，在某种意义上说，就是被意识形态化的过程。意识形态的标准“空前的统一”。时至今日，汉语诗歌“依然是意识形态或知识系统的附庸体。诗歌不能自己证实自己，诗歌必须依附于某种时代的、意识形态的权力话语或西方的‘语言资源’、大众的平庸趣味才能获得证实。”[③] 诗歌何以会陷入这种失去“自明”状态的深渊？于坚认为，一是源于某

---

① 于坚：《诗人及其命运》，《棕皮手记·活页夹》，第274页，花城出版社，2001。

② 于坚：《诗人写作》，《棕皮手记·活页夹》，第282—283页，花城出版社，2001。

③ 于坚：《棕皮手记·活页夹》，第255页，花城出版社，2001。

种坚不可摧的历史理性，即所谓“新世界的哲学基础”——达尔文主义：历史是一维向前推进的。越是现代的就越是进步的，反之则是反动的落后的。“革命”成为这个世纪的中心词，也成为这个世纪诗学最主要的特征。可是，在革命的途中，诗歌远离了自身，愈来愈成为时代脚步的纪录，最终堕落为意识形态的符号。

与此相关，是文学日益膨胀的、不断“上升”的欲望。文学如何“上升”？说到底就是与“意义”结缘，向“意义”攀升：

> 汉语的写作方向潜在着一种来自语言本质中的“升华”化、诗意化的倾向。作家往往在不知不觉中就把语言往美的有价值的方向去运用。或者通过故意丑化来摆脱。一种清醒的，不被语言左右的、拒绝升华的中性的写作非常困难。①

因为，“我们从小就被告知，要使自己的一生成为有意义的。语文老师布置作业，题目多半是：记有意义的一天。这种教育构成了我们的回忆的基本结构。文学也通常只为有意义的部分提供能指。”②

文学是有意义的，文学主动向意义升华，这本身没有错，关键是究竟什么才是“有意义的”？于坚回答说，有意义的“往往是意识形态所批准的部分。”这样，文学的写作就成了意识形态的写作。诗也就被意识形态所遮蔽。

---

① 于坚：《棕皮手记·活页夹》，第231页，花城出版社，2001。

② 于坚：《棕皮手记·活页夹》，第235页，花城出版社，2001。

为什么“有意义的”就一定是“意识形态的”呢？要厘清这个问题，首先要来看一看，关于意义，我们形成了怎样的“记忆的基本结构”：

> 二十世纪的记忆是集体的、时代的、革命的。这是一个中国人集体在焦虑中寻找生活之意义的世纪。革命使得所有的记忆都成为急功近利的历史的储藏库，失去的时间根据它的意义的深浅，仅仅留下那些“前进”的时刻。即便是那些号称个人写作的东西，我看到它们仍然是基于一种集体记忆的。①

质言之，在20世纪，我们关于意义的记忆结构是一维的，那就是“集体记忆”。“私人记忆”则失去了存在的空间。而“私人记忆”的丧失，“使人们往往丧失了对无意义的、私人生活的记忆，即使人们要寻找这些失去的时间，现成的话语系统也不为他们提供能指。”② 那么，“集体记忆”又记住了什么样的意义呢？“集体记忆”记住的，只是历史学家关于历史的分析、判断和“空洞的结论”，只是那些构成了我们的意识形态和知识结构，被“去粗取精”的所谓“本质的部分”。而当历史学家被主流意识形态的权力话语所左右，意义所剩下的就只有权力意识形态本身了。那些被判定和权力意识形态无关的、属己的、而与个人的存在息息相关的部分，被视为“无意义”的东西，排除在了历史之外。

当“私人记忆”被唯我独尊的“集体记忆”取代以后，

① 于坚：《棕皮手记·活页夹》，第235页，花城出版社，2001。

② 于坚：《棕皮手记·活页夹》，第235页，花城出版社，2001。

“我”也被“我们”所取代，成了“一种叙诉集体记忆的代名词”，而与个人的肉体和生命攸关的“日常生活被视为反动的意识形态”：

> 日常生活在这个国家声名狼藉。人必须完全地依附于国家的意识形态，而不是他的肉体，他才会获得安全感，或者他必须依附相反的意识形态，成为一个潜在的反社会分子，他才有存在感。①

由此，诗人对日常生活产生了恐惧感，以至于对它麻木不仁、视而不见。藐视日常生活“成为我们时代的生活和文化方式、话语方式、教育方式、写作界限”。

远离了日常生活，“诗歌漂浮在生活的形而上部分。诗歌变成思想、智慧的载体，一种有着优雅包装的工具，集装箱，容器，花瓶等等。诗歌被意识形态异化。”

> 诗歌以为只要和意识形态结盟，就具有了身份、权力、地位。②

显然，集体记忆或者历史记忆以意识形态遮蔽了存在，也遮蔽了诗歌。诗歌向此种意义的攀升，实际上是一种拙劣的降低：“把诗歌降低到意识形态工具的水平。”③

2. 诗与知识

① 于坚：《棕皮手记·活页夹》，第274页，花城出版社，2001。
② 于坚：《棕皮手记·活页夹》，第275页，花城出版社，2001。
③ 于坚：《棕皮手记·活页夹》，第263页，花城出版社，2001。

诗歌向意义“升华”的第二种表象，是“把诗歌降到知识的水平”。在于坚看来，20世纪末，由诗人首先提出来的“知识分子写作”的出现，是诗歌被意识形态、知识代表的正统文化秩序所异化的标志。而其中最可怕的是其鼓吹的“汉语诗人应该在西方获得语言资源。应该以西方诗歌为标准”。于坚斥责道：

> 在这个人民普遍与意识形态达成共识，把西方生活作为现代化惟一标准的时代，这种知识尤其容易妖言惑众，尤其媚俗。这是一种通向死亡的知识。这是我们时代最可耻的殖民地知识。它毁掉了许多人的写作，把他们的写作变成了可怕的“世界图画”的写作，变了“知识的诗”。①

这是继50年代兴起的“普通话写作”，对汉语的道德式净化、意识形态化之后，对诗歌的又一异化行动。这一异化行动还表现在一些诗人对某些“先验”的理论或知识——关于美的、经典的、先锋派的——按图索骥式的写作。而这些先验的理论或知识往往又是“西方”的，按图索骥其实就是复制，隐藏其后的是整个汉语艺术界的殖民文化心态和投机意识。以绘画为例：

> 艺术已经成了如此简单的东西，艺术不再是关于如何画的创造活动，而是画什么的圈地运动，只要艺术家在中国生活中找到某个“什么”，某个意识形态有关的“图画”或图式的变体，只要这个图式能够符合西方人关于中国生

① 于坚：《棕皮手记·活页夹》，第286页，花城出版社，2001。

> 活的意识形态偏见，那么这位艺术家就成功了。他剩下来的工作只是复制这一图式，直到它的意识形态差价被淘空。①

可悲的是，这种“不需要智力、没有创造力、无比媚俗的活动被称为中国的‘先锋艺术’”。那些被总结出来的西方“图式”往往以知识的名义存在，并获得话语权力。先锋小说、先锋诗歌的情形并无大的不同。

知识遮蔽了诗歌。而“在诗歌中，知识永远是次要的。”②

3. 诗与乌托邦

诗歌向意义提升，最迷惑人的莫过于乌托邦写作。何谓乌托邦写作？“升华与遮蔽，这就是乌托邦写作。”这里再一次显示了于坚目光的锐利：

> 我一向对中国当代先锋诗歌中那种虚幻的乌托邦写作、神话写作深恶痛绝。住在条件优越的大城市里，喝着咖啡，想象着自己的名字与什么茨基、什么尔克或赫斯的名字接轨。却在诗歌里玩通灵术，动不动神啊灵啊的。无比渺小卑劣无比地市侩，整日钻营的是打通地狱的关节，却把他们的有毒的玫瑰献在众神的脚下。③

这种乌托邦写作的实质“乃是在大都会的诗歌沙龙中怀着文化优越感的才子们虚构出来的精神幻象，自我戏剧化，自我神

---

① 于坚：《棕皮手记·活页夹》，第340页，花城出版社，2001。

② 于坚：《棕皮手记·活页夹》，第266页，花城出版社，2001。

③ 于坚：《棕皮手记·活页夹》，第335—336页，花城出版社，2001。

化，自以为怀有拯救芸芸众生的义务”。诗人以“生活在别处”自居，在人群中处于“比你较为神圣”的地位，具有某种沾沾沾自喜的优越感。

乌托邦话语，是20世纪的话语霸权。这里的“霸权”，不是在葛兰西原本意义上的运用，而指的是一种霸道。这种霸权的哲学基础，是庸俗社会进化论的一维时间观，认为历史是单向度地向着“美好的未来”前进的，尽管可能会出现许多曲折。在此时间观的支配下，乌托邦话语就获得了合法性和优位性。

不过，在20世纪乌托邦话语的内容是不断转换的，不同的时代有不同的蕴含。于坚指出：“今天的诗歌中的乌托邦话语与60年代不同之处是，‘生活在别处’中的这个别处在60年代指的是时间上的别处（将来、总有一天），在90年代这个别处现在转移到了空间上（与西方的接轨、语言资源、玫瑰的嫁接、欧洲的诗歌节）。”

这样，乌托邦话语遮蔽了诗歌。

“20世纪是一个崇尚升华的时代”①。与诗歌向意识形态、知识和乌托邦话语“升华”相适应，诗人的位置也自以为是地不断地“上升”：

> 诗人从歌咏者、大地的寓公上升为引领者、发现者和记忆者。诗人开始在人群中凤毛麟角，具有天赋的发言权。②

只要他是诗人，他似乎就获得了“巫师的资格”。尤其是“今

① 于坚：《棕皮手记·活页夹》，第259页，花城出版社，2001。

② 于坚：《棕皮手记·活页夹》，第271页，花城出版社，2001。

日的诗人高蹈在形而上的精神高处，他们成了神的隐喻，而不是神自己”。他们已不再是日常生活的栖居者。

诗人企图通过抬高自己的位置，来抬高诗歌的地位，其结果是“诗人遮蔽着诗歌”。①

如此众多地层层遮蔽，使“今天诗歌的存在具有非常现实的目的。诗歌扮演的是殉道者，它反抗的是秩序对语言的统一。诗歌成了文明价值贵贱高低的一种尺度，区别价值是非的游戏，诗人成为语言的过滤器……成了语言的守护者，维修工”。诗人从话语的创造者，变成了某部已经完成词典的管理者。诗歌勉为其难地成为真理的同谋者，“成为秩序最为凶恶的敌人”，成为某种秩序的象征。②

如此，诗歌焉在？诗歌何以能“自明”？于坚发出了与维特根斯坦相同的感叹：要看见正在眼前的事物是多么难啊！何况我们的眼镜还蒙着一块意义的或所指的麻布。

第二节　诗的澄明

以上的言述，是于坚在为诗歌“祛魅”。他要揭去蒙在诗歌上的意识形态、知识、乌托邦等“形而上之布”，从而“看见那孤零零高踞在黑暗山冈上的诸神”——真正的诗歌之神。

1. 诗与存在

那么，究竟什么是真正的诗歌呢？界定即否定，但否定之后应该是肯定的澄明。

于坚认为：“真正的诗歌本身就像光辉熠熠的钻石那样，

① 于坚：《棕皮手记·活页夹》，第 272 页，花城出版社，2001。

② 于坚：《棕皮手记·活页夹》，第 275 页，花城出版社，2001。

那光辉是自在的，不必依附于另外的东西，不必借光，它不是反光板，这光辉自有力量。能够穿透那些已经完成的东西对存在的遮蔽。”[①] 一言以蔽之，“诗歌就是存在，存在就是诗歌”[②]。

> 诗歌的价值在于，它总是通过自由的、独立的、天马行空的、自在的、原创性的品质复苏着人们在秩序化的精神生活中日益僵硬的想像力，重新领悟到存在的本真。[③]

那些腐朽的美学、知识和意识形态、乌托邦话语，正是通过对“存在的真相”的遮蔽而使诗歌隐而不见的。

看来，弄清于坚之所谓“存在”的原初意义，对于理解于坚诗歌的本义至为关键。这有必要联系其对诗人的论述来分析。作为以诗歌的方式澄明“存在”的诗人是谁？它应该具有何种身份呢？

于坚说：“诗人是人群中惟一可以称为神祇的一群。他们代替被放逐的诸神继续行使着神的职责。”诗人是神的一只笔。[④]“诗人的写作是神性的写作”。诗人坚守着自古以来滋润着历史的神性，固执站在那些对“诗性”麻木不仁的人们中间。诗人通过对“存在”的再次澄明，将“永恒”昭示于他的时代，将“原在”彰显出来，让那些在时代之夜中迷失的人们有所依托。诗人还是那种敢于在时间中“原在”的人。

显然，在这里，存在与诗性、原在、神性达成某种意义的

---

① 于坚：《棕皮手记·活页夹》，第255页，花城出版社，2001。
② 于坚：《棕皮手记·活页夹》，第270页，花城出版社，2001。
③ 于坚：《棕皮手记·活页夹》，第254页，花城出版社，2001。
④ 于坚：《棕皮手记·活页夹》，第284页，花城出版社，2001。

同构，成为于坚界定“真正的诗歌”和“真正的诗人”的重要边界。这明显受到了海德格尔诗学的影响。于坚的诗学言述中贯穿了海氏关于时代的特征、人的存在方式、诗意化的大地意识、语言的本质以及诗性抵抗技术性的诸多诗学观念。

于坚运用海氏的“时代之夜”的概念来指称这个时代，来阐明诗人的职责：“在此时代之夜中，夜，我指的是海格尔所谓的‘世界的图画时代’”，即世界被纳入全球一体化的世界图式的时代，“诗人应当深入到这时代之夜中，成为黑暗的一部分，成为更真实的黑暗，使那黑暗由于诗人的加入成为具有灵性的。诗人不可妄言拯救，他不可倨傲自持，他应当知道，他并不是神，他只是替天行道，他只是神的一支笔。”①

海氏“诗意的栖居在大地上”的存在方式，也是于坚诗歌要抵达的存在的境界。他不仅以此为尺度来打量当下的世界，而且不止一次地赞美云南的诗人，尤其是西藏的诗人，他们离神最近，他们“只到神所在的地方去”，人生的终点就在神的周围。“神对于他们，不需要寻找，更不能炫耀，众神从他们诞生的时刻就住在他们家中，住在他们故乡世界的山岗树林河流以及家具之中。他们不拯救，他们只是呼吸着，在众神的空气中。”② 他们从对故乡世界的倾听中，接近了诗歌之神，是真正诗意地栖居在大地上的人。

于坚也认为“语言是存在的家园”，并由此展开了对家园的反思：“在汉语中，家园实际上恰恰不是存在本身，而是某种远离存在的乌托邦，正像这个词所隐喻的世外桃源一样。”那么，家园何在？“我以为它就是栖居在中国人日常的现代汉

① 于坚：《棕皮手记·活页夹》，第 284 页，花城出版社，2001。

② 于坚：《棕皮手记·活页夹》，第 336 页，花城出版社，2001。

语之中。它是能指那些我们存在真相的话语。”①

海氏所谓的“人民几百年来未曾变化的生活那种不可替代的大地的根基”，也是于坚诗学的立脚点。他引用海氏的话，谴责那些以“解放者”、“拯救者”的身份自居，居高临下地看待大地，以抽象的“终极关怀”否定具体的存在，否定“日常关怀”的诗人们，同“今天许多城里人……在村子里，在农民家里，行事往往就跟他们在城市娱乐区‘找乐子‘一样。这种行为一夜之间所破坏的东西比几百年来关于民俗民风的博学炫耀所能破坏的还要多。②”

2. 诗的大地与天空

既然于坚是在海德格尔的意义上使用“存在”一词的，那么，海氏的“存在”与我们谈论的基督教有何相干？

刘小枫把海德格尔的哲学概括为“期待上帝的思”极富洞见。尽管海德格尔在哲学上推拒神学，严格区分存在的真理与十字架上的真理、存在之维与神圣之维，但是，在其哲学的背后和前方，却矗立着无法超越的神学传统。何况，海氏是带着时代问题进入哲学问题的。他所面临的是一个虚无主义的、绝望的时代。在此时代，正如阿多尔诺所言：“唯一可以尽责履行的哲学就是，站在救赎的立场上，按照它们自己将来会呈现的那种样子去沉思一切事物。”③ 海氏的哲学就是在存在之思中期待救赎的。因此，他毫不讳言地说：“我的哲学是期待上帝”，其思想也是出于某种神学：“没有这一神学之源，我也许不会走向这条思路。我的神学之源将一直持续到将来。”他甚

---

① 于坚：《棕皮手记·活页夹》，第 230 页，花城出版社，2001。

② 于坚：《棕皮手记·活页夹》，第 261 页，花城出版社，2001。

③ 刘小枫：《走向十字架上的真》，第 255 页，上海三联书店，1995。

至声称："我是基督神学家。"①

这样，作为海氏哲学之思的核心问题——存在，无疑就与基督教有着密不可分的关联。可是，海氏又坚持哲学问题与信仰问题毫不相干，将上帝作为形而上学的最高存在者来思索，这本身就是对神性的上帝的否定，是对存在和上帝的双重遗忘。因而，海氏之存在与神学的关联又处身于无关联的状态中。按照海氏的思路，这种关联仅仅在于，不首先解决存在之遗忘，就不能根本解决上帝之被遗忘：

> 神圣者的本质只有从存在的真理才思得到。神圣的本质只有从神圣者的本质才可以思。在神性的本质的照耀下才能思能说"上帝"这个词在指称什么。……如果人偏不首先思入那个问题只有在其中才能被追问的此一度中去的话，究竟当今世界历史的人要怎样才能够哪怕只是严肃而严格地问一下上帝是临近了还是离去了呢？但此一度就是神圣者的度，而如果存在的敞开的东西没有被照亮而且在存在的澄明中临近人的话，那么此一神圣者的度甚至作为度就还是封闭着的。②

换言之，存在之思是走向神圣之思的前提，是通向神圣之思之路。当于坚在海氏哲学的意义上使用存在一词，并认为诗歌就是存在，存在就是诗歌，诗就是为存在去蔽，就是澄明存在的真相的时候，他实际上隐含这样的诗学之思：诗性是抵达神性之途。或者，反过来说，诗性是神性的朗现。正是在这个意义

---

① 参刘小枫：《走向十字架上的真》，第257—258页，上海三联书店，1995。

② 刘小枫：《走向十字架上的真》，第271页，上海三联书店，1995。

上，于坚认为诗人是人群中唯一可以称得上神祇的一群，诗人是神的一支笔。

当然，于坚的此种说法并非他的独创，他依然是跟着海德格尔的诗学理论说的。在海氏看来，上帝和诸神都居于神圣之维，而人离上帝太过遥远，需要诗人为媒。恰如刘小枫明澈的阐释："诗人——真正的诗人——吟咏的是歌之歌——存在之歌唱，存在离人近，而上帝的露面又与存在之光相关，那么，诗的言说或许就是存在指向上帝的路径。"[①] 做诗的不过是被召唤并聆听和跟随上帝的原初之言而说，诗人是"将上帝为躲避癫狂的追逐而藏身于其中的发光的景象显示出来"，"让至高无上者在语言中显露"。诗人乃神的一支笔。

于坚被称为"民间诗人"，他的写作被称为"民间写作"。他特别重视"日常生活"、当下体验，强调诗歌的大地性。他甚至宣称："诗歌是大地上的食粮。"[②] 因为"大地是永恒之象，世界只是大地的表面、痕迹"。而日常生活最靠近大地。他呼吁"重建日常生活的尊严。就是重建大地的尊严，让被遮蔽的大地重新具象，露面。这是诗人的工作。这是诗人这一古老行当之所以有存在之必要的根本"。[③] 于是，问题就这样呈现出来了：于坚的民间立场与他的神性诗学之间究竟是什么关系？其内在有何必然的逻辑关联？

"大地"一词，同样是海德格尔诗学中的关键词汇。海氏曾经把其阐释荷尔德林诗歌的诗论直接命名为"荷尔德林的大地与天空"。那么，海氏诗论中的"大地"与其哲学中的"存

---

① 刘小枫：《走向十字架上的真》，第 282 页，上海三联书店，1995。

② 于坚：《棕皮手记·活页夹》，第 271 页，花城出版社，2001。

③ 于坚：《棕皮手记·活页夹》，第 278 页，花城出版社，2001。

在”有何关联呢？

如前所述，海德格尔哲学的核心问题一直是存在的意义问题，即追问存在本身的意义。但存在本身是不可定义、不可言说的。如何破解存在的意义？海氏走的是一条现象学的道路，也就是乃师胡塞尔所倡导的“回到实事本身”。那么海氏回到哪里呢？海氏回到了“此在”。“此在”也就成为海氏破解存在之谜的突破口。换一种说法，存在就在此在之中，破译此在，就能敞现存在。何谓此在，在海氏哲学中也是一个不易言清的问题。但说此在就是存在者，是大抵不错的。而存在者作为大千世界的“现象学”呈现，以象征性的“大地”或“日常生活”命名，也是可以理解的。因此，于坚要求诗人写作回到大地，回到日常生活现场，回到当下体验，实际上就是回到“此在”，将“现象”呈现出来，也就是将“存在”朗现出来，而“存在”是通向“神圣”之途。这样，于坚就从最“民间”的走向最“神圣”的，而建构起自己的“神性诗学”。

有趣的是，于坚受到海德格尔哲学和诗学影响太深。就像海氏晚年对东方的世界观和老庄智慧有所倾慕一样，于坚也认为诗性存在于中国的远古，存在于老庄时代，存在于“天人合一”的古代先贤的诗意栖居当中。只可惜这些在现代化的途中被抛弃了。寻找诗性、神性，还应该把眼光“朝向过去”，并力求“复兴伟大的中国文明”。[①] 在文化全球化的时代，尤其是面临西方文化霸权的威胁，此种文化民族主义情绪是可以理解的。问题是，正像海德格尔是借助传统的汉语思想复兴东方之“道”，还是借助汉语之“道”以复兴上帝之“言”是值得特别研究的一样，于坚的此种言说的真理性同样值得审理。

① 于坚：《棕皮手记·活页夹》，第256—257页，花城出版社，2001。

但无论如何，于坚建立起了自己的“神性诗学”，并以此来抵抗“形上诗学”，即当下将诗歌意识形态化、知识化、乌托邦化等的诗学倾向。而这种抵抗，就诗人写作而言，就是回到真理的斗争。

第八章　现代汉语诗学的现代性与基督教

前面我们考察了现代汉语诗学的基督教语境，现代汉语诗学与基督教的历史关系，以及几个有代表性的诗学观念与基督教之间的精神联系，方法主要是“非批判的”阐释。本章将在现代性的视域里，对现代汉语诗学建构与基督教的关联作一总体性的、“批判的”评价。

第一节　西学意义上的现代性与基督教

“现代性”与政经层面的“现代化”，与文化艺术层面的“现代主义”密切相关。据考，“现代化”一词并非泊来品，而是现代汉语的发明。“实际上中国现代化运动从自己的实践中提出现代化的概念和观点，现代化理论约 20 年。”① 在西方，“现代化”概念大约出现于二战以后。当代西方马克思主义者弗雷德里克·詹姆逊在《现代性的幽灵》中写道：“现代性概念无法逾越的一个方面就是现代化的概念，而现代化概念本身的出现要晚得多，是第二次大战之后的产物。”② 而在中国，20 世纪 20 年代已有学者开始使用“现代化”，到 30 年代这一术语已普遍见诸报刊。尽管如此，今天汉语学界运用的“现代

① 罗荣渠：《从“西化”到现代化》，第 22 页，北京大学出版社，1997。

② ［美］詹姆逊：《现代性的幽灵》，《文汇报》，2002 年 8 月 10 日。

性”却是西学意义的。[①]

1. 西学意义上的现代性

现代性（modernity）在英语里17世纪就已通用。1627年出版的《牛津英语辞典》首次选用这个单词。在法语里，最早出现在1849年问世的夏多布里昂的《墓畔回忆录》。1859年，著名的美学现代性理论家波德莱尔在一篇文章里也用过这个词。[②]

从语源学上考察现代性似乎并不困难，但其语用却相当复杂。如何把握现代性的现象、内涵、实质，存在着各种各样的观点。为分析需要，兹列举几种。

第一，现代性是一种态度。福柯把现代性理解为一种态度：“所谓‘态度’，我指的是与当代现实相联系的模式；一种由特定人民所做的志愿的选择；最后，一种思想和感觉的方式，也就是一种行为和举止的方式，在一个和相同的时刻，这种方式标志着一种归属的关系并把它表述为一种任务。无疑，它有点像希腊人所称的社会的精神气质（ethos）。”[③]

第二，现代性是一种文明模式。这是一种普遍化、同质化并具普世化倾向与文化霸权的文明模式。让·波德里亚在《遗忘福柯》中认为，现代性是“一种独特的文明模式，它将自己与传统相对立，也就是说，与其他一切先前的或传统的文化相对立：现代性反对传统文化在地域上和符号上的差异，它从西

① 据说，迟至1918年，周作人才首次在汉语中使用“现代性”。

② 参［美］梅泰·卡利内斯库：《两种现代性》，《南京大学学报》（哲社版），1999年，第3期。

③ ［法］福柯：《何为启蒙?》，转引自汪晖、陈燕谷主编：《文化与公共性》，第430页，三联书店，1998。

方蔓延开来，将自己作为一个同质化的统一体强加给全世界。”[①] 亦如迈克·费瑟斯通所言：“事实上，现代性使得欧洲人可以把自己的文明、历史和知识作为普遍的文明、历史和知识投射给别人。”[②]

第三，现代性是一种特殊的叙事方式。利奥塔在一封信中指出：“在《后现代状况》中我关心的‘元叙事’（meta－narratives），是现代性的标志，理性和自由的进一步解放，劳动力的进步性或灾难性的自由（资本主义中异化的价值来源），通过资本主义技术科学的进步整个人类的富有，甚至还有——如果我们把基督教包括在现代性（相对于古代的古典主义）之中的话——通过让灵魂皈依献身的爱的基督教叙事导致人们的得救。黑格尔的哲学把所有这些叙事一体化了，在这个意义上，它本身就是思辨的现代性的凝聚。”[③]

第四，现代性是一种独特的政经制度和社会生活形态。斯图亚特·霍尔用现代性来定义现代社会的这样一些特征：权力的世俗化形式；货币交换的经济；传统社会秩序的衰落，动态的社会分工和性别分工的出现；以及伴随宗教世界观的衰微代之而起的世俗物质文化的兴起，个人主义的、理性的和工具性的冲动。[④] 吉登斯也认为：“在其最简单的形式中，现代性是现代社会或工业文明的缩略语。比较详细地描述，它涉及：(1)对世界

① ［美］道格拉斯·凯尔纳等：《后现代理论：批判性的质疑》，第 145 页，中央编译出版社，2001。

② Mike Featherstone, *Undoing: Globalization, Postmodernism and Identity*, London: Sage, 1995, p. 10。

③ ［法］利奥塔编：《后现代性与公正游戏——利奥塔访谈录》，第 167 页，上海人民出版社，1997。

④ 参 Stuart Hall & Bram Gieben, eds., *Formation of modernity*, Cambridge: Polity, 1992, p. 6。

的一系列态度、关于实现世界向人类干预所造成的转变开放的想法;(2)复杂的经济制度,特别是工业生产和市场经济;(3)一系列政治制度,包括民族国家和民主。基本上,由于些特征,现代型同任何社会类型相比,其活力都大得多。”[①]

第五,现代性是一个特定的历史时期。在凯尔纳和贝斯特看来,“现代性一词指涉各种经济的、政治的、社会的以及文化的转型。……现代性是一个历史断代术语,指涉紧随‘中世纪’或封建主义时代而来的那个时代。”[②] 齐格蒙·鲍曼认为,这是一个反思的时代,人们反思世界的秩序、人类生存环境的秩序、人类自身的秩序,以及这三方面相互关联的秩序。[③]

第六,现代性是一项未竟的事业。哈贝马斯指出:“由18世纪启蒙哲学家所开创的现代性事业,就在于根椐各自的内在逻辑来努力发展客观科学、普遍道德与法律以及自主艺术。与此同时,这一事业还意图将这些领域中的认知潜能从各自的秘传神授(esoteric)形式中解放出来。启蒙哲学家希望用不断积累起来的各门专业文化来丰富我们的日常生活,也就是说,理性地组织我们的日常社会生活。”[④] 启蒙哲学家们的这一现代性方案至今仍包含着尚未实现的潜能,因而是一项未竟的事业。

如此等等,众说纷纭。关于现代性的众多说法,使其内涵

---

① [英]吉登斯:《现代性——吉登斯访谈录》,第69页,新华出版社,2001。

② [美]道格拉斯·凯尔纳等:《后现代理论:批判性的质疑》,第2-3页,中央编译出版社,2001。

③ 参 Zygmunt Bauman, *Modernity and Ambivalence*, Cambridge: Polity, 1991, pp. 5, 10。

④ [美]道格拉斯·凯尔纳等:《后现代理论:批判性的质疑》,第301-302页,中央编译出版社,2001。

越发暧昧不清。就总体而言，以理性为根据的主体性原则，以自由为核心的价值论体系，以祛魅为特点的世俗化过程，构成现代性的基本特征。具体呈现为个人主义、市场经济、民主宪政；呈现为科学自足、道德自决和艺术自主。但就其实质，我赞成俞吾金的判断：

> “现代性”关涉到的应当是现代社会生活中的一个最抽象、最深刻的层面，那就是价值观念的层面。作为现代社会的价值体系，“现代性”体现为以下的主导价值：独立、自由、民主、平等、正义、个人本位、主体意识、总体性、认同感、中心主义、崇尚理性、追求真理、征服自然等。①

质言之，现代性问题归根到底是个价值问题。除此之外的描述，在很大程度是与“现代性”混为一谈的“现代化”的特征。“现代性借以产生一个新的工业与殖民世界的动态过程，可以描述为‘现代化’——一个标示了个体化、世俗化、工业化、文化分化、商品化、城市化、科层化和理性化等过程的词汇，所有这些过程共同构成了现代世界。”②

2. 现代性与基督教

既然现代性问题根本是个价值问题，那么，追求现代性乃是建立一套相应的价值体系。知晓这套价值体系的内部结构，就成为后发现代性国家行动的前提。现代性究竟关涉哪些价

① 俞吾金等：《现代性现象学：与西方马克思主义者对话》，第 36 页，上海社会科学院出版社，2002。

② ［美］道格拉斯·凯尔纳等：《后现代理论：批判性的质疑》，第 3 页，中央编译出版社，2001。

值，恐怕很难全面回答。[①] 与我的论题相关的是：现代性之价值构成与基督教有何关系？

其实，西方现代性话语的基本语境，就是用什么来替代宗教的问题。[②] 这就意味着，西方现代性价值的核心问题是宗教问题，即如何对待基督教的问题。换言之，宗教是西方现代性生成发展的价值轴心。

从西方现代性现象的产生与形成来看，宗教是关键。马克斯·韦伯认为，科学、道德和艺术这三个方面，最终从宗教与形而上学结为一体的世界观中分离出来，成为三个自律领域，引发了现代性事件。[③] 而在利奥塔认定的导致现代性出现的三个因素当中，“信仰的破碎”又至关重要，它是“现实的缺失”与“另一种现实的介入”得以可能的条件。至于现代性形成的过程，更是展现为——由一神论向自然神论乃至无神论的转变，由虔诚的宗教崇拜向世俗主义的转变——世界的“祛魅”过程。现代性社会由此也表现为政治与宗教的分离，经济领域与政治领域的分离，经济与道德的分离。[④]

从现代性价值理念的生成来看，宗教改革具有奠基性意义。众所周知，主体性原则是现代性价值体系的哲学基础。而主体性原则的确立，在哈贝马斯看来，有三个关键性的步骤：一是宗教改革；二是启蒙运动；三是法国大革命。宗教改革为何如此重要？是因为在路德的改革中，否定了罗马天主教会存在的必要性，解除了教会神职人员的特权，把信众从教会专制

① 上述有关列举式的陈述也只是有限性的回答。

② 陈嘉明等：《现代性与后现代性》，第 29 页，人民出版社，2001。

③ 参［德］哈贝马斯：《论现代性》，王岳川等编：《后现代主义文化与美学》，第 16 页，北京大学出版社，1993。

④ 参陈嘉明等：《现代性与后现代性》，第 7—8 页，人民出版社，2001。

中解放出来，不仅将救赎的权柄交还给上帝，而且将救赎的责任落实到信众个人。黑格尔认为，路德的这个改革使宗教信仰成为反思的事情，神圣的世界在孤独的主体性中被改变为由自己摆弄的某种东西。主体的权威建立在了自己的洞见之上：圣饼只不过是面粉，圣骸亦不过是骨头。黑格尔说：

> 这就是路德的宗教信仰，按照这个信仰，人与上帝发生了关系，在这种关系中，人必须作为这个人出现、生存着：即是说，他的虔诚和他得救的希望以及一切诸如此类的东西都要求他的心、他的灵魂在场。他的感情、他的信仰，简言之全部属于自己的东西，都是所要求的，——他的主体性，他内心深处对自己的确信；在他对上帝的关系中只有这才真正值得考虑。人应当在他自己的心中作自己的忏悔，痛悔前非，他的心必须充满圣灵。这样，在这里，主体性原则、纯粹对自己的关系的原则、自由，就不只是被承认而已，而简直是有了这样的要求，即在礼拜里面、在宗教里面只有它才是重要的。

这就是宗教改革的伟大成就，它导出的基本原理，乃是为现代性奠基的主体性原则。这个原则如黑格尔所说“已变成了宗教本身的一个环节”，并被带入到生活世界。而当其进入知识建构的时候，人也从外界权威回到人自身，理性被视为具有绝对的普遍性与神圣性。这样，宗教改革事实上成为作为现代性价值要素的主体性、理性和自由的源泉。①

---

① 参沈语冰：《透支的想象：现代性哲学引论》，第 84－88 页，学林出版社，2003。黑格尔语亦转引于此。

从启蒙运动所孕育和开启的现代性社会来看，寻找替代宗教，成为启蒙建制后思想文化界建构现代性价值体系的重心。诚如托克维尔所言："18 世纪哲学带有深刻的非宗教性"。[①] 激烈的反宗教态度，是启蒙思想的一个共同特征。激进主义者如霍尔巴赫，认为宗教与人的理性完全对立，是桎梏人的思想、妨碍理智进步的障碍。在这之后的批判现代性的思潮中，马克思也坚信："宗教是被压迫生灵的叹息，是无情世界的心境，正像它是无精神活力的制度的精神一样。宗教是人民的鸦片。"[②] 但这一切并不意味着人们完全放弃了宗教，恰恰相反，自启蒙运动以降，西方的现代性运动在某种意义上乃是寻找或建构替代宗教的运动。

精神世界的其他方面也恰如哲学领域，其所"面对的首要问题，是启蒙以来作为社会整合力量的宗教在思想界的猛烈批判下，已经逐渐丧失其整合作用，因此需要寻找一个替代物来作为社会思想观念的整合之源。"[③] 事实正是这样，席勒在《审美教育书简》中提出以艺术替代宗教，发挥其凝聚人心，统一社会的作用。谢林在《先验唯心论体系》中也欲使艺术以一种新的神话面貌重新赢得其公共特性，以维护在宗教信仰共同体的隆重祭祀中燃烧起来的绝对统一性的火焰。康德以"理性神学"的思想，试图把传统宗教改造为道德宗教，在此属于道德范畴的责任被视为神的命令。黑格尔欲以"绝对理念"将宗教取而代之。尼采与海德格尔则希求以酒神精神或诗意栖居来占据宗教的位置。总之，无论是"理性"还是"非理性"，

---

① ［法］托克维尔：《旧制度与大革命》，第 45 页，商务印书馆，1992。

② 《马克思、恩格斯、列宁、斯大林论宗教和无神论》，第 229 页，人民出版社，1999。

③ 陈嘉明等：《现代性与后现代性》，第 28 页，人民出版社，2001。

在此都成了传统宗教的取代之物，而希图在现代性社会中起到只有传统宗教才能起到的作用。①

从对现代性运动的反思与批判来看，宗教在生活秩序与精神秩序中的功能与作用，以及这种功能和作用的丧失引发的现代性危机，不仅是其反思或批判的重点，而且也是其重建新的价值体系的重要关切点。

卢梭是比较早地对现代性持激进批判态度的。他指摘“进步”是人类最大的不幸，它使人类不断与其原始状态背道而驰，使人类社会的发展史成为人类的疾病史。基于此，卢梭对启蒙哲学家伏尔泰之人类理性的进步、培根等人的人类知识的增长，发动了一场釜底抽薪式的批判。② 但另一方面，他又强调宗教的作用，就在著名的《社会契约论》中他指出：“每个公民都应该有一个宗教，宗教可以使他们热爱自己的责任，这件事却是对国家很有重要关系的。”③

持自由主义立场的社会学家托克维尔，早在 1856 年也对启蒙运动和法国大革命之宗教批判做出了理论上的反思与回应。他认为 18 世纪的非宗教性在很大程度上是权力之争。基督教之所以激起仇恨，并非因为它是一种宗教教义，而是因为它是一种政治制度，并非因为教会不能在行将建立的新社会中占有位置，而是因为它在正被粉碎的旧社会中占据了最享有特权、最有势力的地位。随着大革命的胜利和政治业绩的巩固，其反宗教的事业即告毁灭。这种现象不唯法国独有，自法国革命以来，欧洲的基督教会无一不重新振兴。托氏特别提醒：

① 参陈嘉明等：《现代性与后现代性》，第 8－10 页、第 20 页、第 29 页，人民出版社，2001。

② 参朱学勤：《道德理想国的覆灭》，第 63、79、36 页，上海三联书店，1994。

③ 参［法］卢梭：《社会契约论》，商务印书馆，1980。

“若以为民主社会必然与宗教为敌，那就大错特错了；基督教乃至天主教中，并没有什么东西是与民主社会绝对对立的，有许多东西甚至对民主社会大为有利。”① 在另一处，针对民主政体，他又说，宗教在共和制度下比在君主制度下更为需要，而在民主共和制度下，比其他任何制度下又尤为需要。②

自称文化保守主义者的丹尼尔·贝尔，在《资本主义文化矛盾》里一针见血地指出，“现代主义的真正问题是信仰问题”。在后工业社会，“假如世俗的意义系统已经证明为虚幻，那么人们靠什么来把握现实呢?”贝尔给出了一个“冒险的答案”：整个社会“重新向某种宗教回归”。③

西方马克思主义者哈贝马斯，经历了从前期的“否定性的宗教概念”向“肯定性宗教概念”的转变。在前期，他把现代性对等于合理性，把社会现代化对等于合理化，其旨意是：“现代化等于合理化，更等于世俗化(Saekularisierung)。社会走向现代化就是世俗化；人的现代化，也就意味着人的主体的世俗化。哈贝马斯在强调现代文化的世俗性时，拒绝承认宗教有世俗化之可能。”于是便在神人之间创造了一种二元紧张，并认为哲学的原理是通过理性揭示的，因而既不是通过与彼岸世界神的交往，也不是反过来以包罗自然界和社会的宇宙为根据的。在这时，正如一位美国学者所言，哈贝马斯把宗教信仰等同于过时的世界图景。这应该是众多经典的或西方马克思主义者的共同思想立场。但出人意料的是，哈贝马斯最终却意识到，“文化现代性的

---

① 参［法］托克维尔：《旧制度与大革命》，第46—47页，商务印书馆，1992。

② 参本书第三章第四节第六小节有关引文；同时参［法］托克维尔：《论美国的民主》，上卷，第341页，商务印书馆，1988。

③ 参［美］丹尼尔·贝尔：《资本主义文化矛盾》，第15、17页，三联书店，1989。

建设不应也不能抛开宗教。社会的进化同样也离不开宗教的力量和上帝的喻示。一个有文化的民族，要是没有宗教，就无异于一座庙宇，各方面都装饰得富丽堂皇，惟独没有至圣的上帝。”①

哈贝马斯在《后形而上学思想》中写道：

> 彻底世俗化的日常生活无论如何也不可能一点不受超常事件毁灭性和颠覆性侵入的影响。从外部看，尽管宗教建构世界观的功能还在被剥弱，但它对于在日常生活中和超常事物打交道仍然具有不可代替的规范作用。因此，后形而上学思想和宗教实践也可以平等共存——而且不只是在非共时物的共同性的意义上。这种持续的共存只要宗教语言仍然具有启示作用和必不可少的语义学内涵——而且这些内涵是哲学语言（暂时?）所无法表达的——并继续拒绝转化成论证话语，那么，哲学哪怕是以后形而上学形态出现，同样既不能取代宗教，也不能排挤宗教。②

> 交往理性……既没有宣称离开了上帝的世界毫无希望，也没有充当救星。交往理性抛弃了排他性。只要它在有说服力的言语媒介中找不到更好的词语来表达宗教所言说的内容，它就会保持克制，与宗教共存，既不支持宗教，也不反对宗教。③

卢梭、托克维尔、贝尔、哈贝马斯分属不同的政治文化立

① 参曹卫东：《交往理性与诗学话语》，第 91－109 页，天津社会科学院出版社，2001。

② ［德］哈贝马斯：《后形而上学思想》，第 50 页，译林出版社，2001。

③ ［德］哈贝马斯：《后形而上学思想》，第 168 页，译林出版社，2001。

场，或是激进主义者，或是自由主义者，或是保守主义者，或是西方马克思主义者；所处的时代、所面对的问题并不相同，但他们在对现代性进行反思和批判，在对未来社会进行规划的时候，却有一个共同点，那就是重视宗教在社会生活结构中的作用，重视宗教精神与现代性价值建构之间的关联，重视回应与解决因宗教影响的日渐衰微，与以工业化、理性化、城市化和社会分化为特征的世俗化的不断高涨，所引发的现代性价值危机，所形成的社会价值的真空。

综上所述，无论现代性现象、现代性价值理念的产生、形成与发展，还是现代性思想文化演进的历程，以及对现代性的反思与批判，其核心问题都离不开对宗教的关注。这里的宗教，对西方而言就是基督教。因此，现代性价值理念与基督教精神密不可分。正是在这个意义上，哈贝马斯的坚信也就变为我的坚信："如果不搞清楚犹太—基督教救世史思想的实质，欧洲人将无法领会诸如道德与品行、位格与个体、自由与解放等这些沉甸甸的概念。"[①] 换一种说法，要真正领会现代性，就须深刻领会基督教精神。

第二节　汉语语境中的现代性与基督教

要真正领会现代性，就必须深刻领会基督教精神。对西方是如此，那么对于汉语世界呢？这就需要探询汉语语境中的现代性与基督教问题。

1. 汉语语境中的现代性

① 曹卫东：《交往理性与诗学话语》，第 107 页，天津社会科学院出版社，2001。

如果说中国的现代性不是移植性的，而是从中国自己的政治经济文化社会内部中自发生长出来，那么，问题就可能转换为，要真正领会中国的现代性，就须深刻领会儒教精神。因为儒学曾经作为帝制中国的基本哲学，是一种融宇宙观、人生哲学、伦理道德和政治文化于一体的整全性意识形态。[①] 但问题恰恰在于，一方面，中国现代性的思想资源是西方的；另一方面，相对西方而言，中国的现代性又是后发性的、边缘性的。问题变得相当复杂。对于前者，基督教精神的侵入是毫无疑问的；而后者却使这种“侵入”的方式与内容、深广程度等受到规约和限定。

汉语语境中的现代性自始就陷入前现代性、后现代性的矛盾冲突之中，不仅现代性是什么常常含混不清，而且如何现代化和现代性也摇摆不定。要不要现代化和现代性，即现代化和现代性是否应然，从晚清迄今似乎就不是一个问题。尽管在20世纪20、30年代汉语思想界就讨论过现代化问题，[②] 这种讨论至今也没有结束，但自康、梁至“五四”到如今，汉语学界却有一个共同信念：“现代化为中国当有的出路”。[③] 这一结论是从中国的历史处境和对未来的规划出发的。金耀基的观点颇有代表性：

> 中国的出路有而且只有一条，就是中国的现代化。现代化是世界的潮流，中国不能违逆这个潮流，而一厢情愿

① 参高力克：《五四的思想的世界》，第10页，学林出版社，2003。

② 参罗荣渠主编：《从“西化”到现代化》之第二编，第227—360页，北京大学出版社，1990。

③ 金耀基：《中国社会与文化》，转引自刘小枫：《现代性社会理论绪论》，第32页，上海三联书店，1998。

地回到“传统的孤立”中去；在这一点上说，我们没有选择，我们只有顺着潮流走。①

在这里西方社会的“实然”被转化为中国社会的“应然”，被作为中国现代化和现代性的正当性基础，被作为“历史规律”被承纳并引入社会实践。

进入20世纪下半叶，现代化成为政党、国家和民族政治、经济、文化的集体诉求，勾勒出未来中国社会的基本蓝图。21世纪初年，这样的声音仍然是汉语学界的主流：“中华民族为了能够在当今世界上生存和发展下去，必须追求现代化和现代性。”② 而且连问题意识都没有改变：为了民族救亡，也就是“能够在当今世界生存和发展下去”。为民族救亡被迫现代化和现代性，亦是中国现代化和现代性的动力。

中国的现代化和现代性，一开始就与“前现代性”之间形成难以和解的紧张。被迫现代化和现代性，就意味着在没有“内在逻辑”支撑的条件下，以西方为范式，与传统中国的社会、经济、政治、文化“断裂”，实现中国古代向现代的社会变迁。被移植的现代性与固有的前现代性之间的价值冲突不可避免。

以古文经学和佛教唯识宗为主要知识储备的章太炎，就曾经反对具有现代性理念，体现为现代化特征的西方的代议制民主、工商业经济、物质文明和进化论；③ 以“论究学术，阐明

① 金耀基：《从传统到现代》，第154页，中国人民大学出版社，1999。

② 俞吾金等：《现代性现象学：与西方马克思主义者对话》，第38页，上海社会科学院出版社，2002。

③ 参李泽厚：《中国近代思想史论》，第360—370页，天津社会科学出版社，2003。

真理。昌明国粹，融化新知”为主旨的“学衡”派，也主张过以孔孟诸哲的道德伦理建立现代社会的精神秩序，而非西洋之异说；[①] 当代新儒家也从来就没有放弃过儒家伦理的现代转换。

随着20世纪70年代以来，以儒家伦理为文化根基的东亚经济的迅速发展，韦伯在《儒教与道教》一书中得出的结论——儒教伦理阻碍了中国资本主义的发展[②]——受到有力挑战，儒家伦理与现代经济的关系曾一度受到重视，也引起过颇有深度与规模的讨论，儒家伦理获得社会法权的企求从未停止。最近十年，儒学宗教化又甚嚣尘上，如此等等。汉语思想界以中西面相出现的古今之争，实质上是现代性与前现代性价值紧张的表征。这个表征后面的根本问题是：“中国现代化之目的是什么？我们究竟要怀抱哪些价值？哪些是实现中国现代化的目的与价值的最佳手段？”[③]这些问题，即使到20世纪80年代以后，政党经济建设以务实主义的现代化整体叙事（意识形态话语）为基础，以务实主义的意识形态行动策略为手段，[④]进入全面推进现代化建设时期，也很难说得到了真正解决。

中国的现代化和现代性，还遭遇后现代性的挑战。西方的后现代话语几乎与中国的现代化和现代性话语同时萌生。西方的现代性文化思潮是裹挟着后现代思想的因子同时进入中国

---

① 参胡先骕：《论批评家之责任》，《学衡》，第3期，1922年3月。邵祖平：《论新旧道德与文艺》，《学衡》，第7期，1922年7月。

② 参［德］马克斯·韦伯：《儒教与道教》，第279－301页，商务印书馆，2002。

③ 金耀基：《从传统到现代》，第26页，中国人民大学出版社，1999。

④ 余虹：《革命、审美、解构——20世纪中国文学理论的现代性与后现代性》，第3页，广西师范大学出版社，2001。

的。前述鲁迅启蒙诗学的现代性诉求中就内含后现代文化因素甚至某些价值立场。而当中国真正开始大规模的现代化社会实践的时候，以1979年利奥塔的《后现代状况：关于知识的报告》为标志的西方后现代话语，亦开始大规模进入汉语思想领地，在这以后，现代化和现代性的合法性受到前所未有的置疑。在中国广大的经济落后地区从根本上并未摆脱刀耕火种的原始农业水平的状况下，海德格尔对西方现代工业社会技术统治的批判，已在汉语学界流行。

历史的落差，就这样将现代性与前现代性、后现代性并置于汉语思想时空。于是，现代性的合法性不得不遭遇来自前现代性与后现代性的两面夹击。而且有意思的是，前现代性与后现代性往往形成共谋：前现代性往往借助后现代性的思想资源，尤其是对现代性批判的那部分；后现代性也往往回返前现代性的思想资源，又往往是其所描述的自然、社会乌托邦和人伦关系，特别是庄周式的理念境界。这样，即便是现代化、现代性的目标不动摇，谁之为现代性？如何现代性？却成为问题。在我看来，20世纪80、90年代迄今的所谓自由主义、激进主义、保守主义、新左派、新启蒙等等之争，归根到底是现代性、前现代性、后现代性几套价值体系之争。在普遍缺乏真正的问题意识、缺乏历史语境之经验实证性分析习惯与能力、缺乏真正属我的价值立场、思想取向的汉语学界，出现这样的争论不仅可以理解，而且不可避免。

在汉语学界隐含着的后现代性与现代性的论争中，西方后现代性对现代性的各种反思、批判与解构，比如对建基于理性的启蒙精神的批判、对建基于元叙事的现代性合法性的解构，对建基于主客二分的本质主义真理观的批判和知识论传统的否定等，都在汉语思想界轮番上演，构成世纪之交中国主要的学术风景。

中国的现代化和现代性，还面临“道路”选择，实质是“价值”选择的困难。近代就有资产阶级洋务派、改良派与革命派对中国社会、政治、经济和文化现代化的不同规划。“五四”时期，更有自由主义、民粹主义、社会主义，“第三条道路”等等诸多现代化方案。而每一种方案之中还有不同内涵的派别，单是社会主义，就有基尔特社会主义、国家社会主义、民主社会主义等分野。

“诸神不和”、价值歧异，使中国的现代化和现代性选择深陷困境。即便是“中国特色的社会主义道路”已经取得社会法权，成为今天确定无疑的现代化选择，其现代性价值仍然处于延搁状态。在此语境下谈论现代性，不仅要有西方视域，更要有对中国历史处境的实证性分析；不仅是困难的，需要小心翼翼，而且也更为急迫。

2. 汉语现代性语境中的基督教

汉语现代性语境的复杂性，或许也使基督教进入汉语思想界遭遇的困难比它进入任何一个西语国家所遭遇的要多得多。这个问题之所以重要，是它直接关涉到基督教与现代汉语诗学现代性问题的理解。

审理这个问题之前有一点先需明确：在中国现代化和现代性的进程中，宗教并非多余，并非无需，尽管破除迷信的呼声从未断绝。事实上，与启蒙同时，与启蒙建制以后的现代化进程同步，汉语思想界也同西方一样做着同一件事情，那就是寻找替代宗教。康有为欲定孔教为国教不必再提，单是前述王国维之艺术代宗教，蔡元培之美育代宗教，梁漱溟之道德代宗教，宗白华、李泽厚之审美宗教化，以及当代新儒家对儒学宗教化之反复诉求，都是明证。正是基于这样的历史语境——不是不要宗教，而是要怎样的宗教——也为基督教进入现代汉语思想界张开了一条深深的裂缝，以至于80年代后期刘小枫在汉语学界正面介绍和论证基督教及其在汉语价值体系中之正当性，饱受学界欢迎。

整体而言，基督教进入现代汉语思想，至少受到科学主义、民族主义、政党伦理和消费主义的抵制。

科学与民主，是中国现代性的基本理念，也是“五四”启蒙运动的主要成果。民主在以后的现代汉语思想中占据何等地位，不是这里要讨论的。科学却很快发展为“主义”，逐渐替代了宗教的位置，成为基督教进入华夏的主要对手。这还不仅在于科学对宗教所下的“迷信”判词，更重要的在于它本身跃升为信仰，跃升为宗教。

科学信仰到“五四”以后已然成为一种民族话语共同体，这并非夸张。在“今天，概念只要贴上科学的标签，通常就足以赢得人们特殊的信任，这是因为我们信仰科学”。[①] 法国人涂尔干的这个说法，同样适合20世纪大部分时间的汉语思想界。这样，科学宗教与基督宗教的冲突与对立，科学对宗教的排斥与拒绝，是清末以还汉语思想史的一个显明特征。正如一位学者指出：“西学的第二次东进以科学理性为先，民国学人攻击基督教多依据科学理性。”[②] “五四”时期，情形更是如此。诸如科学与宗教的关系水火不容，“彼此居于相倾相灭的地位”；[③]“和宗教最反对的，第一就是自然科学”，[④] 在当时拥

① ［法］涂尔干：《宗教生活的基本形式》，第575页，上海人民出版社，1999。

② 刘小枫：《圣灵降临的叙事》，第18—19页，三联书店，2003。

③ 参周太玄：《宗教与中国之将来》，张钦士选辑：《国内近十年之宗教思潮》，第176页，燕京华文学校刊行，1927。

④ 参屠孝实：《宗教问题演讲之三》，张钦士选辑：《国内近十年之宗教思潮》，第87页，燕京华文学校刊行，1927。

有很大的市场。

1923年爆发的“科玄论战”，可谓是“以科学代宗教”的科学主义的狂欢盛宴。在张君劢引发这场论战的著名讲演《人生观》中，具体分梳了科学与人生观的五点差异：科学为客观的、逻辑的、分析的、因果律的和统一的，人生观则是主观的、直觉的、综合的、自由意志的和单一性的。结论是，人生观问题，决非科学所能为力，唯有赖于人类自身。[①]

张君劢的演讲触到了科学宗教的要害，迅即引起以地质学家丁文江等科学派的反击。丁文江认为，科学方法是万能的，普遍的，科学的目的是要摈除个人主观的成见，追求普遍的真理。

> 惟有科学方法，在自然界内小试其技，已经有伟大的结果，所以我们要求把他的势力范围，推广扩充，使他做人类宗教性的明灯。[②]

张君劢在回应丁氏的长文中，按照休谟、康德之“事实/价值”二分法和“纯粹理性/实践理性”二元论，对知识/伦理进行划分，强调源于因果律之知识、科学，不能解释忏悔、爱、责任心等属于道德范畴的东西。心性之发展为形上的真理之启示，不是科学能加以解决的。张、丁的论争吸引了当时一批著名的思想家和科学家的参与，各自表明对科学与人生观的看法。有吴稚晖的自然主义的宇宙人生观，胡适的科学人生观，陈独秀

---

① 参张君劢：《人生观》，《科学与人生观》，第33－40页，山东人民出版社，1997。

② 丁文江：《玄学与科学——答张君劢》，《科学与人生观》，第205页，山东人民出版社，1997。

的唯物史观的新信仰。[①]

这场论争的结果正如李泽厚所言，“是以‘玄学鬼’被人唾骂，广大知识青年支持或同情科学派而告终”。[②] 科学树立了威权，大步侵入道德、信仰的领域。胡适在论战后期就明确宣布：“我们信仰的‘科学的人生观’将来靠教育与宣传的功效……要使今日少数人的信仰变成将来大多数人的信仰。”[③] 这被论者认为是“企图构建一种科学的自然主义的宗教”。[④]

科学宗教观并非没有遭到抵制。早在1920年就宣告“科学万能梦”幻灭、“科学破产”的梁启超，[⑤] 在论争中就指出，以科学支配信仰不但不可能，即便可能也会抹杀人生的价值，关涉人生的不仅有科学的方面，亦有“超科学”的方面。[⑥] 但在科学潮涌的当时，这样的声音毕竟太过微弱。何况科学理性与中国传统哲学之实用理性精神，与马克思主义之唯物论与实践意志，更易在深层次沟通，在意义危机的当时，以新宗教之面目出现。

基督教面临的第二个困难是民族主义。面对西方列强的虎视与侵略，民族救亡是现代中国的主要任务，也构成中国现代化与现代性的基本动力。而20世纪后期，随着后殖民主义理论的传入与复兴华夏梦的点燃，民族主义情绪再度高涨。在此语境

① 参高力克：《五四的思想世界》，第118－142页，学林出版社，2003。

② 李泽厚：《中国现代思想史论》，第53页，天津社会科学院出版社，2003。

③ 胡适：《〈科学与人生观〉序》，《科学与人生观》，第22页，山东人民出版社，1997。

④ 参李泽厚：《中国现代思想史论》，第52页，天津社会科学院出版社，2003。

⑤ 参梁启超：《欧游中之一般观察及一般感想》，《梁启超哲学思想论文选》，第261－262页，北京大学出版社，1984。

⑥ 梁启超：《人生观与科学》，《科学与人生观》，第142页，山东人民出版社，1997。

中,西方文明一直作为两面神面对着华夏文明,既被视为先进文化被效法,又被作为帝国主义文化被抵制。前者往往侧重于物质技术层面,而后者却更多关涉精神,尤其关涉精神实在、精神内核。吊诡的是,还很可能是以前者来抵御后者,科学理性对基督教的否定即是一例,这是另一种意义上的"以夷制夷"。

前述科玄之战的实质，换一个角度论，归根到底就是一个民族主义的问题。张君劢在科学之外提出人生观问题，并把人生观的选择强调到能否对西方文化进行利弊取舍，能否担当起沟通中西文化责任的高度，其目的是要"提倡新宋学"，回归自孔孟以迄宋明理学之华夏"精神文明"，实际上是为儒学在伦理和信仰领域争得伸展空间，在现代性方案中获得重要席位，背后是民族主义的价值支撑。

而其反对派，以胡适为代表的"科学人生观"，据李泽厚分析，仍然是"天道"与"人道"联结沟通起来的中国传统的思维—行为模式的现代翻版，仍然是传统"实用理性"在现代的延续①；据高力克分析，它在"终极关怀上，仍承袭了中国思想之内向超越的人文宗教传统"。② 因而，在有意无意地靠近华夏深远的人文宗教传统③这一点上，科学主义派与玄学派

① 李泽厚:《中国现代思想史论》，第53页，天津社会科学院出版社，2003。

② 高力克:《五四的思想世界》，第141页，学林出版社，2003。

③ 人文宗教可参钱穆的说法："中国思想乃主就人生内在之普遍共同部分之真理而推广融通及于宇宙界自然界。故中国思想不能形成为宗教。若谓中国有宗教，此可谓之人文教。因其信仰中心仍在人文界，而不在宇宙界。人性善，人皆可以为尧舜。此乃中国人文教之信仰中心。由此推广融通到宇宙界，则尽性可以知天，尽己之性尽人之性可尽物性而赞天地之化育。……故人情物理天心，在中国思想中，常求能一以贯之，成为三位之一体。西方则以宗教识天心，科学研物理，哲学则仍侧重在天心物理而忽略了人情。"钱穆:《中国思想史》第4—5页，第280页，台湾学生书局，1992。

殊途同归。换言之，科玄之战实质上是双方在不知不觉中捍卫民族主义之战。这恐怕是开战双方未能预料的。最后，以科学主义代宗教之实情是以中国之人文宗教代西方之启示宗教。20世纪的后半期的情况并未发生多大改变。在我看来，在或一意义上，儒学问题根本是个信仰的问题。到如今，据说在一些学术会议上，已有学者提出通过“儒教”的下行而使之成为具有“宗教设施”、“宗教仪式”和“教职人员”等典型建制的真正宗教，这就是明证。①

基督教在汉语现代性语境中所面对民族主义的抵抗，还不仅仅是老舍、萧乾、王蒙等作家在小说中，分别在不同时代，将其作为帝国主义反动文化所表现的情绪化的、复仇式的反抗与批判。这不过是一种民族性的政治意识，其动机是在地缘政治—经济利益的冲突中建构现代主权（民族）国家——民族生存的现代政治形式。民族主义则是把“民族精神”，即民族共同体的习传伦理和神话精神视为政治秩序正当性的价值基础，视为现代化和现代性的价值地基。② 在此，“民族”的意义正如韦伯所说，“通常体现在文化价值观的优越性，或者是不可替代性上，这种价值观又能通过培养民族团体的个性（精神）来保持和发展。”③ 基督教进入现代汉语思想所遭遇的正是这样的民族主义。

梁漱溟（中国文化是早熟的、现代之后是高超的）、熊十力（西方之实体的认知不如中国之圆融的认知）、牟宗三（西方无中国“智的直觉”的大彻大悟之传统）、李泽厚（“中国的

① 参韩东育：《儒学的宗教化与帝日本》，《读书》，2004年第8期。

② 参刘小枫：《圣灵降临的叙事》，第31—32页，三联书店，2003。

③ 转引自比瑟姆：《韦伯与现代政治理论》，第135页，浙江人民出版社，1989。

智能”审美地高明）之华夏文化优位论乃是这种民族主义的话语表现。而在刘小枫看来，这些民族主义话语又无不出自儒教思想，“华夏文化优位论甚至成为儒教知识人的现代性身份的标志?”[①] 换言之，基督教与民族主义的冲突主要体现为与儒教的冲突。明末传教失败，就是因为天主教信理与儒教信念的不可调和。而在“五四”时期，基督教之所以进入，又恰恰在于儒学遭遇重创处于弱势。1905 年的废除科举和 1911 年的辛亥革命，儒学先后在教育和政治领域遭到放逐，而退居中国文化内核的伦理和精神层面。在伦理和精神领域，转型时代中国文化的意义危机日益深刻，至民初则发生道德取向、精神取向和文化认同的全面危机。再加上晚清以还，在西方文明的侵蚀下，随着小农经济、宗法社会和专制政治的解体，统治中国思想界两千多年的儒学渐失赖以附丽的制度凭依，[②] 儒学在现代中国由此陷入深刻困境不可避免。而正是在这个历史当口，基督教“侵入”汉语思想。

需要弄清楚的是：被中西方各自在不同的层面上作为信仰的基督教与儒教到底在什么问题上发生冲突？一言以蔽之：终极实在。华夏没有基督教意义上的宗教，并“不等于汉语思想中没有自己的神、上帝或神性的终极之在的言述。神性的终极之在可以有不同的名称，佛教的‘空’、道家的‘道’，乃至儒教神秘主义的‘天道’，都指涉终极实在”。[③] 基督教神学进入汉语思想，成为汉语的神学，首先就意味着其随身携带的终极实在不是儒教—道教的终极实在。而走出儒教—道

① 参刘小枫：《圣灵降临的叙事》，第 36 页，三联书店，2003。

② 参张灏：《中国近代思想史的转型时代》，《二十一世纪》，1999 年 4 月号。同时参高力克：《五四的思想世界》，第 10 页，学林出版社，2003。

③ 参刘小枫：《圣灵降临的叙事》，第 96 页，三联书店，2003。

教的终极实在，认信基督上帝，就肯定会解构汉语思想及其整个意义系统。这恐怕才是儒学，才是民族主义抵制基督教问题的关键。

中国的现代化和现代性运动，从社会层面言之，大致经历了革命和建设两个阶段。革命又大体上可分为思想革命和政治革命阶段。从20世纪20年代中后期，随着革命政党登上历史舞台并最终取得政权，建立独立自主的民族国家，政党伦理就逐渐发展为整全性意识形态，这一情况一直持续到90年代资本经济开始出现，并事实上取得合法地位后才稍有改变。因此，在20世纪的大部分时间里，尤其是在政治革命阶段，基督教进入汉语思想受到政党伦理的规导。而进入建设阶段以后，消费主义意识形态很快弥漫，消费伦理与基督宗教伦理之间又在无形中形成新的张力。相关问题不拟在此展开。

第三节　汉语诗学的现代性建构与基督教

汉语诗学的现代性建构与基督教绝非简单的问题，可以多方面谈论。这里只从现代汉语诗学的元叙事、世俗性、超越性、反思性与基督教等几个角度作简略论述，剩下的题目以后去做。

1. 元叙事与基督教

“首先使后现代性概念变得如此著名”[①] 的法国哲学家利奥塔认为，元叙事是现代性的标志[②]。

① ［英］吉登斯：《现代性的后果》，第2页，译林出版社，2000。

② Jean－Francois Lyotard，*The Postmodern Condition*：*A Report on Knowledge*，Minneapolis：University of Minnesota，1984.

所谓元叙事，“确切地说是指具有合法化功能的叙事”。[①] 合法化涉及合法性问题，即构成社会典章制度之根据的正当性问题。元叙事也就是使社会典章制度具有正当性的叙事。元叙事之所以能够提供这种正当性，或者具有合法性功能，乃在于蕴含于其中的形而上学理念。这种理念使其他小叙事得以摆脱合法性丧失之危机，因而具有至高无上的威权。

元叙事之所以是现代性的标志，是因为它提供了这样一套元话语，诸如自由、启蒙、人类解放等，它们关涉人类未来的目的，被看作是放之四海而皆准的真理，被用来引导人类的现代性事业，并赋予现代性的思想、制度与行为以合法性。“它们赋予了现代性特有的形式：从事于某项理念所导引的事业。因此现代表现为这么一些目标追求：追求理性与自由的进一步解放；在资本主义的背景下通过技术科学的进步来实现整个人类的富有；并且如果把基督教也包括在现代性之中的话，还有通过让灵魂皈依爱，以使人们得救的基督教叙事，等等。”[②]

那么，使现代汉语诗学具有合法性的元叙事，亦即使汉语诗学具有现代性的元话语是什么呢？我以为，是科学、民主与自由。也就是“赛先生”、“德先生”和“爱先生”。自由在这里不是指政治意义上的自由，而是道德意义上的意志自由。换言之，是科学、民主与自由使汉语诗学的现代性得以成为可能，它们是汉语诗学现代性的标志。只要这种诗学反映了或者引向了科学的、民主的、自由的理念，或者具备了

---

① ［法］利奥塔编：《后现代性与公正游戏——利奥塔访谈录》，第169页，上海人民出版社，1997。

② 参陈嘉明等著：《现代性与后现代性》，第15、339页，人民出版社，2001。

其中的任一属性，它便是现代性的，相反，则可能不是。陈独秀宣称“德先生”、“赛先生”“可以救治中国政治上道德上学术上思想上一切的黑暗”,[①] 以及伦理觉悟是吾人最后觉悟之最后觉悟,[②] 乃是这种元叙事最具代表性的表达语式。

具体到现代汉语诗学，科学理念如何体现？或者问，科学在现代汉语诗学中具体呈现为何物？质言之，进化论。并以之建立起进化的文学观。易言之，现代汉语诗学的科学观表现为进化的文学观；进化论使现代汉语诗学叙事具有了合法性，同时也具有了现代性。

进化论是新文学之“新”，亦即现代汉语文学之“现代”的正当性根据。“历史的文学进化观念”是当年胡适从事“文学革命的基本理论”，他不仅以此推论出白话文取代文言文的历史必然性，而且建立起“一时代有一时代之文学”的文学史观。[③] 进化论也是陈独秀“文学革命”的主要理论武器，与“社会文明进化无丝毫关系”成为他革古典文学之命的根本理由。[④] 进化论还是周作人构建起“人的文学”的重要理论依据，“人是从动物进化而来的”是其“人说”的基本理论支撑。

---

① 陈独秀：《本志罪案之答辩书》，《新青年》，第6卷，第1号，1919年1月。

② 陈独秀：《吾人最后之觉悟》，《新青年》，第1卷，第6期，1916年2月。

③ 参胡适：《文学改良刍议》，《新青年》，第2卷，第5号，1917年1月。这一文学史观影响了一代又一代的现代汉语学人，成为20世纪文学史的主流叙事。比如谭正璧的《中国文学进化史》（上海光明书局，1929）、顾实的《中国文学史大纲》（上海商务印书馆，1929）、胡云翼的《中国词史大纲》（北新书店，1933）乃至建国后至90年代前的绝大部分文学史都持进化文学史观。区别仅在于进化的方向有所不同。谭正璧在《中国文学进化史》中的如下表述颇具代表性：“文学在不绝的进化中，含有新陈代谢的作用，本来已进化的文学，可以被更进化的取而代之。”“文学史有两种：一是叙述过去文学进化的结果，所以退化的文学应当排斥于文学史之外的；一是指示未来文学进化的趋势，当然在希望现在的文学家走上进化的正轨。”

④ 参陈独秀《文学革命论》，《新青年》，第2卷，第6号，1917年2月。

笃信“进化如飞矢，非堕落不止，非著物不止”[①] 的鲁迅，则从“世界万事万物，都是进化的，断没有永久不变的”这一信念中得出“象形文字不适用了，改为拼音文字”的结论。[②] 茅盾进一步认为，“新文学就是进化的文学”，“我们该拿‘进化’二字来注释‘新’字，不该拿时代来注释”。[③] 朱希祖也强调，“真正的文学家，必须明进化的理”。[④] 郑振铎也认为，进化的观念“已成为文学研究者所必须具有的观念了”。[⑤] 如此例证，不胜枚举。总之，对于为现代汉语诗学立法的那代学人，正如陈独秀所言，进化论乃是其“宇宙之根本大法”，[⑥] 是现代汉语诗学立基的正当性依据。

有趣的是，这一源自西方的科学进化论却是从基督教文化中衍生而来。一方面，科学体系得以建立的三个前提条件，或者说三个必备的信念，即：确信终极实在的存在；确信宇宙的秩序性；确信人类具有征服自然的神圣权力，均源自基督教。关于前者，西方现代基督教神学家约翰·希克认为，当宇宙被解释成某个存在者的创造，而这个存在者仅仅是存在，是终极的无限的永恒的实在的时候，“它为其它事物的存在提供了最后的解释”。[⑦] 这个终极实在就是上帝。说到底，“自然科学依赖于对自然所作的预设，而这些预设反过来又依赖于关于上帝

---

① 鲁迅：《破恶声论》，《鲁迅全集》，第 8 卷，第 23 页，人民文学出版社，1989。

② 唐俟、钱玄同：《渡河与引路》，《新青年》，第 5 卷，第 5 号，1918 年 11 月。

③ 冰：《新旧文学平议之评议》，《小说月报》，第 11 卷，第 1 号，1920 年 1 月。

④ 朱希祖：《非“折中派的文学”》，《新青年》，第 6 卷，第 4 号，1919 年 4 月。

⑤ 郑振铎：《研究中国文学的新途径》，《郑振铎文集》，第 6 卷，第 280 页，人民文学出版社，1988。

⑥ 陈独秀：《敬告青年》，《青年杂志》，第 1 卷，第 1 号，1915 年 9 月。

⑦ ［英］约翰·希克：《宗教之解释》，第 95 页，四川人民出版社，1998。

的学说”。[①]

关于宇宙秩序，怀特海说过：“我们如果没有一种本能的信念，相信事物之中存在着一定的秩序，尤其是相信自然界中存在着秩序，那么，现代科学就不可能存在。”[②] 而这种对于宇宙秩序的本能信念，又是来源于上帝为创造和管理于天地万物的主的基督宗教教义。

人类征服自然的神圣权力，是基督教的《圣经》以上帝神圣启示的形式，授予人类的权柄[③]，但后来因人类的堕落失去了它，但恰如培根所言：“人类在一堕落时就同时失去他们的天真状态和对自然万物的统治权。但是这两宗损失就是在此生中也是能够得到部分补救的：前者要靠宗教和信仰，后者则靠技术和科学。”[④]

另一方面，西方科学进化论的三个重要理据也出自基督教信理。一是，事物总是向着终极目的进化的理论，是这样一种基督教之直线发展的时间观、历史观的反映：世界历史的演进，始终是从创世到末日审判、千禧年，再到神的救赎完成的、进步的、合目的性的单向进程。二是，“自然选择”的理论，不仅在自然界的范围内散发着上帝的灵异色彩，而且当这一理论引入人类社会后，更是充满了上帝择定最终得救的“选民”的意味。三是，推动事物有序进化的“终极原因”的设定，显然得力于神学目的论的支撑。[⑤]

---

① 罗秉祥、赵敦华主编：《基督教与近代中西文化》，第 37 页，北京大学出版社，2000。

② ［英］怀特海：《科学与近代世界》，第 4 页，商务印书馆，1997。

③ 参《创世纪》1:26—1:28。

④ ［英］培根：《新工具》，第二卷，第五二节，商务印书馆，1997。

⑤ 相关论述参阅喻天舒：《五四文学思想主流与基督教文化》，第 56—109 页，昆仑出版社，2003。

到此可以说，进化论以科学的名义，使现代汉语诗学叙事具有合法性，而进化论的合法性则与基督教信理密切相关。

次说民主。民主的概念主要在政治的意义上运用，因而它在现代汉语诗学中如何呈现是一个相当复杂的问题。但有一点可以确定，政治上的民主首先仰赖“人权”的获得。所以陈独秀在另一处将“人权”和“科学”归结为西方现代文明的两大基石。① 而人权的获得又依赖于个体意识的觉醒，依赖于思想启蒙。因此，民主话语在现代汉语诗学中具体体现为启蒙话语。

恰如本书第三章所提到，中国的思想启蒙面临的对象，承担的任务都与西方不同，因而也具有不同的特征。这个特征就是：在封建专制下而非神权统治下将“人”解放出来。其中，人道主义的诉求不仅成为当此之时启蒙运动的重要内容，② 而且也成为现代汉语诗学的元叙事。在本书第四章论述普世诗学与基督教的关系时，不仅指出基督教的博爱是周作人“人的文学”的价值论基础，而且还专门谈到他的一个基本观点：“现代文学上的人道主义思想，差不多也都从基督教精神出来”。这恰是对西方人道主义者的应和：“耶稣的声音一次又一次地代表了广阔的人道主义理想，诸如社会平等，发展利他主义，人人皆兄弟，以及世界和平。”③ 事实上，周作人的此一论断，在许地山、冰心等人的爱的哲学里、在巴金、郁达夫的人道主义中，以及在张晓风、北村等人的宗教情怀里都得到了证实。

---

① 参陈独秀：《敬告青年》，《青年杂志》，第1卷，第1号，1915年9月。

② 即便是当时的文化社团所倡导的人道主义也充满了基督教精神，譬如，新潮社提出“注重人道主义”，并“以平等博爱诸道德实行之”；少年中国学会则要求“必须本着人道主义精神，宣传互助博爱的思想，以改造现代中国堕落的人心”。

③ ［美］科利斯·拉蒙特：《人道主义哲学》，第48页，华夏出版社，1990。

再说自由。自由，在这里是作为伦理话语来运用，意指人的意志的自由，是人的主体性的表征。在本书第二章谈到基督教以宗教话语进入现代汉语诗学的时候，现代汉语作家正是在上帝的神格中获取人格典范，在上帝的创世中获得创造精神，在上帝的受难中分得承担意识。而人格尊严、创造精神和承担意识，既是现代作家主体性确立的标识，更是意志自由的表现。因为，自由是“主体方面所能掌握的最高的内容的简称”，“自由是心灵的最高定在”。[①] 而“善”就是“被实现了自由”，就是“世界的绝对最终目的”。[②] 那些被作为现代汉语作家人格建构的、源自上帝的神格、创世与救世精神的还不就是“善”吗？

这样，作为现代汉语诗学建构的元话语的科学、民主、自由都从基督教那里汲取了思想资源，并反过来使现代汉语诗学叙述具有了合法性、现代性。在这个意义上，可以说基督宗教参与了现代汉语诗学的价值奠基与价值构建。

2. 世俗性与基督教

如前所述，马克斯·韦伯认为，现代性的过程就是世俗化的过程，就是世界的“祛魅”过程。

> 我们这个时代，因为它所独有的理性化和理智化，最主要的是因为世界已被除魅，它的命运便是，那些终极的、最高贵的价值，已从公共生活中销声匿迹，它们或者遁入神秘生活的超验领域，或者走进了个人之间直接的私人交往的友爱之中。[③]

① [德]黑格尔：《美学》，第1卷，第124页，商务印书馆，1979。
② [德]黑格尔：《法哲学原理》，第132页，商务印书馆，1961。
③ [德] 马克斯·韦伯：《学术与政治》，第48页，三联书店，1998。

终极价值在公共领域的销声匿迹，世俗化运动的出现，是现代性的基本特征和命运。因此，世俗性是现代性的构成要素。

所谓世俗性，相对超越性而言，便是将世界的价值和意义立足于此岸世界的一种特性。表现为人以及人的一切处于宇宙的中心，人的爱情和幸福、人的欲望和追求成为诉求的对象。

西方诗学中，世俗性是在反对教会神权统治中获得。在中土，则是借助西方的各种思想资源拆解儒家伦理而实现。至宋以降，礼教下延，形成中国文化抑情非性特征，[1] 人的世俗欲望的或一方面在主流诗学中被删除。因此，汉语诗学的现代性过程依然是一个“祛魅”的过程，只不过“祛魅”的对象不是某种宗教，而是被整全意识形态化的儒学。

现代汉语诗学的世俗性，表现为立基于“人道主义”元叙事的一套话语体系。即，相对于个体而言的个性主义，相对于群体的平民主义，相对于个体与群体关系而论的博爱情怀。而个人主义、平民主义和博爱情怀之现代汉语诗学观的建构与基督宗教之间有着深刻的精神关联，对此杨剑龙先生有过精辟的论述。[2]

个人主义是汉语诗学现代性的集体想象。周作人之普世文学观乃是建立在个人主义基础上的。茅盾干脆说：“人的发现，即发展个性，即个人主义，成为‘五四’时期新文学运动的主

① 参曹顺庆等：《非性文化的奇花异果》，巴蜀书社，1995。

② 下面有关论述，参杨剑龙：《论“五四”小说中的基督精神》，《文学评论》，1992年，第5期。

要目标。”[①] 问题是：个人主义的思想资源从何而来？前面已经提及，梁漱溟说中西文化的分水岭在于“以非宗教底周孔教化作中心”的“伦理本位”、家族本位与“以伟大宗教若基督教者为中心”的“大集团生活”和个人本位的区别。[②] 他沿用中国法制史学者和民族性研究专家的话指出，“从来中国社会组织，轻个人而重家族，先家族而后国家。轻个人，故西欧之自由主义遂莫能彰”；“西方论个人与社会为两大对立之本体，而中国则以家族为社会生活的重心，消纳了这两方对立底形势”。[③] 类似的话，新文化先驱陈独秀、鲁迅都说过，在当时几乎是共识。西人黑格尔也认为：“中国纯粹建筑在这一种道德的结合上，国家的特性便是客观的‘家庭孝敬’。中国人把自己看作是属于他们家庭的，而同时又是国家的女儿。”[④] 中西学者的相同论断至少说明：中国的传统文化不能为现代汉语诗学中的个人主义提供核心的思想资源。相反，在本章的第一节中论证过，现代性价值观念，尤其是人的主体性观念的形成，西方宗教改革具有奠基性的作用。即便是非基督教的费尔巴哈也承认，基督教抛开类不管，“只着眼于个体”，基督徒“为了个体而牺牲类”。[⑤] 由此，杨剑龙的如下判断是站得住脚的：“正是基督教文化孕育了西方近现代的个性解放、个性自由的个体意识。”而又正是这些意识，建构起现代汉语诗学的

---

① 茅盾：《关于“创作”》，《茅盾全集》，第 19 卷，第 266 页，人民文学出版社，1991。

② 梁漱溟：《中国文化要义》，第 53 页，商务印书馆，1988。

③ 梁漱溟：《中国文化要义》，第 13 页，商务印书馆，1988。

④ ［德］黑格尔：《历史哲学》，第 165 页，三联书店，1956。

⑤ 参［德］费尔巴哈：《基督教的本质》，第 17 章，第 205—215 页，商务印书馆，1997。

个人主义观念。

以“仁爱”为价值取向的儒学，绝对不乏“亲民”、“爱民”、“恤民”之类的平民意识，问题是，在以颠覆儒学为快事的现代性运动中，它有多少资源真正进入了现代汉语诗学内部，这值得细究。而且，即便儒学中有这种资源，它也是建筑在等级森严的、不平等的伦理秩序的基础之上的。[①] 这与现代汉语诗学中后来渐渐具有了民粹化倾向的平民主义是大相径庭的。在青年毛泽东看来，平民主义是“各种对抗强权的根本主义”，“一切反动强权，都要借平民主义的高呼，将他打倒”。[②] 具体到诗学，李大钊认为：“无论是文学，是戏曲，是诗歌，是标语，若不导以平民主义的旗帜，他们决不能传播现在的社会，决不能得到群众的讴歌。”[③]

这种平民主义的思想资源在社会革命家那里，当然更多的可能是马克思主义学说，但在诗人、文学家那里却离不开基督教的影响。冰心的小说《最后的安息》、王统照的《十五年后》、郁达夫的《薄奠》，还有许地山的系列作品中的平民意识，流露的大都是一种基督宗教情怀，因为它们往往超越了民族的、国家的、阶级的、等级的界限，这其中有一部分为马克思列宁主义所特别强调，而有些又是儒学中必不可少的，只有

① “五四”新文化运动即便不反对甚至是赞成这种平民意识，也要摧毁那个伦理秩序。也许这才应该是汉语文化现代化的真正主题。我一直以为，儒学的一些根本性理念恐怕与现代性价值诉求之间并没有根本性冲突。根本性的问题在于，这些理念在历史演变中越来越被实际的社会体制、文化机制与实践行为抽空，而成为空洞的能指，或者是能指与所指的分裂，甚至对抗，以致留下“虚伪”的骂名而遭唾弃。

② 毛泽东：《创刊宣言》，载《湘江评论》创刊号，转引自杨剑龙：《论“五四”小说中的基督精神》，《文学评论》，1992年，第5期。

③ 李大钊：《平民主义》，转引自杨剑龙：《论“五四”小说中的基督精神》，《文学评论》，1992年，第5期。

在基督教文化里才能找到恰当的阐释。上帝面前人人平等。如果在基督教那里也有等级，那也只有人与上帝之间的等级，人与人之间是没有等级、贵贱、智愚、贫富之分的。因此，美国人道主义者科利斯·拉蒙特认为《圣经》具有较强的平民意识：

> 它们中间贯穿着一种激进的民主精神，一种深重的平等主义情感，而正是这些东西激励着无数为了让这个尘世间的人类过得更幸福一些而努力工作的人们。①

美学家朱光潜也认为："基督教的创始人（传说是耶稣）宣扬在终会到来的天国里，人们一律平等和互助友爱，反对家庭制度，私产制度和世俗政权，本来带有反抗罗马帝国的意味。这是一种穷苦人的宗教，代表当时被压迫被奴役的人民的希望。"② 在本书第一章第三节已经指出，不管是《圣经》，还是基督教文化，对现代作家的影响广泛而深远。而正是这种影响，使现代汉语诗学有了不同于传统的平民意识。

现代汉语诗学中的博爱情怀更是基督宗教的。为什么主要不是儒家的"仁者爱人"？尽管儒学理念的"仁"意涵丰赡，至少也有人性之仁、德性之仁和爱人之仁三层含义，但作为爱的仁则"是核心中的核心，灵魂中的灵魂"。③ 而且在儒学中，仁关涉"天理"、"心理"、"伦理"等多个层次，④ 涵盖宇宙

① ［美］科利斯·拉蒙特：《人道主义哲学》，第48页，华夏出版社，1990。

② 朱光潜：《西方美学史》上册，第123页，人民文学出版社，1982。

③ ［美］姚新中：《儒教与基督教》，第94页，中国社会科学出版社，2002。

④ 参［美］姚新中：《儒教与基督教》，第100页，中国社会科学出版社，2002。

观、伦理观、生活观，为何就不是现代汉语诗学中的博爱？情形与平民意识一样，它本身与汉语诗学的现代性并没有什么冲突，区别只在它是建立在不平等的伦理秩序之上，即所谓有差等的爱，入则孝，出则悌，谨而信，泛爱众，而亲仁。它设置了严密的界线。这与现代汉语诗学中的博爱不是阶级爱的理由相当。

> “仁者爱人”，以“亲亲”为依据，最终使爱的情流被拘限于家庭和国家。从“仁者爱人”始，以冷漠无情终，恰是中国历史社会的现实。①

也许正是在这个意义上，鲁迅先生才痛心疾首地指出：“我们民族最缺乏的东西是诚和爱”。就在这同一篇文章中提倡爱，呼吁爱的鲁迅，为何对儒家的仁爱视而不见？是因为他，而且不仅他，是大多数新文化先驱所提倡的爱不是这种爱，而是一种超越了民族、国家、阶级、伦理的爱，带有基督宗教意义的博爱：“我们现在所要求的，是个解放自由的我，和一个人人相爱的世界，介在我与世界中间的家园、阶级、族界都是进化的阻碍，生活的烦累，应该逐渐的废除。”②“我们应该承认爱人的运动比爱国的运动更重”。③ 这后来还成为马克思主义者的声音。另一位后来有着同样身份的青年在当时也认为：“道德上之大动力有三，一曰信，二曰爱，三曰智（基督教之谓信爱望之三者，然望包在信内）”。④

① 刘小枫：《拯救与逍遥》，第316页，上海人民出版社，1988。

② 李大钊：《我与世界》，《每周评论》，第29号。

③ 李大钊：《“少年中国”的“少年运动”》。

④ 恽代英：《论信仰》，《新青年》，第3卷，第5期。

正是这样一种无差等，超越一切人为区隔的爱，才使我们真正有可能理解被杨剑龙反复提到的，那些在“五四”时期体现了“爱的哲学”的作品，诸如庐隐的《余泪》、石评梅的《祷告》、冰心的《烦闷》、叶圣陶的《伊和他》、《潜隐的爱》、王统照的《醉后》，等等。甚至，基督教的挚爱 Agape 直接转化为现代汉语作家笔下的世俗之爱 Eros，直接转化为冰心之母爱，徐志摩之情爱，张资平、郁达夫之“性爱”，许地山的宽恕之爱，巴金的人道之爱，曹禺的悲悯之爱，老舍、艾青的民族之爱。于是巴金通过他笔下的人物想像着、规划一个现代的、世俗化的生活世界：“我们现在正应该叫人们彼此相爱，不论什么人都应该像父子、兄弟、家人似的相爱”；“我们应该用我们底爱来圣化他们，洗净他们的罪过。……要这样才能建立起爱的人间来；要这样真正自由平等的美满社会才能够实现在世界上；要这样世间的罪恶才能消灭，而幸福的太阳才能以它底光明普照世界。”①

在此必须声明，现代汉语诗学的个人主义、平民主义和博爱情怀在后来的发展运演中其内涵是变化的、多元的，但这并不能否认，在汉语诗学现代性的建构之初，基督教作为重要的思想资源所起的作用。这是基督宗教伦理与汉语诗学革命之间、与华夏帝国语义结构之间的一次深度碰撞和意义重生，是宗教伦理向世俗伦理的转换。

3. 超越性与基督教

前面各章已然说明，寻找替代宗教，追求超越性，不仅是西方，也是中国思想文化、诗学文学之现代化方案和现代性进程中的一个重要课题。由此决定了超越性成为现代汉语诗学的

① 《巴金全集》，第 4 卷，第 151 页，人民文学出版社。

构成之维。

作为宗教概念的超越，不同的宗教有不同的内涵，有不同的超越方式。笼而统之谈超越：

> 它可以是一种品质（如智能、爱）、一种关系（如和谐、统一）、一种特殊的自然实体（如太阳、大地、天、河流、动物等等）、一个特殊的人类个体或群体（如某个国王、死去的人们）、作为一个整体的自然（即大自然）、一种纯粹的形式或者纯形式领域（如善、真、全部理念）、纯存在（如一、存在自身、存在基础），或者超越的活性人格神（如安拉、耶和华、上帝）。①

有人把宗教分为三类，一类是"以神为中心的宗教"，犹太教、基督教是也；一类是"人本主义的宗教"，中国的儒家，尤其以宋明理学和心学为标志的儒教是也；再一类是"自然主义的宗教"，华夏的道教，特别是早期的或者古典的道家是也。这三类迥然有别的宗教，有着三种截然相异的超越意涵。以神为中心的宗教，神性存在是人类达到超越的惟一启蒙者和推动者；人是从神性存在及其创造中获得其在宇宙中的地位和价值的；人类达到超越的希望，只有通过占据人们心灵的神性存在才能实现。

人本主义的宗教则认为，人类能够并将通过在其本性与心灵中圆满实现人性的方式而达到超越。在此，超越被内化为人的本性，被看作是人的自我完善；人性的完满实现，既被视为达到超越的标帜，又被视为人类发现生命之终极意义的标志。

---

① 大卫·利特尔、萨默·B·推斯：《比较宗教伦理学》，［美］姚新中：《儒教与基督教》，第9页，中国社会科学出版社，2002。

自然主义的宗教，顾名思义，是把超越看成是自然的一部分或者自然过程的产物。只有跟随自然的脚步，人类才能抵达超越。[①]

当然这三类宗教也有彼此重叠、相互交叉的地方。此外，学界还习惯于根据不同的宗教，将超越分为外在超越和内在超越两种。前者如基督教，后者如儒教。但无论是哪种宗教的哪种超越，都是人类文明的伟大传统，无所谓高低优劣之分。[②]

那么，我所说的超越和超越性又是哪一类呢？主要是以神为中心的宗教性超越，是外在超越。相应地，所谓超越性，相对世俗性而论，便是将世界的价值和意义立足于彼岸世界的一种特性。表现为人站出自身之外，立于全知全能全善全美的高度，反观人、要求人、引领人、提升人的愿望和价值诉求，是人性对神性的一种仰望和追随。

何以要这样定义超越？何以是这种超越？一方面，这与本书的论题有关；另一方面，也是更为主要的方面，汉语诗学现代性超越之维的建构，得力于作为外在超越的基督教，而非汉语传统的儒教。这并不是不可以，而是历史没有提供这样的机遇。周作人“灵与肉”的诗学命题中的“灵”，从价值论基础来看，就带有基督教之超越意味。冰心爱的诗学的动机结构，便是渴求以一种基督教式的外在超越，来抵抗世俗世界中蔓延的虚无主义，解决人无法逃避的生死问题，反抗人间的普遍不幸。而在海子、余虹、北村、史铁生、于坚等人那里，基督神性不仅成为诗学超越的尺度，也是诗学达到真正超越的标杆。

---

① 参［美］姚新中：《儒教与基督教》，第13－20页，中国社会科学出版社，2002。

② 尽管有的学者不这样看，比如，前面就提到，梁漱溟从信仰动机将中西宗教分为低等宗教和高等宗教。

海子的“大诗”实质是充满神性的“圣诗”。[①] 张清华对海子诗学阐释提出的三个命题，神启、大地和死亡，也是以神为中心的。神启就不用说了，大地是神的寓所，是通过诗与神对话、交流的具体语境。死亡也非通常意义上的死亡，而是诗人走向其神话世界的必经之路与终极形式。朱大可经由海子诗的解读，高度赞赏和疾声吁求一种诗的弥赛亚精神，一种诗的先知运动，以及以这种精神和运动“对于群众的内在拯救”。他认为，真正的诗人应是这样的话语英雄：“凭借人的内在智慧光线、神喻的启示和说出真理的非凡勇气”，宣布对世界之夜的激烈批判，亦即借助宗教精神对世俗世界的根本性超越。余虹更是以有无神来判断有无神性、有无神话、有无语、有无诗、有无思、有无居。在他看来，汉语世界只是一个天地人的三维世界，在此没有神的容身之地，也就没有了上述的一切。因此，现代汉诗作为人类的神圣行为，它的使命就在于以独特的方式进入神话，在默默聆听祈祷吟颂中应和神的话语，为神的出场准备场所，为人走向神铺平道路。[②] 于坚则认为，作为文学的写作就是回到真理的斗争。这个真理，是存在的真理，是期待神的临场的真理。诗人是人群中惟一可以称为神祇的一群，他是神的一支笔。[③]

北村和史铁生，最终把这种对诗的超越性追求推进到基督宗教诗学。作为作家基督徒的北村，他把对基督的信仰、信念、信心当作写作的根据、出发点和归宿。诗就如人一样，它之有无意义就在于有无神。人类理性神话的破产，人的失语，

---

① 请参阅本书第二章第三节。

② 请参阅本书第二章第三节。

③ 请参阅本书第七章第二节。

归根到底在于人类的失信。因此，他呼吁一个良心的立场，呼唤一种良知的写作，亦即是充满神性之爱的写作："恢复起初的爱，再启动这支笔"。不仅如此，文格要以神格的实现，即终极价值的获得为最高境界。理想的诗学应该是神格、终极价值和终极操作抑或是终极形式的统一。他在此诗学理念规约下的小说写作，大都内含一种罪恶与拯救的神性图式。[①] 史铁生则是从自身的残疾见出了人的有限性，由人的有限性思入人的存在；再从寻思人的存在的意义中走向了与上帝相遇的途中；在此途中，他实现了从残疾的、有限的现实世界的不可能，向圆满的、无限的可能世界的飞跃，建构起了只能以史铁生命名的可能性诗学，从而为现代汉语文学的写作敞开了无限的时空。最后，他以"文学就是宗教精神的文字体现"为基督宗教诗学命名，并以此宣告这种诗学走向成熟。[②]

4. 反思性与基督教

写下这个标题就意味着把反思性纳入了现代性的范畴。事实就是这样。在齐格蒙·鲍曼（Zygmunt Bauman）那里，现代性就是一个反思的事件，是一桩思的事情，是意识到自身的实践活动，它的基本特征便是反思性。其反思的对象关涉世界的秩序、人类生存环境的秩序、人类自身的秩序，以及这三方面关联之秩序。现代性之所以是反思性事件，是因为现代性的历史就是社会存在与其文化之间紧张的历史，它迫使其文化站到自己的对立面，在不和谐中求和谐。[③]

亨利·列菲伏尔也认为，现代性可以理解为一个反思过程

---

① 请参阅本书第二章第三节。

② 请参阅本书第六章。

③ 参 Zygmunt Bauman, *Modernity and Ambivalence*, Cambridge: Polity, 1991, pp. 5, 10。

的开始，一个对批判和自我批判某种程度先进的尝试，一种对知识的渴求。[①] 即便是在现代性的哲学奠基者笛卡尔、康德、黑格尔那里，批判的权利与反思的能力都是现代性的基本特征。真正的反思性，应该是理性把握自身的一种特性。

汉语诗学的现代性建构过程，乃是一个反思性的过程。不必说王国维、蔡元培、胡适、冯友兰、张东荪、梁漱溟、贺麟、吴宓、雷海宗、张君劢、宗白华、李泽厚、金耀基、刘小枫等人对现代汉语思想、文化的反思深具西方宗教、基督教文化背景，[②] 单是前面各章提及的陈独秀、鲁迅、周作人、冰心、海子、北村、史铁生、于坚、余虹等人，对汉语诗学的反思也都与基督教文化紧密相关。

陈独秀在比较中西文化的差异时，持的是基督教文化立场，指出支配中国人心的最高文化是唐虞三代以来伦理的意义，支配西洋人心的最高文化是希腊以来美的情感和基督教信与爱的情感。这使得中国文化的源泉里缺少了西方式的美的、宗教的纯情感。具体到以表现情感为主的文学上，则只剩下离开了情感的虚伪的伦理，他认为，“这正是中国人堕落底根由”。而要补救这个缺点，只好拿来西方的美和宗教，“要把耶稣崇高的、伟大的人格和热烈的、深厚的情感培养在我们的血液里，将我们从堕落在冷酷、黑暗、污浊坑中救起”，铸造我们崇高的牺牲精神、伟大的宽恕精神，以及平等的博爱精神。[③]

鲁迅从对西方启蒙建制以后的科技文明、物质文明、政治

---

① 参 Henry Lefebvre，*Introduction to Modernity*，London：Verso，1995，pp. 1—2。

② 请参阅本书第一章。

③ 请参阅本书第二章第一节。

文明的反思中，反观了中国资产阶级洋务派、改良派的现代性方案，并以此出发深入人的个体信仰，认为是众数政治和拜物教的意识形态遮蔽了个人，遮蔽了人的个性与自由、精神与灵魂。流弊所至，性灵失光，社会憔悴，进步以停，并“将使文化之纯粹者，精神益趋于固陋”。核心在于人的“本根剥丧”，以致于“神气旁皇”。人类需要启蒙以后的再度救赎。何以救赎？立人。人何以立？关键在于立心。而人心之立，离不开信仰。在此鲁迅提出了一个重要的命题：“人心必有所冯依，非信无以立。”于是，凭信以立人成为鲁迅诗学的根本要点。面对当时以科学反对所谓迷信的汹汹声浪，鲁迅疾呼：“伪士当去，迷信可存，今之急之”。由此展开了对包括基督教在内的宗教价值的正面诉求。鲁迅的反思既是对现代性的反思，又在其反思中实现了对汉语诗学的现代性建构。而其中的确不乏基督教思想资源。①

周作人与冰心对汉语诗学的反思有一个共同的关切点，那就是立足于基督教的博爱和人类大同的思想，强调诗学破除各种人为的壁障而具备普世性品质。周作人的“人的文学”和“平民文学”，其实质都是人类的文学。它是建立在古代文学是“种族国家文学”，而这种文学必然随着文学历史的发展而消亡这一反思性结论的基础上。到了现代，觉醒的人们发现，“人类原是利害相共的，并不限定一族一国，而且利己利人，原只是一件事情”，正是这种普世伦理可能将导致种族国家文学的瓦解，而代之以现代的人类文学。这种立基于人道主义的现代人类文学，是“用艺术的方法表现个人的感情，代表人类的意志，有影响于人间生活幸福的文学”；“是人类的，也是个人

① 请参阅本书第三章。

的，却不是种族的，国家的，乡土的及家族的”文学。[①]

冰心的“爱的诗学”，则用背靠上帝之爱的“母爱”来沟通阶级、民族、国家、敌友，实现了周作人的普世诗学理想。她把世俗之母爱上升为人类宇宙的普遍信念：“世界上的母亲和母亲都好朋友，世界上的儿子和儿子也都是好朋友，都是互相牵连，不是互相遗弃的”，那么，“人类呵！/相爱罢，/我们都是长行的旅客，/向着同一的归宿。”正是在这样的理念引导下，《最后的安息》中两个有着贫富、阶级、地位悬殊的孩子才共处“一个爱和神妙的世界”；《一个军官的笔记》中才有了对所有战争之正义性的置疑；《国旗》中也才有了对民族国家的建构和划分的否定，并幻想将所有国旗并在一处，组成“新的和平的标帜”，建设一个全世界多民族和平共处的大同的世界。

周作人、冰心对汉语诗学的这种反思，使现代汉语诗学具有了包容天下的开放气度和世界性眼光，其贡献是巨大而独特的。[②] 当然，这样的声音在史铁生那里也能听到。

海子、北村、于坚、史铁生、余虹等人对现代汉语诗学的反思，也是背靠基督教神学背景进行的。他们的反思沿习并推进了鲁迅对现代性本身予以反思的路径和进程。不过这时的反思语境与鲁迅所处的时代迥然不同，人类信仰与理性的神话已经破产，一个以解构现代性为能事的后现代思潮甚嚣尘上，并赢得话语威权。他们的反思与后现代思潮不同的不是他们不解构，而是他们为了建构而解构，而且建构的方向也与后学家们不尽一致，甚至背道而驰。如果说，鲁迅、周作人们汲取基督

① 请参阅本书第四章。

② 请参阅本书第五章。

教思想资源，是为汉语诗学之现代性价值奠基的话，那么，他们则是在对汉语诗学之现代性进行反思与解构的过程中，实现对现代汉语诗学的价值重构。

他们对现代汉语诗学反思了什么？归结起来四个问题：主体性、历史理性、语言理性，以及由此相关的意识形态。

主体性问题，是现代性的根本问题。北村和史铁生对现代汉语诗学的主体性的反思，是从两个完全相反的向度上展开的，而后却又殊途同归。北村的问题是中国文学主体性的丧失。他发现1985年之前的文学“几乎不关注与人存在有关的任何问题”，之后的文学虽触及过一些人类的原命题，却又更多的陷入工具理性之中，文学散发出“相当浓厚的技术性色彩”。在这种情形下，文学只是“完成了人性的一次必要的宣泄”。究其原因，是作家“无主的精神世界的混乱”，是对“终极命题”的漠视，而归根到底是信仰和信心的丧失而导致的意志的消沉、生命力的枯竭和萎顿，以及人与文学的失语。当然这些与启蒙运动以后人类理性神话的破产，非理性领域的探索陷入荒谬境遇，人性又在奥斯维辛惨遭杀害，以致人文主义的信仰受到彻底怀疑这样一个人类无路可走、无家可归的茫然处境有关。在北村看来，文学和作家主体性的获得，唯有与神建立信靠关系，因为，只有神、只有耶稣基督才“是宇宙间惟一真活的神，他就是道路、真理和生命”。①

从20世纪初周作人的“人的文学”，到20世纪中叶钱谷融的“文学是人学”，再到70、80年代相交朦胧诗学的“诗是自我的表现”，“人”在现代汉语文学与诗学的主体性地位是如此的深入人心，以至于不可动摇。但是，史铁生却从一己的残

① 请参阅本书第二章第三节。

疾中发现了人的有限性，发现了人在根本上就是残疾的这个致命性缺陷。人不仅面对海德格尔的世界黑夜，而且面对自身心魂的黑夜。正因为如此，人的思想、人的理性是有限的。但并非每个人对此都明白，而更多的是对思想、理性的盲目自信、沾沾自喜，或者表现为真理在握、自以为是的虚妄、狂妄，或者表现为对自然、对社会的疯狂占有与掠夺，或者表现为理性破产后的虚无和绝望。这就是人的主体性极端膨胀的后果。在史铁生看来，唯当人深刻地意识到自己的局限，意识到苦难是人的在体性处境，才能真正探入艺术的根基，寻找生命的意义，也才能从中长出真正的文学来。唯当人从自以为是的“知”终于走向“知不知”的谦恭与敬畏，人也才能真到找到生命的归宿。而就在这时，人不可避免地要与“神”照面。因为人的这样一个过程，“乃是有限此岸向无限彼岸的眺望，乃是相对价值向着绝对之善的投奔，乃孤苦的个人对广博之爱的渴盼与祈祷”。文学也由此“回到写作的零度，神说既从那儿发出，也只能从那儿听到”。[①]

历史理性、语言理性一度成为现代汉语诗学信仰。余虹曾将它们作为现代性话语实践的两大价值支柱。所谓历史理性信仰，即“相信历史是一种有本质的、有目的的、被决定的时间序列”；语言理性信仰则是“相信语言能客观地再现这一历史”。它们共同建构起“意识形态化的历史大叙事”。[②] 史铁生、于坚由于有了神性的背景，就有了超越这种诗学信仰的可能。

---

① 请参阅本书第六章。

② 参余虹：《革命·审美·解构——20世纪中国文学理论的现代性与后现代性》，第1页，广西师范大学出版社，2001。

史铁生的可能性诗学就是其代表。它突破了现实反映论的文学观，扭断了那些所谓的历史与现实的必然性链条，按照可能世界的要求来建构现世生活的文学图景；它扬弃了现实反映论的真实观，坚信文学的真实不源于被意识形态塑造过的“现实”，而源于人的心魂的真实。因此他放弃了历史理性的真实观：“一切所谓的历史都不过是现在对过去（后人对前人）的猜度”，恰如克罗齐之“一切历史都是当代史”。对于历史的叙述，亦如福柯所言，关键不在于话语讲述的年代，而在于讲述话语的年代。[①] 诗人于坚更是深信，正是历史理性、语言理性信仰下生成的意识形态遮蔽了诗。诗不仅被意识形态所异化，被虚假的乌托邦所掩饰，而且被降低到知识水平。诗的澄明，仰赖于存在真相的去蔽，仰赖于神性的临在。“诗的言说或许就是存在指向上帝的路径”。[②]

元叙事、世俗性、超越性和反思性搭建起现代汉语诗学的现代性，而关于这些诗学观念的生产，都与基督宗教有着这样那样的关联。到此可以得出结论：基督教参与了现代汉语诗学的价值奠基与价值重构，进入了现代汉语诗学的价值核心。

① 请参阅本书第六章。

② 请参阅本书第七章。

结语："我们"的诗学如何可能

基督教进入了汉语思想、文化的现代性方案，进入了现代汉语诗学价值的腹心地带，它们之间的关系是水在水中，血在血中的关系，所以，一旦历史处于转型期，或出现价值混乱、伦理亏空、信仰危机时，它就不期而遇地浮出历史地表。20世纪40年代的民族战争中、文革结束后的80年代初、渐入消费时代的世纪之交，与基督教有关的文学现象的出现，就是这种状况的最好说明。以至于90年代中期出场的"人文精神"大讨论，所呼唤的竟然是终极关怀、神性精神。所谓基督教影响的边缘说，虽然人们已习以为常，但至少对现代汉语诗学而言，显然不是历史事实，这不论是出于话语策略，还是真没有"见到"，抑或是民族情绪下的不忍目睹。

一句话：只有面对。

要对基督教对现代汉语诗学的这种影响，简单地做出好或坏、正面或负面的评价，不仅不可能，而且是一种十分愚蠢可笑的想法。谁的好与坏？谁的正面与负面？如果承认文学与诗学总是变动不居的话。何况，撇开民族主义情绪，佛教、道教、伊斯兰教、儒教、基督教都是人类文明的伟大传统。

然而，有些问题的确值得思考。

每种诗学都建立在某种文化的基础上，每种文化都应该有自己的终极实在。比如以儒道释为主流的华夏文化，虽然没有西方意义上的以"上帝"、"神"为指称的终极实在，却有自己的"天道"、"道"和"空"。而每种文化正是以此为价值元点，推演开去，建立起属己的文化大厦、意义体系。诗学不过是上面长出的汁液饱满的果实。如果抽去这个终极实在，很可能造成那个大厦和体系的土崩瓦解，更谈何诗学？

于是，我的问题是：当基督教理念参与了现代汉语诗学元叙事的建构以后，几千年支撑汉语诗学，或者顺推，几千年支撑汉语文化的终极实在，是否已被转换？如果没有，或者没有完全转换，那么今天它在汉语诗学、思想，乃至文化中的处身位置如何？如果被转换，又有两个相关的问题：一是它是否就是基督教的“上帝”或“神”？二是属于“我们”的思想、文化、诗学如何成为可能？

当然，由此还可以衍生出许多问题。譬如，汉语古今文化的转型，根本原因是否是终极实在的转换？中国古代文论的现代转型如何应对此间的关系？当下各种纠缠不清的文化问题、诗学问题，又与此有何关联？如此等等，不一而足。

《文心雕龙》的横空出世，佛教对它的影响并非皮相，不同于此前汉语诗学的终极实在才是关键。不管这能否证明前面关于每种文化或诗学都有终极实在，而非话语的无根漂流的预设，本次话语旅行的终结，都意味着“思”的重新开启。

主要参考文献

一、中文著作

《巴金全集》，人民文学出版社，1986。

北村：《施洗的河》，花城出版社，1993。

《冰心全集》，海峡文艺出版社，1994。

《冰心诗全编》，浙江文艺出版社，1994。

《冰心散文全编》，浙江文艺出版社，1995。

《冰心文集》，上海文艺出版社，1982。

曹禺：《雷雨》，人民文学出版社，2000。

曹禺：《曹禺论戏剧》，四川文艺出版社，1985。

曹顺庆：《中西比较诗学》，北京出版社，1988。

曹顺庆：《中外比较文论史》（上古时期），山东教育出版社，1998。

曹顺庆等：《非性文化的奇花异果》，巴蜀书社，1995。

曹卫东：《交往理性与诗学话语》，天津社会科学院出版社，2001。

《蔡孓民先生言行录》，山东人民出版社，1998。

《成仿吾文集》，山东大学出版社，1985。

陈嘉明等：《现代性与后现代性》，人民出版社，2001。

《陈梦家诗全编》，浙江文艺出版社，1995。

程光炜等编：《中国现代文学史》，中国人民大学出版社，2000。

陈平原：《在中西文化碰撞中》，浙江文艺出版社，1987。

崔卫平编：《不死的海子》，中国文联出版社，1999。

邓晓芒：《灵魂之旅——九十年代文学的生存境界》，湖北人民出版社，1998。

丁光训主编：《基督教文化百科全书》，济南出版社，1991。

董小川：《儒家文化与美国基督教新文化》，商务印书馆，1999。

杜书瀛等主编：《中国20世纪文艺学学术史》，上海文艺出版社，2001。

《独秀文存》，安徽人民出版社，1987。

冯友兰：《一种人生观》，商务印书馆，1924。

冯友兰：《人生哲学》，商务印书馆，1930。

高力克：《五四的思想世界》，学林出版社，2003。

《郭沫若文集·文学编》，人民文学出版社，1984。

郭沫若等编：《红旗歌谣》，红旗杂志社，1959。

葛兆光：《七世纪前中国的知识、思想与信仰世界》，复旦大学出版社，1998。

葛尊礼：《中国文学史》，上海会文堂书局，1921。

顾城等：《英儿》，华艺出版社，1993。

顾实：《中国文学史大纲》，上海商务印书馆，1929。

顾卫民：《中国天主教编年史》，上海书店出版社，2003。

《海子诗全编》，上海三联书店，1997。

贺麟：《文化与人生》，商务印书馆，1988。

何光沪：《多元化的上帝观》，贵州人民出版社，1991。

何光沪等：《对话——儒释道与基督教》，社会科学文献出版社，1998。

何云波：《陀思妥耶夫斯基与俄罗斯文化精神》，湖南教育出版社，1997。

胡适：《胡适留学日记》，海南出版社，1994。

《胡适文集》，北京大学出版社，1998。

《胡也频选集》，福建人民出版社，1981。

胡云翼：《中国词史大纲》，北新书店，1933。

黄子平：《“灰阑”中的叙述》，上海文艺出版社，2001。

黄子平主编：《中国小说与宗教》，香港中华书局，1998。

黄人影编：《当代中国女作家论》，光华书局，1933。

《基督教词典》，北京语言学院出版社，1994。

贾芝等编：《颂歌》，中国青年出版社，1959。

《简明基督教百科全书》，中国大百科全书出版社上海分社，1992。

金耀基：《从传统到现代》，中国人民大学出版社，1999。

《科学与人生观》，山东人民出版社，1997。

夔德义：《宗教心理学》，上海书店，1990。

《老舍文集》，人民文学出版社，1991。

《荔枝满山一片红》，作家出版社，1959。

李泽厚：《中国现代思想史论》，天津社会科学院出版社，2003。

李泽厚：《中国近代思想史论》，天津社会科学出版社，2003。

李泽厚：《美学三书》，天津社会科学院出版社，2003。

梁工主编：《基督教文学》，宗教文化出版社，2001。

梁工主编：《圣经与欧美作家作品》，宗教文化出版社，2000。

梁工等编：《圣经与文学阐释》，人民文学出版社，2003。

梁漱溟：《东西文化用其哲学》，商务印书馆，1922。

梁漱溟：《中国文化要义》，学林出版社，1996。

梁启超：《梁启超哲学思想论文选》，北京大学出版社，1984。

《林语堂名著全集》，东北师范大学出版社，1994。

林语堂：《信仰之旅》，新华出版社，2002。

林语堂：《林语堂自传》，河北人民出版社，1991。

林舟：《生命的摆渡——中国当代作家访谈录》，海天出版社，1998

刘勇：《中国现代作家的宗教文化情结》，北京师范大学出版社，1998。

刘思谦：《“娜拉”言说——中国现代女作家心路纪程》，上海文艺出版社，1993。

李希同编：《冰心论》，北新书局，1932。

刘小枫：《诗化哲学》，山东文艺出版社，1986。

刘小枫：《拯救与逍遥》，上海人民出版社，1988。

刘小枫：《走向十字架上的真——20世纪基督教神学引论》，上海三联书店，1995。

刘小枫：《现代性社会理论绪论》，上海三联书店，1998。

刘小枫：《刺猬的温顺》，上海文艺出版社，2002。

刘小枫：《圣灵降临的叙事》，三联书店，2003。

刘小枫：《个体信仰与文化理论》，四川人民出版社，1997。

刘小枫：《20世纪西方宗教哲学文选》，上海三联书店，1991。

刘小枫：《道与言——华夏文化与基督教文化相遇》，三联书店，1995。

刘小枫等选编：《尼采在西方——解读尼采》，上海三联书店，2002。

刘小枫主编：《人类困境中的审美精神——哲人诗人论美文选》，东方出版中心，1994。

《鲁迅全集》，人民文学出版社，1989。

《庐隐代表作》，华夏出版社，1998。

《庐隐散文》，中国广播电视出版社，1993。

罗秉祥等主编：《基督教与近代中西文化》，北京大学出版社，2000。

罗荣渠：《从“西化”到现代化》，北京大学出版社，1990。

鹿桥：《未央歌》，《中国现代文学补遗书系·小说卷八》，明天出版社，1990。

陆志伟：《渡河》，上海亚东图书馆，1923。

吕大吉：《西方宗教学说史》，中国社会科学出版社，1994。

吕大吉：《宗教学通论新编》，中国社会科学出版社，1998。

马佳：《十字架下的徘徊》，学林出版社，1995。

《马克思恩格斯选集》，第三卷，人民出版社，1995。

毛峰：《神秘主义诗学》，三联书店，1998。

《茅盾全集》，人民文学出版社，1984。

茅盾：《耶稣之死》，作家书屋，1945。

茅盾：《作家论》，上海文学出版社，1936。

《民国时期总书目（1911—1949 宗教）》，书目文献出版社，1994。

孟繁华主编：《九十年代文存》，中国社会科学出版社，

2001。

《穆旦诗全集》，中国文学出版社，1996。

《沫若文集》，民文学出版社，1959。

南乐山：《在上帝面具的背后——儒道与基督教》，社会科学文献出版社，1999。

钱穆：《现代中国学术论衡》，岳麓书社，1986。

钱穆：《中国思想史》，台湾学生书局，1992。

钱穆：《中国文化史导论》，商务印书馆，2002。

钱理群等：《中国现代文学三十年》，北京大学出版社，1998。

《圣经》（灵修版），国际圣经协会，1999。

《沈从文文集》，花城出版社，1984。

沈语冰：《透支的想象：现代性哲学引论》，学林出版社，2003。

司马长风：《中国新文学史》，昭明出版社有限公司，1978。

《石评梅作品集》，书目文献出版社，1984。

史铁生：《病隙碎笔》，陕西师范大学出版社，2003。

史铁生：《写作之夜》，春风文艺出版社，2002。

史铁生：《中华散文珍藏本·史铁生卷》，人民文学出版社，2000。

史铁生：《务虚笔记》，上海文艺出版社，1996。

舒婷：《舒婷的诗》，人民文学出版社，1994。

舒婷：《舒婷文集》，江苏文艺出版社，1997。

苏雪林：《绿天》，上海北新书局，1928。

苏雪林：《棘心》，上海北新书局，1929。

苏雪林：《苏绿漪创作选》，上海新兴书店，1936。

苏雪林:《屠龙集》,上海商务印书馆,1941。

苏雪林:《犹太之吻》,台湾文境文化公司,1982。

《孙中山全集》,中华书局,1982。

谭桂林:《百年文学与宗教》,湖南教育出版社,2002。

谭正璧:《中国文学进化史》,上海光明书局,1929。

唐逸:《基督教史》,中国社会科学出版社,1993。

陶东风:《社会转型与当代知识分子》,上海三联书店,1999。

田本相编:《曹禺文集》,中国戏剧出版社,1990。

童庆炳等著:《文学艺术与社会心理》,高等教育出版社,1997。

万俊人:《现代西方伦理学史》,北京大学出版社,1990。

汪晖等编:《文化与公共性》,三联书店,1998。

《王统照文集》,山东人民出版社,1980。

王海明:《伦理学原理》,北京大学出版社,2001。

王本朝:《20世纪中国文学与基督教文化》,安徽教育出版社,2000。

王溥:《唐会要》卷四十九。

王列耀:《基督教文化与中国现代戏剧的悲剧意识》,上海三联书店,2002。

王蒙:《青春万岁》,人民文学出版社,1979。

王瑶:《中国新文学史稿》,开明书店,1951。

《闻一多全集》,三联书店,1982。

吴兴明:《中国传统文论的知识谱系》,巴蜀出版社,2001。

王岳川等编:《后现代主义文化与美学》,北京大学出版社,1993。

王运熙主编：《中国文论选》，江苏文艺出版社，1996。

王治心：《中国基督教史纲》，上海古籍出版社，2004。

《萧乾选集》，四川人民出版社，1983。

《萧乾文学回忆录》，华艺出版社，1992。

谢扶雅：《宗教哲学》，山东人民出版社，1998

谢无量：《中国大文学史》，中华书局，1918。

徐訏：《时与光》，安徽文艺出版社，1996。

徐訏：《离魂》，安徽文艺出版社，1996。

《许地山小说全集》，中国文联出版公司，1996。

《许地山选集》，开明书店，1951。

《许地山散文全编》，浙江文艺出版社，1992。

许纪霖：《中国知识分子十论》，复旦大学出版社，2003。

许纪霖编：《公共性与公共知识分子》，江苏人民出版社，2003。

许寿裳：《亡友鲁迅印象记》，人民文学出版社，1977。

许正林：《中国现代文学与基督教》，上海大学出版社，2003。

《徐志摩诗全编》，浙江文艺出版社，1990。

《叶圣陶选集》，北京开明书店，1951。

杨扬编：《周作人批评文集》，珠海出版社，1998。

杨剑龙：《旷野的呼声：中国现代作家与基督教文化》，上海教育出版社，1998。

杨乃乔：《悖立与整合——东方儒道诗学与西方诗学的本体论、语言论比较》，文化艺术出版社，1998。

杨天宏：《基督教与近代中国》，四川人民出版社，1994。

殷克琪：《尼采与中国现代文学》，南京大学出版社，2000。

《郁达夫散文全编》，浙江文艺出版社，1990。

《郁达夫小说集》，浙江人民出版社，1982。

余虹：《革命·审美·解构——20世纪中国文学理论的现代性与后现代性》，广西师范大学出版社，2001。

余虹：《中国文论与西方诗学》，三联书店，1999。

于坚：《棕皮手记·活页夹》，花城出版社，2001。

喻天舒：《五四文学思想主流与基督教文化》，昆仑出版社，2003。

俞吾金：《现代性现象学——与西方马克思主义者的对话》，上海社会科学院出版社，2002。

余英时等：《五四新论：既非文艺复兴，亦非启蒙运动》，台湾联经出版事业公司，1999。

余英时：《士与中国文化》，上海人民出版社，2003。

张汝伦选编：《张东荪文选》，上海远东出版社，1995。

张钦士选辑：《国内近十年之宗教思潮》，燕京华文学校刊行，1927。

张文儒等主编：《中国现代哲学》，北京大学出版社，2001。

《张闻天早年文学作品选》，人民文学出版社，1982。

《张晓风散文》，浙江文艺出版社，1999。

《张晓风自选集》，三联书店，2000。

张志刚：《猫头鹰与上帝的对话》，东方出版社，1996。

张志刚：《宗教哲学研究：当代观念、关键环节及基方法论批判》，中国人民大学出版社，2003。

张资平：《冲积期化石》，创造社出版部，1928。

张资平：《爱的焦点》，泰东书局，1928。

张资平：《上帝的女儿们》，光明书局，1938。

张资平：《我的生涯》，广雅书局，1932。

张志扬：《创伤记忆：中国现代哲学的门槛》，上海三联书店，1999。

张志扬：《禁止与引诱：黑哲兰叙事集》，上海三联书店，1999。

张志扬：《渎神的节日：这个人在放逐中寻找归途的思想历程》，上海三联书店，1997。

赵敦华：《现代西方哲学新编》，北京大学出版社，2000。

赵家璧主编：《中国新文学大系》第十集，上海良友图书印刷公司，1936。

赵毅衡：《礼教下延之后：中国文化批判诸问题》，上海文艺出版社，2001。

赵毅衡：《诗神远游》，上海译文出版社，2003。

赵毅衡：《当说者被说的时候：比较叙述学导论》，中国人民大学出版社，1998。

曾毅：《中国文学史》，泰东图书局，1915。

郑振铎：《郑振铎文集》，人民文学出版社，1988。

周锡山编校：《王国维文学美学论著集》，北岳文艺出版社，1987。

周俟松编：《许地山研究集》，南京大学出版社，1989。

周作人：《知堂回忆录》，香港三育图书文具公司，1974。

周作人：《欧洲文学史》，岳麓书社，1980。

朱光潜：《西方美学史》，人民文学出版社，1982。

朱维之：《基督教与文学》，上海书店，1992。

朱维之：《文艺宗教论集》，青年协会书局，1951。

朱雯：《逾越节》，文化生活出版社，1939

朱自清：《新诗杂话》，作家书屋，1947。

朱学勤：《道德理想国的覆灭》上海三联书店，2003 年。

卓新平：《当代西方新教神学》，上海三联书店，1998。

二、中文译著

[美] 埃里克·H·埃里克森：《同一性：青少年与危机》，浙江教育出版社，1998。

[古罗马] 奥古斯丁：《忏悔录》，商务印书馆，1991。

[美] 本杰明·史华兹：《寻求富强——严复与西方》，江苏人民出版社，1989。

[俄] 巴赫金：《巴赫金全集》，河北教育出版社，1998。

[奥] 茨威格：《异端的权利》，三联书店，1986。

[法] 达维德·方丹：《诗学——文学形式通论》，天津人民出版社，2003。

[美] 丹尼尔·贝尔：《资本主义文化矛盾》，三联书店，1989。

[美] 道格拉斯·凯尔纳等：《后现代理论：批判性的质疑》，中央编译出版社，2001。

[美] 蒂里希：《蒂里希选集》，上海三联书店，1999。

[美] 厄尔·迈纳：《比较诗学》，中央编译出版社，2004。

[德] 费尔巴哈：《基督教的本质》，商务印书馆，1997。

[德] 费尔巴哈：《费尔巴哈哲学著作选集》，三联书店，1959。

[俄] 弗兰克：《俄国知识人与精神偶像》，学林出版社，1999。

[美] 格里德：《胡适与中国的文艺复兴》，江苏人民出版社，1989。

[德] 哈贝马斯：《后形而上学思想》，译林出版社，2001。

［英］海伦·加纳德：《宗教与文学》，四川人民出版社，1989。

［德］海德格尔：《存在与时间》，三联书店，2000。

［德］海德格尔：《海德格尔选集》，孙周兴选编：上海三联书店，1996。

［瑞士］海因利希·奥特：《上帝》，辽宁教育出版社，1997。

［瑞士］汉斯·昆等：《神学与当代文艺思想》，上海三联书店，1995。

［德］黑格尔：《宗教哲学》，中国社会出版社，1999。

［德］黑格尔：《美学》，商务印书馆，1979。

［德］黑格尔：《法哲学原理》，商务印书馆，1961。

［英］怀特海：《科学与近代世界》，商务印书馆，1997。

［法］加缪：《加缪文集》，译林出版社，1999。

［英］吉登斯：《现代性的后果》，译林出版社，1999。

［英］吉登斯：《现代性——吉登斯访谈录》，新华出版社，2001

［日］今道友信：《关于爱》，，三联书店，1987。

［德］卡尔·白舍客：《基督宗教伦理学》，上海三联书店，2002。

［德］卡尔·曼海姆：《意识形态与乌托邦》，商务印书馆，2002。

［奥地利］卡夫卡：《卡夫卡文集》，上海译文出版社，2002。

［德］康德：《历史理性批判文集》，商务印书馆，1990。

［德］康德：《实践理性批判》，人民出版社，2003。

［美］科利斯·拉蒙特：《人道主义哲学》，华夏出版社，

1990。

［丹］克尔凯郭尔：《基督徒的激情》，中央编译出版社，2001。

［美］宾克莱：《理想的冲突——西方社会中变化着的价值观念》，商务印书馆，1993。

［英］拉曼·塞尔登编：《文学批评理论——从柏拉图到现在》，北京大学出版社，2000。

［奥地利］雷立柏：《论基督之大与小：1900—1950年华人知识分子眼中的基督教》，社会科学文献出版社，2000。

［法］利奥塔：《后现代性与公正游戏——利奥塔访谈录》，上海人民出版社，1997。

［俄］列夫·舍斯托夫：《在约伯的天平上》，三联书店，1989。

［法］卢梭：《社会契约论》，北京商务印书馆，1980。

［法］卢梭：《忏悔录》，人民文学出版社，1980。

［德］马丁·开姆尼茨：《基督的二性》，译林出版社，1996。

［德］马丁·路德：《马丁·路德文选》，中国社会科学出版社，2003。

［德］马克斯·韦伯：《新教伦理与资本主义精神》，三联书店，1987。

［德］马克斯·韦伯：《儒教与道教》，商务印书馆，2002。

［德］马克斯·韦伯：《学术与政治》，三联书店，1998。

［美］马特兰：《宗教艺术论》，今日中国出版社，1992。

［英］迈克·费瑟斯通：《消费文化与后现代主义》，译林出版社，2000。

［德］尼采：《反基督》，河北教育出版社，2003。

[德] 尼采：《权力意志——重估一切价值的尝试》，商务印书馆，1998。

[俄] 尼·别尔嘉耶夫：《俄罗斯思想》，三联书店，1995。

[俄] 尼·别尔嘉耶夫：《人的奴役与自由》，贵州人民出版社，1994。

[英] 诺曼·费尔克拉夫：《话语与社会变迁》，华夏出版社，2003。

[加] 诺思洛普·弗莱：《伟大的代码：圣经与文学》，北京大学出版社，1998。

[法] 帕斯卡尔：《思想录》，商务印书馆，1997。

[古希腊] 柏拉图：《理想国》，商务印书馆，2002。

[英] 培根：《新工具》，商务印书馆，1997。

[英] 普理查德：《原始宗教理论》，商务印书馆，2001。

[加] 秦家懿等：《中国宗教与基督教》，三联书店，1997。

[法] 让·波德里亚：《消费社会》，南京大学出版社，2001。

[法] 让·保罗·萨特：《萨特文学论文集》，安徽文艺出版社，1998。

[美] 塞缪尔·亨延顿：《文明的冲突与世界秩序的重建》，新华出版社，1999。

[德] 舍勒：《知识社会学问题》，华夏出版社，1999。

[德] 舍勒：《舍勒选集》，上海三联书店，1999。

[英] T.S·艾略特：《基督教与文化》，四川人民出版社，1989。

[法] 托克维尔著，董果良译：《论美国民主》，商务印书馆，1988。

[法] 托克维尔：《旧制度与大革命》，第45页，商务印书

馆，1992。

[美] 梯利：《西方哲学史》（增补修订版），商务印书馆，2000。

[法] 涂尔干：《宗教生活的基本形式》，上海人民出版社，1999。

[美] 梯利：《西方哲学史》，商务印书馆，2000。

[德] 瓦肯罗德：《一个热爱艺术的修士的修士的内心倾诉》，三联书店，2002。

[法] 薇依：《在期待之中》，三联书店，1994。

[法] 薇依：《重负与神恩》，中国人民大学出版社，2003。

[苏联] 乌格里诺维奇：《艺术与宗教》，三联书店，1987。

[美] 夏自清：《中国现代小说史》，香港友联出版有限公司，1978。

[法] 谢和耐：《中国与基督教——中西文化的首次撞击》，上海古籍出版社，2003。

[加] 谢少波：《抵抗的文化政治》，中国社会科学出版社，1999。

[美] 许倬云：《中国文化与世界文化》，贵州人民出版社，1991。

[苏联] 亚布洛柯夫：《宗教社会学》，四川人民出版社，1989。

[古希腊] 亚里士多德：《诗学》，商务印书馆，1998。

[德] 雅斯贝尔斯：《存在与超越——雅斯贝尔斯文集》，上海三联书店，1988。

[俄] 叶夫多基莫夫：《俄罗斯思想中的基督》，学林出版社，1999。

[美] 姚新中：《儒教与基督教》，中国社会科学出版社，

2002。

［英］约翰·希克：《宗教之解释》，四川人民出版社，1998。

［美］詹明信：《晚期资本主义的文化逻辑》，三联出版社，1997。

［英］詹姆士·里德：《基督的人生观》，三联书店，1989。

［美］詹姆斯·C·利文斯顿著：《现代基督教思想》，四川人民出版社，1999。

三、英文（译）著作

Gernet，Jacques：*China and the Christian Impact—A Conflict of Culture*，translated by Janet Lloyd，Cambridge University Press，1985. Henry Lefebvre：*Introduction to Modernity*，London：Verso，1995.

James D. Whitehead：*China and Christianity*，University of Notre Dame，1979.

Jean－Francois Lyotard：*The Postmodern Condition*：*A Report on Knowledge*，Minneapolis：University of Minnesota，1984. Kung Hans：*Global Responsibility*，SCM Press，London，1991.

Kung，Hans and Ching，Julia：*Christianity and Chinese Religion*，Doubleday and Collins Publishers，1989.

Merle Coldman，ed，*Modern Chinese Literature in the May Fourth*，Eva. Cambridge：Harvard University Press，1977.

Mike Featherstone：Undoing：*Globalization*，*Postmodernism and Identity*，London：Sage，1995.

Nygern, Anders: *Agape and Eros — A Study of the Christian Idea of Love*, tr. By A. G. Herbert, SPCK, London, 1932.

Stuart Hall & Bram Gieben: eds., *Formation of modernity*, Cambridge: Polity, 1992.

The Holy Bible, New International Version, Hodder and Stoughton, 1984.

Weber, Max: *The Sociology of Religion*, tr. By Ephraim Fischoff, Methuen, London, 1965.

Wieger, L.: *A History of the Religious Belief and Philosophical Opinions in China*, Arno Press Inc, New York, 1969. Zygmunt Bauman: *Modernity and Ambivalence*, Cambridge: Polity, 1991.

后 记

本书完成时，梅花香了，圣诞节近了，新年的钟声依稀可闻了。不到两个月，我也步入不惑之年了。我知道，我正以本书，也是我的第一本书，终结我生命中也许是最有意义的一段时光——沉重得让身体飘起来的岁月。接下来的日子不会太多了，路尽头那盏温暖的灯火已经点燃，那位仁慈的老人不停地呼唤着我的脚步。不要相信中年，人不同，年龄的计算方式各异，何况舍斯托夫说，生命本身来自比理性更高的泉源。

落入红尘25个春秋，寄居一个城市，再寄居一个城市也已十数年。乡村生活已然退到记忆深处，变得遥远而模糊。我的风雨剥蚀的老墙，我的苔鲜刺青的屋檐，我的凄凄杂草的祖坟，我的桑青桃红鹂黄鹭白的田园，我的摔倒我再摔倒我的逼仄泥泞的山路，还有为了糊一张嘴讨一个老婆而南方而北方而东方辗转漂泊在苦难里面讨生活的童年伙伴……今安在?

读书是我没有路的路。13岁进师范，16岁当老师，是我没有办法的办法。留给我可以选择的是不能选择。这是我的福，是冥冥中对我的特别恩宠。绊倒我的从来不是苦难，成长我的至今也还不是欢乐。我感激那所由地主庄园改成的小学，即便是阳光明媚的夏天也黑得需要手指攀援的楼梯，教我学会了走路。我感激结构诡异神秘硕大的老楼深夜只剩下我一人开窗面对十许米外的一座恢宏的老坟，初秋桂花从那里送来一阵阵芳香，入春则可能是什么鸟凄厉得难过的啾啾，这些教我学会了怕，学会了恐惧，学会了如何与鬼神和谐相处，学会了在无可逃避时聆听自己内心的声音，学会了大地闭合时开始仰望星空。我感激与我年龄相当的学生，他们与贫穷相伴的一切，教我学会同情，学会宽容，学会怜悯，学会爱，学会真诚。

带着如此丰赡的财富，我无意中被抛入官场。长达 5 年的时间，在我的大脑中没有留下任何声音。所有的情景都在复制一个情景：在沉默中写，在写中沉默。不过那时的政府，正处改革开放的当口，像位英俊的青年，充满活力，偌大的希望悬挂在每个办公室的门口，书写在每一张造作的脸上，就连打狗办都洋溢着那个时代的特征。关于政府，这是我最好的印象，最好的感觉，后来就再也没有过。在那里，有我的朋友，有我不能冷却的友情，至今我还在牵挂着一些人的升迁，一些人的入狱，一些人的谢世，一些人的神秘失踪，尽管他们中的许多人早已与我断绝了往来。

值得记录的是，在那些默片中，我看见过手捧血衣欲哭无泪的上访者，看见过一些我从看见之时起就发誓不去讲述，或者不愿再次看见的看见之物。我只想说，苦难后面还有苦难，善良前面还有善良。我只是在官场边缘行走了几步，关于内里，我一无所知。我只相信，简单能应对复杂，直率能撕破诡计，人言无信。

如果我都有什么值得炫耀的话，那可能就是成为中国的第一届文科电大生。1982 年入学，1985 年毕业。听广播，或者十数人围着 12 寸的黑白电视机，工作之余、白天黑夜、路灯下面、开会之前……拼命地读、拼命地记、拼命地寻找一切可以找到的书，甚至背着被盖，坐一天或两天的车，住到某所大学附近的农家里，把所有的钱花光，为了进图书馆，为了一篇自以为有所发现的小文章。寒冬腊月，酷暑骄阳，去到百多公里外的地区城市期末考试，如遇洪水、雪灾，就翻山越岭。在我不多的荣誉中，我最珍视优秀电大生的称号，奖励的那支钢笔，我一直带到身边，遗失的那一年，我才真正体会到失魂落魄。在我写的论文中，我最不忍小视的，是那篇被收进并不是公开出版物的《电大优秀毕业论文选》中的习作。我至今感到难过的，是一些关心爱护我的朋友，劝我不要说出自己是电大生。他们哪里知道，我今天的那点微薄的知识基础，大都是电大时候打下的。我太幸运了，我是中国的第一届文科电大生。真的，太幸运了！

十三岁、或者十四岁，我开始规划人生。中《哥德巴赫猜想》的“毒”太深，受陈景润的影响太大，近15年，我迷糊于成名成家。从A、B、C、D自学英语，从《源氏物语》侧身文学。那时心太大了，囫囵了不少当时读不懂的书，耗费了在那个年纪可以干成点儿别的事的宝贵时间。连现在还玩不转纸牌、麻将或别的更高级的游戏，就是那时种下的恶果。我有过一个不太短的狂妄的年代。

工作8年后，我去到了东海之滨。这时，成名成家的欲望达到了极点。我跟随邵伯周先生攻读中国现当代文学的硕士。在徐家汇藏书楼我呆了二月，仿佛回到《新青年》、《少年中国》时代，发黄的册页，樟脑丸与霉烂墨香混合的气味，刺激着我的兴奋。我夜以继日地做着与这座殖民气息浓厚的城市不太相干的梦。在上师大图书馆，我自作聪明地复印了20世纪20年代王独清的诗集，被一顿臭骂蔫了两个星期。在杭州的一次全国学术会上，我又对一些著名学者嗤之以鼻。我以未来鲁迅、茅盾或者郁达夫的姿式，行走在三味书屋、咸亨酒店、乌镇、富春江边的严子陵钓台。留下的一张张趾高气扬的照片，足以让我感到羞耻。我太自以为是了。学做研究就一心想填补空白，总是在准备石破天惊；刚涉足鲁迅，就挑战学术前辈。是邵先生教我，就像小时父亲教我一样：要谦逊、谦逊、再谦逊。语气轻描淡写得我无地自容，但已够我享用今生。

人是很容易从狂妄走向冷灰的，我就是例子。我没有去高等院校科研院所，仍流入滚滚红尘。就在我以为快要攀上某个台阶的时候，我突然对学问的意义产生了致命的怀疑。有一天我才发现，图书馆的社科类图书是两楼，我急于闯进第二层楼不只是因为快到毕业了我才发现这个秘密，而是某种奇怪得有些气急败坏的情绪，让我一分种也不能停留。我被眼前的情景惊呆了，如此众多的书籍，也许多年未曾有人翻过，上面的灰尘已经长成毛绒绒的一条条虫。这是多少条曾经不懈奋斗过的生命的结局？我的重蹈覆辙的悲壮有何必要？那时，我有些该读的书还没有读，有些该见的人、该见的世面还没有见过。我太世俗了，超不出、甚至不如常人的胸襟与格局。

当小职员、搞广告策划、编报刊、做总编、去外地行销产品，短短 7 年，我干了尽可能多的事情，却想在这里留下最少的文字。落魄江湖，闯荡为生的故事都可以想像。惟一要记录的是，这 7 年中那些孤独难眠的夜晚，虽不是青灯相伴，却阅读了多年来想读却没有读成的书籍，从最深奥的神学经典到“文革”时期流行的小人连环画书；我体味了在通常境遇下没有机会体味的苦难；独享了前消费社会剩余善良的最后晚餐；也见识了利益坑中打滚的人心之最可悲与最可怜悯之处。

正当我迷途难返、彷徨四顾的时候，一个人伸手一援改变了我的命运。打过电话的两天或者三天以后，我与万光治先生在简陋的中文系办公室见面，半小时后，一切就这样确定了。而那之前，我与他素不相识。那位全能者，不会把每次安排都事先告诉你，尤其是关于恩宠的事情。

我又回到了“学述”生活。来到了这所杜鹃花、丹桂花、腊梅花和漂亮女孩特别多的学校。晚秋，则是一地银杏叶的金黄。突然面对多得如此乱花迷眼的幸福，我有些张皇失措。在“学”与“述”的路上，见异思迁随波逐流使我所获不多。17岁发表诗歌，你可以想像那种自鸣得意背后的虚荣。随后发表的一篇散文《悼念亡师罗学尧》，我才被文学真正感动。他是师范时我的语文老师，老右派的经历已经严重损害他的身体，他又用只争朝夕的责任感继续着他的身体伤害。他就在靠近我的讲台上艰难地支撑着。我看见皮下的血涌满他的双手；我看见染红塞在他鼻孔里的草纸的鲜血，伴随颤巍巍的声音不时掉下一滴两滴，迅即被雪白的粉笔灰吸干或者衬托得鲜艳刺目。我至今想不明白，我们这些十三四岁的孩子，当时面对生命的黯然消失竟然这般无动于衷！他就这样走了，一个曾经骂我娇生惯养的人永远走了。深夜守灵，当悲伤裹挟寒风穿透我的灵魂，我开始朦胧地有了对于生命的敬畏。

文学梦过早被80年代初中期的美学潮带走。美学皮毛未知，又很快沉迷于随后眼花缭乱的西哲浪潮。情性摇荡，走马观花，心得全无。在问学上，我一度成为欲望的奴隶，还为此沾沾自喜过。

临到本书，做的却是一个关涉宗教的题目，而且是西方宗教。不用讳言，十数年前我对宗教深恶痛绝，见到宗教仪式反感到起生理反应，总是把它和封建迷信精神鸦片混为一谈，而对科学理性、启蒙精神、人文主义深信不疑，并惋叹于冰心、废名、许地山，甚至列夫·托尔斯泰、陀思妥耶夫斯基的“堕落”，幼稚到《家》中的觉慧，以精神界之战士自居。这之前，我在学述宗白华先生的《流云》意境时，也谈到了禅境，但只是被那种艺术格调所迷醉，不仅对禅或禅宗了无所知，也不愿多著一字。

时间把信奉的颠倒，把颠倒的信奉，把颠倒的再行颠倒又行信奉，我才渐悟，我曾经是否以不知为知，以人的浮言为真理，而对神圣缺乏敬畏？我的浮躁凌厉之心开始平息；我知道了我的限度；我懂得了我的危险；我想，我或者开口言说，或者缄默。

2001年，我师从曹顺庆、赵毅衡先生攻读博士，亲炙两位老师的人格、修养、学识、才华、风度。他们就像我当年的硕士导师邵伯周先生一样，从不鄙薄我的浅陋无知，宽容我的狂妄、偏执和思想的异端，步步引我踏上学术正途。我虽跟随他们三年，学问却不及他们万一。我今生深以有这三位恩师为幸！

本书就是以博士论文为基础修改而成。它凝聚了曹顺庆、赵毅衡先生的心血。记得在2002年圣诞前后，我与赵师毅衡先生天海之隔，为了选题一事，在网上来回发送信件折腾差不多一个通宵。而晚些时候，在川大花园曹师顺庆先生家里，又为论文提纲的确定、初稿的修改，反复聆听教诲。这些已经成为温馨的记忆。

北京大学的王岳川教授、中国人民大学的余虹教授、上海师范大学的杨剑龙教授、华中师范大学的张三夕教授和河南大学的梁工教授，鼓励我、鞭策我，对本书作出了较高的、超出我想象的评价。四川师范大学的皮朝纲教授，四川大学的冯宪光教授、毛迅教授、冯川教授、吴兴明教授、王晓路教授、阎嘉教授、徐新建教授、李怡教授，台湾佛光大学的袭鹏程教授，都为本书的写作或修改提出过宝贵的意见。尤其是宗教美学家、乡贤皮朝纲教授对本书逐字逐句修改、校正，使我受益匪浅。在此，一并向他们表示深深的谢意！

刘小枫教授的学术滋养，邓晓芒教授、何云波教授、王本朝教授赠送相关专著，曾庆豹博士辗转寄来重要资料，李维昉教授特邀参加学术会，同事袁莉代为购书，朋友何大草时时敦促并为书名操心，学生李云搜集资料，爱人韦华梅悉心照顾和最后细心校对，女儿诗倩冬夜悄悄送上取暖器，四川师范大学科研处把本课题立为 2004 年度校级科研项目，还有四川师大文学院赞助出版，……对支持过关心过本书的一切人和事，我满怀感恩！

献上本书，向爱我疼我的父母祝福！

就在本书行将结束的时候，我想起陀思妥耶夫斯基的一句话：在这里，在大地上，一切都在开始，没有什么东西在结束。我体会，从知到知不知再到不知知，是一个永无止境的过程。对于我，要紧的是，在路上。

2004 年 9 月 3 日于狮子山高租房